prometeo
libros

EL PODER DE LOS RECTORES
EN LA POLÍTICA UNIVERSITARIA ARGENTINA
(1985-2015)

Fabio Erreguerena

EL PODER
DE LOS RECTORES EN LA POLÍTICA
UNIVERSITARIA ARGENTINA
(1985-2015)

prometeo
l i b r o s

Índice

Introducción

"El rector es como un jockey de dinosaurio.
Allí va él, feliz de la vida, montado en el lomo de un dinosaurio,
blandiendo su latiguito y fingiendo que está conduciendo el animal.
Pero él sabe justamente que no lo está haciendo"
(De Moura Castro, 2005:11).

La ocurrencia de Claudio de Moura Castro para relativizar el poder de los rectores nos resultó útil como provocación a la principal pregunta de este trabajo, la cual gira sobre el papel de los rectores y el Consejo Interuniversitario Nacional (CIN) en la historia reciente de las universidades en la Argentina. La figura del jockey de dinosaurio podría haber sido utilizada por distintos autores que, desde un enfoque organizacional enclavado en la experiencia anglosajona, sostienen que dada la característica de la universidad como un sistema cuyos componentes están *flojamente acoplados* y con una jerarquía particularmente *plana*, la autoridad central universitaria tiene escasas posibilidades de ser influyente en sus decisiones (Weick, 1976). Desde otros marcos analíticos, en función de distintos elementos exógenos o endógenos, el resultado podría ser el mismo, ya sea por el poder heterónomo de los gobiernos o la complejidad de los principios de legitimidad y organización del gobierno universitario. Pero en el caso argentino, y es lo que intentaremos demostrar en este trabajo, los rectores y el CIN tienen un poder considerable y relevante hacia dentro de la universidad y en la política universitaria.

La especificidad de esta investigación está demarcada por la observación de una institución y una serie de agentes que se encuentran en la frontera entre el campo universitario y el estado, entre las universidades nacionales y las políticas públicas dirigidas a este sector: el Consejo Interuniversitario Nacional (CIN) y los rectores. Procuramos evaluar el peso específico del CIN en la definición de las políticas hacia su sector y los mecanismos de legitimación de éstas, analizando en qué medida se ha producido en las últimas décadas una ampliación de la capacidad de acción del Estado en materia de política universitaria, cuáles han sido las modificaciones en la lógica de relaciones entre el Estado y las Universidades, y hasta qué punto esto ha complejizado el papel de los organismos de intermediación en general y del CIN en particular. Sin desmerecer la relevancia que tuvieron otros agentes del campo universitario en el período (movimiento estudiantil, gremios del personal docente y de apoyo académico, académicos prestigiosos), el eje de nuestro análisis se centra en las relaciones entre el campo universitario (y dentro de él los rectores y el CIN), el gobierno nacional y el campo burocrático-estatal.

A pesar de poseer una estructura institucional débil y pequeña, el desarrollo de la investigación nos mostró que desde su creación, en 1985, el CIN logró acumular un importante capital simbólico que indujo a los agentes de las políticas públicas a visualizarlo como portavoz del campo universitario. En gran medida, este capital simbólico se nutre de la potente tradición autonómica del campo, el lugar asignado a las universidades públicas en el imaginario social de la Argentina, del carácter predominantemente público-estatal del conjunto, pero también del capital social y político de los rectores que lo componen.

Para comenzar nuestro recorrido empezaremos por desarrollar los distintos marcos analíticos que abordan el funcionamiento de la universidad y los procesos y lógicas que sobre ella operan. Analizamos los estudios disponibles, a nivel global, regional y nacional, para así poder recortar la especificidad de la universidad argentina y las relaciones de poder que en ella anidan. En este primer capítulo nos detenemos a desarrollar nuestro marco teórico conceptual deslindando nuestras diferencias con las teorías de las organizaciones. Elegimos la teoría de los campos y, en general, el enfoque teórico y epistemológico planteado por Pierre Bourdieu porque, a nuestro juicio, constituye la herramienta más adecuada para el análisis de las relaciones de poder universitario, y sus cruces con el campo del poder, que es el objeto de este libro.

Luego nos abocamos a examinar los antecedentes del CIN y con ello el complejo proceso de institucionalización de un espacio de coordinación universitaria en la Argentina. La pregunta que atraviesa el segundo capítulo es por qué en la Argentina, donde existe uno de los conglomerados universitarios de mayor antigüedad y desarrollo de la región, recién hace tres décadas se consolidó el funcionamiento de un órgano de coordinación universitaria. En la búsqueda de respuestas analizamos la legislación universitaria argentina y la regulación prevista dentro de cada ley para la coordinación interuniversitaria. Asimismo indagamos en el contexto histórico de cada experiencia de coordinación previa al CIN como disparador para el análisis de las tensiones entre autonomía y coordinación universitaria.

El recorte histórico de nuestra investigación transcurre, en líneas generales, entre el proceso de recuperación democrática de los ochenta y el término del tercer gobierno kirchnerista a fines del 2015. Durante esos años distinguimos tres etapas de la política y coordinación universitaria, con distintos alineamientos de los agentes que operan en ella y en el cruce del campo universitario con los distintos ámbitos del campo burocrático estatal (Gobierno y Congreso). En este sentido, el tercer capítulo aborda el período 1985-1990, etapa caracterizada por el equilibrio entre los agentes de la política universitaria y lo que hemos denominado *autonomía fragmentada*. En esta parte describimos el proceso de normalización y los primeros pasos en la organización y funcionamiento del CIN, todos ellos momentos instituyentes de la configuración del poder rectoral. Hacemos una descripción densa de las discusiones fundacionales en los inicios del funcionamiento del CIN, analizando, año por año, los temas que incluirá la agenda universitaria del período. Precisamos el rol del CIN en la sanción de normativas importantes para el sector y el rol de cada uno de los agentes relevantes en la cuestión universitaria. Teniendo en cuenta la inexistencia de estudios que den cuenta del trabajo del CIN en el período 1985-1990 y el hecho de que el consejo tiene registradas sus resoluciones políticas y decisiones administrativas (Acuerdos Plenarios y Resoluciones) solo desde 1991 en adelante, fue precisa una laboriosa tarea de reconstrucción artesanal de la agenda de trabajo en los numerosos plenarios realizados durante estos años. Dado que esa documentación no está disponible para consulta, hemos incorporado un anexo, sintetizando la agenda y las resoluciones de cada uno de los plenarios realizados en el período.

La asunción de Carlos Menem al gobierno en julio de 1989 y el Plenario del CIN en Río IV a principios de 1990 marcan el inicio de una nueva etapa de la política universitaria y del trabajo del CIN (1990-2001). Este nuevo momento es el que aborda el cuarto capítulo de nuestro trabajo, caracterizado por la ruptura del equilibrio entre los distintos agentes que interactuaban alrededor de la cuestión universitaria. Profundizamos los supuestos e implicaciones de la reformulación de las relaciones entre el Estado y las universidades impulsadas en el período. Para ello nos valemos del análisis de sus principales dispositivos: los nuevos mecanismos de distribución presupuestaria, el marco normativo aprobado y las características de los procesos de evaluación impulsados. Una atención especial, en función de los intereses de nuestro objeto, recibe el surgimiento y evolución de los bloques reformista y justicialista del CIN, el papel de la UBA y las características de los principales programas impulsados por la Secretaría de Políticas Universitarias (SPU) en esta década larga que culminará con una novedad relevante: la llegada de los rectores a la conducción de la SPU. Para entender el rol del CIN en esta etapa analizaremos los acuerdos plenarios, resoluciones, actas y documentos de la época, el rol jugado por los rectores en el Protocolo de la Concertación Universitaria y la Comisión de Concertación de las Universidades Estatales con el Poder Ejecutivo Nacional, el acuerdo celebrado con la Secretaría de Políticas Universitarias en 1993 respecto a la Ley de Educación Superior y el intenso involucramiento del CIN en la implementación de los principales programas gubernamentales del período.

La crisis de diciembre de 2001 será la bisagra que abrirá la siguiente etapa (2002-2015), abordada en el quinto capítulo, modificando el rol de los actores en torno a la política universitaria y la situación de las universidades y del CIN. Con la emergencia económica y social como contexto, surge el nuevo esquema de relaciones entre el Estado y las universidades impulsado en el gobierno de transición de Eduardo Duhalde y profundizado en los gobiernos kirchneristas. Analizamos las características del financiamiento del período, deteniéndonos a examinar el creciente papel en la política universitaria, con impacto en los criterios de financiamiento, de los consejos de decanos y asociaciones de facultades. Profundizamos en las características que asumió la expansión de la Educación Superior en estos años, los posicionamientos de cada agente y las tensiones provocadas al interior del campo universitario y campo burocrático estatal. Por otra parte, en la búsqueda de una política integral o políticas para el conjunto universitario, nos adentramos en el análisis de las resoluciones, acuerdos y documentos del CIN en el período. Finalmente, analizamos los ejes centrales que, a nuestro entender, caracterizaron a la política universitaria de los gobiernos kirchneristas que transcurren entre los años 2003 y 2015.

El proceso de la investigación nos fue conduciendo a la necesidad de diferenciar la mirada sobre el CIN como órgano de coordinación interuniversitaria, respecto de la observación de los rectores. En función de ello, en un marco general de indagación sobre el devenir de la autonomía y sus tensiones con la política universitaria, en el sexto capítulo focalizamos particularmente en la figura de los rectores como agentes de construcción del *poder universitario* y su papel en esa compleja y tensa frontera que separa a las universidades nacionales del Estado. Proponemos la distinción entre *poder rectoral y poder universitario*, desarrollando las producciones teóricas disponibles, en especial a nivel regional y local, sobre los roles ejecutivos en las universidades. Asimismo realizamos una descripción morfológica de los rectores de universidades públicas en Argentina, a partir de dos vías: a) utilizando la estadística disponible sobre autoridades universitarias y b) a través de la elaboración propia de una matriz de datos curriculares de todos los presidentes del CIN desde 1985 hasta 2017. En este capítulo volveremos sobre los factores históricos y los determinantes estructurales que configuran el poder rectoral en la Argentina, procurando verificar en qué medida ocurrió un proceso de reconversión de un capital específicamente universitario en un capital burocrático-estatal. Esto a partir de constatar la consolidación de una trayectoria paradigmática para ocupar la posición más relevante de la conducción de la política universitaria, la Secretaría de Políticas Universitarias (SPU): ser o haber sido rector de una universidad pública de gestión estatal y miembro activo del CIN.

Cabe mencionar que el presente libro es resultado de la investigación realizada en el marco de la carrera de Doctorado en Ciencias Sociales de la Facultad de Ciencias Políticas y Sociales de la Universidad Nacional de Cuyo, iniciada en 2010 bajo la dirección del Dr. Atilio Borón. La tesis doctoral, titulada "Las relaciones Estado/Universidad en la Argentina. El papel de los rectores y el Consejo Interuniversitario Nacional en la política universitaria (1985-2015)" fue examinada por un tribunal compuesto por Pablo Buchbinder, Adriana Chiroleu y Martín Unzué en julio de 2016. Finalmente, es preciso explicitar que el autor de este libro fue, durante doce años (2002-2014), funcionario del rectorado de la Universidad Nacional de Cuyo, período en el cual desarrolló dos gestiones como Secretario de Bienestar Universitario y dos gestiones como Secretario de Extensión Universitaria. Durante esa etapa ejerció, además, el rol de coordinador de la Red Bien (red del CIN que agrupa a las áreas de bienestar universitario) y miembro del Comité Ejecutivo de la REXUNI (red del CIN que agrupa a las áreas de extensión universitaria). Mientras esa posición nos permitió disponer de redes para entrevistar actores y acceder a documentación y material de archivo fundamental para esta investigación, también nos impuso límites, relacionados con la participación directa en instancias vinculadas al poder rectoral y al CIN. La conclusión de las funciones en la gestión universitaria, y la posterior dedicación exclusivamente a la docencia y la investigación doctoral, nos permitió poner en práctica una reflexividad que apuntaba a distanciarnos de nuestra experiencia inmediata. Si bien los esfuerzos en esa dirección fueron conscientes e intensos, dejamos al lector la potestad de juzgar los límites que todavía subsistan de ese involucramiento personal con el poder universitario.

Capítulo I

El Estado de la cuestión, nuestra propuesta de periodización histórica y el recorte del objeto

La interrogación general de esta investigación, orientada a comprender las características del poder universitario y, dentro de éste, el peso de los rectores y el papel del CIN, nos trasladó, en primer lugar, a preguntarnos acerca de las características específicas de la institución donde el mismo se desenvuelve y cobra sentido: la universidad. Desde distintos cristales, varios marcos analíticos intentaron comprender las características del funcionamiento de la universidad y los procesos y lógicas que en y sobre ella operan. La lectura crítica y selectiva de dos de ellos fue la base para construir el marco analítico de esta investigación: las *teorías de las organizaciones*, con varios autores relevantes y, por otra parte, la *teoría de los campos* de Pierre Bourdieu. Como veremos en lo que sigue, elegimos la reflexividad del segundo marco analítico sobre la mirada sistémica y enfocada en la dinámica interna de los primeros. Analizamos también los estudios comparativos de la educación superior que se desarrollaron en los últimos años para construir una descripción lo suficientemente *densa* que pueda dar cuenta de la especificidad de la universidad argentina y las relaciones de poder que en ella anidan.

Los autores que, desde la teoría de las organizaciones, se han dedicado a analizar la universidad, procuran establecer la distancia y diferencias que separan a este tipo de organización de otras como el Estado o las empresas. En esta línea, promediando los años setenta, autores como *Víctor Baldridge, David Curtis, George Ecker y Gary Riley*, analizaron las características de las organizaciones académicas, concluyendo que tienen varias características institucionales únicas: fines ambiguos (intensamente discutidos), usuarios que exigen participar en el proceso de toma de decisiones, tecnología compleja (holística y a su vez adaptable a las necesidades individuales) y, finalmente, cada vez más vulnerables a su entorno. Para estos autores, el carácter de un sistema institucional tan complejo no es asimilable al funcionamiento normal de la burocracia. Una burocracia estándar implica estabilidad, líneas claras de autoridad, estricto comando jerárquico y una organización cohesionada con fines claros. En cambio, las organizaciones académicas tienen líneas de autoridad poco claras, empleados profesionales que requieren autonomía en su trabajo, están fragmentadas y sus fines son variables (Baldridge, Curtis, Ecker y Riley, 2002).

En esta misma línea, *Michael Cohen y James March* describen a la universidad como una organización cuyo funcionamiento es compatible con una anarquía organizada, un sistema con poca coordinación central y control. En la anarquía universitaria cada individuo toma decisiones autónomas: los docentes deciden si enseñan, cuándo y qué enseñar, los estudiantes deciden si aprenden, cuándo y qué aprender, los legisladores y donantes deciden si aportan, cuándo aportar y qué. No se practica ni coordinación ni control. Los recursos son asignados por procesos emergentes pero sin explicitar los acuerdos para ello y sin explicitar la referencia a algún fin de rango superior. Las decisiones del sistema son una consecuencia producida por el sistema pero sin que nadie las proponga y sin que nadie las controle (Cohen y March, 1974).

"Las anarquías organizadas son organizaciones caracterizadas por preferencias problemáticas, tecnología poco clara y una participación fluida. Estudios recientes sobre universidades, una forma familiar de anarquías organizadas, sugiere que estas organizaciones pueden ser vistas, para algunos propósitos, como una colección de decisiones buscando problemas, asuntos y sentimientos buscando situaciones de decisión, en las cuales ellas puedan ser ventiladas, soluciones buscando asuntos para los cuales sean una respuesta, y hacedores de decisiones buscando trabajo…" (Cohen, March y Olsen, 2011:249).

Sin llegar a postular esta idea de "anarquía organizada", otros estudios retratan a las universidades como organizaciones sumamente complejas de gobernar y sostienen que, lejos de la idea de comunidad universitaria, lo que caracteriza a esta organización es su débil articulación, constituyendo un sistema flojamente acoplado, donde las diferentes partes funcionan con alta independencia y sin un centro real para la toma de decisiones (Weick, 1976). Estas teorías serán retomadas con nuevo énfasis en los trabajos de Burton Clark, quien actualizará el debate y los análisis sobre la universidad, poniendo el foco en la perspectiva interna de la universidad como organización, priorizando el análisis de la función de producción y reproducción de conocimiento, que, según el autor, daría especificidad a las universidades.

"Desde que la educación superior ha estado formalmente organizada, ha sido una estructura social para el control del conocimiento y la técnica avanzados. Sus materiales básicos son los cuerpos de ideas superiores y habilidades conexas que comprenden la mayor parte de la cultura de las naciones (…) Si puede decirse que un carpintero anda con un martillo buscando clavos que clavar, entonces puede afirmarse que un docente

anda con un atado de conocimientos buscando formas para aumentarlos o para enseñárselos a otros. Como quiera que sea definido, en forma amplia o restringida, el conocimiento es el material. La investigación y la docencia son las tecnologías principales" (Clark, 1991:11-12).

Para Clark, el conocimiento es la materia prima central de las universidades y los procesos históricos y sociales que las atraviesan tienen injerencia más bien a la hora de pensar en los "sistemas nacionales de educación superior". La producción, conservación y transmisión de conocimientos definen el núcleo central de los sistemas de educación superior. Las características del conocimiento (sin límites de expansión, especializado y autónomo) determinan el modo en que son ordenadas las tareas y las actividades principales, las normas y valores de los actores, la distribución de la autoridad y la capacidad de innovación y cambio organizacional. La unidad organizacional sobre la que se articula toda la institución, en su base, es una disciplina del conocimiento, lo cual determina que la jerarquía de organización del trabajo académico sea *plana y flojamente acoplada*. Cristian Cox y Hernán Courard afirman que para una mirada como la de Clark, más allá de las variaciones nacionales y temporales de los sistemas, la estructuración del trabajo académico corresponde a la imagen de un conjunto de células correspondientes a distintas especialidades (química, literatura, economía) articuladas en forma suelta al nivel operacional y con pocas instancias superiores de coordinación. Se trata de células autorreguladas en el *punto de producción*, que es intensivo en conocimiento, poco controlable en forma directa desde fuera de los equipos del caso y cuyo principio típico de funcionamiento interno es el de un grupo de pares. En esta línea, los autores mencionados afirman que la configuración de las relaciones de control o autoridad en los sistemas académicos replica de alguna manera la configuración de la organización del trabajo. En comparación con empresas productivas y otros tipos de organizaciones burocráticas, las organizaciones académicas son sistemas de base pesada, es decir, espacios donde el control sobre los procesos que constituyen la función esencial se encuentra localizado de modo fundamental en la base constituida por las unidades operacionales productoras-reproductoras de conocimiento. Si esta base es fragmentada en tantas instancias como disciplinas y subdisciplinas articula una institución dada, entonces el poder y la autoridad estarán, en la base del sistema, difundidos y fragmentados (Cox y Courard, 1994).

Clark fue uno de los primeros autores en preguntarse por los vínculos entre estas organizaciones académicas en un mismo país y por el impacto de las regulaciones estatales sobre estas organizaciones. Propuso el difundido triángulo de coordinación como marco analítico clave para comprender el funcionamiento de los Sistemas Nacionales de Educación Superior (SNES). Este modelo de coordinación sistémica (en cuyos vértices aparecen situados el Estado, las oligarquías académicas y el mercado) aportó un esquema potente para comparar SNES en distintos países, identificando distintas formas de coordinación según el peso específico de las relaciones entre estos tres componentes (Clark, 1991). Al examinar los modos de regulación que estructuran la coordinación entre los tres niveles en cada país, describe Clark: *"un cierto orden aparece en cada parte: son las disciplinas las que unen a los universitarios, mientras que las universidades reúnen simbólicamente a sus diferentes especialistas y las estructuras burocráticas de los ámbitos local y nacional producen códigos y regulaciones uniformes. Y las formas nacionales de autoridad que pueden ser burocrática, política u oligárquica contribuyen a la integración de un conjunto"*[1] (Clark, 1983:136). Cada vértice representa un tipo ideal de integración: uno corresponde a la autoridad pública (sea ésta política o burocrática), otro a la oligarquía universitaria y el tercero al mercado. Cada país tiene una forma particular de combinación de estos vértices y puede ser clasificado en un modelo de coordinación en función de su mayor o menor proximidad respecto de cada tipo ideal. Treinta años después de publicada esta obra de Clark, este triángulo sigue siendo un punto de referencia para dar cuenta de los mecanismos de integración de los modelos nacionales de enseñanza superior.

Una de las críticas más sólidas llegó de manos de Christine Musselin, para quien este triángulo de coordinación se basa en una representación a la vez demasiado jerarquizada y demasiado estrecha de los tres "mundos". Demasiado jerarquizada *"porque el nivel macro [...] constituye el principio superior que organiza el nivel intermedio, el nivel de los establecimientos. En consecuencia, [...] cuando la integración se produce a través del mercado, las universidades son instituciones autónomas que compiten la una con la otra; cuando se produce a través de la oligarquía profesional, no son más que su reflejo y no tienen ninguna existencia institucional; cuando es estatal, constituyen apéndices burocráticos de la administración central"* (Musselin, 2001:24). Por ello, para la autora el modelo propuesto por Clark no permite dar cuenta del hecho de que los principios de integración del nivel intermedio (las universidades) no son necesariamente los mismos que los del nivel de base (los universitarios).

Digamos, además, que el triángulo de Clark no admite el tratamiento de las relaciones de poder que atraviesan esos "vértices". A diferencia de las teorías sistémicas, para Bourdieu, el campo no es un espacio autorregulado, sino una trama de relaciones objetivas entre posiciones. Esas posiciones se definen objetiva-

---

[1] La traducción es nuestra.

mente en su existencia y en las determinaciones que imponen a sus ocupantes, agentes o instituciones, por su situación actual y potencial en la estructura de la distribución de las diferentes especies de poder (o de capital), cuya disposición comanda el acceso a los beneficios específicos que están en juego en ese espacio (Bourdieu, 1997). A diferencia de la noción de sistema, el campo no tiene cohesión interna, no es autosuficiente porque es un juego abierto, con fronteras dinámicas. Esa frontera es en sí misma objeto de discusión (en relación con el recorte del objeto) y de disputa (nos referimos a las disputas "nativas" en torno de las clasificaciones de los mismos agentes del campo). En el caso de nuestro objeto de estudio: lo que en la Argentina se denomina "sistema universitario" es una categoría "nativa" cuyas fronteras son ambiguas: a veces hace referencia únicamente a las universidades públicas y en otras se incluye a las universidades privadas, considerando a todas las universidades, sin prestar atención a las diferencias fundamentales que operan en el mundo universitario público y en el privado. Por eso, a lo largo de este libro, cuando aparece la noción de "sistema universitario" aparecerá entrecomillado, en referencia a las clasificaciones de los agentes del campo.

El campo universitario, como categoría analítica, en nuestro caso se compone de instituciones públicas, las universidades nacionales, que son el foco particular de nuestra atención en este trabajo, y de agentes, los profesores, investigadores, estudiantes, graduados, el personal administrativo y las autoridades de esas universidades. Aunque poseen autonomía institucional y autarquía, están relacionadas entre sí mediante diferentes redes y organizaciones: el consejo de rectores, los consejos de decanos y asociaciones de facultades, el movimiento estudiantil, los gremios docentes. Pero, además, están unidas por lo que Bourdieu llama una *illusio,* una libido específica que comparten los agentes que participan de un campo y que se constituye en la búsqueda del reconocimiento de los pares (Bourdieu, 1999). Esa libido que les hace "jugar el juego" a los universitarios y universitarias argentinos/as se sintetiza en la idea compartida de una universidad que se autodefine como autónoma, pública, laica, cogobernada y gratuita, retomando ejes de la histórica tradición reformista argentina.

En este contexto, el concepto bourdiano de "autonomía" requiere de algunas precisiones que nos permitan distinguir entre la autonomía institucional de cada universidad y la autonomía del "campo universitario" (universidades de gestión estatal), esta última pensada como una frontera que la separa del campo burocrático-estatal y otros espacios del campo del poder. En el equipo de investigación del que formo parte, el Programa de Investigaciones sobre dependencia académica en América Latina (PIDAAL), dirigido por la Dra. Fernanda Beigel (CONICET-UNCuyo) se ha reflexionado mucho sobre esta frontera en países como Argentina y Chile, dado que se trata de un espacio complejo y dinámico, caracterizado por la "elasticidad" de la autonomía, en función de dos elementos que actúan sobre las instituciones individuales y sobre el campo: la politización y las recurrentes intervenciones militares (Beigel, 2010). En el nivel más básico (institucional), las fronteras del campo se expandieron con el tiempo, a raíz de la creación de nuevas universidades, y se contrajeron, a raíz de las intervenciones militares. Las dictaduras tendieron a instalar aranceles y restringir el ingreso de alumnos a través de exámenes eliminatorios. Además, éstas produjeron recambios o reemplazos de agentes que modificaron las relaciones de poder en cada institución, entre las universidades y con respecto al Estado.

El segundo nivel de la autonomía, que también impacta en los corrimientos de fronteras es la *illusio* y el capital simbólico en juego. Dado que desde la Reforma Universitaria de 1918 la idea de universidad se construyó al mismo tiempo que la institucionalización del campo y la consolidación del cogobierno, el *prestigio institucionalmente reconocido* se convirtió en uno de los capitales simbólicos más importantes en juego; inclusive en los períodos de radicalización política que favorecieron la tendencia a "tomar" las instituciones por asalto (Beigel, 2010). En la construcción de la *illusio* académica, no solo pesan las disciplinas y el prestigio científico propiamente, sino un aspecto más transversal de la profesión académica: la relación entre docencia e investigación. Como veremos más adelante, las universidades argentinas se desenvuelven más en la función docente que como productoras de conocimiento y el Consejo Nacional de Investigaciones Científicas y Técnicas (CONICET) es el organismo que canaliza la carrera de investigación, con grados dispares de articulación con las universidades. Las dictaduras militares, otra vez, y en especial la última (1976-1983), fueron determinantes para que se produjera una tensión entre investigación y docencia.

Ahora bien, dada la "elasticidad" de la autonomía, el peso de las intervenciones militares, la politización y la larga tradición reformista, ¿cuáles son los capitales en juego en el campo universitario argentino? ¿Qué especificidad tienen las relaciones de poder que funcionan en su seno? Para Bourdieu, los capitales en juego en el campo universitario son básicamente dos: el capital científico y lo que denomina el "poder universitario". En su *Homo academicus*, el sociólogo francés analiza este último como una forma de "politización" que aparecía motorizada por conflictos de interés en torno a las posiciones ocupadas en el campo. Observaba, así, una forma de capital específicamente político, que se distinguía de un capital de *autoridad propiamente científica* (Bourdieu, 2008). El poder universitario puede ser acumulado por caminos que no son estrictamente científicos (o sea, en especial, a través de las instituciones que conlleva). Esto genera un "principio burocrático de poderes temporales sobre el campo científico", como los de ministros y ministerios, decanos, rectores o administradores científicos. Finalmente, para Bourdieu "cuanto más autónomo es un campo, más se diferencia la jerarquía basada en la distribución del capital científico, hasta tomar una forma inversa de la jerarquía basada en el capital temporal" (Bourdieu, 2003:103). Como veremos, esta noción de autonomía es discutible, pero en cualquier caso se trata de una forma de poder y un tipo de capital propiamente universitario.

En nuestro equipo de investigación hemos sumado una tercera forma de capital en juego en este espacio, el *capital militante* (Poupeau y Matonti, 2004), que tiene particular incidencia en el movimiento estudiantil y que no se presenta como un fenómeno aislado sino como un aspecto central de las relaciones de poder universitario y la "gobernabilidad" de las universidades argentinas. Por eso resulta fundamental discutir qué se entiende por politización y qué de "extraño" o ajeno tiene ello en el campo universitario nacional. Entre quienes trabajan con el marco metodológico de Bourdieu en América Latina, se ha naturalizado una suerte de "ley" acerca del funcionamiento del campo académico en el que rige una relación inversamente proporcional entre autonomía científica y "politización". En esta perspectiva, la "politización" aparece como una disrupción que "desnaturaliza" o menoscaba una *illusio* que se espera encontrar desprovista de toda contaminación. En algunos casos, esa "pureza" académica se convierte en un proyecto, de inspiración profesionalizante, que refuerza la idea de que es deseable y posible desterrar los recursos "extra-científicos" y los agentes "extraños" al campo. Como toda dicotomía abstracta, argumenta Beigel (2010), la oposición politización/autonomía contribuye a confundirlo todo un poco más. En este trabajo intentaremos mostrar que en el campo universitario argentino se produjeron *procesos de politización relativamente autónomos* que dan forma específica a las disputas del "poder universitario" porque reconfiguran los enfrentamientos partidarios del campo político argentino. Nos referimos específicamente a las prácticas del Consejo Interuniversitario Nacional y a la aparición del "poder rectoral", un fenómeno que reestructuró la frontera entre el campo universitario y el campo burocrático estatal en la Argentina durante las últimas tres décadas. La novedad que aporta el hecho significativo de que desde 1999 todos los secretarios de Políticas Universitarias han sido ex rectores y activos miembros del CIN, es que ese poder propiamente universitario se reconvirtió en un capital político valioso en el ámbito estatal.

Los estudios sobre el poder universitario y la coordinación universitaria en la Argentina

La producción de conocimientos sistemáticos y reflexivos sobre educación en la Argentina ha crecido cuantitativamente y se ha diversificado institucionalmente desde la reapertura democrática de 1983. Palamidessi, Suasnábar y Galarza sostienen que en el último período estos estudios han traspasado los límites de su asiento tradicional en las universidades y en las oficinas estatales de planeamiento. Se han sumado nuevos agentes y agencias y se multiplicaron los espacios donde se crea y difunde conocimiento sobre educación (universidades públicas y privadas, institutos y centros de investigación, agencias gubernamentales, *think tanks*, consultoras, ONG (Palamidessi, Suasnábar y Galarza, 2007). Por otra parte, los avances en la estandarización de las estadísticas educativas a nivel nacional, regional e internacional, favorecieron estudios estructurales que analizan el desarrollo educativo de la región y en cada país. Específicamente en el caso de la educación superior, estas investigaciones se han multiplicado junto con los procesos de regionalización. Nos referimos particularmente a los informes sobre la educación superior en América Latina y el Caribe, realizados en el Instituto Internacional para la Educación Superior en América Latina y el Caribe (IESALC-UNESCO).

En el caso de la Argentina, los trabajos de Daniel Cano y Augusto Pérez Lindo, inaugurarán, en 1985, la publicación de trabajos sobre educación superior desde una perspectiva académica inscripta en las tradiciones de la investigación social, los cuales producirán abundantes estudios sobre distintos aspectos de la universidad argentina (Krotsch, 2009). En el marco de fuertes conflictos y tensiones vinculadas a las demandas de mayor democratización en la universidad, una nueva línea de trabajo ha ido avanzando. Nos referimos a las investigaciones que se interrogan por las formas del poder en la universidad, calidad y cantidad de la representación, mecanismos de elección de los representantes, el proceso de toma de decisiones y las estrategias de construcción de consenso y gobernabilidad. Al respecto, podemos destacar los trabajos de: García de Fanelli (1998, 2001); Chiroleu (2001); Stubrin (2001); Bianco (2001, 2002); Unzué (2008); Naishtat y Toer (2005); Mazzola (2006); Kandel (2005, 2011); Del Bello y Del Bello (2007); Samoilovich (2008); Atairo (2011); Atairo y Camou (2011); Pérez Rasetti (2011); Nosiglia (2011); Acosta, Atairo y Camou (2015) y Unzué (2017).

Vinculados a los ejes temáticos arriba mencionados, un conjunto más reducido de trabajos se abocará al estudio específico de alguno de los distintos órganos de coordinación que, previos o determinados por la nueva alineación universitaria post 90, interactuarán en el nuevo mapa de la política universitaria argentina.

Ello en el sentido de que, en lo que respecta a la coordinación universitaria, la LES posibilitó nuevas formas de gestión y coordinación del sistema, multiplicando los espacios de gobierno y la toma de decisiones. A los tradicionales organismos de intermediación (CIN y CRUP) se agregaron el Consejo de Universidades (CU) y los Centros Regionales de Planificación de la Educación Superior (CPRES). No obstante la complejidad creciente del rol de los órganos de coordinación, pocos trabajos han avanzado en analizar las tensiones crecientes y su papel en el nuevo escenario de la política universitaria. Entre los que hemos tenido acceso, enfocados desde una perspectiva de análisis general sobre las transformaciones de la coordinación universitaria y su impacto en la autonomía, podemos mencionar: Nosiglia (2004), Domínguez (2006) y Nosiglia y Mulle (2009, 2015). También González (2011) y Nosiglia, Tríppano y Diodati (2009), referidos al funcionamiento de los Consejos Regionales de Planificación de la Educación Superior (CPRES) y del Consejo de Universidades, respectivamente. Ahora bien, respecto a trabajos que tengan como objeto de estudio *específicamente* el Consejo Interuniversitario Nacional (CIN), su dinámica de funcionamiento y su papel en la política universitaria, el cual constituye el centro de nuestro interés en la presente investigación, solo hemos podido consultar dos trabajos referidos particularmente a esta temática. Nos referimos a: Nosiglia y Mulle (2012) y Rodríguez (2011). Los resultados de las investigaciones realizadas por el equipo de investigación coordinado por María Catalina Nosiglia e integrado, entre otros, por Verónica Patricia Mulle, Sergio Tríppano y Mariano Diodati, han sido un insumo relevante para nuestra investigación. Sus trabajos indagarán sobre las transformaciones ocurridas, a nivel de los distintos órganos de coordinación universitaria, ante los cambios impulsados en los años 90, en especial a partir de la sanción de la LES, intentando verificar su impacto en la autonomía universitaria. En el caso del CIN, el trabajo estará orientado a determinar su papel en las políticas universitarias, realizando para ello un análisis de sus normativas y resoluciones en el período 1991-2008. Observarán que el período de mayor dinamismo del órgano se produce entre 1991 y 1996, momento en que la producción de normas comparte dos características: ser más contestatarias y tender a la generación de espacios de debate de las políticas. Sostienen que el posicionamiento que adopta el CIN respecto de los temas debatidos es preeminentemente la adaptación o el rechazo a las políticas implementadas, y no su proposición. Aunque en su comienzo se denote un mayor impulso para erigirse en organismo proactivo en la generación de políticas autorreguladas, luego de la sanción de la LES Nosiglia y Mulle consideran que su rol se vio limitado y sus normas respondieron a requerimientos de políticas que ya no se discutían, sino que se convalidaban. En dicho trabajo concluirán que, tras la sanción de la LES, la distribución del poder cambió, permitiendo que el PEN fortalezca su capacidad de normar e implementar políticas y que los cuerpos de rectores se debilitaran tornándose poco proactivos en la producción de políticas autorreguladas (Nosiglia y Mulle, 2012). En este trabajo procuraremos mostrar una hipótesis diferente que, sin desconocer el fortalecimiento del campo burocrático estatal, otorga un rol distinto a los rectores y al CIN, en el sentido de que fueron agentes activos en la implementación de las políticas del período, en un proceso que hemos denominado *heteronomía concertada* que combinó comportamientos defensivos y adaptativos.

Junto con los trabajos de María Catalina Nosiglia, cabe mencionar el valioso trabajo de Laura R. Rodríguez (2011), quien realizara una minuciosa investigación sobre la generación del "modelo de pautas objetivas" del CIN, en el marco de una indagación más general sobre las posibilidades de este consejo de intervenir en las políticas sectoriales del período 1989-2003. Para la autora, durante el período mencionado, el CIN no desplegó en forma consistente sus recursos (alianzas, acciones, etc.) y así intentar neutralizar el impacto de la política oficial. La perspectiva estratégica apareció y desapareció al ritmo de la pulseada con el gobierno. De esta manera, su defensa de la integridad de planeamiento y presupuestación, su reivindicación como espacio de decisión, sus intentos de resituar políticamente las herramientas de financiamiento y abogar por la transparencia presupuestaria, tiene lugar cuando más fuerte es la presión del PEN, para diluirse cuando la misma se debilita. La erosión creciente del poder del CIN para incidir activamente en la definición de los objetivos, metas e instrumentos integrantes de la política de financiamiento (favorecida por su fragilidad organizativa, su amenazada legitimidad de representación y el predominio de una actitud reactiva) limitaron su capacidad para aportar una visión de conjunto a las perspectivas institucionales, así como su posibilidad de ser reconocido como espacio de referencia para el debate y la generación de un proyecto común. Concluirá que los cuestionamientos, de variada índole y en el marco de la creciente heterogeneidad y complejidad sectorial, lesionaron el papel coordinador del CIN (Rodríguez, 2011).

El recorte del objeto: los rectores y el CIN. Su pertinencia para intervenir en la política universitaria

A lo largo del libro focalizamos nuestra mirada en una institución, el CIN, y una serie de agentes que se encuentran en la frontera entre el campo universitario y el Estado, entre las universidades nacionales y las políticas públicas dirigidas a este sector: los rectores de las universidades públicas de gestión estatal. No se trata de un recorte que antojadizamente deja a un lado el mundo universitario privado sino que se basa en el peso que este sector tiene dentro de la educación superior en Argentina. El campo académico argentino en general es un espacio predominantemente estatal, altamente dinámico y profesionalizado: el sector público concentra más del 70% de todas las actividades científicas y tecnológicas del país y solo el resto se desarrollan en universidades o compañías privadas (Beigel, 2015). Contando las recientemente creadas, hay 65 instituciones universitarias de gestión estatal y 63 de gestión privada, pero las instituciones de gestión estatal albergan el 77% de los estudiantes de grado. Los investigadores del CONICET y las universidades públicas son responsables del 90% de todas las publicaciones científicas argentinas (Lugones y otros, 2010).

Tabla 1

Evolución de las Instituciones Universitarias por sector de gestión (1985-2015)

Año	Total	Gestión Estatal Nacional	Gestión Estatal Provincial	Gestión Privada	Estudiantes gestión pública	Estudiantes gestión privada	Total Estudiantes
1985	49	26	1	22	587.657	76.543	664.200
2000	90	41	—	49	1.138.503	201.277	1.339.780
2015	131	65	3	63	1.459.585	423.947	1.883.532

Fuente: Elaboración propia en base a Anuarios de Estadísticas Universitarias, años 1985, 2004, y Síntesis Estadística 2003-2015, ME-SPU.

Las universidades nacionales se distinguen por su antigüedad, tamaño y prestigio, pero se rigen por una lógica de funcionamiento semejante: cogobierno, movimiento estudiantil activo, financiamiento estatal. Los rectores de estas universidades y el consejo que los nuclea tienen una capacidad de incidir en la configuración de la agenda de las políticas públicas para este sector y en su posterior instrumentación, que es inconmensurable en relación con la incidencia de los rectores de universidades privadas, nucleados en otro consejo. En términos de Acosta (2009) son actores estratégicos, que "han ganado el derecho de hablar por otros actores" y que inciden en la tematización de las políticas que es en definitiva un asunto de poder. Por ello, como veremos, el papel del CIN y de los rectores ha ido variando según el contexto político, las relaciones de poder y la morfología del campo. Pero, al mismo tiempo, comprobamos que la alianza de los rectores peronistas y radicales no fue una acción aislada o esporádica y que se estabilizó cada vez más a lo largo de estos últimos treinta años de democracia. El CIN se institucionalizó, así, como un agente relevante de la política universitaria, por momentos definiendo la formulación de las políticas; en otros, siendo parte relevante de su implementación y, desde 1999 hasta hoy, como fuente de reclutamiento de cuadros técnico-políticos para conducir la Secretaría de Políticas Universitarias.

A lo largo del libro veremos en detalle cuál fue el papel del CIN en cada etapa, pero conviene aquí comenzar planteando un primer interrogante que tiene que ver con el *status* legal del consejo y su pertinencia para incidir en la política universitaria. En este sentido, la Ley de Educación Superior, en su artículo 70 establece:

"Corresponde al Ministerio de Cultura y Educación la formulación de las políticas generales en materia universitaria, asegurando la participación de los órganos de coordinación y consulta previstos en la presente ley y respetando el régimen de autonomía establecido para las instituciones universitarias"[2].

A su vez, define como órganos de coordinación y consulta del sistema universitario, en sus respectivos ámbitos, al Consejo de Universidades, el Consejo Interuniversitario Nacional, el Consejo de Rectores de Universidades Privadas y los Consejos Regionales de Planificación de la Educación Superior. Por otra parte, el CIN forma parte del Consejo de Universidades, quien, según la mencionada ley, tiene como funciones:

"…a) Proponer la definición de políticas y estrategias de desarrollo universitario, promover la cooperación entre las instituciones universitarias, así como la adopción de pautas para la coordinación del sistema universitario…"[3].

Finalmente, de acuerdo a su estatuto el CIN tiene, entre otras, las funciones de:

"……Elaborar propuestas de políticas y estrategias de desarrollo universitario, incluida la coordinación de las políticas comunes a las instituciones universitarias que lo integran.

…Analizar los problemas de la educación general y universitaria en la República Argentina, y formular propuestas a los poderes públicos.

…. Analizar los problemas de la educación general y universitaria en el mundo, y en especial en América Latina, y formular propuestas de intercambio e integración académica."[4]

En virtud de lo expuesto, el hecho de ser parte integrante del Consejo de Universidades, ámbito que tiene entre sus funciones *definir políticas de desarrollo uni-*

---

[2] Ley 24521, art. 70.
[3] Ley 24521, art. 72.
[4] Estatuto del CIN. Acuerdo Plenario 953/2015. Buenos Aires, 20 de mayo de 2015.

versitario (art. 72 LES), ser uno de los organismos de coordinación que el Ministerio de Educación debe consultar en la formulación de políticas universitarias (art. 70 LES) y, finalmente, por la propia definición de su estatuto de funcionamiento, el CIN tiene *status* jurídico y pertinencia política para intervenir en la formulación de políticas universitarias, en un todo de acuerdo con la legislación vigente. Por otra parte, la autonomía y la autarquía de las instituciones universitarias permiten que una amplísima agenda de temas puedan ser abordados a partir de políticas propias, autorreguladas, desde el momento que tanto la política académica, incluyendo los formatos de su organización (departamento, cátedras), la oferta académica, políticas de ingreso de los alumnos, de ingreso y promoción de los docentes, relativas al gobierno universitario, articulación interuniversitaria, relaciones internacionales, investigación, extensión, por nombrar solo algunas, dependen de regulaciones autónomas de las propias universidades, las que además tienen los resortes centrales para su efectiva realización.

El péndulo entre la preservación de la autonomía individual de las universidades y la coordinación del campo universitario para formular políticas "como bloque" ante el campo burocrático estatal fue un asunto de discusión en el momento fundacional, con la creación del CIN en 1985. En aquel entonces, la decisión del carácter *no vinculante* de sus resoluciones para sus miembros arrojó una ambivalencia explícita sobre los fines de la institución que se preserva hasta nuestros días. Sin embargo, esto no implica que se trate de una organización "híbrida", como postula Acosta (2000) para la ANUIES en México, dada la homogeneidad de sus miembros y la capacidad que han tenido para construir, *hacia adentro*, un espíritu de cuerpo y un consenso político sólido, y *hacia afuera*, generar la convicción de que las universidades solo son gobernables con el acuerdo de los rectores.

Nuestra propuesta de periodización histórica del CIN

Aunque comenzamos este trabajo sumergiéndonos en los antecedentes de la coordinación universitaria en la Argentina, el recorte histórico central de nuestra investigación transcurre, en sus extremos, entre la recuperación democrática iniciada en 1983 y la conclusión del intenso proceso político generado por los gobiernos kirchneristas (fines de 2015). Siguiendo la ruta de los Acuerdos Plenarios, las resoluciones de presidente y del Comité Ejecutivo, y las políticas universitarias impulsadas e implementadas, en este trabajo sostenemos que el CIN tendrá una considerable incidencia política en las distintas etapas de la política universitaria argentina, entre 1985 y 2015. En los treinta años que recorre nuestra periodización y en función de los distintos contextos, las orientaciones, la evolución de sus consensos internos y sus intervenciones en la política universitaria, hemos identificado tres etapas en la dinámica política e institucional del CIN, las cuales presentamos sintéticamente en el Cuadro 1.

Cuadro 1
Periodización histórica del CIN (1985-2015)

	Contexto político-institucional	Etapa universitaria/ Agentes	Caracterización de la Etapa/ Autonomía del campo	Instituciones universitarias de gestión estatal	Bloques políticos internos del CIN
1985-1990	Retorno a la democracia Normalización	CONGRESO/ GOBIERNO NACIONAL/ CIN	**AUTONOMÍA FRAGMENTADA**	26	Hegemonía radical
1990-2001	Ajuste neoliberal Estado evaluador Crisis estructural	GOBIERNO NACIONAL/ SPU CIN	**HETERONOMÍA CONCERTADA**	41	Surgimiento del bloque justicialista Alternancia radical-peronista
2002-2015	Estado pos-neoliberal kirchnerismo	SPU/CIN CONGRESO/ GOBIERNO NACIONAL/ GOBIERNOS LOCALES	**AUTONOMÍA CONSENSUADA EXPANSIÓN HETERÓNOMA**	65	Alternancia radical-peronista

La primera etapa (1985-1990) se inicia con la creación del CIN en diciembre de 1985, aunque su funcionamiento comenzó en junio de 1986. En esos años, ingentes fueron los esfuerzos por delimitar las pertinencias y espacios entre los distintos campos y agentes que, en la naciente democracia, interactuaban en torno a la cuestión universitaria. Con la creación del CIN, que para el relato reformista autonómico era el ámbito natural para la formulación y definición de la política universitaria, se ponía en marcha un proceso instituyente que otorgaba a los rectores, representantes de cada una de las universidades ante el consejo, un peso relevante en la decisión de los destinos del campo universitario. Esta decisión no solo estaba sostenida sobre las bases doctrinarias del reformismo sino también sobre la confianza que otorgaba el hecho de que los rectores elegidos democráticamente, y parte sustancial del resto de los actores con peso sobre la universidad, pertenecían en su gran mayoría al radicalismo. Esta fusión entre el poder político y el poder universitario fue prácticamente única en la historia reciente, otorgándole singularidad al primer período. Hemos caracterizado la política universitaria de esta etapa como de *autonomía fragmentada* porque, en los inicios del CIN, los rectores, para poder funcionar como cuerpo, optaron por sobreponer las autonomías individuales de cada universidad a la posibilidad de producir políticas vinculantes para el conjunto.

La segunda etapa (1990-2001) se inicia con la asunción al gobierno de Carlos Menem en julio de 1989 y el Plenario del CIN en Río IV a principios de 1990. En dicho plenario el CIN llamará a la constitución de la *Asamblea de la Universidad Nacional* para la defensa de la universidad pública, denotando el cambio del tono de la agenda de trabajo y el final de la etapa de equilibrio entre las distintas fuerzas operantes sobre el campo universitario. El equilibrio entre el *gobierno*, *rectores* y *Congreso* que había caracterizado el período anterior fue desafiado y, finalmente quebrado, en favor del campo burocrático estatal, determinando una nueva alineación donde los pesos relativos de los campos y agentes vinculados a la política universitaria estarán en permanente disputa. En un contexto internacional y regional de reformulación de las relaciones entre el Estado, el gobierno y la educación superior, el cambio de fuerzas comenzó a dibujarse a inicios de 1990 y se terminó de delinear a partir de 1993 con la creación de la Secretaría de Políticas Universitarias y el ritmo de gestión que le impuso a la misma su primer secretario, Juan Carlos del Bello. Inserto en un clima de época de retroceso del Estado como ordenador de la vida social, el CIN procuró contrarrestar el discurso crítico hacia la universidad pública, articulando los distintos actores educativos implicados en su defensa, y, junto con ello, desplegando acciones adaptativas orientadas a preservar los espacios de injerencia y poder que los parámetros políticos de la década anterior le habían otorgado. En el marco del nuevo paradigma, el CIN y los rectores fueron agentes activos en la implementación de las políticas universitarias del período, en un proceso que hemos denominado de *heteronomía concertada*. Ello no significa que el CIN no tuvo un rol crítico y defensivo durante los gobiernos de Carlos Menem y Fernando de la Rúa. La posición reactiva del CIN se verifica, efectivamente, en los conflictos respecto del presupuesto, las demandas salariales y la oposición al arancelamiento. Pero el examen de los acuerdos plenarios, resoluciones, actas y documentos de la época nos permitirá observar que, junto al núcleo conflictivo mencionado, el

CIN sostuvo una vocación de acuerdo y trabajo en conjunto con la SPU sobre temas centrales de la agenda del período. En esta etapa ocurre la elección por primera vez, y desde allí sostenidamente, de Secretarios de Políticas Universitarias que serán rectores, o ex rectores, miembros activos del CIN, en su gran mayoría ex presidentes del organismo.

La crisis de 2001-2002 fue la bisagra que abriría la tercera etapa (2002-2015). En el gobierno de Eduardo Duhalde la prioridad de la política universitaria fue la gobernabilidad, sentando las bases de un nuevo tipo de relación entre el gobierno y las universidades. Con la asunción de Néstor Kirchner, la recuperación financiera de las universidades y una política de acuerdo y consenso caracterizarán la agenda de la década siguiente, durante las gestiones en la SPU de Juan Carlos Pugliese, Daniel Malcolm, Alberto Dibbern, Martín Gil y Aldo Caballero. Mientras el CIN, los rectores y los consejos de decanos participaron activamente en un nuevo espacio burocrático estatal de "múltiples ventanillas" y financiamiento fluido, veremos que esta nueva situación arrojó, además, otra novedad: la bifurcación de *dos políticas*, una conducida por la entente entre el CIN y la SPU, con predominio de una lógica autonómica tradicional y búsqueda de gobernabilidad y otra canalizada por el Congreso, el gobierno nacional y los gobiernos locales. Esta segunda política, que hemos caracterizado como *expansión heterónoma*, estará basada en la expansión de la educación superior mediante la creación de nuevas universidades como parte de una política de ampliación de derechos y de creación de espacios de construcción política territorial. Esta política era compatible con el proyecto político del gobierno, pero entraba en contradicción con los objetivos del CIN y de las universidades existentes, que veían con recelo la apertura de nuevas demandas presupuestarias mientras, además, se amesetaba la matrícula de las universidades tradicionales. Por eso veremos que el CIN se opuso a la creación de la gran mayoría de estas nuevas instituciones, manifestando, así, una tensión que fue abriendo una bisagra entre las dos caras de la política universitaria del kirchnerismo.

Capítulo II

El complejo proceso de institucionalización de un espacio de coordinación universitaria en la Argentina

En gran medida como resultado de la "elasticidad" de la autonomía universitaria, la vida de los Consejos de Rectores en Argentina ha estado marcada por los cambios de gobierno y los golpes militares, movimientos endógenos y exógenos que redefinieron la frontera del campo universitario. En el presente capítulo desarrollaremos los antecedentes de la coordinación universitaria en la Argentina para explorar el complejo proceso de institucionalización de un espacio de coordinación en el país, procurando entender por qué en la Argentina, donde existe uno de los conglomerados universitarios de mayor antigüedad y desarrollo de la región, debieron pasaron cien años entre la primera ley universitaria (1885) y el inicio, con la creación del CIN en 1985, de un proceso de consolidación de un ámbito de coordinación universitaria. La reconstrucción de la historia de la coordinación universitaria y sus principales tensiones nos permitirá comprender, luego, las marcas principales del nacimiento del CIN y su desarrollo en el marco de la recuperación de la democracia y la autonomía universitaria.

De acuerdo a la legislación universitaria previa a 1985, con distintas funciones y atribuciones, existieron cinco ámbitos de coordinación de las universidades públicas de gestión estatal, previos al CIN. Cuatro de esos espacios corresponden a un modelo de coordinación instrumentado a través de un Consejo de Rectores: Consejo Nacional Universitario (1947-1955); Consejo Interuniversitario (1957-1967); Consejo de Rectores (1967-1973) y el Consejo de Rectores de Universidades Nacionales (1977-1983). Un eventual quinto espacio fue el previsto en la ley universitaria del tercer peronismo, ley 20654/74, que si bien establecía que la coordinación estaba a cargo de un *sistema de coordinación interuniversitaria* que dependería del Ministerio de Educación, menciona un *organismo* responsable de distintas funciones.

Cuadro 2
Órganos de coordinación de universidades públicas de gestión estatal previstos en la legislación universitaria argentina en el período 1885-2015

Órgano de coordinación	Período de vigencia y eventual funcionamiento	Ley/Decreto de creación
Consejo Nacional Universitario	1947-1955	Ley 13031/47 y Ley 14297/54
Consejo Interuniversitario	1957-1967	Decreto-ley 7361/57
Consejo de Rectores	1967-1973	Ley 17245/67
(La ley no define nombre)	1974-1976	Ley 20654/74
Consejo de Rectores de Universidades Nacionales	1977-1983	Decreto 391/77
Consejo Interuniversitario Nacional	1985 a la actualidad	Decreto 2461/85

Fuente: Elaboración propia en base a las leyes y decretos mencionados.

El primer antecedente de coordinación universitaria en la Argentina: el Consejo Nacional Universitario (1947-1955)

La primera ley universitaria (ley 1597) fue sancionada en 1885 cuando en el país solo existían dos universidades (Universidad de Buenos Aires y Universidad Nacional de Córdoba) y no preveía un órgano de coordinación universitaria. Según José Luis Cantini, en el intervalo entre esta ley y su sucesora de 1947, abundaron los proyectos para crear un ámbito de coordinación del creciente número de instituciones: el proyecto de ley del presidente Victorino de la Plaza, de septiembre de 1916, para la creación de un Consejo General de Instrucción Universitaria; el proyecto de ley orgánica de la enseñanza del presidente Marcelo T. de Alvear, de septiembre de 1923, que preveía la existencia de un Consejo Nacional Universitario, y un decreto del presidente Agustín P. Justo, de 1935, por el cual se creó un consejo consultivo de universidades (Cantini, 1997).

Será en 1947, durante el primer peronismo y en un clima de tensión creciente entre el gobierno y las universidades, cuando la creación de un órgano de coordinación universitaria aparecerá por primera vez en la legislación general para las universidades nacionales. Parte del campo universitario estaba alineado con el gobierno peronista, y apuntaba hacia una fusión de la concepción de movilización de recursos científicos con la doctrina de la "movilización industrial" impulsada desde los sectores militares nacionales (Hurtado y Busala, 2006). El gobierno intentaba promover cambios en la estructura universitaria orientados a generar las condiciones necesarias para un desarrollo científico-técnico, acorde a lo sugerido por las necesidades del desarrollo nacional, pero contemplando la retórica internacional sobre la ciencia (Pacheco, 2013).

A diferencia de la sintética ley 1597, la ley 13031 reglamentaba detalladamente en sus 119 artículos la dinámica universitaria, estableciendo la designación del rector por el Poder Ejecutivo; la de los decanos por el rector a partir de una terna presentadas por los consejos, y de los docentes por el Poder Ejecutivo, en base a ternas determinadas por concursos. También se establecía la mayoría docente en los consejos, reduciendo la participación estudiantil a un integrante, sin voto. Todo ello en el marco de un diagnóstico negativo acerca de la evolución del conjunto universitario posterior a la reforma del 18, que entendía que dicho proceso había acarreado consecuencias perniciosas de elitización, politización y escisión de la realidad nacional.

"…La reforma universitaria del 18 trajo nuevas ilusiones, pero muy pronto comprobamos cómo en nombre de esa reforma se entronizó otro tipo de política universitaria que no por ser aparentemente más democrática y más abierta dejó de ser menos perniciosa, con el agravante de que las malas prácticas y la corrupción alcanzaron entonces a los alumnos que movidos por la esperanza acababan de incorporarse a la vida activa de la dirección universitaria…". (José Luis Moreno, diputado, informe por la mayoría, 23/07/1947. En Buchbinder, 2014, p. 95).

Aunque en su artículo primero establecía la *"…autonomía técnica, docente y científica"*, la ley expresaba la voluntad del peronismo de redefinir los vínculos Estado-universidad sobre la base del cuestionamiento de los principios de autonomía y cogobierno (Buchbinder, 2014). Si bien los dos proyectos de ley universitaria presentados en el Parlamento –el del Poder Ejecutivo y el del bloque parlamentario radical–, incluían en su articulado un órgano de coordinación, la idea misma de un órgano semejante no fue un tema menor y fue objeto de intensos debates en la comunidad universitaria. *"…El organismo que más oposición generaría entre los profesores y los estudiantes sería el Consejo Nacional Universitario, ente abocado a la coordinación y a la planificación conjunta entre el Estado y la universidad"* (Recalde, 2007:72). En el marco de la compleja relación del gobierno con las universidades, las funciones asignadas y el hecho de que estuviera presidido por el ministro del área eran traducidos como un avasallamiento de la autonomía universitaria, asumiendo que constituiría un ámbito que, lejos de coordinar, serviría para imponer las políticas del Poder Ejecutivo en las universidades.

Luego de un arduo e intenso debate legislativo, promediando 1947, el gobierno promulgó la ley 13031 y con ello la creación del primer órgano de coordinación universitaria en la Argentina, el Consejo Nacional Universitario (CNU), conformado por los rectores de todas las universidades del país (en ese momento Córdoba, La Plata, Buenos Aires, Litoral, Tucumán y Cuyo) y presidido por el ministro de Justicia e Instrucción pública.

Del Consejo Nacional Universitario:

Art. 111º. – Créase el Consejo Nacional Universitario, el que estará constituido por los rectores de todas las universidades del país y será presidido por el Ministro de Justicia e Instrucción Pública.

Art. 112º. – El Consejo Nacional Universitario tendrá los siguientes deberes:

1) Coordinar la obra docente, cultural y científica de las universidades, de modo que consulte los intereses y problemas del país y de cada región universitaria.

2) Asesorar al gobierno en todos los asuntos relativos a la actividad universitaria, especialmente en la creación, supresión o transformación de universidades e institutos superiores.

3) Armonizar y uniformar los planes de estudios, condiciones de ingreso, sistemas de promoción, número de cursos y títulos a otorgar para las mismas carreras.

Fuente: Ley 13031, 26/09/1947.

En 1954, con el objeto de adaptar el marco normativo vigente a los contenidos de la Constitución Nacional sancionada en 1949 e incorporar medidas relevantes para el sector, como el decreto 29937/49, que estableció la eliminación de los aranceles universitarios, la ley 13031 fue reemplazada por la ley 14297. Esta nueva ley confirmará la gratuidad de los estudios universitarios e incorporará algunos contenidos reformistas como la extensión universitaria y el voto de los representantes estudiantiles. Respecto a la coordinación universitaria, en su artículo 61 la ley mantuvo el mismo órgano que la normativa anterior, el Consejo Nacional Universitario, sumándole nuevas funciones. Si bien las funciones adicionadas no representaron un cambio importante respecto a las incumbencias establecidas en la ley anterior, su presencia volvió a ser cuestionada en el debate parlamentario. En este sentido, el miembro informante de la mayoría procuró esclarecer las intenciones del gobierno respecto a sus funciones, aclarando que solo estarían referidas a la coordinación y asesoramiento, sin prever que dicho ámbito cumpla la función, que denunciaba la oposición, de ser el espacio de bajada de la política gubernamental hacia las universidades.

"El artículo 61 de la ley enuncia las atribuciones conferidas al Consejo Nacional Universitario, las que aparecen indudablemente ampliadas con relación a las que confiere la ley 13031. No obstante ello, es de notar que el proyecto solo confiere facultades de coordinación, reglamentación, racionalización y asesoramiento, cuidándose muy bien de asegurarles funciones administrativas o contenciosas...". (Eduardo J. Forteza, diputado, miembro informante de la mayoría, 18/12/1953. En Buchbinder, 2014, *La Universidad en los debates parlamentarios*, p. 124).

No obstante las aclaraciones realizadas por el diputado, la oposición condenó la nueva ley con argumentos similares a la anterior: cuestionando que la normativa en su conjunto, al igual que la política gubernamental, no respetaba los principios de la autonomía universitaria.

La coordinación universitaria entre las revoluciones "Libertadora" y "Argentina": el Consejo Interuniversitario (1957-1967)

El derrocamiento del gobierno de Juan Domingo Perón por la autoproclamada "Revolución Libertadora" en 1955, y el establecimiento del gobierno provisional, tuvieron fuertes repercusiones dentro del escenario universitario. Como sostiene Patricia Orbe, el nuevo régimen, encabezado por el general Eduardo Lonardi y posteriormente por el general Pedro Eugenio Aramburu, intervino rápidamente en el ámbito universitario, uno de los principales campos de conflicto entre el peronismo y la oposición, en el marco del proceso de erradicación del peronismo en la universidad, presentado por el gobierno de facto como la reorganización de la enseñanza *"con sentido republicano y democrático dentro del espíritu de las tradiciones auténticas del país"* (Orbe, 2008: 137). Entre 1955 y 1966 se verificó un proceso contradictorio de modernización de algunas universidades (es la etapa llamada "edad de oro" de la UBA) bajo el signo conservador de una dictadura que pretendía aislar al peronismo. Es que, como sostiene Pablo Buchbinder, en sus comienzos este nuevo régimen militar procuró sostenerse en una alianza relativamente amplia: si bien el Ministerio de Educación fue entregado a los sectores católicos, en las universidades nacionales se reconoció como interlocutor al movimiento estudiantil reformista de tradición laicista y de izquierda. Por propuesta de los estudiantes, se designó como interventor de la UBA a José Luis Romero, a José María Manuel Fernández en la Universidad Nacional del Litoral, a Benjamín Villegas Basavilbaso en La Plata y a Juan Adolfo Vázquez en Tucumán, entre otros referentes del reformismo y la oposición al peronismo (Buchbinder, 2005).

Derogadas las leyes universitarias del peronismo, en *1957* fue sancionado el decreto-ley 7361/57, referido al patrimonio de las universidades nacionales y con el objeto de instrumentar el régimen legal de autarquía financiera previsto por el artículo 27 del decreto-ley 6403/55, el principal marco normativo de esta etapa. El decreto-ley 7361/57 buscaba generar herramientas que permitieran el manejo flexible de los recursos. Considerando que: *"…es conveniente la creación de un Consejo Interuniversitario, integrado por los rectores, para que anualmente delibere acerca de las necesidades económicas y financieras de las respectivas casas de estudio a fin de que el presupuesto que se someta al Congreso de la Nación sea el fiel reflejo de la realidad económica universitaria…"*, dispuso la creación de un nuevo órgano de coordinación universitaria, el *Consejo Interuniversitario (CI)*, integrado ahora por las 9 (nueve) universidades nacionales existentes: Córdoba, La Plata, Buenos Aires, Litoral, Tucumán, Cuyo, Nordeste, Sur y Tecnológica Nacional.

El Consejo Interuniversitario, cuyo funcionamiento operó entre 1957 y 1967, tuvo importantes y novedosas prerrogativas: por primera vez estaba integrado exclusivamente por rectores de las universidades nacionales, sin participación del Poder Ejecutivo, y, por otra parte, era el ámbito encargado de recepcionar, para su previa discusión y posterior elevación al Poder Ejecutivo y mediante éste al Congreso Nacional, el proyecto de presupuesto de todas las universidades nacionales. La presidencia estuvo a cargo de un rector en forma rotativa, siendo prerrogativa del mismo la convocatoria a sus sesiones. No solo debía recibir los presupuestos solicitados por las universidades sino que sería quien determine: *"las sumas totales definitivas que correspondan a cada Universidad Nacional"*[5], siendo además el ámbito que *"…dictará las normas financieras y contables a que deberán ajustar su administración las Universidades"*[6]. Sumado a esto, el texto legal establecía que: *"En ningún caso la contribución del Gobierno Nacional será inferior a la establecida en el año anterior"*[7]. El compromiso presupuestario con las universidades y la autono-

---

[5] Decreto-ley 7361/57, art. 6.
[6] Decreto-ley 7361/57, art. 7.
[7] Decreto-ley 7361/57, art. 2, inciso a.

mía y jerarquía de las funciones otorgadas al nuevo órgano de coordinación solo se explicaban por la sintonía política, cohesionada por el enfrentamiento con el peronismo, entre los nuevos grupos hegemónicos de las universidades y el régimen gobernante.

A diferencia de las experiencias de coordinación universitaria que sucedieron al CI, no pudimos encontrar documentación o material relevante para verificar su funcionamiento, y así conocer los temas de discusión y la agenda de trabajo. No obstante, encontramos huellas que denotan su actividad en el ámbito de coordinación que lo sucedió, el Consejo de Rectores, cuyo funcionamiento operó entre 1967 y 1973. En su primera reunión, del 16 de mayo de 1967, el rector de la Universidad de Buenos Aires, Dr. Luis Botet, explicó a los rectores que los había citado: "*...En razón de los asuntos urgentes pendientes de tratamiento y también como presidente del Consejo Interuniversitario ante la necesidad de transferir todo lo concerniente a este organismo cuya norma constitutiva ha sido derogada por la nueva ley universitaria* (se refiere a la recién sancionada ley 17245 del año 1967)"[8], considerando que "*....es primordial la designación de Presidente para poder entregar todo lo relativo al ex Consejo Interuniversitario, pues él en este momento si bien es un Rector más, mantiene la responsabilidad y titularidad de toda la documentación correspondiente a aquel consejo*"[9].

El Consejo de Rectores, como veremos a continuación, no tuvo la autonomía y las potestades del Consejo Interuniversitario, pero era entendido como la continuidad de éste: "*El Sr. Rector de la Universidad de Buenos Aires manifiesta y deja constancia que la invitación para concurrir a esta reunión la ha formulado en su carácter de presidente del Consejo Interuniversitario, por la continuidad existente entre ambos organismos en relación a los miembros que la integran*"[10]. Encontramos otra huella que data de 1968, cuando el Consejo de Rectores, refiriéndose a remuneraciones del personal, resuelve "*...derogar el artículo 5 de la resolución del Consejo Interuniversitario de fecha 14 de marzo de 1964*"[11], denotando con ello actividad del Consejo Interuniversitario en el período previo a 1967.

---

[8] Actas del Consejo de Rectores, año 1967, foja 1.
[9] Actas del Consejo de Rectores, año 1967, foja 5.
[10] Actas del Consejo de Rectores, 16 de mayo de 1967, foja 3.
[11] Actas del Consejo de Rectores, año 1968, fojas 142 y 143.

La coordinación universitaria en el Estado Burocrático Autoritario: el Consejo de Rectores (1967 - 1973)

La temática educativa en general y la universitaria en particular tuvieron un lugar relevante en la agenda del gobierno de facto del general Juan Carlos Onganía, un período que, como sostiene Guillermo O'Donnell, estará caracterizado por la anulación de los mecanismos políticos democráticos y la implantación de nuevas formas de dominación autoritaria que, en la búsqueda de restablecer la autoridad y el orden de los sectores dominantes, buscarán penetrar capilarmente toda la sociedad (O'Donnell, 2009:270). El proceso de masificación de la matrícula universitaria, iniciada en la década del cincuenta y profundizada promediando los años sesenta, había estimulado el protagonismo de las universidades en la escena pública y éstas no tardarían en ser objeto de políticas para el sector. La política represiva del régimen inaugurado en 1966 impactó con especial virulencia en las universidades, donde se vivía un proceso de creciente participación y politización que había sido impulsado, entre otros hechos del período, por la Revolución Cubana de 1959. Gran cantidad de universitarios habían comenzado a involucrarse activamente en las distintas agrupaciones políticas que postulaban cambios profundos en la estructura social del país, siendo el compromiso político y la militancia uno de los signos de la época. La limitación y, si fuera posible, la erradicación de esta politización creciente en la dinámica universitaria constituyó uno de los objetivos del gobierno de facto de Onganía, impulsando para ello un conjunto de medidas autoritarias hacia las universidades, con el consecuente resultado de avasallamiento de la autonomía y autarquía universitaria. En este sentido, Pablo Buchbinder nos recuerda que: "...*Luego del derrocamiento de Illia en junio de 1966, Onganía firmó el 29 de julio el decreto-ley 16912 que suprimía el gobierno tripartito, disolvía los consejos superiores y obligaba a los rectores y decanos a transformarse en interventores sometidos a la autoridad del Ministerio de Educación... La resistencia de estudiantes y docentes que tomaron algunas facultades daría lugar a un hito en la historia de la universidad argentina, la llamada "noche de los bastones largos"* (Buchbinder, 2010:87).

En este marco, en 1967, fue sancionada una nueva ley para el conjunto universitario, la Ley orgánica de las universidades nacionales Nº 17245. En 1968, a través de la ley 17604, fue cristalizado normativamente el funcionamiento del Consejo de Rectores de Universidades Privadas (CRUP), cuya existencia y actividad venía operando desde 1962.

Más allá de la declamación a favor de la autonomía académica y la autarquía financiera en sus primeros artículos, la Ley 17245 promovió una estructura general autoritaria, manteniendo la participación restrictiva de los claustros y concentrando gran parte de su articulado en la búsqueda de asepsia política, orden y eficiencia. En este sentido, referido a las universidades, Guillermo A. Borda, ministro de interior de Onganía, expresaba:

> *"…La Revolución Argentina expresó desde el comienzo su decisión de enfrentar las anomalías profundas que afectaban el desarrollo material y espiritual de la Nación. Por ello una de sus primeras preocupaciones fue la de restituir las Universidades al cabal cumplimiento de sus fines, haciendo cesar el estado de subversión interna que las desgarraba, eliminando los factores que pretendían transformarlas en focos de perturbación pública y asegurando las condiciones para que no se viera frustrado el esfuerzo de sus maestros, investigadores y estudiantes…"*[12].

Asimismo, dicha ley universitaria instituía el funcionamiento del ahora denominado Consejo de Rectores (CR)[13] y sobre el que, entre otros temas, establecía:

Art. 72.- Los Rectores o Presidentes de las Universidades Nacionales, o sus reemplazantes estatutarios, constituirán el Consejo de Rectores…

Art. 77. - El Consejo de Rectores tendrá las siguientes atribuciones:

Ejercer la representación conjunta de las Universidades;
Elevar para su aprobación al Poder Ejecutivo los proyectos de presupuestos …
Programar el planeamiento integral de la enseñanza universitaria oficial …
Dictar las normas administrativas comunes a todas las universidades
Fijar condiciones de admisibilidad a las universidades…
Recomendar a las universidades medidas para la coordinación de sus actividades docentes, culturales y científicas...

Fuente: Ley 17245, 21/04/1967.

---

[12] Guillermo Antonio Borda y Carlos María Gelly y Obes. Nota de elevación al general Onganía de la ley 17245, p. 5. En: Ley orgánica de las universidades nacionales N° 17245, Buenos Aires., 1967.

[13] El nombre definido por la ley era *Consejo de Rectores*. No obstante, probablemente para diferenciarse del Consejo de Rectores de Universidades Privadas (CRUP), a partir del año 1969 comienza a nombrarse, alternadamente, en las actas y sobre todo en las publicaciones y comunicados del Consejo, como *Consejo de Rectores de Universidades Nacionales*. En este capítulo nos referiremos con el nombre otorgado por la ley 17245, es decir, Consejo de Rectores, para diferenciarlo del Consejo de Rectores de Universidades Nacionales (CRUN) que funcionó durante la dictadura de 1976-1983.

Como podemos ver, el Consejo de Rectores mantuvo la característica de ser un ámbito conformado exclusivamente por rectores, aunque varió su presidencia que, a diferencia del Consejo Interuniversitario que era rotativa, sería ahora designada por elecciones entre sus pares. Sostenía la estratégica prerrogativa de intervenir en la formulación del presupuesto universitario, ampliando las incumbencias respecto a su papel para programar el planeamiento integral de la enseñanza universitaria oficial, dictar los estatutos y escalafón del personal de las universidades y fijar las condiciones de admisibilidad a las mismas. La literatura disponible destaca que este Consejo de Rectores funcionó con altos niveles de discusión y eficacia (Cantini, 1997; Mignone, 1998, y Sánchez Martínez, 2002).

"La idea de un consejo interuniversitario, cuyas funciones fueron luego ampliadas, tuvo continuidad en el sistema de coordinación previsto por la ley 17245, que creó el Consejo de Rectores de Universidades Nacionales, que fue en los hechos una de las instancias de coordinación y planeamiento mejor organizadas profesionalmente y más efectivas que se registran en la experiencia de las universidades argentinas" (Sánchez Martínez, 2002:21).

De acuerdo con las actas que registraron su actividad, el Consejo de Rectores funcionó en el período comprendido entre el 16 de mayo de 1967 y el 18 de mayo de 1973, durante el cual se realizaron sesenta y seis (66) reuniones plenarias, junto a las innumerables reuniones de las secretarías, departamentos y comisiones *ad hoc*, todo ello entre las presidencias de facto de Juan Carlos Onganía, Roberto Marcelo Levingston y Alejandro Agustín Lanusse. Se trata de un período de intensos procesos de movilización social y política en el país, y que la dictadura no pudo frenar tampoco en el interior de las universidades. Es la etapa de la "peronización" y radicalización política de amplios sectores del movimiento estudiantil, las primeras articulaciones con el movimiento obrero y la ejecución del ambicioso plan de expansión del sistema universitario expresado en el proyecto de Alberto Taquini (h.) (Suasnábar, 2004; Gil, 2010).

La reunión constitutiva del CR fue realizada el 16 de mayo de 1967, en la sede de la Universidad de Buenos aires, en la cual *"se resuelve, de común acuerdo y atento a lo dispuesto por el artículo 72 de la Ley 17245, Ley Orgánica de las Universidades Nacionales, dejar constituido el Consejo de Rectores que la misma prescribe"*[14]. Luego de la primera reunión constitutiva, y previo cuarto intermedio para el día 17 de mayo de 1967, el CR eligió a sus primeras autoridades. El cuadro 3 sistematiza sus sucesivas autoridades:

---

[14] Actas del Consejo de Rectores, 16 de mayo de 1967, foja 3.

Cuadro 3
Autoridades del Consejo de Rectores

Período: 17/05/1967 al 31/12/1967

Presidente: Dr. Luis Botet (Universidad de Buenos Aires)

Vicepresidente: Dr. Santiago Gorostiague (Presidente de la UN de La Plata)

Período: 1/01/1968 al 31/12/1968

Presidente: Rogelio Nores Martínez (UN de Córdoba)

Vicepresidente: Dr. José Luis Cantini (UN del Litoral)

Período: 1/01/1969 al 31/12/1969

Presidente: Ing. Manuel Gómez Vara (UN del Sur)

Vicepresidente: Dr. José Luis Cantini (UN de Rosario)

Período: 1/01/1970 al 31/12/1970

Presidente: Dr. Julio José Herrera (UN de Cuyo)

Vicepresidente: Ernesto J. Maeder (UN del Nordeste)

Período: 1/01/1971 al 31/12/1971

Presidente: Julio Herrera (UN de Cuyo)

Vicepresidente: Dr. Roque Gatti (Presidente UN de La Plata)

Período: 1/01/1972 al 31/12/1972

Presidente: Dr. Julio José Herrera (UN de Cuyo)

Vicepresidente: Dr. Roque Gatti (Presidente UN de La Plata)

Período: 1/01/1973 al 18/05/1973

Presidente: Ing. Manuel Gómez Vara (UN del Sur)

Vicepresidente: Ing. José Fermín Colina (UTN)

Fuente: Elaboración propia en base a las Actas del Consejo de Rectores (1967-1973).

A partir de mayo de 1967 el CR se reunió mensualmente, fijando como sede administrativa la Universidad de Buenos Aires. En el momento de su constitución todavía existían nueve (9) universidades nacionales: Córdoba, Buenos Aires, La Plata, Litoral, Tucumán, Cuyo, Nordeste, Sur y Tecnológica. A fines de 1968 se agregó la Universidad Nacional de Rosario, y en 1972 las Universidades Nacionales de Río IV y del Comahue. Del resto de las universidades creadas en el período (Catamarca, Lomas de Zamora, Luján, Salta, Entre Ríos, Jujuy, La Pampa, Misiones, San Juan, San Luis y Santiago del Estero) solo las UUNN de Salta, Luján, Catamarca y La Pampa alcanzaron a participar, a través de sus rectores y delegados organizadores, en la última reunión del cuerpo en mayo de 1973.

La estructura de funcionamiento del CR, aprobada en abril de 1968, comprendía el Plenario de Rectores, los cuales se reunían una vez al mes en reuniones en promedio de dos días y una Secretaría permanente que coordinaba el trabajo de los delegados de cada universidad. Dichos delegados eran designados por cada universidad a los efectos de: "...*servir de vínculo entre el Rector y la Secretaría permanente y cumplir las tareas generales o particulares que aquel le encomiende*", como así también, "*participar en todos los estudios que la Secretaría permanente le encomiende*"[15]. De la Secretaría Permanente dependían el *Área de Planeamiento Académico* y *Planeamiento administrativo-financiero*. En 1969 la estructura fue reformulada, manteniendo la dinámica de funcionamiento con delegados por universidad y pasando a depender de la Secretaría Permanente los departamentos de: Asuntos Académicos; Asuntos Económico-financieros; Organización Administrativa; Estadística, y Administración, con sus respectivas divisiones[16].

Numerosas y diversas fueron las temáticas abordadas a lo largo de los seis años de funcionamiento. No obstante, fue el asunto del presupuesto universitario el que estructuró la agenda del CR, recorriendo gran parte de las discusiones y ocupando un volumen sustancial de las energías institucionales. En este sentido, un informe de 1972 de la propia Secretaría Permanente, en una suerte de balance autocrítico del trabajo del Consejo, expresaba: "...*Se señala que se han realizado hasta la fecha 42 reuniones del Consejo de Rectores, en las que la inversión del tiempo dedicado a temas de 'Planeamiento' y/o de 'Informaciones' ha sido mucho menor que la correspondiente a problemas administrativos, financieros, laborales o legales, habiendo insumido estos últimos el 68% de los diversos temarios... El tiempo dedicado durante las sesiones al 'Planeamiento Académico', así como a otros problemas de fondo, establece un perceptivo desmerecimiento progresivo, dicho desmerecimiento queda evidenciado al considerar los once temas propuestos por la secretaría de planeamiento, destinados a definir 'Políticas Nacionales', pues ninguno de ellos ha tenido repercusión o difusión posterior*"[17].

La agenda sobre la que giró el trabajo del CRUN en sus seis años de funcionamiento puede organizarse en tres grandes bloques temáticos: Financiamiento Universitario; Desarrollo Universitario y Articulación del Sistema, y Relaciones con el Poder Ejecutivo Nacional.

---

[15] Actas del Consejo de Rectores, año 1968, foja 45.

[16] Actas del Consejo de Rectores, año 1968, fojas 45-47, y año 1969, fojas 36-43.

[17] Informe de la Secretaría General del CR. Actas del Consejo de Rectores, año 1972, fojas 130 y 131.

Financiamiento universitario

Sin dudas fue el tema prioritario sobre el cual giró la agenda del CR, constituyendo también el tópico principal a tratar con las autoridades (presidente de la Nación y Ministerios de Educación y Economía). El insuficiente equipamiento, los déficits de personal e infraestructura, las desgravaciones impositivas, el financiamiento de los escalafones del personal, reiteradamente serán parte de la agenda del CR. Una mención especial merece la tramitación de un segundo préstamo del Banco Interamericano de Desarrollo (BID), destinado a equipamiento e infraestructura, donde las condiciones generales y la evolución de su negociación formarán parte permanente de la mayoría de las reuniones del Consejo. Incluso se originó un interesante debate acerca de la metodología para su distribución, teniendo ciertas similitudes con el proceso de discusión del modelo de pautas presupuestarias impulsado a principios de los años 90: *"se da lectura a la metodología preparada para la distribución del préstamo en la cual figuran, entre los indicadores propuestos, los siguientes: a) m² por alumno... b) funcionalidad de los edificios... c) estado de conservación de los edificios... d) propiedad del edificio... e) relación presupuesto por alumno... f) estructura de participación porcentual de alumnos por universidad... La votación resulta favorable al empleo del sistema, pero con las siguientes modificaciones: a) que aquellos indicadores que toman como dato el presupuesto consideren solamente la contribución del Tesoro b) que la distribución se haga efectiva así: 60% en función de los indicadores c) 40% en función de la cantidad de alumnos de cada universidad"*[18].

Desarrollo universitario y articulación del sistema

Si bien la cuestión presupuestaria fue hegemónica en la agenda del Consejo de Rectores, las temáticas de articulación y desarrollo de las universidades suscitaron interés y fueron objeto de importantes trabajos. Es así como se discutieron largamente, y aprobaron, los estatutos del personal docente y no docente; la reglamentación de las equivalencias de materias entre las universidades; la creación de cada una de las nuevas carreras en las distintas facultades de las universidades; las becas para la formación fuera del país; la reglamentación para el otorgamiento de los doctorados; las relaciones y convenios con universidades extranjeras, prioritariamente con Brasil (con quien se registra en las actas la conformación de una

---

[18] Actas del Consejo de Rectores, año 1969, foja 297.

"*Asociación de Universidades Argentino Brasileñas*", AUAB[19]), y también relaciones con universidades del Paraguay, Perú, Chile y España.

A partir de 1969 se puso en funcionamiento el área de Planeamiento del CR, a cargo, en el período 1969-1971, del Dr. Horacio A. Dolcini y en el período 1971-1973 del Dr. Fermín García Marcos[20]. Allí comienzan a discutirse temas estratégicos de política universitaria, fuera de la agenda estrictamente coyuntural, con el explícito objetivo de producir "…*análisis y documentos que contribuyeran a una reforma del sistema universitario en sus aspectos más esenciales.*"[21]. En el período 1969-1972 se produjeron asesoramientos, estudios, recomendaciones y publicaciones sobre:

- ✓ Políticas Universitarias Nacionales.
- ✓ Estudios de las currículas de las carreras.
- ✓ Títulos habilitantes para el ingreso a la universidad.
- ✓ Orientación vocacional.
- ✓ Requisitos para la creación de nuevas universidades.
- ✓ Sistema de admisión universitaria.
- ✓ Aspectos académicos de la reforma de la legislación universitaria. Análisis comparado de la legislación europea y americana.
- ✓ Análisis de las causas de deserción. Estudio de la realidad argentina.
- ✓ Estudio general y de la situación argentina referente a la relación docente-alumno.
- ✓ Estudio de la realidad nacional sobre organización y expansión de la enseñanza de Psicología.
- ✓ Sistema de tutoría, guía o asesoramiento pedagógico.
- ✓ Situación nacional en materia de carreras cortas y títulos intermedios en el área de tecnología.
- ✓ Objetivos de la universidad respecto a la educación secundaria. Participación de la universidad en la formación y perfeccionamiento del profesorado secundario.
- ✓ Definición de criterios de eficiencia mensurables para evaluar el rendimiento de las universidades.

---

[19] Actas del Consejo de Rectores, año 1969, fojas 112 y 113.

[20] García Marcos será, durante la dictadura de 1976-1983, interventor del CONICET y secretario de Estado de Ciencia y Tecnología.

[21] Secretaría de Planeamiento del Consejo de Rectores. Documentos para una Reforma Universitaria. Sistema Curricular flexible, Sistema de horas crédito. Año 1972, p. 1.

✓ Documento sobre bienestar estudiantil, proponiendo políticas nacionales de becas universitarias con las respectivas recomendaciones respecto a los criterios de selección, distribución y tipos de becas. El documento aborda también la problemática de: salud estudiantil, deporte universitario, actividades culturales y comedores universitarios.

✓ Análisis y propuestas sobre la estructura económica y financiera de las universidades nacionales.

✓ Publicaciones estadísticas abarcando: series financieras anuales; presupuesto global nacional y presupuesto por universidades; presupuesto y ejecución presupuestaria; relación entre cargos por universidad y cantidad de alumnos; tasas de crecimiento.

✓ Estudios sobre la duración de las carreras, currículum flexible y sistema de horas crédito.

Los temas y estudios mencionados, previa discusión y acuerdo en el plenario de rectores, en su mayoría eran posteriormente publicados por el CR. Cabe mencionar además a la revista del Consejo, que empezó a editarse en 1968, y los boletines de actualización bibliográfica. También se destaca el documento sobre *Políticas Universitarias Nacionales*, discutido y aprobado en 1969 y presentado al presidente de la Nación. Dicho documento contenía conceptualizaciones respecto a los fines y objetivos de la Educación Superior, como así también recomendaciones para favorecer el ingreso de los alumnos a las universidades, la integración del CR con organismos vitales para el desarrollo del país (CONADE, CONACYT), la promoción de la investigación, la formación de los docentes, la promoción de becas para alumnos con necesidades socioeconómicas y el servicio a la comunidad[22].

También fue objeto de estudio e informes el denominado "Plan Taquini", incluyendo la aprobación de una *"Guía para la evaluación de proyectos de creación de instituciones de educación superior en la Argentina"*[23]. No obstante el documento mencionado, la discusión tuvo más el cariz de validación de decisiones tomadas en otros ámbitos antes que ser el espacio donde se discutiera, analizara y tomara decisiones relevantes al respecto. Solo en uno de los últimos documentos tratados por el CR, en 1973, en ocasión de reunirse los secretarios académicos y de planeamiento de las universidades nacionales, expresaron reparos y críticas a di-

---

[22] Actas del C. de Rectores, año 1969, fojas 202-205. Documento "Ordenamiento de la Política Universitaria".

[23] Actas del Consejo de Rectores, año 1969, fojas 337-344.

cho proceso, en plena marcha en ese momento, reclamando participar, a través del Consejo de Rectores, en la "*Política integral de la enseñanza universitaria de acuerdo al planeamiento general del sistema educativo*", agregando que "*ninguna creación de instituciones universitarias puede ser un hecho aislado sino que debe responder a una política coherente de desarrollo nacional*"[24].

Relaciones con el Poder Ejecutivo Nacional

El CR mantuvo una fluida y constante relación con las distintas gestiones del PEN del período, al punto que constituyó una generosa cantera de cuadros políticos y técnicos para los distintos gobiernos que se sucedieron desde Onganía en adelante, ocupando las primeras y segundas líneas del Ministerio de Educación. José Luis Cantini, rector interventor de la Universidad Nacional del Litoral y de la Universidad Nacional de Rosario, será secretario de Estado de Cultura y Educación de Roberto M. Levingston. Gustavo Malek, rector interventor de la Universidad Nacional del Sur, ocupó el mismo cargo en el gobierno de Alejandro Lanusse. Tal vez el caso más emblemático fue Dardo Pérez Gilhou, rector interventor de la Universidad Nacional de Cuyo y secretario de Estado de Cultura y Educación del gobierno de Onganía, quien recordaba:

"*Yo fui ministro por ser Rector… En el gobierno de Onganía funcionaba el Consejo de Rectores y nos reuníamos mensualmente. Eran importantísimas las reuniones, discutíamos el presupuesto y teníamos un permanente choque los ocho rectores del interior con el rector de Buenos Aires a quien beneficiaban presupuestariamente. La historia nacional, como ahora mismo. Entonces, yo tenía un entrenamiento de ir a Buenos Aires todos los meses y además conocía toda la estructura educativa. Esto es muy importante, el Consejo de Rectores andaba muy bien, con técnicos de primera*". (Pérez Gilhou, Entrevista, 2008).

Según registran las actas, había dos reuniones por año con el presidente de la Nación e innumerables audiencias y reuniones con las áreas de Educación y Economía, relaciones sin dudas favorecidas por la cercanía de los responsables de Educación con los rectores del Consejo. Las reuniones no se limitaban a una breve audiencia, sino que, en muchos casos, constituían verdaderas jornadas de trabajo otorgadas a las nueve universidades (con una hora y media de tiempo a cada una). En ocasión de una audiencia en 1970, las actas registran: "*El Doctor Pérez*

---

[24] Actas del Consejo de Rectores, año 1973, foja 45.

Gilhou, en el curso de la conversación con los Sres. Rectores, anticipa que el Sr. Presidente de la Nación ha previsto que la audiencia que le ha solicitado el Consejo de Rectores, para presentarle el informe que han comenzado a considerar en esta reunión, tendrá una extensión de seis (6) horas"[25].

Si bien la relación será regular y aceitada con los tres presidentes de facto, lo fue especialmente con Juan Carlos Onganía. Para ilustrar esta afirmación, cabe consignar lo expresado por el presidente del CR en 1970: *"El Ing. Gómez Vara manifiesta que considera oportuno recordar aquí las expresiones vertidas por el Excmo. Presidente de la Nación, luego de escuchar las exposiciones que los Sres. Rectores realizaran durante la última semana de enero... 'yo me siento incorporado a este Consejo, lo he visto con total claridad, y no creo que haya otro medio más apto para ordenar la universidad y procesar su expansión futura. Veo a este Consejo como el órgano capaz de establecer conexiones a nivel nacional para que las universidades sean las verdaderas responsables de todo el proceso educacional'. El Excmo. Sr. Presidente de la Nación terminó diciendo: 'les reitero mi agradecimiento y recuerden que les he dicho que estoy incorporado a este Consejo'"*[26].

La última reunión del Consejo de Rectores fue celebrada una semana antes de la asunción de Héctor J. Cámpora como presidente de la Nación, el 25 de mayo de 1973. Una nota en el libro de actas de 1973, resume el escenario político del momento: *"ACTA III DE LA ÚLTIMA REUNIÓN NO FUE APROBADA POR EL CUERPO POR NO HABERSE REALIZADO REUNIÓN POSTERIOR (cambio de Gobierno y Universidades intervenidas)"*[27].

Una nota periodística de principios de junio de 1973, a días de asumir el nuevo gobierno, retrataba la renuncia de funcionarios del Consejo de Rectores: *"Fue aceptada una renuncia en el Consejo de Rectores: El ministro de Cultura y Educación, Dr. Jorge A. Taiana, aceptó la renuncia del Lic. José Alandi al cargo de Secretario General del Consejo de Rectores. Hasta que se designen nuevas autoridades, el Dr. Taiana encomendó la atención del Despacho de esa dependencia al Director Nacional de Estudios del Ministerio de Cultura y Educación de la Nación, Lic. José M. Cravero"*[28].

---

[25] Actas del Consejo de Rectores, año 1970, fojas 77-78.
[26] Actas del Consejo de Rectores, año 1970, foja 14.
[27] Nota en Libro de Actas del Consejo de Rectores, año 1973.
[28] Diario *La Prensa*, 6 de junio de 1973.

La coordinación universitaria en el tercer peronismo (1973-1976)

A pesar del corto tiempo que implicó la ventana democrática de 1973-1976, entre el retorno democrático que llevó a Héctor Cámpora a la presidencia de la Nación y el golpe militar de marzo de 1976, la universidad fue epicentro de fuertes proyectos políticos de transformación, en el marco de la intensa movilización política y social, donde las organizaciones juveniles y universitarias fueron actores políticos de relevancia. Las universidades nacionales en general atravesaron tumultuosos procesos que pretendieron institucionalizar un proyecto de reforma universitaria y que serán finalmente interrumpidos por la gestión de Oscar Ivanissevich como ministro de Educación de Isabel Martínez de Perón, primero, y por el golpe de Estado de 1976 después. Si bien este proceso encontrará su mayor condensación y visibilidad en el proyecto de la Universidad Nacional y Popular de Buenos Aires, procesos similares se vivirán en distintas universidades. Ejemplo de ello fue la Universidad Nacional de Cuyo donde, durante la gestión de Roberto Carretero como rector y Arturo Andrés Roig como secretario académico (1973-1974), se impulsó un Programa de Pedagogía Participativa. Dicho programa, en el marco de innovadores planteos pedagógicos y críticas a lo que denominaban el "viejo sistema de cátedras", generó nuevas modalidades de organización curricular: las unidades pedagógicas y el taller total (Molina Galarza y otros, 2014).

En el caso del proceso de la Universidad Nacional y Popular de Buenos Aires (1973-1974), Sergio Friedemann sostiene que los ejes centrales de la reforma impulsada fueron modificaciones generalizadas en torno a tres dimensiones: la dimensión del sujeto de la educación superior, la del sentido de la formación e investigación universitaria y la dimensión pedagógica. Dimensiones que se cristalizaban en el impulso de una universidad democrática, con acceso de todos los sectores sociales, con una formación fuertemente vinculada a las necesidades nacionales y donde el estudiante tuviera mayor protagonismo en la relación enseñanza-aprendizaje (Friedemann, 2014:101-102).

En este marco, en 1974, durante el tercer gobierno de Juan D. Perón, se aprobó la *ley 20654*. Respecto a la coordinación universitaria, la mencionada ley estableció que la misma estaría a cargo del Ministerio de Cultura y Educación:

De la Coordinación Interuniversitaria:

Art. 52.- El Poder Ejecutivo establecerá el sistema de coordinación interuniversitaria, que dependerá del Ministerio de Cultura y Educación. Este sistema deberá compatibilizarse con el sistema nacional de planificación y desarrollo. El mismo organismo deberá hacer los estudios necesarios tendientes a redimensionar las universidades existentes y a fijar la dimensión máxima de las que se creen con posterioridad, respetando los criterios de eficiencia didáctica, técnica y científica que deben ser propios de cada universidad.

Fuente: Ley 20.654.

Como podemos ver, se establecía un modelo de coordinación universitaria dependiente del Poder Ejecutivo a través del Ministerio de Educación. No había mayor precisión de las características del eventual organismo a crear (cuyo funcionamiento no hemos podido verificar) y, al menos a nivel de la letra del marco normativo, las funciones y atribuciones asignadas representarán un retroceso respecto a los anteriores ámbitos, incluyendo el Consejo Nacional Universitario del primer y segundo peronismo. Esto desde el momento que las funciones estarán acotadas al asesoramiento respecto a la reformulación de la dimensión de las universidades existentes y eventuales nuevas a crearse, dejando sin efecto el papel previsto en los anteriores marcos normativos referentes a la definición presupuestaria y política general para el sector.

Tras la muerte de Perón en 1974 y la asunción de su esposa a la Presidencia, la gestión de Ivanissevich al frente del Ministerio de Educación volvió a intervenir las universidades nacionales, abriendo un nuevo capítulo de contracción cada vez más feroz de la autonomía universitaria. En el período inaugurado en 1974 hay un giro importante en la dinámica histórica de las relaciones entre el Estado y la universidad. Como afirman Soprano y Rodríguez, "*...se evidencia que los años 1974 a 1983 comprendieron el período en que se impusieron mayores restricciones a la autonomía universitaria y se practicó sistemáticamente el ejercicio de la violencia sobre sus autoridades, profesores, investigadores, estudiantes, graduados y empleados, muchos de los cuales fueron objeto de exoneraciones, exilio o se contaron entre las personas asesinadas o 'desaparecidas', primero por el accionar de organizaciones armadas como la Triple A entre 1974 y 1976 y, luego, por el terrorismo de Estado con el Proceso de Reorganización Nacional*" (Soprano y Rodríguez, 2009:1).

El "Proceso de Reorganización Nacional" y la coordinación universitaria: el Consejo de Rectores de Universidades Nacionales (1977-1983)

Las evidencias de funcionamiento del último antecedente de un ámbito de coordinación universitaria compuesto por rectores nos llevan a 1977, en el marco del denominado "Proceso de reorganización nacional", iniciado el 24 de marzo de 1976. La larga noche de la dictadura militar fue especialmente violenta con las universidades. Estudiantes, docentes, militantes gremiales de los distintos claustros fueron objeto de desapariciones, detenciones y torturas. *"El proyecto de transformación universitaria contemplaba diferentes aspectos. Suponía, en primer término, un control estricto desde el punto de vista político e ideológico, pero también incluía un plan para reducir en términos generales las dimensiones del sistema, redistribuir la matrícula y canalizar hacia ámbitos extrauniversitarios las actividades de investigación científica"* (Buchbinder, 2010:208-209). Un caso emblemático lo constituyó el secuestro y asesinato, en enero de 1977, del rector de la Universidad Nacional de San Luis, Mauricio Amílcar López.

Cinco días después del golpe, la Junta Militar sancionó la ley 21276, que disponía un conjunto de medidas tendientes a neutralizar cualquier indicio de autonomía en las universidades, incluyendo la designación de los rectores por el Poder Ejecutivo, otorgándole al ministro de Educación *"las atribuciones que las normas legales vigentes otorgan a las Asambleas Universitarias..."*[29]. En este marco, en febrero de *1977* el *decreto 391/77* dispuso la creación del *Consejo de Rectores de Universidades Nacionales (CRUN)*, que funcionaría como órgano asesor del Ministerio de Educación:

Artículo 1.º: Los Rectores o Presidentes de las Universidades Nacionales, o sus reemplazantes legales o estatutarios, constituirán el Consejo de Rectores de Universidades Nacionales, que se establece por este Decreto como organismo asesor del Ministerio de Cultura y Educación de la Nación...

Art. 6.º: El Consejo de Rectores de Universidades Nacionales tendrá las siguientes atribuciones:

---

[29] Ley 21276, art. 2.º.

a) Acordar medidas de coordinación de la acción universitaria...
b) Asesorar sobre la creación, reestructuración o supresión de carreras, facultades o departamentos que proponga cada universidad;
c) Participar en la programación y en la evaluación del cumplimiento de la política universitaria, en su calidad de órgano asesor del Ministerio de Cultura y Educación.
d) Asesorar al Ministerio en la preparación de los proyectos de presupuesto en las Universidades Nacionales.
e) Participar en los estudios que tengan por objeto la creación, autorización y funcionamiento de universidades nacionales, provinciales y privadas.
f) Asesorar, a través del Ministerio de Cultura y Educación, a organismos oficiales, en lo que se refiere a decisiones que afecten a las universidades nacionales.
g) Asesorar sobre normas comunes a todas las universidades nacionales respecto a investigación, sistema de admisión de alumnos, régimen académico, estatuto y escalafón del personal, y en materia administrativa.
h) Promover la intercomunicación y coordinación de asuntos académicos como así también la correlación y sistematización de planes de estudio, títulos e incumbencias profesionales.
i) Asesorar a los poderes del Estado y organismos descentralizados en todos los temas de competencia universitaria.
j) Dictar su propio reglamento interno.

Fuente: Decreto 391/77, 14/02/1977.

Si bien la primera reunión se realizó el 22 de noviembre de 1976, en la localidad de San Fernando, tal como queda registrado en los considerandos del decreto 391/77: "*Considerando: que en la reunión de Rectores de Universidades Nacionales celebrada el 22 de noviembre de 1976 en San Fernando, Provincia de Buenos Aires, se consideró la conveniencia de crear un organismo asesor del Ministerio de Cultura y Educación...*"[30], la primera reunión, en el marco de la existencia formal del CRUN determinada por el decreto de creación, fue realizada el 14 de febrero de 1977 en la sede del Ministerio de Educación.

El funcionamiento del CRUN abarcó el período comprendido entre el 14 de febrero de 1977 al 30 de agosto de 1983, durante el cual se realizaron veintitrés (23) reuniones plenarias, junto con las innumerables reuniones de las diversas comisiones *ad hoc*. A diferencia del anterior Consejo de Rectores, que en su trabajo nucleó a diez (10) universidades nacionales, el CRUN agrupó a veintiséis (26) universidades nacionales.

---

[30] Decreto 391/77, Considerandos, p. 1.

Cuadro 4
Autoridades del Consejo de Rectores de UUNN

Período: 14/02/77 al 31/12/1977

Presidente: Dr. Guillermo G. Gallo (UN de La Plata)

Vicepresidente: Monseñor Germán Mallagray (UN de Jujuy)

Período: 1/01/1978 al 31/12/1978

Presidente: Dr. Guillermo G. Gallo (UN de La Plata)

Período: 1/01/1979 al 31/12/1979

Presidente: Dr. Guillermo G. Gallo (UN de La Plata)

Vicepresidente: Ing. Jorge O. Conca (Universidad Tecnológica Nacional)

Período: 1/01/1980 al 31/12/1980

Presidente: Dr. Guillermo G. Gallo (UN de La Plata)

Vicepresidente: Humberto A. Ricconi (UN de Rosario)

Período: 1/01/1981 al 31/12/1981

Presidente: Dr. Guillermo G. Gallo (UN de La Plata)

Vicepresidente: Humberto A. Ricconi (UN de Rosario)

Período: 1/01/1982 al 31/12/1982

Presidente: Dr. Guillermo G. Gallo (UN de La Plata)

Vicepresidente: Humberto A. Ricconi (UN de Rosario)

Período: 1/01/1983 al 30/08/1983

Presidente: Dr. Guillermo G. Gallo (UN de La Plata)

Vicepresidente: Humberto A. Ricconi (UN de Rosario)

Fuente: Elaboración propia en base a las Actas del Consejo de Rectores de UUNN (1977-1973).

A diferencia del Consejo de Rectores, las cuestiones presupuestarias y de financiamiento estarán presentes pero no estructuraron la agenda de los temas discutidos. Será a partir de 1979 cuando los temas presupuestarios irán ganando prioridad y volumen en la agenda, pudiendo mencionar las demandas de descongelamiento de las vacantes; la adecuación de las estructuras docentes y no docentes; los reclamos de mayor infraestructura; como así también se retoma un tema ampliamente discutido en el CR: el Préstamo del BID. La verticalidad de la relación y la decidida intención de achicar el campo universitario estuvieron presentes a la hora de debilitar la incidencia de temáticas vinculadas a demandas presupuestarias, al menos en los primeros años de funcionamiento.

El conjunto de las temáticas tratadas referidas a la dinámica más estrictamente universitaria tuvo como trasfondo el objetivo de disciplinamiento, control político-ideológico de la institución y el redimensionamiento del sistema. Según las actas, pudimos verificar los siguientes temas:

✓ Sistemas de transferencia de alumnos entre universidades.
✓ Planes de estudio.
✓ Categorías y dedicación docente.
✓ Deporte universitario.
✓ Obra social universitaria.
✓ Régimen de selección de los alumnos extranjeros.
✓ Régimen de incompatibilidad y dedicación de los docentes.
✓ Cursos de posgrado.
✓ Carrera de investigador.
✓ Calendario académico.
✓ Incumbencias profesionales.

Del conjunto se destaca la regularidad de dos de ellos:

✓ Redimensionamiento del sistema universitario.
✓ Nueva legislación universitaria.

Como sostienen Rodríguez y Soprano, el proyecto de redimensionamiento del sistema universitario se organizó con cuatro pilares fundamentales: políticas de ingreso restrictivas –implementadas a través de los exámenes de ingreso y el cupo por universidades–; el arancelamiento universitario; la supresión de carreras y la reorientación de la matrícula (Rodríguez y Soprano, 2009:1). Dos de ellas tendrán amplio tratamiento en el CRUN: los exámenes de ingreso y el arancelamiento universitario, sobre los cuales el CRUN proveyó un amplio marco de argumentación conceptual y apoyo en la operacionalización de dichas políticas. El ministro de Cultura y Educación, Ricardo P. Bruera, participó de la primera reunión plenaria celebrada en febrero de 1977, y allí expresaba: "*...las directivas sobre el ingreso 1977 fueron concretas al comienzo del proceso... Los cupos, que prácticamente fueron fijados por los Sres. Rectores, han permitido un acercamiento a la Verdad de la matrícula universitaria*"[31].

---

[31] Actas del Consejo de Rectores de Universidades Nacionales (CRUN), año 1977, foja 34.

Por otra parte, el mismo año, el subsecretario de Asuntos Universitarios, Ing. Manuel Gómez Vara[32], expresaba: "…*La implementación del sistema de admisión y los cupos son aspectos que quedan librados al criterio de cada universidad y Rectorado*"[33].

Por otra parte, son notables los esfuerzos del Ministerio y del CRUN para generar un "*Sistema de evaluación académica en el ingreso*" homogéneo para todas las universidades, produciéndose para ello distintas reuniones entre funcionarios del Ministerio y responsables de las UUNN para acordar criterios sobre los contenidos y mecanismos de implementación[34]. El arancelamiento universitario comienza a discutirse en el CRUN en 1978[35], y en 1981, en el marco de una reunión especial convocada para "*discutir las características de la implementación del arancelamiento y del Instituto Nacional del Crédito Educativo (INCE)*", emite una resolución con "*recomendaciones para la implementación del arancelamiento*"[36].

La nueva legislación universitaria fue un tema de intenso tratamiento, en especial en la comisión creada *ad hoc* por el CRUN, en respuesta a la solicitud efectuada por el ministro de Educación. Juan Rafael Llerena Amadeo, ministro de Educación, reconstruía los pasos que había tenido la elaboración de la nueva ley universitaria (decreto ley 22.207):

"… *En la reunión de Rectores de las Universidades Nacionales, en diciembre de 1978, las autoridades del Ministerio replantearon la cuestión y solicitaron del Consejo de Rectores de las Universidades Nacionales –CRUN– la designación de un Comité de Redacción, que resultó así integrado: Rector de la Universidad de Buenos Aires: Dr. Lucas J. Lennon; Rector de la Universidad de Cuyo: Dr. Pedro Santos Martínez; Rector de la Universidad del Centro de la Provincia de Buenos Aires: Dr. Raúl C. Cruz; Rector de la Universidad Tecnológica: Ing. Jorge Omar Conca; Rector de la Universidad Nacional de Catamarca: Dr. Agustín González del Pino; Rector de la Universidad Nacional de Rosario: Dr. Humberto Riccomi, además del señor Presidente del CRUN y Rector de la Universidad Nacional de La Plata: Dr. Guillermo G. Gallo (…) El presente proyecto es el resultado del legislar mancomunado de las Universidades Nacionales y del Ministerio de Cultura y Educación, a partir de un documento de trabajo y alternativas que presentara la Secretaría de Planeamiento. En él se parte de la realidad universitaria con que se cuenta en el país, y entendemos que al logro de la Universidad actual –en la que*

---

[32] Cabe mencionar que el Ing. Manuel E. Gómez Vara se desempeñó como rector interventor de la UN del Sur y tuvo activa participación en el anterior Consejo de Rectores, el cual presidió durante 1969 y 1973 (ver cuadro de Autoridades del Consejo de Rectores).

[33] Actas del Consejo de Rectores de Universidades Nacionales (CRUN), año 1977, foja 132.

[34] Actas del CRUN, año 1977; fojas 96-105; 131; año 1978, fojas 9-10.

[35] Actas del Consejo de Rectores de Universidades Nacionales (CRUN), año 1978, foja 9.

[36] Actas del Consejo de Rectores de Universidades Nacionales (CRUN), año 1981, fojas 2 -20; 42-43.

se han desterrado el caos y la subversión– debe seguir, naturalmente, para el afianzamiento y la consolidación del esfuerzo realizado, la estructuración jurídica necesaria, que haga de curso normal lo que hoy es de excepción"[37].

Como vemos, el CRUN elaborará el anteproyecto que será la base fundamental para la posterior sanción, a principios de 1980, del nuevo régimen orgánico para las Universidades Nacionales, el decreto-ley 22207. Dicha ley, respecto a la coordinación universitaria, estableció un Consejo de Rectores cuya función estará remitida exclusivamente al asesoramiento del Ministerio de Cultura y Educación de la Nación:

COORDINACIÓN INTERUNIVERSITARIA

Artículo 74. - Corresponden al Poder Ejecutivo Nacional la definición y orientación de la política universitaria, el planeamiento general de la actividad del sector, su compatibilización con el sistema educativo, la investigación científica y el planeamiento nacional.

Consejo de Rectores

Artículo 75.- Los Rectores de las Universidades Nacionales integran el Consejo de Rectores de Universidades Nacionales (C.R.U.N.) que asesorará al Ministerio de Cultura y Educación, a su requerimiento, con relación a los asuntos mencionados en el artículo 74 y en todo lo vinculado a la coordinación interuniversitaria.

Fuente: Decreto-Ley 22207, 24/04/1980.

El Consejo de Rectores (1967-1973) y el Consejo de Rectores de Universidades Nacionales (1977-1983) se desenvuelven en dos dictaduras distintas que han sido diferenciadas por la literatura disponible, entre otras cosas, por los niveles represivos y el margen para la politización. Si bien ambos constituyeron instrumentos disciplinadores del campo universitario y espacios de confianza política e ideológica donde generar y traccionar políticas desde el gobierno hacia el sistema universitario, dos climas, agendas y profundidad en los temas rodearon su funcionamiento. En el caso del Consejo de Rectores todavía existía la inercia de ese ambiente de relativo y parcial optimismo en las universidades, en el marco de la ilegitimidad política que determinaba la proscripción del peronismo,

---

[37] Juan Rafael Llerena Amadeo: El Proyecto de Ley Universitaria. ¿Cómo se elaboró el proyecto? En Mensajes Ministeriales, Buenos Aires, Ministerio de Cultura y Educación, s/fecha, págs. 2 y 3.

que constituyó el período 1955-1966. Refiriéndose a dicho período, Suasnábar afirma que, junto a la ilegitimidad mencionada, convivía esa apuesta a la educación como motor del desarrollo histórico, progreso técnico y ascenso social, acorde a las ideas desarrollistas que impregnaban el imaginario social (Suasnábar, 2004:39). El funcionamiento del CR mostró, aun con limitaciones, niveles de discusión estratégica observables en la variedad y profundidad de los abordajes de los temas de política universitaria. Esta variedad, diversidad y profundidad en los temas tratados no se repetirán con el CRUN entre 1977 y 1983, donde la agenda girará, salvo excepciones, sobre temas de menor relevancia, vinculados a la gestión y operatividad, con mínimos niveles de autonomía y constituyendo fundamentalmente un ariete coordinador del redimensionamiento y control político-ideológico del sistema universitario.

Las discusiones, el material y las resoluciones consignadas en las actas del CRUN confirman que este consejo constituyó parte del aparato de disciplinamiento y control social desplegado por la dictadura. Las reuniones del CRUN debían ser convocadas por el Ministerio de Educación y nunca pudo tener un funcionamiento con algún nivel relevante de autonomía, centrándose en su rol de organismo asesor del Ministerio. Por otra parte, la lectura de las actas evidencian con precisión la sintonía política e ideológica con el proceso en marcha y la satisfacción de las autoridades hacia el CRUN y su efectiva tarea de llevar "paz y orden" a las universidades. El nivel de confianza y explicitación de los discursos de los distintos ministros de Educación para con los integrantes del CRUN revela claramente que éste era considerado un instrumento útil al proceso iniciado por la Junta Militar. Ricardo P. Bruera, ministro de Cultura y Educación, expresaba en la segunda reunión de febrero de 1977: "*Es imprescindible contar con definiciones globales en cuanto a las carreras de Antropología, Psicología y Sociología*"[38], refiriéndose a la necesidad de acordar criterios nacionales respecto del cierre de dichas carreras, luego agregando, a modo de prevención: "*…En 1976 se cerraron 95 carreras y hubo reacciones mínimas, que tal vez recrudezcan en 1977 al abrir las clases*"[39]. En esta misma línea, las palabras del ministro de Educación de la Nación mostraban la afinidad política e ideológica de los integrantes del CRUN y el gobierno de facto: "*…Agradezco a Tucumán, cuna de la independencia y tumba de la subversión, la hospitalidad brindada y a los señores Rectores el intenso trabajo realizado, cuyos frutos la educación argentina ya está cosechando*"[40].

---

[38] Actas del Consejo de Rectores de Universidades Nacionales (CRUN), año 1977, foja 6.
[39] Actas del Consejo de Rectores de Universidades Nacionales (CRUN), año 1977, foja 7.
[40] Juan Rafael Llerena Amadeo. Acto de Clausura de la II Reunión Plenaria del Consejo de Rectores de Universidades Nacionales. Ministerio de Cultura y Educación de la Nación, Buenos Aires, 1980, p. 7.

Son especialmente ilustrativas las palabras de uno de los portavoces del período, el Dr. Guillermo Gallo, presidente de la UNLP y del CRUN durante todos los años de su funcionamiento, quien, en una suerte de balance, promediando el año 1980, expresaba: *"Este ha sido un año de realizaciones. Comenzó con la aprobación de la Ley 22207, continúa con la aprobación por este cuerpo de las incumbencias y de los alcances de los títulos universitarios. Posteriormente, en la reunión de San Miguel de Tucumán, con la aprobación del arancelamiento universitario"*[41].

Hacia el final del régimen, el aumento de la actividad política iniciada a fines de 1982 luego de la derrota de Malvinas y el anuncio de la normalización institucional, empezó a repercutir en el CRUN. En la primera reunión de 1983, los reclamos estudiantiles son comentados: *"...los Sres. Rectores informan acerca de diversos reclamos estudiantiles... surge de sus expresiones que dichos reclamos se refieren al sistema de ingreso, al régimen arancelario, a los cupos, a la participación estudiantil, al trámite de concursos docentes y a la propia ley 22207"*[42]. En realidad, el movimiento estudiantil impugnaba a la política universitaria toda, preanunciando una nueva etapa, caracterizada por la participación política, la recuperación del optimismo y la reapropiación del espacio público. Este será el contexto del surgimiento del nuevo órgano de coordinación universitaria que subsiste hasta hoy, el Consejo Interuniversitario Nacional (CIN), y que se forjó a fines de 1985, como veremos, prácticamente como la contracara del CRUN y como instrumento de la naciente democracia.

---

[41] Actas del Consejo de Rectores de Universidades Nacionales (CRUN), año 1980, foja 114.
[42] Actas del Consejo de Rectores de Universidades Nacionales (CRUN), año 1983, foja 5.

Capítulo III

1985-1990.
Equilibrio de fuerzas entre los agentes de la política universitaria. La creación del CIN y la consolidación de la autonomía fragmentada

A pesar del sombrío panorama que se presentaba al final de la dictadura, la asunción de Raúl Alfonsín en diciembre de 1983 marcó un cambio de humor, caracterizado por una renovada confianza hacia el futuro y una apuesta a un desarrollo económico con mayores niveles de justicia (Romero, 1996). Como sostiene Atilio Borón, la novedad del período de transición al orden constitucional abierto en la década de los ochenta consistió en el hecho de que las luchas populares fueron planteadas teniendo como eje principal los temas fundantes de la teoría democrática clásica, pero complementándolos con las nuevas preocupaciones por la justicia y la equidad, componentes esenciales de las nuevas reivindicaciones democráticas. Una vasta y compleja serie de demandas sociales, a veces vagamente formuladas, parecían sintetizarse en la aspiración democrática, transformada ahora en una eficaz idea-fuerza capaz de movilizar a extensos sectores de la sociedad civil en su lucha contra el despotismo político y la recuperación del Estado de derecho (Borón, 2003). Para el nuevo gobierno, la acción reparadora del Estado debía estar enmarcada en un nuevo tipo de relación entre planificación y administración pública, denominada por el primer mandatario como "planificación democrática" (Mensaje presidencial del Dr. Raúl R. Alfonsín a la Honorable Asamblea Legislativa, 10 de diciembre de 1983, p. 19). Dicha planificación debía prescindir de prácticas históricas caracterizadas por tutelas autoritarias e iniciar un profundo proceso de transformación que incluyera la propia redefinición del papel del Estado, conscientes de que el eficaz desempeño de la administración pública sería indispensable para consolidar las instituciones democráticas.

En esta primera etapa de la coordinación universitaria que transcurre entre 1985 y 1990, la política universitaria estuvo impregnada por las tareas inherentes a un momento fundacional y por los esfuerzos por delimitar las pertinencias y espacios entre los distintos agentes que, en la naciente democracia, interactuaban en torno a la cuestión universitaria. Coincidimos con gran parte de la literatura disponible que analiza el período 1983-1989 (Cano, 1985; Pérez Lindo, 1985 y 1989; Bertoni y Cano, 1990; Balán, 1992; Krotsch, 1993; Marquina y Nosiglia, 1995; Chiroleu, 1999; Buchbinder, 2010; Suasnábar, 2013) al señalar que durante esos años hubo un desplazamiento de la política universitaria hacia las propias universidades, en especial desde 1985 con la creación del CIN. Sin embargo, y aunque el CIN tuvo gran parte de la iniciativa política del período, la definición presupuestaria –un tema central de la política universitaria–, se mantuvo bajo la órbita decisoria del Poder Ejecutivo. También el Congreso Nacional sancionó leyes claves del período y fue el espacio institucional que albergó la discusión de un marco normativo integral para el sector. Por ello conviene analizar qué papel jugaban los agentes de la política universitaria de esta etapa, un período único de la historia universitaria argentina en el que el partido de gobierno tenía una importante cantidad de rectores afiliados o simpatizantes del Partido Radical, la federación universitaria era conducida por Franja Morada y el radicalismo tenía, además, por lo menos al principio, una relación de fuerzas relativamente favorable en el Congreso. Esto explica la configuración de un escenario que se presenta como el resultado de un equilibrio construido entre el Congreso, el gobierno, y el CIN. Equilibrio que se romperá en la década siguiente, como veremos en el próximo capítulo, y que solo es comprensible atendiendo tanto al peso que el gobierno y el Parlamento tuvieron durante los ochenta mientras duraba el entusiasmo del retorno a la democracia, como al peso que también tuvieron estos dos agentes para cambiar el signo de los tiempos universitarios en la década de 1990.

Para explicar cómo se mantuvo ese equilibrio de fuerzas entre estos tres espacios es necesario comprender cómo funcionó la autonomía universitaria durante este período en el que las universidades recuperaron sus atribuciones básicas. Veremos que al mismo tiempo que se "normalizaba" la autarquía y se revitalizaba la autonomía institucional en cada universidad nacional, se reactualizaba un rasgo estructural del campo universitario argentino que debilitaba las posibilidades de la coordinación efectiva de lo que por entonces ya se denominaba el "sistema universitario". Nos referimos al hecho de que la autonomía universitaria está fragmentada en cada institución universitaria, un asunto que se reforzó con el impulso autonomista del Radicalismo y el creciente peso de la figura de los rectores. Estos últimos constituían un campo de fuerzas en sí mismo que depositaban su capital político en el CIN para articular tomas de posiciones frente al Estado u otros campos, pero a la vez podían trasponer las fronteras del campo universitario como tal, relacionándose en forma directa con el gobierno o con el sistema de partidos y sus representantes en el Congreso Nacional. Esa característica de la "autonomía universitaria", sumada al signo democratizador y autonomista que le imprimió el Radicalismo en el poder del Estado y en el poder en la mayoría de las universidades, hizo que la dinámica de trabajo del CIN se caracterizase por una importante iniciativa política en el marco de una agenda propositiva, con una capacidad de coordinación compartida con el Congreso y con el partido de gobierno. La libertad de acción que ofrecía el gobierno nacional, quien contaba como aliados políticos a la gran mayoría de los rectores, dio lugar a que las intersecciones entre el campo universitario y los partidos jugaran un papel central en esta primera etapa de la coordinación universitaria que transcurre entre diciembre de 1985 y principios de 1990. Durante esta etapa se abrió una modalidad de construcción de poder universitario en la que los rectores jugaron un papel cada vez más decisivo, abriendo espacios de diálogo bilateral con los agentes decisores de la política pública para la universidad. Como veremos, son hitos simbólicos de este proceso el decreto de creación del CIN en 1985, su primera reunión a mediados de 1986, la sanción de la ley 23569 en 1988 y, como marcas de su fin, la asunción de Carlos Menem al gobierno en julio de 1989 y el Plenario del CIN en Río IV a principios de 1990. Para comprenderlo, necesitamos desplegar un conjunto de acontecimientos históricos que nos permitan reponer el clima de esta época de efervescencia democrática y comprender, así, cuál fue el contexto de este impulso particular que caracterizó el equilibrio de los principales agentes de la política universitaria en la etapa fundacional del CIN.

La política universitaria en la recuperación democrática: la situación de las universidades y la "normalización"

La renaciente democracia heredó de la dictadura militar una universidad con graves deficiencias académicas, desfinanciada y, como sostienen Buchbinder y Marquina, vaciadas de significación social y despojadas de muchos de sus cuadros intelectuales que habían sido desaparecidos o exiliados (Buchbinder y Marquina, 2008:26). La represión y el control ideológico la golpearon intensamente, generando un notorio achicamiento institucional expresado en el cierre de universidades, carreras y la consecuente reducción de la matrícula. Las actividades de investigación fueron impulsadas fuera de las universidades, al tiempo que se producía una transferencia de los recursos públicos para ciencia y técnica desde las universidades hacia el CONICET y otros organismos descentralizados (Bekerman, 2010). A todo esto se sumaron graves problemas de infraestructura, atrasos salariales y déficit de recursos humanos calificados para atender el explosivo aumento de la matrícula universitaria que devino en los primeros años de la recuperación democrática.

Las universidades formaron parte de las prioridades en la agenda del nuevo gobierno, como puede verse en el contenido de los primeros decretos dictados a días de asumir el nuevo régimen en diciembre de 1983: juicio a los integrantes de la Junta Militar y a los jefes de los grupos insurreccionales, normalización de las universidades nacionales, realización del II Congreso Pedagógico Nacional, patria potestad compartida y derecho real de uso de la vivienda para el cónyuge supérstite.

Como recordó Juan Carlos Pugliese (h.), *"La reparación del pasado; la educación como herramienta para los nuevos tiempos y la igualación de los derechos de la mujer fueron los temas centrales de la agenda pública de Alfonsín"*. (Pugliese, Entrevista, 2015).

Como veremos más adelante, en la decisión política de otorgar a la universidad un lugar relevante de la agenda de gobierno no estará ausente el hecho que de allí provenían sus principales referentes y que la universidad pública era uno de los principales espacios de construcción política del radicalismo.

En este marco, Oscar Oszlak sostiene que los procesos de transiciones democráticas se han caracterizado siempre por una intensa politización. Esta activación política implica fundamentalmente la recuperación de una escena pública suprimida, la resurrección de una ciudadanía compulsivamente arrinconada en la privacidad de la vida cotidiana. Voces largamente acalladas comienzan a brotar de múltiples gargantas políticas, intentando recuperar un lugar protagónico en un escenario público que se reconstruye al compás de la propia movilización social (Oszlak, 1984:1). En este sentido, el movimiento estudiantil, con actividad creciente desde fines de los setenta y nuevamente movilizado desde 1980 en contra del arancelamiento, formará parte del proceso de intensa participación y politización que caracterizará los primeros años de la recuperación democrática y encontrará en la consigna "ingreso irrestricto" la condensación de las demandas de eliminación de las barreras para el acceso a la universidad, y la consecución de un modelo de universidad con mayor heterogeneidad social, abierto a todos los sectores sociales, en especial a los sectores populares. Para ello, impulsará activamente la eliminación de las trabas vigentes para el ingreso, en especial los cupos, exámenes de ingreso y aranceles. Como sostienen distintos autores, la política agonal de los partidos políticos no estará ausente de las causas de la expansión de la matrícula ya que, si bien con estrategias diferentes, las principales tradiciones políticas expresadas en el movimiento estudiantil, con fuertes lazos con el gobierno universitario y nacional, coincidirán en favorecer políticas de apertura y democratización de las universidades. Si bien la gratuidad y el ingreso irrestricto no eran propuestas originarias del reformismo (cuyo nervio central lo componía el radicalismo) y estaban más relacionados con la tradición del peronismo, en virtud de la supresión de los aranceles y los exámenes de ingreso durante el segundo gobierno de Perón, ambas consignas se extendieron a todas las vertientes estudiantiles durante la década del setenta (Chiroleu, 1999; Stubrin, 2001).

La convergente presión estudiantil, con sus nexos en los partidos políticos, gobiernos universitarios, Poder Ejecutivo y Parlamento, y el impulso democratizador del contexto generaron las condiciones de legitimidad y potencia política que posibilitaron eliminar las barreras para el ingreso en todas las universidades, aun sin existir normativa expresa alguna. Aunque a partir de 1984 se implementaron en la mayoría de las universidades cursos de ingreso, los mismos tenían como objetivo la nivelación de un mínimo de conocimientos antes que la reducción de la cantidad de los ingresantes. El discurso del ministro de Educación y Justicia, Dr. Carlos R. S. Alconada Aramburú, con motivo del inicio del ciclo lectivo 1984, así lo muestra: *"Libre acceso a las Universidades Nacionales: sin aranceles ni cupos, sin otra exigencia que la acreditación de niveles adecuados de admisión a través de evaluaciones de resultado. Se han flexionado al máximo los criterios de admisión deteniéndonos, con responsabilidad democrática y científica, en los límites de la realidad –estructuras universitarias deficitarias– y en la necesidad de mejorar las calidades de la admisión"*. (Discurso del ministro de Educación y Justicia, Dr. Carlos R. S. Alconada Aramburú, con motivo del inicio del ciclo lectivo 1984. Buenos Aires, 11 de marzo de 1984, pp. 11-12).

El conjunto de los elementos mencionados y una demanda contenida por la política de achicamiento del sector promovido por el proceso militar a través del cierre de carreras, cupo y arancelamiento, provocaron en los inicios del retorno democrático un fuerte aumento de la matrícula estudiantil, como puede verse en la Tabla 2.

Tabla 2
Evolución de la matrícula de educación superior: 1983-1986

Año	Cantidad de alumnos
1983	416.571
1984	507.994
1985	664.200
1986	707.016

Fuente: Elaboración propia en base a datos del Anuario Estadísticas 1986. Ministerio de Educación y Justicia. Secretaría de Educación.

Hacia 1984, el campo universitario incluía veintiséis (26) universidades nacionales de gestión estatal, veintidós (22) de gestión privada y cuatro institutos universitarios nacionales, dos de gestión estatal y dos privados. En el caso de las universidades de gestión estatal, gran parte de la matrícula estaba concentrada en las siete universidades grandes, por aquel entonces con más de 30.000 alumnos: UBA, UN de La Plata, Córdoba, Rosario, del Litoral, Tucumán y Tecnológica.

Gráfico 1: Total de alumnos según tamaño de universidad: 1986.

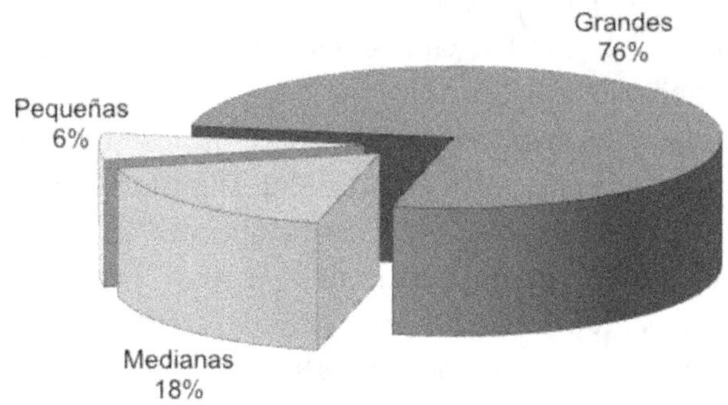

Fuente: Anuario 1996 de Estadísticas Universitarias. SPU.

Como sostiene Adriana Chiroleu, al final de la gestión de Alfonsín el radicalismo podía capitalizar como logro una duplicación de la matrícula en educación superior que permitió el acceso a las instituciones públicas de sectores sociales hasta entonces ausentes de ellas. No obstante estos datos tangibles, la enorme expansión de la matrícula de estos años se desarrolló en el marco de las instituciones ya existentes y generó fuertes tensiones en términos de calidad académica, pues la masividad estudiantil provocó una fuerte expansión del cuerpo docente que no fue acompañada por una capacitación disciplinar y pedagógica acorde a los desafíos de la nueva situación, promoviendo y administrando la expansión, pero sin construir capacidades internas congruentes con los nuevos retos que ella introducía (Chiroleu, 2005: 46). Al cruzar los datos de evolución presupuestaria y expansión de la matrícula es posible verificar lo que García de Fanelli considera uno de los rasgos de la educación superior argentina, esto es, un desequilibrio entre el crecimiento de la demanda de vacantes y el incremento de los recursos financieros disponibles; es decir, distintas velocidades de ajuste dinámico entre las variables económicas y fiscales, por un lado, y las demográficas y educativas, por el otro (García de Fanelli, 2005).

A pesar de las dificultades y en un marco de un persistente optimismo, las universidades fueron consideradas instrumentos relevantes de este momento histórico, destinadas a jugar un papel protagónico en la necesaria refundación cultural, económica y social que el país exigía luego de la larga noche de la dictadura militar. En este sentido, el presidente Alfonsín expresaba:

"Consideramos a la universidad como un órgano fundamental para la formación de una conciencia democrática y social en el país. Esta misión, de tan clara significación para la nacionalidad, debe cumplirla a la vez que ejerce su alto ministerio cultural e intelectual de centro de estudios superiores y escuela de capacitación técnica y profesional". (Mensaje presidencial del Dr. Raúl Alfonsín a la Honorable Asamblea Legislativa, 10 de diciembre de 1983, p. 22).

La épica reformista impregnaba la retórica del radicalismo hacia la universidad, encontrando en el discurso inaugural de Raúl Alfonsín frente a la Asamblea Legislativa del 10 de diciembre de 1983 el ideario que conformará el núcleo conceptual de la política universitaria del período:

"Para el gobierno de la universidad, hemos sostenido permanentemente los principios de la Reforma Universitaria iniciada en 1918, a los cuales adherimos con la convicción más absoluta de su constante e histórica vigencia (…) No haremos ahora otra vez el penoso inventario de los males que ha padecido la universidad argentina en los años recientes. Solo aseguramos que les pondremos inmediato remedio, implantando un régimen de gobierno y administración de las casas de estudio que se apoye en los principios reformistas de la conducción tripartita, el diálogo entre los claustros y, dentro de cada uno de éstos, el coloquio intelectual dinámico y fecundo y la democratización integral del sistema." (Ídem, pp. 22 y 23).

Reivindicación de los principios reformistas, autonomía académica, autarquía administrativa, cogobierno tripartito (docentes, alumnos y graduados), concursos y democratización del ingreso, constituyeron los principios articuladores del discurso del radicalismo para la universidad, llamados a guiar en esta primera etapa el denominado proceso de "normalización", que en lo formal se extenderá desde fines de 1983 a mediados de 1986. La "normalización" contó con el apoyo de todas las fuerzas políticas democráticas y fue delineado por el decreto 154/83 y la ley 23068 de junio de 1984. La mencionada legislación establecía:

✓ Intervención de las universidades nacionales, para cuyo fin se designaron rectores y decanos normalizadores.

✓ Anulación de los estatutos sancionados en dictadura y aplicación de los estatutos universitarios vigentes al 29 de julio de 1966.

✓ Constitución de Consejos Superiores y Consejos Académicos por facultad, todos provisorios y con representación obligatoria de docentes y estudiantes, y opcional de graduados.

✓ Derogación de la ley 22207 y habilitación para que a pedido de la parte interesada, sean impugnados los concursos sustanciados durante el gobierno de facto.

✓ Implementación de llamados masivos a concursos de docentes para poder constituir el padrón del claustro, el cual debía contener al menos un 51% de profesores concursados.

✓ Régimen de reincorporaciones, a determinar por cada universidad, del personal cesanteado, prescindido u obligado a renunciar por motivos políticos y/o gremiales.

La decisión de recuperar los estatutos previos a 1966 no estuvo ausente de polémica y discusión ya que eludía la normativa aprobada en el gobierno democrático del período 1973-1976 y remitía a estatutos aprobados por legislación de los gobiernos que derrocaron a Perón en 1955, en especial los decretos-ley 6403/55 y 7361/57. Para el gobierno el corte histórico estaba fundado en que a partir de esa fecha la autonomía no había sido respetada: *"Se restablecieron los estatutos vigentes hasta 1966, por ser los últimos dictados por las Universidades autónomas, pues a partir de aquel año las mismas solo fueron oficinas administrativas, apéndices del Poder Ejecutivo"* (Discurso del ministro de Educación y Justicia, Dr. Carlos R. S. Alconada Aramburú, al asumir el rector de la UBA, Cdor. Oscar J. Shuberoff. Buenos Aires, 14 de marzo de 1986, p. 9.)

Complementando la legislación mencionada, en septiembre de 1984 el Congreso aprobó la ley 23115 anulando las confirmaciones en sus cargos de aquellos profesores universitarios que los hubieran obtenido por las leyes del proceso, en especial la ley 21536, quedando en carácter de interinos hasta tanto se sustancie el concurso en los términos de la ley 23068/84.

La conclusión formal del proceso de normalización (formal porque el proceso real se extendió al menos un año más) estuvo marcada por un conjunto de hitos administrativos y simbólicos. Dentro de los hitos administrativos cabe mencionar el decreto 2460 de diciembre de 1985, comunicando al Congreso de la Nación el cumplimiento de la ley 23068 de normalización e informando al mismo los textos de los nuevos estatutos de las universidades, como así también el calendario electoral para la elección de las nuevas autoridades por los claustros normalizados. Entre los simbólicos cabe destacar el acto público, realizado el 17 de junio de 1986 y encabezado por el presidente de la Nación, donde éste, en tono de cierre de un ciclo, agradece el trabajo a los rectores normalizadores expresando: *"Misión cumplida, pueden decir ustedes, porque se ha arribado a esta normalización, porque en cierto sentido podemos decir que recuperamos la universidad argentina"*[43].

Gobierno, partidos políticos y rectores: ¿la autonomía universitaria para el "sistema" o para las universidades?

El gobierno nacional, los partidos políticos (su representación en el Congreso) y los rectores (normalizadores primero y nucleados en el CIN a partir de 1985) fueron los tres espacios principales que confluyeron en las fronteras del campo universitario y el trípode sobre el que pivoteó la política universitaria del período. La disputa política de los partidos, nudo central en la dinámica, constitución y funcionamiento del gobierno y el Poder Legislativo, tendrá también especial relevancia en la universidad, un campo en el que por lo general resulta invisibilizada. En este sentido, conviene distinguir entre partidización y politización, siendo la primera un alineamiento directo entre agentes universitarios y partidos políticos, y la segunda, una disputa de espacios de "poder universitario" con una lógica propia. Con el correr de los años, la partidización que se advierte en esta primera etapa fue adquiriendo una especificidad y el campo universitario experimentó algunos procesos que instauraron elementos refractarios de los aparatos de los partidos mayoritarios. Aunque estos nunca dejaron de tener presencia, emergieron formas relativamente autónomas de lucha por el "poder universitario": la aparición de rectores

---

[43] Discurso del presidente Alfonsín durante el acto de entrega de diplomas de los rectores normalizadores de las universidades nacionales. Buenos Aires, 17 de junio de 1986, págs. 3 y 4.

independientes de los partidos mayoritarios, agrupaciones estudiantiles independientes, la alternancia entre bloques políticos internos al CIN.

A poco tiempo del retorno a la democracia, el campo universitario estaba im-
buido en la disputa de los grandes partidos políticos, entre otros motivos porque
los docentes y los estudiantes en general se sentían protagonistas de un momento histórico en el que estaba en juego mucho más que la universidad. Atairo y Camou sostienen que la recuperación democrática significó un intento hasta cierto punto "restauracionista" de los postulados reformistas que habían estado
vigentes en las universidades argentinas a partir de la caída del primer peronismo (1955). Pero en este regreso al pasado, uno de los rasgos distintivos de esta
etapa en sus alcances y sentidos será la fuerte partidización de la vida universitaria, especialmente intensa en el movimiento estudiantil, pero también expresada en los demás claustros. Allí donde en períodos anteriores los cauces de participación y las banderías identitarias configuraban proyectos de amplio espectro
(humanismo vs. reformismo, o la confrontación "laica" o "libre" por citar dos frac-
turas emblemáticas), en la recuperación democrática los canales de participación
e identificación serán mayoritariamente cubiertos por organizaciones partidarias
(Atairo y Camou, 2011:88). Para Stubrin la presencia y dinámica de los partidos
políticos constituirá un elemento relevante para la gobernabilidad, el crecimiento del conjunto universitario, su institucionalización, democratización y articulación con el sistema político durante todo el período, y extendiéndose hasta la
actualidad (Stubrin, 2001).

Esta partidización se expresó, en primer lugar, en la prioridad que tuvo la universidad en la agenda de gobierno de Raúl Alfonsín. De esta decisión política no
estuvo ausente el hecho de que sus principales dirigentes provenían de la universidad. El radicalismo, como la mayoría de los partidos populares, formó parte
de las elites dirigentes formadas en la universidad pública, especialmente en la
Universidad de Buenos Aires, donde se graduaron como abogados la gran mayoría de los presidentes argentinos y en especial los dirigentes radicales. Además,
la universidad pública era uno de sus principales bastiones políticos. Cabe mencionar que en las elecciones de 1983 en la UBA, Franja Morada, brazo universitario de la UCR, se impuso con el 47,79% de los votos (Buchbinder y Marquina,
2008:25). Como veremos luego, el cuadro se completa con el papel que tuvo la
UBA como bastión del radicalismo y pivote de la coordinación del "sistema universitario" por parte del CIN.

Esto se pone de manifiesto en los criterios de designación de los rectores normalizadores, agentes clave en la primera etapa del período, y en la construcción
de una nueva lógica universitaria. Designados por el Poder Ejecutivo Nacional,

los rectores normalizadores eran en su gran mayoría cuadros políticos del radicalismo cuyos nombres habían sido consensuados con los referentes regionales de dicho partido. Juan Carlos Pugliese (h.), que por aquel entonces fue designado, en reemplazo de Natalio P. Echegaray, rector normalizador de la UNCPBA, nos decía que: *"Los rectores normalizadores eran elegidos por el gobierno, en consulta con los referentes políticos del radicalismo de la zona de influencia de la universidad"* (Pugliese, Entrevista, 2015).

Condujeron, en conjunto con los consejos superiores y académicos provisorios, el proceso que permitió la regularización del funcionamiento autónomo y cogobernado de cada una de las universidades. Dichos rectores (ver Anexo 1), en especial Benjamín Stubrin (UN Litoral), Juan Carlos Pugliese (h.) (UN del Centro), Arístides Romero (UN del Comahue), Francisco Delich (UBA), Raúl A. Pessacq (UN de La Plata) y Armando C. Romero (UN del Nordeste), jugaron un papel destacado en la política de normalización, como así también en la discusión de temas que excedían esa agenda y su temporalidad, como las características que debía tener la coordinación universitaria, la investigación en la universidad y sus relaciones con el sistema científico nacional. Como sostiene Adolfo Stubrin, los cuadros del Partido Radical en sus funciones de rectores normalizadores cobraron especial protagonismo en la gestación de una nueva legitimidad universitaria. El buen resultado de aquella construcción sociopolítica quedó ligado a la consolidación de la política como elemento habitual de integración interna, con fuerte presencia en la conducción y burocracia universitaria (Stubrin, 2001).

El Congreso Nacional fue un espacio especialmente dinámico y relevante para todos los cambios que ocurrieron en el campo universitario durante todo el período en general y en la "normalización" en particular. En un primer momento cristalizó el consenso político necesario para legitimar la normalización, a través de la sanción de las leyes que disponían sus bases normativas (ley 23068/84); la eliminación de la confirmación de los cargos de profesores concursados en el proceso (ley 23115/84) y el régimen económico-financiero de las universidades (ley 23151/84), respectivamente. Más tarde, por el carácter de emergencia y transitorio de la legislación de la normalización, sancionó una ley clave para la autarquía de las universidades (ley 23569/88), como así también fue el ámbito institucional donde transcurrió parte sustancial de la discusión de las características y contenidos que debía alojar la legislación "de fondo" del sistema universitario, recepcionando numerosas iniciativas legislativas[44].

---

[44] Proyectos de ley de universidades/educación superior presentados en Cámara de Diputados: 1) Expediente: 2948-d-86. Firmante: Vanossi, Jorge Reinaldo, UCR Cap. Fed. Cofirmante: Storani, Federi-

Superada la etapa inicial, de consensos sobre la necesidad y características de la normalización institucional de las universidades, el complejo panorama político, económico y social y las propias dificultades del gobierno para construir consensos estables sobre la agenda gubernamental y legislativa impidió que durante este período se aprobara una normativa general para la educación universitaria. Esta suerte de "vacío" legal estaba originado en el hecho de que la ley clave de la normalización, la 23068/84, tenía un carácter provisorio hasta tanto se ejecutara el proceso normalizador. Estaba previsto un plazo máximo de un año y medio a contar desde junio de 1984, y *"hasta tanto se dicte la correspondiente ley de fondo"*[45]. Las preocupaciones por la incertidumbre normativa generarán intensas consultas entre los rectores nucleados en el CIN y el Ministerio de Educación. Ello se puede apreciar en la nota de mediados de 1986 dirigida al ministro de Educación recientemente asumido, Julio Raúl Rajneri, a quien luego de un detallado análisis de la normativa vigente, expresaban:

"La comisión de autonomía y autarquía del Consejo Interuniversitario Nacional advierte que, al no haberse dictado una ley universitaria para transitar esta nueva etapa, se presentan situaciones que crean un vacío jurídico o la necesidad de aplicar una normativa que atenta contra su misma autonomía"[46].

Ante lo cual el director nacional de Asuntos Universitarios, Dr. Hugo Storani, por encargo del ministro, contestaba: *"A tal interrogante la respuesta es que no existe vacío jurídico… Hoy está vigente la ley 23068 que tal como lo indica su artículo 1°, lo estará hasta tanto se dicte la ley correspondiente de fondo, cuestión esta que al momento no ha ocurrido"*[47].

---

co, UCR Bs As. 2) Expediente: 0609-d-87. Firmante: Martínez, Luis, PJ San Juan. 3) Expediente: 1449-d-87. Firmante: Bianchi de Zizzias, Elia Ana, UCR Mendoza. 4) Expediente: 1015-d-88. Firmante: Dumón, José Gabriel, UCR Bs. As. Cofirmantes: Moreau, Leopoldo Raúl, UCR Bs. As./Stubrin, Marcelo, UCR Cap. Fed./Mosca, Carlos, UCR Bs. As./Ramos, Daniel Omar UCR Bs. As./Valerga, Carlos, UCR Bs. As. 5) Expediente: 2602-d-88. Firmante: Freytes, Carlos Guido, Justicialista Chubut. Cofirmantes: Botella, Orosia Inés, Justicialista Cap. Fed./Taparelli, Juan Carlos, Justicialista Santa Fe/Álvarez, Carlos Raúl, Justicialista Bs. As./Sammartino, Roberto Edmundo, UCR Santa Fe/Giménez, Ramón, Justicialista Formosa/Casas, David, Justicialista Jujuy. 6) Expediente: 3150-d-88. Firmante: Auyero, Carlos, Dem. Cristiano Bs. As. Cofirmantes: González, Eduardo, Dem. Cristiano Bs. As./Aramouni, Alberto, Dem. Cristiano Bs. As. 7) Expediente: 1402-d-89. Firmante: Irigoyen, Roberto Osvaldo, UCR Bs. As. Fuente: http://www.diputados.gov.ar/

Proyectos de ley universidades/educación superior presentados en Cámara de Senadores: Expediente: 0304-s-88. Firmante: Rivas, Olijela del Valle, Justicialista Tucumán. Fuente: http://www.senado.gov.ar/

[45] Artículo 1, ley 23068/84.

[46] Nota de la Comisión de autonomía y autarquía del CIN, Santa Fe, 1 de julio de 1986.

[47] Nota del Dr. Hugo Storani dirigida al CIN, Buenos Aires, 30 de julio de 1986, págs. 1 y 8.

A su vez, y a modo de argumentar por qué no se habían girado desde el PEN leyes que legislen esta nueva etapa transcurrida la normalización, Storani sostenía que:

"…estando pendiente la realización del II Congreso Pedagógico Nacional de la historia de nuestro país, y siendo el tema universitario uno de los principales para tratar, consideramos inoportuno tratar de legislar con sentido de permanencia, cuando precisamente, como fruto del Congreso Pedagógico, se conocerán las bases para normar la actividad educativa en nuestro país pensando más en el siglo XXI que en el que estamos viviendo"[48].

No obstante los argumentos de Storani, el Congreso Pedagógico concluirá y a pesar de las numerosas iniciativas legislativas mencionadas, la profundidad de la crisis económica y social de los últimos años del gobierno de Raúl Alfonsín impedirán generar las condiciones para sancionar una normativa de fondo para el sector.

El gobierno nacional delegó la cuestión universitaria en el Ministerio de Educación y Justicia y, con distintas pertinencias, en tres áreas que de éste dependían: la Dirección Nacional de Asuntos Universitarios (DNAU), la Secretaría de Educación (SE) y la Secretaría de Ciencia y Técnica (SECyT), a cargo de Hugo A. Storani (DNAU), Francisco Delich y Adolfo Stubrin (SE) y Manuel Sadosky (SECyT), respectivamente, quienes jugarán un papel destacado durante todo el período. La importancia dada a la política universitaria en el gobierno de Raúl Alfonsín no se trasladó a la necesaria jerarquización del espacio gubernamental encargado de la política para el sector, quedando limitada a una Dirección Nacional. La DNAU fue la responsable de las tareas de coordinación universitaria previas a la creación y organización del CIN y tendrá una participación activa en la política universitaria. No obstante, se esperaba que fuera el CIN el que ejerciera la coordinación y formulara los ejes centrales de la política universitaria. En el marco de la autonomía y una vez concluida la normalización, la política universitaria debía constituirse en resorte de las universidades. Se ponía sobre el tapete, así, la tensión entre la autonomía institucional de cada universidad y la coordinación del conjunto, que en las nuevas circunstancias democráticas era un asunto que estaba por definirse. Como sostiene Suasnábar, al igual que en la sociedad, el carácter autoritario de la intervención cívico-militar contribuyó a generar un clima de desconfianza y pérdida de legitimidad hacia el Estado, que en el ámbito universitario se expresó en la demanda de completa autonomía, la cual

---

[48] *Ibíd.*, págs. 3 y 11.

tendió a asociarse al financiamiento incremental y a la nula intervención estatal (Suasnábar, 2013:362). En esta línea, Francisco Delich, en su rol de secretario de Educación, problematizando la relación entre el Estado, el gobierno y la universidad, afirmaba:

"Debemos elaborar juntos una política universitaria. El problema es cómo hacerlo… No tenemos experiencia de funcionamiento entre Universidad y Estado democrático. No es fácil ejercer la democracia, reconocer la autonomía y que ésta vaya en la dirección de lo que el futuro del país necesita. Desde el punto de vista estructural no es fácil para un gobierno democrático encontrar la forma en que las instituciones funcionen, sin por una parte renunciar a la autonomía, y por la otra, renunciar a la función de Estado que la ciudadanía nos ha encomendado"[49].

Si bien la débil injerencia en las decisiones presupuestarias erosionaba su rol, la DNAU será el espacio gubernamental de referencia para los rectores y el Congreso durante todo el período. Como vemos, estos tres agentes: gobierno, congreso y rectores, emergieron en la incipiente democracia para encontrar su rol y espacio en la política universitaria. El esquema 1 propone un diagrama de cómo se entablaron las relaciones entre ellos en esta etapa y, en definitiva, cómo el CIN construyó la frontera del campo universitario en este período.

---

[49] Dr. F. Delich, en Actas de la 3ª reunión del CIN, Mar del Plata, 2, 3 y 4 de octubre de 1986, p. 9.

Esquema 1
Campo universitario y campo político: autonomía fragmentada, equilibrio de
fuerzas e intersecciones durante el período 1985-1990

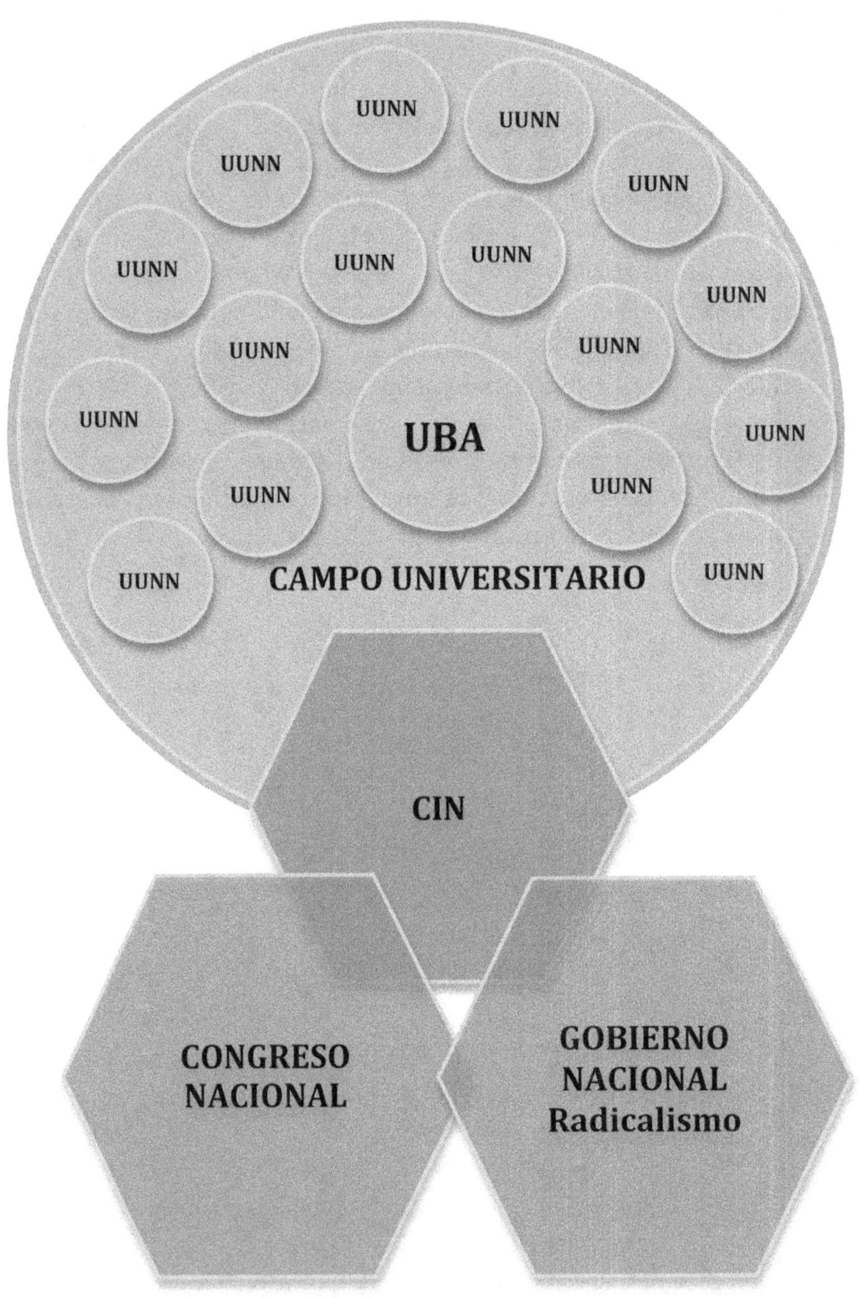

La creación del Consejo Interuniversitario Nacional (CIN), la consolidación de la autonomía fragmentada y del poder rectoral

Durante los dos años que transcurrieron entre diciembre de 1983 y diciembre de 1985 las tareas inherentes a la coordinación universitaria estuvieron en manos del Ministerio de Educación, pero, una vez transitado el proceso de normalización y de acuerdo a la lógica autonómica imperante en ese momento, correspondía ahora que la misma fuera resorte de las propias universidades.

"Había temores, especialmente en el ministro Alconada, respecto a crear un órgano como posteriormente fue el CIN. Para los reformistas un órgano intermedio de ese tipo era una especie de corporación, un aglomerado de universidades que podía usarse para bajar determinadas políticas y que unas a otras universidades se impusieran determinadas posturas. Había temores y reticencias, por eso era opcional su participación, era una invitación, la membresía no era obligatoria". (Stubrin, Entrevista, 2015).

Por otra parte, la discusión también involucraba a las características del órgano a crear. Pugliese recuerda que *"La discusión era si se recreaba el CRUN o se creaba algo nuevo. También hubo mucha discusión acerca del rol del Ministerio en ese nuevo órgano".* (Pugliese, Entrevista, 2015).

Las deliberaciones entre el grupo de rectores normalizadores más influyentes del gobierno, funcionarios del ministerio y algunos legisladores concluyeron en el acuerdo de que había que impulsar la creación de un órgano de coordinación nuevo, diferenciado de aquel que funcionó durante una dictadura, especialmente por el carácter opcional de la participación y el rol mínimo que se le otorgaba al Ministerio de Educación en el mismo. El decreto 2460/85 dictado el 26 de diciembre de 1985 había sido el instrumento mediante el cual el PEN comunicaba al Congreso de la Nación que se había cumplido con la tarea de la normalización. Ese mismo día, el siguiente decreto, el 2461/85, en sus considerandos planteaba *"Que en la actualidad la función de coordinación universitaria la ejerce el Ministerio de Educación y Justicia de la Nación (…) Que una vez que las Universidades Nacionales recobren el ejercicio pleno de su autonomía universitaria se hará menester contar con otro mecanismo de coordinación del que hasta el momento existe"*[50]. Así se creaba el órgano de coordinación universitaria que, de acuerdo a los que impulsaron esa iniciativa, necesitaba la universidad normalizada para pasar a una nueva etapa:

---

[50] Considerandos del decreto 2461/85.

EL PRESIDENTE DE LA NACIÓN ARGENTINA

DECRETA:

Artículo 1°- Créase el Consejo Interuniversitario Nacional (CIN) al que podrán adherir libremente las Universidades Nacionales en ejercicio de su autonomía.

Artículo 2°- El Consejo Interuniversitario Nacional (CIN) tendrá como misión la coordinación de las políticas entre las Universidades Nacionales y de ellas con los distintos niveles y jurisdicciones de la educación en la República Argentina; la cultura y los organismos de investigación científica y técnica.

Tendrá a su cargo las relaciones con otros organismos públicos y privados, nacionales o extranjeros que constituyan un intercambio beneficioso para las Universidades Nacionales.

Todo lo anterior se realizará en el marco de las atribuciones conferidas al organismo Interuniversitario Nacional por las Universidades en el Estatuto para la entidad.

En el caso de las relaciones con el extranjero se deberán respetar las normas en vigencia para nuestras relaciones internacionales.

Artículo 3°- El Consejo Interuniversitario Nacional (CIN) podrá prever dentro de su estatuto la formación de organismos regionales de coordinación.

Artículo 4°- El Consejo Interuniversitario Nacional (CIN) podrá coordinar, compatibilizar propuestas sobre validez nacional de estudios y títulos; habilitaciones e incumbencias de títulos profesionales con validez nacional, a los efectos de su elevación al Poder Ejecutivo Nacional en un todo de acuerdo con la Ley de Ministerios N° 22520 y sus modificaciones según texto ordenado por el Decreto N° 132/83.

Artículo 5°- Integrará el Consejo Interuniversitario Nacional (CIN) un representante del Ministerio de Educación y Justicia de la Nación, con voz y sin voto a los efectos de la coordinación antes mencionada.

Artículo 6°- El Ministerio de Educación y Justicia de la Nación convocará a la primera reunión de Rectores para que de entre los participantes, surja una Comisión encargada de elaborar el Estatuto del organismo, que deberá expedirse dentro del término de sesenta días y ser aprobada en una nueva reunión de todos los Rectores de aquellas Universidades que resuelvan adherirse al Consejo.

Artículo 7°- Atento a lo establecido en el artículo 1°, la respuesta a la convocatoria a la que se refiere el artículo precedente, queda a decisión libre de cada universidad.

Artículo 8°- La reunión a la que se refiere el artículo 6° será convocada por el Ministro de Educación y Justicia de la Nación cuando las Universidades Nacionales tengan autoridades elegidas por los claustros normalizados según la Ley N° 23068.

Fuente: DECRETO 2461/85. Bs As, 26/12/1985.

Creado el CIN y consumada la normalización, la política universitaria del radicalismo se delineó sobre la base del respeto a la autonomía del campo y de las instituciones universitarias, con la expectativa de que el nuevo organismo de coordinación se constituyera en el ámbito de formulación y definición de las políticas para este sector:

Según las actas, para el Director Nacional de Asuntos Universitarios, Hugo Storani, *"con el advenimiento de la autonomía, no corresponde que el poder central se ocupe de política universitaria, sino que las mismas universidades deben definir esas políticas"*[51]. Con la creación de un organismo de coordinación interuniversitaria fuera de la órbita del Poder Ejecutivo, y entendiendo que era el CIN el ámbito natural para la formulación y definición de la política universitaria, se ponía en marcha un modelo de coordinación que otorgaba a los rectores representantes de cada una de las universidades ante el CIN un peso relevante en la decisión de los destinos del conjunto universitario. Esta decisión no solo estaba sostenida sobre las bases teóricas e ideológicas del reformismo, que el radicalismo profesaba, sino también sobre la confianza que inspiraba el hecho de que los rectores elegidos democráticamente pertenecían en su gran mayoría al radicalismo. Esta amalgama entre el poder político y el poder universitario fue prácticamente única en la historia reciente argentina. De hecho, se deterioró al poco tiempo cuando entró en contradicción el signo político de las universidades con el gobierno de Menem, como así también cuando el peronismo comenzó a ganar las elecciones en algunas de las universidades tradicionales. Pero fue suficiente para generar un consenso sobre el necesario lazo entre poder universitario y política universitaria que terminó consolidándose y reconfigurándose en la Argentina hasta hoy.

Esta suerte de desplazamiento del control de la política universitaria hacia las universidades que operó en el presente período estuvo limitado por dos factores constitutivos del CIN: por un lado, como veremos enseguida, el organismo no tuvo un peso determinante en la distribución presupuestaria; por el otro, la tensión entre coordinación y autonomía institucional. Veamos entonces cómo se consolidó esta autonomía fragmentada que caracterizó al campo universitario en este período y que, aun con los cambios que sobrevendrán, constituye una tensión de base que se extiende hasta nuestros días.

En primer lugar corresponde analizar las atribuciones y el poder vinculante del nuevo organismo para el conjunto de las universidades y los alcances reales del poder de coordinación del CIN. Según la letra del decreto de creación, esa decisión era prerrogativa de las mismas universidades que lo conformaran: *"el or-*

---

[51] Actas de la 1ª reunión del CIN, Buenos Aires., Ministerio de Educación y Justicia, p. 2.

ganismo a crearse tendrá las atribuciones y el poder de decisión que las propias Universidades resuelvan conferirle en el estatuto a elaborarse"[52].

En este sentido, ni el Ministerio de Educación ni la Dirección Nacional de Asuntos Universitarios establecieron la direccionalidad temática ni los límites del CIN. En palabras de Storani: *"El Ministerio quiere que definan qué materias se van a tratar en este organismo, y si sus atribuciones serán resolutivas o meramente indicativas, o ambas"*[53].

La política universitaria quedaba en manos del CIN y el carácter vinculante o no de sus resoluciones para el conjunto de las universidades quedaba sujeto a la decisión de los rectores. Dos alternativas posibles se discutieron en esta línea: una, más restrictiva, que se resistía a otorgarle al CIN la posibilidad de que sus resoluciones fueran vinculantes para el conjunto, porque implicaba la transferencia de atribuciones y capacidades que eran propias de las universidades desde el momento que la autonomía es una atribución individual de cada universidad. La segunda interpretación, más amplia y ambiciosa, entendía que las autonomías individuales podían sumarse y potenciarse en las decisiones colectivas y vinculantes para el conjunto, sin que ello significara el menoscabo de la autonomía de cada universidad, sino, eventualmente, su amplificación. Como es de esperar, definir qué poder de decisión y qué atribuciones tendría este organismo ocupó gran parte de las discusiones de las primeras reuniones. Podemos observar que la discusión intentaba resolver la encrucijada que planteaba la necesidad, para la eficacia de la coordinación y el volumen político del organismo, de que sus resoluciones tuvieran alcance para todo el conjunto, pero, a su vez, que el carácter vinculante no vulnerara la autonomía institucional ni la autarquía de cada una de las universidades.

"Manifiestan los rectores la necesidad de definir si el organismo va a tener funciones deliberativas o ejecutivas y resolutivas, por sí o ad referéndum de los respectivos Consejos Superiores. Coinciden en que debería ser un órgano resolutivo, siempre que no vulnere la autonomía de las respectivas universidades (al ser resolutivo puede desempeñar funciones similares a la Dirección Nacional de Asuntos Universitarios). El Dr. Pugliese aclara que, si bien coincide, el Decreto dice que las universidades se adhieren libremente al CIN, debido a su autonomía, por tanto el carácter resolutivo que deben tener las decisiones del cuerpo puede tener un carácter indicativo sin perder el alcance resolutivo. Lo importante es que las UUNN, en el ejercicio de su autonomía, coordinen las relaciones entre ellas y su vinculación con los poderes públicos"[54].

---

[52] Considerandos decreto 2461/85.

[53] Dr. Hugo A. Storani. Actas de la 1.ª reunión del CIN, Buenos Aires, 16 y 17 de junio de 1986, p. 2.

[54] Actas de la 1era. reunión del CIN. Buenos Aires, 16 y 17 de junio de 1986, p. 2.

Los miedos a que una mayoría circunstancial impusiera decisiones que violentaran las autonomías individuales o que constituyera una plataforma para que el gobierno orientara políticas heterónomas fueron precipitando y, por unanimidad, los rectores limitaron el poder vinculante de las decisiones del CIN. A partir de esto sus resoluciones, salvo expresa aprobación de todos y cada uno de los Consejos Superiores de cada universidad, no serían vinculantes para el conjunto universitario. Esta definición política quedó plasmada en el primer estatuto del CIN aprobado en la segunda reunión celebrada en la UBA los días 11 y 12 de agosto de 1986, saldando la discusión respecto a los alcances de sus resoluciones a favor de las autonomías de cada universidad. En teoría, la autonomía universitaria será ratificada en su condición de atributo individual de cada institución, pero esta primera etapa de la vida del CIN mostró que el proyecto compartido apuntaba a generar un espacio institucional de coordinación que, producto de la decisión autónoma entre iguales y resguardando la autonomía individual de cada universidad, tuviera la capacidad de generar bienes comunes y políticas para el conjunto, donde sus definiciones sean algo más que "recomendaciones" y tuvieran incidencia en el campo burocrático-estatal. Como podemos ver, la tensión entre autonomía y coordinación estará presente desde el momento fundacional del CIN y sus primeras decisiones fueron contorneando las características y prerrogativas del mismo, observables a lo largo de toda su existencia.

En los inicios de esta etapa de la coordinación universitaria los rectores fueron empoderados en un organismo que se presentaba como funcional a las expectativas políticas y programáticas del gobierno de Alfonsín. Se inició una suerte de patrón de funcionamiento en el CIN, perdurable hasta nuestros días, según el cual los distintos acuerdos plenarios no son vinculantes para cada universidad pero, de acuerdo a los temas y casos, en general terminan siéndolo. Esta práctica, vinculada al carácter personalista de la autoridad asentada en la figura del rector –fuertemente instalada en nuestra cultura institucional y que, como analizamos anteriormente, forma parte de lo que denominamos *Poder Rectoral*–, está relacionada con las particularidades del capital político de los rectores. Las resoluciones del CIN no son vinculantes tampoco para el gobierno de turno y, sin embargo, en su dinámica de relaciones con el CIN han tenido cierto poder de condicionar sus acciones, regulaciones y medidas.

La fragmentación de la autonomía en las instituciones del campo se reforzaba además por la corta duración de los mandatos de los rectores y la atomización interna de cada una de las universidades a través de la multiplicidad y diversidad de objetivos y planes institucionales entre facultades, departamentos, institutos y disciplinas. Esta atomización, por cierto una de las características identitarias

80

del conjunto universitario argentino, complejizaba las posibilidades de la coordinación interinstitucional. Como argumenta Follari, *"en virtud de su dinámica diaspórica, la autonomía aparece como forzada cuando funciona encuadrada dentro de un conjunto, mientras que su funcionamiento sin referencia a nada exterior a la institución es registrado como natural, generando todo ello una enorme complejidad y hasta imposibilidad para inscribir a cada universidad dentro de un funcionamiento más general, de conjunto, como sistema universitario"* (Follari, 2014:30).

Veamos en detalle la primera reunión del CIN y las discusiones fundacionales que nos permitirán comprender cómo se constituyó la lógica de funcionamiento de este consejo.

La primera reunión del CIN: discusiones fundacionales

A mediados de 1986 las distintas universidades contaban con autoridades elegidas por los claustros normalizados y por lo tanto era oportuno que, en los términos de los artículos 6°, 7° y 8° del decreto 2461/85, el Ministerio de Educación convocara a la primera reunión de lo que pronto sería el CIN. Dicha reunión se celebró los días 16 y 17 de junio de 1986 en la sede del Ministerio de Educación y Justicia de la CABA y estuvo presidida por el rector de mayor edad, Dr. Armando C. Romero de la UN del Nordeste. Según las actas de la primera reunión del CIN, los rectores presentes fueron: Dr. Oscar Shuberoff (UBA), Ing. Agr. Eduardo S. Brizuela del Moral (UN de Catamarca), Dr. Juan Carlos Pugliese (UN del Centro), Dr. Oscar Bressan (UN del Comahue), Arq. Luis A. Rébora (UN de Córdoba), Lic. Luis Triviño (UN de Cuyo), Dr. Eduardo Barbagelata (UN de Entre Ríos), Dr. Luis Kindgard (UN de Jujuy), Prof. Hércules Pinelli (UN de la Patagonia), Ing. Agr. Raúl Estévez Leyte (UN de La Pampa), Dr. Ángel L. Plastino (UN de La Plata), Dr. Juan Carlos Hidalgo (UN del Litoral), Ing. Eduardo Crnko (UN de Lomas de Zamora), Dr. José L. Moreno (UN de Luján), Arq. Javier H. Rojo (UN de Mar del Plata), Lic. Alberto J. Safrán (UN de Misiones), Ing. Agr. Roberto A. Seiler, Dr. Juan C. Gottifredi (UN de Salta), Dr. Juan C. Millet (UN de Rosario), Arq. Sebastián Villar (UN de San Juan), Lic. Alberto Puchmuller (UN de San Luis), Ing. Enrique A. López (UN de Santiago del Estero), Dr. Alberto R. Casal (UN del Sur), Ing. Qco. Juan C. Recalcatti (U. Tecnológica Nacional), Dr. Rodolfo Campero (UN de Tucumán)[55]. En aquella primera reunión estuvo presente el Director Nacional de Asuntos Universitarios, Dr. Hugo A. Storani, quien disculpó las ausencias del

---

[55] Actas de la 1.ª reunión del CIN, Buenos Aires, Ministerio de Educación y Justicia, pág. 1.

ministro Carlos Alconada Aramburú y del secretario de Educación Francisco Delich, en razón de haber sido convocados a una reunión con el presidente de la Nación en la residencia presidencial de Olivos. Junto con la discusión respecto al alcance de las resoluciones del CIN, como hemos descripto en el acápite anterior, los rectores abordarán en esta primera reunión un amplio abanico de temas. La cuestión presupuestaria, siempre presente en las instancias de coordinación, tendrá especial relevancia en esta primera reunión:

"Los rectores convienen incluir dentro del Estatuto la discusión de temas preocupantes, tal como el de Presupuesto, por ejemplo. Las Universidades tienen temas comunes, y la autonomía es buena para garantizar libertades de tipo docente, o académico, entre otras, funcionando la universidad en forma coordinada y conjunta según esos postulados reformistas. También son temas a tener en cuenta la política salarial, la formación de recursos humanos, y otros aspectos inquietantes que se han de ir agregando"[56].

La autarquía universitaria será uno de los temas ampliamente tratados:

"La autonomía sin autarquía es un espejismo, y la UN de Córdoba ha elevado un proyecto solicitando al Ministerio la autarquía universitaria, al que los rectores pueden aportar sugerencias, ya que trajo copia. Con autarquía como prolongación de la autonomía, podría luego tratarse el tema de sueldos del personal docente y administrativo"[57].

Luego de varios intercambios entre los distintos rectores y funcionarios del gobierno acerca de la problemática presupuestaria y de la necesidad de generar mecanismos que efectivicen y agilicen la autarquía universitaria, decidieron conformar dos comisiones específicas para abordar estas temáticas: una *"comisión de autonomía y autarquía"*, cuyo mandato era la redacción de un anteproyecto de ley para regular estos temas en el Congreso Nacional, y que con detalle nos referiremos más adelante, y una *"comisión de temas salariales"*, que a pedido del CIN se constituyó formalmente con rectores y agentes del gobierno de distintos ministerios. Dicha comisión, creada a través de la resolución ministerial 1703 del 2 de julio de 1986 y denominada formalmente *"comisión especial para analizar los temas salariales relacionados con el personal de las universidades nacionales"*, estuvo conformada por el director nacional de Asuntos Universitarios, Dr. Hugo A. Storani, el secretario de Coordinación Educacional, Científica y Cultural, Dr. Rodolfo Héctor Pérez; los rectores Oscar Shuberoff (UBA), Juan Carlos Gottifredi (UN de Salta), Ing. Roberto Seler (UN de Río IV), Armando C. Romero (UN del Nordeste), invitando también a conformar la misma al secretario de la Función Pública, Prof.

---

[56] *Ibíd.*

[57] *Ibíd.*, pág. 3.

Jorge Esteban Roulet, y al secretario de Hacienda del Ministerio de Economía, Mario S. Brodersohn[58].

La participación de las UUNN en el II Congreso Pedagógico Nacional será otro de los temas tratados, con un expreso pedido de los rectores y el gobierno para que las distintas universidades se involucren en las distintas instancias de discusión, mencionando la preocupación por el avance de la Iglesia en dicho Congreso y la intención de que haya representantes de la universidad y del campo educativo en la comisión honoraria del Congreso[59]: *"Coinciden en que es importante que no quede ausente el pensamiento de la Universidad, ya que muchos vienen elaborando el mismo desde la Reforma. La iglesia, si bien no tiene una representación corporativa, está trabajando mucho en esto"*[60].

Las relaciones internacionales también fueron objeto de tratamiento en el primer día de la primera reunión del CIN, en la lógica de que uno de los roles más claros que auguraban para el organismo era precisamente el de constituirlo como interlocutor válido con el mundo:

"Podría ser una de las cuestiones esenciales del CIN el erigirse en interlocutor en términos de las relaciones internacionales del sistema universitario…"[61].

Los distintos rectores y funcionarios compartieron información acerca de las características y posibilidades de participación en las distintas organizaciones universitarias internacionales como la Unión de Universidades de América Latina (UDUAL), la Organización Universitaria Interamericana (OUI), el Consejo Regional de Educación Superior de América Latina (CRESAL-UNESCO), el Centro Universitario para el Desarrollo (CINDA), el Programa de Naciones Unidas para el Desarrollo (PNUD) y el Programa Interuniversitario del Trópico de Capricornio, con especial detenimiento en la UDUAL y OUI, donde las presencias y ausencias en dichas organizaciones estaban cargadas de definición política e ideológica.

La relación CIN-SICUN (Sistema Interuniversitario del Cuarto Nivel) y la posibilidad de creación de un sistema nacional de educación a distancia, completarán el amplio abanico de temas que el CIN tratará en esta reunión inaugural, la

---

[58] Artículos 1°, 2° y 3° de la resolución 1703 del Ministerio de Educación y Justicia. 2 de julio de 1986, págs. 1 y 2.

[59] La participación de los rectores en la comisión honoraria se concretó a través del decreto presidencial 321/87: *"Artículo 1°: Desígnanse integrantes de la comisión honoraria de asesoramiento del Congreso Pedagógico convocado por la Ley 23114, a las siguientes personas: Dr. Oscar Shuberoff; Dr. Armando C. Romero; Arq. Luis A. Rébora; Prof. Hércules Pinelli, Dr. Arthur Juan Hand; Dr. Jaime Barylko y Dr. Jaime Alberto Cayuso"*. Decreto presidencial 351/87, 3 de marzo de 1987, págs. 1 y 2.

[60] Actas de la 1.ª reunión del CIN, 16 y 17 de junio de 1986, Buenos Aires, Ministerio de Educación y Justicia, pág. 7.

[61] *Ibíd.*, pág. 8.

cual concluye con la primera declaración pública del CIN, que, en un hecho por demás simbólico, consistió en un pronunciamiento por el 68° aniversario de la reforma universitaria de 1918:

"Desde Córdoba y hacia toda América Latina se alzaba el 15 de junio de 1918 un movimiento estudiantil que pretendía sentar las bases de una nueva esperanza reclamando el comienzo de un proceso de democratización perdurable, que vigorizara a la educación popular en la Argentina. En este histórico año 1986 se vuelve a implantar la autonomía universitaria en las Universidades Nacionales Argentinas. Los claustros docentes, egresados y estudiantil cogobiernan cada una de sus facultades, honrando así a los hombres de la gesta de 1918 cuando proclamaban al mundo entero una universidad nueva, libre, abierta a todos los hombres sin distingo de credo, ideología, raza o clase social. Fue a partir de la reforma que la universidad argentina comenzó a transitar un camino de grandes, dejando atrás el oscurantismo cultural, las concepciones dogmáticas, la improvisación y la superficialidad; a fin de forjar metas e ideas, fuerza que deberían brindar los dirigentes que la Argentina necesitaba. Y hoy contemplamos con verdadero orgullo que la reforma universitaria mantiene incólume su vigencia y su eficacia, y que a pesar de los años transcurridos tuvo la capacidad de seguir conservando su fuerza doctrinaria y su espíritu popular"[62].

La consolidación del CIN entre 1986 y 1990: iniciativa política y agenda propositiva

En esta primera etapa la vida del CIN estuvo caracterizada por una importante iniciativa política y una agenda de trabajo claramente propositiva, además de las tareas organizacionales típicas de un momento fundacional. Para profundizar en la agenda de trabajo del CIN, y teniendo en cuenta que este Consejo tiene registradas sus resoluciones políticas y decisiones administrativas (Acuerdos Plenarios y Resoluciones) solo desde 1991 en adelante, aparte de lo consignado en el presente capítulo hemos elaborado una síntesis detallando los plenarios realizados en el período y la agenda temática abordada en cada uno de ellos, permitiendo profundizar en el contexto y oportunidad de las distintas resoluciones (ver Anexo 3). Estos primeros años serán claves para la consolidación política e institucional del CIN y tendrán en la sanción legislativa de la ley 23569/88 –cuyo contenido y articulado fue propuesto por el CIN– un punto de inflexión en la ampliación de los márgenes de la autonomía y autarquía, permitiéndole iniciar un camino de organización y de creciente peso político en el contexto de los nacientes años de democracia.

---

[62] *Ibíd.*, pág. 5.

Cuadro 5
Plenarios del CIN realizados durante 1985-1990

Año	Fecha	Lugar	Sede	Presidió
1986	16 y 17 de junio (Primera reunión preparatoria)	Ciudad de Buenos Aires	Ministerio de Educación	Dr. Armando C. Romero y Arq. Luis A. Rébora
1986	11 y 12 de agosto (Plenario Constitutivo)	Ciudad de Buenos Aires	Universidad de Buenos Aires	Dr. Oscar Shuberoff
1986	2, 3 y 4 de octubre	Mar del Plata	UN de Mar del Plata	Arq. Javier H. Rojo
1986	27 y 28 de noviembre	Córdoba	UN de Córdoba	Arq. Luis A. Rébora
1987	12 y 13 de marzo	San Carlos de Bariloche	UN del Comahue	Dr. Oscar Bressan
1987	27 y 28 de mayo	Tandil	UN del Centro	Dr. Juan Carlos Pugliese (h.)
1987	6, 7 y 8 de agosto	Mendoza	UN de Cuyo	Lic. Luis Triviño
1987	22 y 23 de octubre	Rosario	UN de Rosario	Dr. Juan Carlos Millet
1988	10 y 11 de marzo	Concordia	Universidad Tecnológica Nacional	Ing. Juan Carlos Recalcatti
1988	2, 3 y 4 de junio	Corrientes	UN del Nordeste	Dr. Armando C. Romero
1988	1, 2 y 3 de septiembre	Tucumán	UN de Tucumán	Dr. Rodolfo Campero
1988	20 y 21 de octubre	Vaquerías (Córdoba)	UN de Córdoba	Arq. Luis A. Rébora
1988	24 y 25 de noviembre	Ciudad de Buenos Aires	Universidad de Buenos Aires	Dr. Oscar Shuberoff
1989	18 y 19 de mayo	Bahía Blanca	UN del Sur	Ing. Qco. Braulio Laurencena
1989	24 y 25 de agosto (la fecha original era el 10/08/89)	Vaquerías (Córdoba) (La sede original era en Salta)	UN de Córdoba	Dr. Juan Carlos Gottifredi
1989	9 y 10 de noviembre	Santa Fe	UN del Litoral	Dr. Juan C. Hidalgo
1990	8 y 9 de marzo	Río IV	UN de Río IV	Ing. Agr. Roberto A. Seiler
1990	12 de junio (extraordinario)	Ciudad de Buenos Aires	Universidad de Buenos Aires	Dr. Oscar Shuberoff
1990	17 y 18 de diciembre	Provincia de Buenos Aires	UN de Luján	Dr. Juan Carlos Busnelli

Fuente: Elaboración propia en base a material disponible en el CIN y material recopilado para la presente investigación.

Durante el presente período el CIN aprobó un total de 157 normativas, entre acuerdos plenarios y resoluciones (ver Anexo 3).

Cuadro 6
Acuerdos Plenarios y Resoluciones del CIN (1985-1990)

Años	1986	1987	1988	1989	1990[63]	Total
Acuerdos Plenarios y Resoluciones	15	34	51	47	10	157

Fuente: Elaboración propia en base a material recopilado para la presente investigación.

La temática abarcada permite clasificar los acuerdos y resoluciones en siete grandes categorías que constituyeron los ejes de la agenda del CIN en esta etapa:

Política Universitaria: declaraciones y acuerdos sobre temas de política en general y universitaria en particular; ley de autarquía; creación de nuevas universidades; legislación universitaria; temas gremiales del personal de apoyo y estudiantes; autonomía y autarquía universitaria; declaraciones sobre política presupuestaria.

Asuntos Económicos: presupuesto universitario; declaraciones sobre temas de problemática salarial en general; distribución presupuestaria, compras, contrataciones, exenciones.

Asuntos Académicos: política académica de grado y posgrado; articulación académica entre universidades; alumnos; bibliotecas; educación a distancia; incumbencias y validez de títulos.

Relaciones internacionales e institucionales: gestiones para insertarse en los organismos universitarios internacionales; participación en seminarios, congresos y eventos internacionales; designaciones de representantes ante diversos espacios institucionales.

Ciencia y Técnica: articulación con el sistema científico nacional; creación de ámbitos específicos de ciencia y técnica; planificación científica; desarrollo tecnológico.

Universidad y Sociedad: extensión universitaria; trabajo con sectores vulnerables, articulación universidad sector productivo, deporte universitario.

---

[63] En el cuadro 6 y la Tabla 3 solo hemos incluido, para el año 1990, los Acuerdos aprobados en el Plenario realizado en la ciudad de Río IV, los días 8 y 9 de marzo de 1990. No se han analizado, por carecer de información, los acuerdos eventualmente aprobados en los dos plenarios restantes de dicho año (realizados el 12 de junio y 17/18 de diciembre respectivamente).

Funcionamiento Interno: estatutos, estructura orgánica funcional del CIN; dinámica administrativa y organizativa del CIN en general; organismos regionales de coordinación; representación ante diversos organismos.

Tabla 3

Agenda del CIN: distribución temática de Acuerdos Plenarios y Resoluciones (1985-1990)

Temas	1986	1987	1988	1989	1990	Total
Política Universitaria	5	12	15	13	5	50
Asuntos Económicos	2	4	6	8	4	24
Asuntos Académicos	2	6	14	14	1	37
Relaciones Internacionales	3	4	3	2	—	12
Ciencia y Técnica	2	2	3	5	—	12
Universidad y Sociedad	—	1	7	1	—	9
CIN. Funcionamiento interno	1	5	3	4	—	13
Total	15	34	51	47	10	157

Fuente: Elaboración propia en base a material recopilado para la presente investigación.

Dado que se trata de documentación que no está disponible en archivos públicos y es una etapa desconocida del funcionamiento del CIN, consideramos necesario describir, año por año, cuáles fueron los ejes centrales de su agenda de trabajo.

La agenda de trabajo del CIN en 1986

Junto con la problemática presupuestaria y salarial, omnipresentes en la agenda de la coordinación universitaria en todos los períodos, importantes temas serán objeto de debate del CIN en los distintos plenarios celebrados en el transcurso del año 1986. Durante el segundo plenario del CIN, celebrado en Buenos Aires y convocado bajo el temario de *política salarial*, *estatuto del CIN*, *autonomía y autarquía y estudios de posgrado*, fue discutido y aprobado el primer estatuto, a partir del proyecto propuesto por una comisión *ad hoc* conformada por los rectores Rodolfo Campero (UN de Tucumán), Luis Rébora (UN de Córdoba), Hércules Pinelli (UN de la Patagonia), Alberto Safrán (UN de Misiones), Juan C. Pugliese (UN del Centro) y Sebastián Villar (UN de San Juan)[64]. A pesar de que, de acuerdo a los términos del decreto 2461/85, era prerrogativa de las mismas universidades definir las atribuciones que tendría este organismo, el primer estatuto del CIN le reservará a éste un papel básicamente de coordinación, análisis y cooperación, estando ausente la ambición, al menos en la letra del estatuto, de ser un agente protagónico en la definición de las políticas para su sector. Según este primer estatuto, eran funciones del CIN:

---

a) Coordinar las políticas de las Universidades Nacionales entre sí.

b) Coordinar las políticas de las Universidades Nacionales con los distintos niveles y jurisdicciones de la Educación y con los organismos de la Cultura y de la investigación científica y técnica.

c) Coordinar, establecer y mantener relaciones con otros organismos públicos, privados, nacionales o extranjeros.

d) Formar, en los casos que así lo estimare conveniente, organismos regionales de coordinación interuniversitaria.

e) Coordinar, compatibilizar y establecer propuestas sobre validez nacional de estudios totales y parciales y títulos: habilitación e incumbencias de títulos con validez nacional.

f) Informar sobre sus actividades al conjunto del sistema educativo nacional.

g) Cooperar, asistir y asesorar en las actividades y emprendimiento de cada una de las universidades nacionales cuando le fuere requerido.

h) Analizar de manera permanente los problemas de la educación general y universitaria en la República Argentina y formular propuestas a los poderes públicos.

i) Analizar de manera permanente los problemas de la educación general y universitaria en el mundo y en especial en América Latina y formular propuestas de intercambio e integración académica.

j) Promover la incorporación a su estructura, de las organizaciones interuniversitarias estatales acorde con los objetivos de interés común.

k) Definir políticas y coordinar actividades de extensión universitaria.

l) Analizar y participar en la solución de los grandes problemas nacionales.

m) Intervenir en la planificación del sistema educativo global en el marco de integración crítica con el objeto de su necesario acople al diseño de un modelo de desarrollo consensuado por la sociedad.

n) Emitir opinión fundada frente a todo proyecto de creación de nuevas universidades en el país.

Fuente: Primer estatuto del CIN, 1986.

---

[64] Actas de la 1.ª reunión del CIN, 16 y 17 de junio de 1986, Buenos Aires, pág. 3.

Las catorce funciones definidas para el CIN en este primer estatuto lo ubicarán, al menos en lo formal, en un rol secundario de la política universitaria y muy lejos del centro de definición de las mismas. La función de mayor ambición política definida en el primer estatuto es la de *"Analizar de manera permanente los problemas de la educación en general y universitaria de la república argentina y formular propuestas a los poderes públicos"* (Estatuto del CIN, art. 2, inc. h). Ello contrastaba con el sostenido y constante reclamo de los mismos rectores de mayor protagonismo en la política universitaria en general y presupuestaria en particular. También contrastaba con las expectativas del propio gobierno de Alfonsín que había descansado en este organismo el proyecto de una política universitaria compatible con el ideario reformista.

El Sistema Integrado del Cuarto Nivel (SICUN) fue una de las políticas universitarias más discutidas durante toda esta etapa, llegando incluso hasta mediados de los 90 cuando se intentó recuperar esta experiencia y adaptarla al nuevo contexto de expansión del posgrado. Creado en 1985 por el decreto 1967, constituyó uno de primeros espacios transversales al conjunto de universidades nacionales, generando escenarios de discusión y articulación incluso previos al funcionamiento del CIN:

"Hemos puesto en marcha el Sistema Interuniversitario de Cuarto Nivel (SICUN), orientado a la óptima utilización de los recursos y de los núcleos de excelencia que existen en el país, para dedicarlos a la tarea de formar los recursos de alto nivel que requerirá el país que se construye"[65].

El SICUN tenía como objetivo organizar el cuarto nivel de estudios, concentrando los recursos del gobierno y de las UUNN, mejorando las propuestas existentes e instrumentando *"nuevos programas de formación en disciplinas críticas para el desarrollo y modernización del país"*[66].

La sanción, en agosto de 1986, de la ley de creación de la Universidad Nacional de Formosa ocupará un lugar destacado en la tercera reunión del CIN celebrada en la ciudad de Mar del Plata. Estructurada sobre unidades académicas de la Universidad Nacional del Nordeste, la creación de la UN de Formosa había registrado apoyo de distintas bancadas. La evidente disconformidad de los rectores por no haber sido consultados y el pedido de explicación al ministro de Educación y al presidente de la Comisión de Educación de la Cámara de Diputados, ambos presentes en el plenario, quedan claramente expuestos en las actas:

---

[65] Declaración del Consejo Interuniversitario Nacional, Mendoza, agosto de 1987, págs. 1 y 2.
[66] Decreto 1967/85, art. 2.

"…el Diputado Stubrin agradece la oportunidad que se le da para entregar algunas explicaciones acerca del problema de las sanciones legislativas de la creación de la Universidad Nacional de Formosa (…) y la inevitable conexión de esta idea con los problemas de las futuras y sucesivas creaciones que van a ser solicitadas y las que se deberán canalizar con la mayor inteligencia, la mayor seriedad posible de parte de quienes tenemos que crearlo y de parte de quienes tienen que ser como el CIN naturales e insoslayables consultores y asesores en esta materia"[67].

Posteriormente, en nota dirigida a la senadora Margarita Malharro de Torres, presidenta de la Comisión de Educación del Senado, los rectores argumentaban su desacuerdo con la decisión del Congreso alegando:

"Entendemos que existen innumerables razones geopolíticas para la creación de una nueva universidad en la Provincia de Formosa y un sentido reclamo por parte de la población formoseña y su gobierno. Sin embargo, nuestro concepto de Universidad Nacional al servicio de un proyecto de desarrollo que responda a las reales aspiraciones de la población implica una compleja estructura en donde se conjuguen la educación, la investigación científica y tecnológica, la cultura, la extensión, la administración académica y los recursos humanos capaces de concretar este proyecto. No podemos desde nuestro punto de vista concebir la creación de una nueva universidad sin haberse concretado previamente un estudio de factibilidad que contemple mínimamente el temario que adjuntamos"[68].

De esta forma, junto con la nota el CIN adjuntaba una exhaustiva descripción de los antecedentes, información e indicadores que un proyecto de creación de universidad debía contar, y proveer al CIN, para analizar seriamente un estudio de factibilidad de la misma.

El intenso *lobby* de los rectores dará sus frutos y el presidente Alfonsín vetará la Ley de la mencionada universidad, argumentando estudios de factibilidad incompletos y niveles de calidad e infraestructura insuficientes (Maeder, 2006:13), debiendo esperar hasta septiembre de 1988 para, esta vez con el visto bueno del CIN, ser creada por la ley 23631.

Junto con la discusión sobre la creación de la UN de Formosa, en la misma reunión de Mar del Plata se comenzó a discutir el proyecto de creación de la Universidad Nacional del Noroeste de la Provincia de Buenos Aires, en base a los antecedentes de la ley 20204 de 1973 y el pedido de la intendencia de Junín (provincia de Buenos Aires.) para la creación de un centro universitario en el lugar. El debate fue derivando hacia la reflexión acerca de las características que debía tener

---

[67] Actas de la 3.ª reunión del CIN. Mar del Plata, 2, 3 y 4 de octubre de 1986, págs. 14 y 15.
[68] Nota del CIN dirigida a la senadora Margarita Malharro de Torres. Buenos Aires, s/fecha, pág. 1.

el crecimiento del sistema universitario y la compleja discusión acerca de la regulación de la orientación de la matrícula universitaria, respecto a lo cual el ministro de Educación Julio Rajneri expresaba:

"El país ha optado por alejarse de métodos de regulación coercitivos o rígidos respecto a tendencias naturales de la demanda educativa. Pero se requiere de algún sistema, de alguna serie de decisiones que tiendan a corregir la orientación de la matrícula. (…) Este tema, que tiene implicancias de carácter político, tiene que ver con el aporte que los Rectores pueden hacer al desarrollo futuro de la Argentina tratando de definir los mecanismos necesarios para desalentar cierto tipo de demanda y estimular aquellas que tengan relación con el desarrollo del país"[69].

Al respecto, distintos rectores a lo largo del plenario fueron sentando posiciones sobre el tema, entre los cuales cabe mencionar a los de la Universidad de Buenos Aires y de la UN Cuyo, respectivamente:

"Quizás en lo que podamos coincidir en cuanto a la formación de recursos humanos sea afirmar que necesitamos un graduado sumamente versátil, capaz de adecuarse a la tremenda aceleración del cambio tecnológico y de los cambios que la sociedad induce a ese cambio tecnológico"[70].

"La legitimación de medidas que la autoridad universitaria en virtud de su autonomía va a tener que adoptar (se refiere a las distorsiones de la matrícula), debe encuadrarse dentro de un criterio general de adecuación de la universidad a la realidad social, al modelo de desarrollo que queremos para el futuro y a realidades concretas que tenemos hoy"[71].

Como es observable, las discusiones del CIN excedían claramente la agenda coyuntural, sin agotarse en la demanda presupuestaria y salarial. En el marco del Plenario de Mar del Plata los rectores dedicarán una jornada entera para discutir acerca del "Modelo de Universidad" que el CIN pretendía para el país, incluyendo como subtemas de discusión:

"La relación entre sistema universitario nacional y el resto del sistema educativo. Relación entre sistema y política científica universitaria y sistema y política científica nacional. Relación universidad y medio: universidad y comunidad; universidad e industria, transferencia tecnológica. Recursos Humanos: oferta, demanda, formación, orientación de la matrícula. La universidad generadora de propuestas de un modelo de país"[72].

A fines de noviembre de 1986 se realizará en la ciudad de Córdoba el último plenario del CIN de ese año. Uno de los temas centrales de discusión será el ante-

---

[69] *Ibíd.*

[70] Oscar Shuberoff. Actas de la 3.ª reunión del CIN. Mar del Plata, 2, 3 y 4 de octubre de 1986, pág. 5.

[71] Luis Triviño, rector de la UNCuyo. Mar del Plata, 2, 3 y 4 de octubre de 1986, pág. 6.

[72] Temario Encuentro y discusión "Modelo de Universidad". Mar del Plata, 2, 3 y 4 de octubre de 1986.

proyecto presentado por la Universidad de Buenos Aires para la creación del "Consejo Nacional de Títulos e Incumbencias Profesionales", a través del cual se buscaba *"la participación protagónica del CIN en los organismos otorgantes de los títulos e incumbencias"*[73], en ese momento en manos del Ministerio de Educación y Justicia. La iniciativa, aunque con algunos reparos respecto a la estructura que podía demandar, tuvo buena acogida entre los rectores y el mismo Ministerio: *"El relativo a las incumbencias es uno de los temas más importantes que debe considerar el CIN"*[74]; y, por su parte, el rector de la UN de Salta, Juan Carlos Gottifredi, expresaba:

"Será función del CIN dirigirse a los órganos legislativos, tanto nacionales como provinciales, para hacerles notar la inconveniencia de que se confundan las atribuciones que le competen a los diferentes organismos del Estado. Es decir, debe quedar claro que corresponderá a la universidad establecer sus planes de estudio y sus carreras y, conjuntamente –o no– con el Ministerio u otros organismos, la fijación del título y de la incumbencia"[75].

Las prioridades del CIN en 1987

Como mencionáramos anteriormente, la problemática presupuestaria y salarial será una constante en la dinámica de trabajo del CIN durante todo el período. El reclamo de mayor presupuesto, mejores salarios, la regularización en el envío de las partidas y la búsqueda de un régimen salarial docente único, flexible y concertado para el conjunto de las universidades nacionales insumirán una parte sustancial de las energías institucionales y estarán presentes en el temario y discusiones de todos y cada uno de los plenarios. No obstante, la dinámica del CIN no se agotará en la problemática presupuestaria y mantendrá su tono propositivo abordando un conjunto de temas que excedían la coyuntura presupuestaria. Es así como durante los cuatro plenarios de 1987 serán tratados, entre otros, los siguientes temas:

✓ Políticas de articulación con la Secretaría de Ciencia y Técnica en general y el CONICET en particular.
✓ Creación de un grupo técnico de trabajo para analizar las posibilidades de desarrollo de un *"Sistema Nacional de Audiodifusión Universitaria"*.

---

[73] Anteproyecto Consejo Nacional de Títulos e Incumbencias, pág. 1. Córdoba, 27 y 28 de noviembre de 1986.
[74] Dr. Hugo Storani. Actas de la 4.ª reunión del CIN, pág. 141. Córdoba, 27 y 28 de noviembre de 1986.
[75] Actas de la 4.ª reunión del CIN, pág. 151. Córdoba, 27 y 28 de noviembre de 1986.

✓ Relaciones internacionales: intensa actividad en las relaciones con distintos países y organizaciones universitarias, incluyendo acciones y normativas para solucionar inconvenientes de los estudiantes extranjeros en las UUNN.

✓ Creación del "Programa de formación y perfeccionamiento del personal docente".

✓ Continuidad del trabajo para modificar el régimen de otorgamiento de validez nacional e incumbencias profesionales de los títulos universitarios.

✓ Constitución de una comisión especial, conformada por los rectores Triviño (UN de Cuyo), Barbagelata (UN de Entre Ríos) e Hidalgo (UN del Litoral), con el objeto de "recabar la información necesaria y formular una propuesta que compatibilice las disposiciones vigentes en las UUNN para facilitar la participación de docentes e investigadores en tareas de extensión universitaria que puedan ser rentadas"[76].

✓ Constitución de un grupo de trabajo, integrado por representantes de la UN de San Luis, Córdoba, Litoral y Nordeste, para la presentación de un proyecto de creación de un sistema interconectado de bibliotecas de universidades nacionales.

✓ Convenios multilaterales para el "diseño, desarrollo e implementación de los sistemas de educación a distancia existentes o a crearse en las universidades nacionales"[77].

✓ Regímenes de las obras sociales universitarias y proyecto de Ley de Seguro nacional de salud.

Las relaciones internacionales fueron un eje de trabajo muy importante desde los momentos fundacionales del CIN, en especial por el dinamismo impreso a la secretaría de relaciones por el Ing. Eduardo José Crnko, rector de la UN de Lomas de Zamora. La secretaría de relaciones, cuyo reglamento de funcionamiento se aprobó incluso con anterioridad al reglamento interno del CIN, mantuvo un intenso ritmo de trabajo que posibilitó, en corto tiempo, retomar relaciones con un conjunto de países e instituciones que, por las interrupciones al orden democrático, habían quedado debilitadas o sesgadas a un conjunto reducido de organismos. Por otra parte, las reservas diplomáticas sobre el régimen gobernante habían reducido el contacto con el mundo en general, lo cual era alimentado por la desconfianza del régimen militar en sus relaciones internacionales para con el resto de los países:

---

[76] Resolución del CIN s/n aprobada el 6 de agosto de 1987 en el Plenario de Mendoza, pág. 1.

[77] Resolución del CIN s/n aprobada el 6 de agosto de 1987 en el Plenario de Mendoza, pág. 1.

"Conscientes de que en épocas dictatoriales era visto como agresión todo lo que venía del extranjero, estiman importante la participación en estos organismos, y la agrupación no solo en América Latina, sino que es necesaria una inserción en conjunto, como sistema universitario nacional, con los centros de excelencia del mundo"[78].

Durante la última dictadura militar las relaciones internacionales del CRUN quedaron acotadas básicamente a la Organización Universitaria Interamericana (OUI), alejándose, por razones ideológicas, de la tradicional participación en la Unión de Universidades de América Latina (UDUAL):

"Cabe recordar que UDUAL tuvo su primera sede en Bs. As., siendo uno de los primeros presidentes el rector Risieri Frondizi (UBA). En 1977, por algún aparente sesgo ideológico de la entidad, las UUNN se desafiliaron"[79].

Una de las primeras acciones del CIN fue la de retomar el vínculo institucional con la UDUAL, ampliando al nivel del conjunto de las universidades el contacto que algunas habían recuperado con la apertura democrática. En función de ello, a través de la resolución N° 3 de la secretaría de relaciones, el CIN resolvió *"propiciar la participación de tres (3) miembros integrantes del CIN en la III conferencia de secretarios generales, presidentes y directores de asociaciones y consejos nacionales de universidades de América Latina"*[80], organizada por la UDUAL y que se celebró en la ciudad de México los días 6 y 7 de abril de 1986. En el marco de esa visita se propiciaron convenios de colaboración recíproca con ANUIES (Asociación Nacional de Universidades e Institutos de Educación Superior) de México, con ASCUN (Asociación Colombiana de Universidades) y con el CRUB (Consejo de Rectores de Universidades Brasileñas). Para consolidar este naciente vínculo fueron designados como representantes del CIN ante la UDUAL, los rectores Juan Carlos Hidalgo (UN del Litoral) y Eduardo Barbagelata (UN de Entre Ríos) como alterno.

Entre las medidas impulsadas para concretar vínculos con los distintos países cabe destacar la resolución del CIN encomendándole a la Secretaría de relaciones que:

"…realice gestiones conducentes ante la Presidencia de la Nación y el Ministerio de Relaciones Exteriores y Culto, a los fines que se invite al o a los Sres. rectores representantes del Consejo Interuniversitario Nacional a participar de los viajes y/o visitas que

---

[78] Actas de la 1era. reunión del CIN, 16 y 17 de junio de 1986. Buenos Aires, Ministerio de Educación y Justicia, pág. 8.

[79] Prof. Hércules Pinelli, rector de la UN de La Patagonia. Actas de la 1.ª reunión del CIN, 16 y 17 de junio de 1986. Buenos Aires, pág. 8.

[80] Artículo 1°, resolución 003 del CIN. Lomas de Zamora, 25 de marzo de 1987, pág. 1.

el Sr. Presidente de la Nación realice a países extranjeros", y que se gestione la inclusión *"dentro del protocolo oficial pertinente, al o los Sres. rectores en representación del CIN, toda vez que un ilustre visitante extranjero arribe a nuestro país"*[81].

Esta iniciativa del CIN verá sus frutos en ocasión de la visita del presidente Raúl Alfonsín a los Estados Unidos de América, realizada entre el 18 y el 24 de junio de 1987, la cual incluirá en la delegación oficial al secretario de relaciones del CIN, Ing. Eduardo José Crnko. En el marco de los actos oficiales, entre otras actividades, se concretaron visitas y gestiones para futuros convenios con las Universidades de California (San Diego), Stanford y Berkeley.

Por otra parte, serán fluidas las relaciones con el Consejo de Rectores de Universidades Brasileñas (CRUB), incluyendo una visita programada a distintas universidades de Brasil realizada en septiembre de 1987, como así también importantes convenios y actas de cooperación con Cuba, México, Canadá, Francia e Italia, entre otros países.

Finalmente, cabe mencionar la aprobación, a propuesta de la UBA, del *"Programa de formación y perfeccionamiento del personal docente"*, el cual preveía ser instrumentado por el CIN con el objetivo de *"actualizar los recursos humanos que las universidades nacionales requieren para el desarrollo de sus programas de docencia, investigación y extensión"*. Para ello preveía el desarrollo de cuatro subprogramas: *"a) Formación articulada con el SICUN, b) Pasantías; c) Profesores visitantes; d) Información científica y tecnológica"*[82].

La agenda entre 1988/1989

La problemática presupuestaria y salarial tuvo en estos años un ritmo febril de trabajo en el CIN, siendo la *"Comisión Permanente de Asuntos Docentes Universitarios"* y las periódicas reuniones de los secretarios económico-financieros de las universidades el ámbito político y técnico donde transcurría la sensible discusión de los recursos y salarios. Al ritmo de la profunda crisis económica y social que enmarcará los últimos años de la gestión de Raúl Alfonsín, la agenda del CIN se fue poblando paulatinamente de constantes declaraciones, acuerdos y resoluciones referidas a la preocupación por la grave situación presupuestaria y salarial, preanunciando lo que anunciaba de alguna forma el giro marcado de la misma hacia principios de 1990. No obstante ello, el CIN continuó sosteniendo una

---

[81] Resolución 001 del CIN, artículos 1 y 2. Buenos Aires, 6 de octubre de 1986, págs. 1 y 2.

[82] Anteproyecto, página 1. Aprobado en la ciudad de Bariloche, los días 12 y 13 de marzo de 1987.

agenda proactiva de trabajo, incluyendo importantes iniciativas que excedían claramente el perímetro universitario, para involucrarse con la dinámica política y productiva del país. Del conjunto de temas que el CIN abordó en 1988-1989, excluyendo los temas vinculados al presupuesto y salarios, cabe destacar:

✓ Políticas de regionalización de las actividades de investigación científica y tecnológica, consensuadas con el gobierno nacional y los gobiernos provinciales.

✓ Convenio con el CONICET para la creación de un programa conjunto que determine las áreas críticas y prioridades en la formación de RRHH.

✓ Propuesta para comenzar a trabajar en una metodología para la asignación de recursos entre las distintas UUNN.

✓ Elaboración de propuesta de modificación del régimen de contratación de publicidad, proponiendo su flexibilización en la aplicación en las UUNN.

✓ Análisis y propuesta de régimen de flexibilidad curricular para el reconocimiento automático de estudios cursados en otras UUNN.

✓ Propuesta de apertura de línea de crédito con diversos países proveedores de equipamiento científico y didáctico.

✓ Coordinación, con el Estado, para definir la demanda de recursos humanos para el futuro, impulsando la realización, en cada universidad, de estudios de diagnóstico de las tendencias de la matrícula, la inserción laboral de los graduados, las tendencias del mercado de trabajo y las necesidades regionales y nacionales.

✓ Acuerdos y reuniones de trabajo para implementar criterios comunes respecto a: actividades académicas de posgrado vinculadas a la planificación y proyección del medio ambiente; información de la oferta académica de las UUNN; carrera docente; orientación vocacional; planificación académica; ingreso a las universidades, institutos de enseñanza secundaria y terciaria dependientes de las universidades; obras sociales universitarias.

✓ Estadísticas Universitarias: propuesta de criterios metodológicos comunes para crear un registro unificado de datos del sistema universitario nacional.

✓ Impulso a la Red Nacional de Bibliotecas Universitarias (RENBU).

✓ Activo apoyo al proyecto de Ley de promoción a la innovación tecnológica, presentado por el Ministerio de Educación y Justicia.

✓ Promoción del vínculo entre las universidades y los sectores productivos a través de convenios varios con sus organizaciones representativas.

✓ Intervención, en conjunto con el Ministerio de Relaciones Exteriores y el Ministerio de Educación, para que se establezcan criterios unívocos en la normativa para el ingreso de estudiantes extranjeros a las UUNN.

Desde temprano el CIN estuvo involucrado en la discusión de los anteproyectos de Ley de radiodifusión que se discutían en el Congreso, expresando con contundencia su punto de vista al respecto. En marzo de 1988 y ante la discusión de un nuevo proyecto de ley de radiodifusión cuyas definiciones involucraban a medios que poseían varias universidades, el CIN reclamaba que la nueva ley preserve la posibilidad de existencia de medios de comunicación pública pertenecientes a las universidades nacionales, sin condicionamientos políticos o económicos, advirtiendo que: *"existen fuertes presiones de sectores económicos vinculados a poderosos intereses que pretenden un manejo oligopólico de los medios de comunicación masiva"*[83], y que, para favorecer la democratización de la comunicación pública,

"...resulta imprescindible garantizar la existencia de medios de comunicación masiva de propiedad del Estado y de otras organizaciones sin fines de lucro (cooperativas, sindicatos, organizaciones estudiantiles, etc.), en igualdad de condiciones con las emisoras comerciales tanto en lo que hace a los medios a utilizar como a las condiciones económicas en que se desenvuelven"[84].

En la misma línea y en el marco del trabajo en conjunto con el Centro Nacional de Información, Documentación y Tecnología Educativa de la Secretaría de Educación del Ministerio de Educación y Justicia de la Nación, y con los objetivos de *"adecuar los procedimientos pedagógicos y didácticos para responder a las demandas educativas de la sociedad moderna"*[85], y de *"coordinar las políticas de las UUNN en el área de televisión/video educativos... y fomentar y desarrollar el empleo adecuado de los recursos tecnológicos para superar problemas educativos"*[86], se constituyó el Sistema Nacional Universitario de Televisión/Video Educativo (SNUTVE). Este sistema agrupaba a los organismos, dependencias, programas y proyectos cuyos objetivos eran la investigación y desarrollo de innovaciones y adaptaciones de tecnología educativa a través de la instrumentalización de recursos de televisión y video. Funcionaba con una instancia plenaria con representantes de cada universidad, y un comité ejecutivo con representantes regionales y coordinado por el representante del Ministerio de Educación. Desde el SNUTVE se realizaron capacitaciones en tecnología educativa durante 1988 y 1989, como así también relevamientos, sistematización y constitución de un banco de datos del material educativo en televisión y video existente en las distintas universidades nacionales, promoviendo políticas de intercambio del mismo.

---

[83] Considerandos del acuerdo del CIN aprobado en Concordia (Entre Ríos), 10 de marzo de 1988, p. 1.
[84] Artículo 1 del acuerdo del CIN aprobado en Concordia (Entre Ríos), 10 de marzo de 1988, p. 1.
[85] Acuerdo plenario del CIN aprobado en Concordia (Entre Ríos), 11 de marzo de 1988, p. 1
[86] Ídem, p. 3.

Las políticas de ingreso directo a la universidad y el crecimiento explosivo de la cantidad de estudiantes, fuertemente concentrados en las carreras tradicionales, generaron profundas discusiones entre las distintas universidades respecto a la necesidad de orientar la matrícula estudiantil, como hemos descripto en años anteriores. Los años 1988 y 1989 no estarán exentos de esta discusión que se mantendrá a lo largo de la década. En el marco del Plenario realizado en Concordia (Entre Ríos) a principios de 1988 el CIN resolvió que era imprescindible:

"…coordinar las acciones con el Estado, tendientes a definir dentro del proyecto del país, las demandas de recursos humanos para el futuro… incentivando la formación de disciplinas básicas, en especial en aquellas áreas que contribuyen a atender las necesidades regionales y nacionales"[87].

Esta resolución expresaba como urgente establecer políticas de orientación de la matrícula que, de manera indicativa y no coercitiva, favorezcan la redistribución de los aspirantes hacia las disciplinas que se consideren prioritarias para el logro de los objetivos nacionales.

La implementación del Sistema Interuniversitario de Cuarto Nivel (SICUN) continuó presente en la agenda de trabajo de estos años, incluyendo una reunión plenaria convocada con este tema como único punto del temario realizado en la localidad de Vaquerías (Córdoba) los días 20 y 21 de octubre de 1988. Creado en 1985, el SICUN nunca contó con financiamiento estable dentro del presupuesto ordinario de las UUNN, y en ese sentido apuntaban los reclamos del CIN hacia el gobierno y las cámaras del Congreso ante cada discusión de presupuesto. En función de ello y en ocasión de la discusión del presupuesto 1989, hacia fines de 1988, el CIN resolvió:

"Encomendar al Presidente y al Secretario de Posgrado del CIN, la presentación de una solicitud formal y realizar todas las gestiones que consideren necesario, ante el Poder Ejecutivo Nacional y el Congreso de la Nación, para obtener la apertura de la finalidad presupuestaria de Posgrado"[88].

La necesidad de establecer criterios y normas comunes sobre un conjunto de problemáticas, muchas de ellas académicas y de gestión del personal, ocuparon la atención y el trabajo de las distintas universidades, impulsadas en muchos casos por reuniones de las áreas académicas de cada universidad. Es observable cómo se avanza en acuerdos en los distintos plenarios acerca de los criterios para considerar las equivalencias de las materias entre distintas UUNN, el régimen de incompatibilidades en las dedicaciones docentes y el ingreso de los alumnos extranje-

---

[87] Acuerdo del CIN aprobado en Concordia (Entre Ríos). Considerandos, 11 de marzo de 1988, pp. 1 y 2.
[88] Artículo 1.ª del acuerdo del CIN aprobado en Buenos Aires, los días 24 y 25 de junio de 1988, p. 1.

ros, entre otras. Es así como, a partir del acuerdo entre las áreas académicas de las UUNN de La Pampa, Nordeste, Buenos Aires, Cuyo, Sur, Mar del Plata, Litoral, San Luis, Rosario, Misiones y Río IV, el CIN discute y finalmente acuerda:

"Considerar las equivalencias de materias sobre la base de los siguientes criterios:

a. Análisis articulado de objetivos, contenidos mínimos, prácticos y bibliografía de cada asignatura en su conjunto, globalmente y evitando un estudio pormenorizado de contenidos.

b. Vinculación de este análisis con toda la estructura de la carrera.

c. Otorgamiento de equivalencia total de la materia completa como norma general sin perjuicio de que lo sea en forma parcial en casos especiales, debiendo indicarse en la forma más precisa posible lo que falta para la aprobación de la asignatura"[89].

Los criterios comunes acordados parecían augurar la cristalización de ágiles y aceitados circuitos de movilidad académica entre las distintas UUNN, expresiones de deseo que incluso la realidad actual se encarga de desmentir. La ausencia de normativas y prácticas que posibiliten el tránsito y la movilidad académica entre las UUNN resulta especialmente útil para graficar las tensiones de la que hemos denominado *autonomía fragmentada*, que caracteriza a nuestro conglomerado universitario. Luego de treinta largos años de coordinación universitaria, las dificultades para establecer acuerdos generales por sobre la autonomía individual de cada universidad explican la ausencia de un sistema dinámico y aceitado de equivalencias y circulación interna de estudiantes entre las distintas UUNN. Tema que, dicho sea de paso, debería constituir el menos ambicioso y más básico de los objetivos de la coordinación universitaria.

La Ley 23569 de Autarquía Universitaria

La autarquía universitaria, entendida como la capacidad que tiene la universidad pública de administrarse a sí misma, constituye una condición imprescindible para el ejercicio de una plena autonomía. La sanción de la ley 23569 a mediados de 1988, derogando la ley 23151 de 1984, constituyó un hito de gran importancia en la cristalización efectiva de dicha autonomía y autarquía universitarias. Como sostienen Bertoni y Cano, representó el primer intento serio, transcurridos setenta años de la reforma universitaria, para que las universidades asuman sus responsabilidades económico-financieras con autonomía, posibilitando las herramientas

---

[89] Acuerdo del CIN aprobado en la ciudad de Corrientes, los días 2, 3 y 4 de junio de 1988, p. 1.

para generar políticas propias en la administración y generación de recursos (Bertoni y Cano, 1990:22). A partir de esta ley las universidades nacionales podían:

✓ Disponer de su patrimonio para la realización de los fines previstos en los estatutos vigentes de cada universidad (artículo 11).

✓ Asumir su propia política de compras y contrataciones (artículo 15).

✓ Incrementar y reajustar su presupuesto mediante la distribución del fondo universitario (artículo 8).

✓ Reordenar y ajustar su presupuesto entre los distintos incisos (artículo 7).

✓ Reajustar y/o reordenar la planta de personal (artículo 10).

✓ Aprobar las estructuras orgánicas y la dotación de su personal (artículo 12).

✓ Adjudicar sus contrataciones a cualquier proveedor aun cuando el mismo no estuviese inscripto en el registro de proveedores del Estado (artículo 18).

✓ Tener competencia exclusiva para la indicación, tratamiento y otorgamiento de los subsidios y subvenciones (artículo 24).

✓ Gozar de las mismas exenciones de gravámenes que el Estado nacional (artículo 25).

✓ Limitar la tarea fiscalizadora del tribunal de cuentas a controles posteriores a la realización de las distintas erogaciones (artículo 24).

Ya sea como jugada estratégica para consolidar la autonomía universitaria entendiendo a la autarquía como uno de los medios imprescindibles para su ejercicio–, o como una respuesta a la cotidiana necesidad de manejar con mayor flexibilidad los escasos presupuestos, la autarquía constituyó uno de los temas centrales del órgano de coordinación universitaria naciente, presente desde la primera reunión en junio de 1986:

"Además del tema presupuestario y salarial, interesa (a los rectores) tratar el tema autonomía-autarquía ya que esta última les permitiría gastar mucho mejor las pequeñas partidas que se le asignan. La autonomía sin autarquía es un espejismo"[90].

El denominado "proyecto de autarquía" elaborado en el seno del naciente CIN, constituyó el proyecto sobre el cual se basaron los legisladores para la sanción de la ley. Este proyecto surgió del trabajo de una comisión específica, la "comisión de autonomía y autarquía", conformada en la primera reunión del CIN e integrada por los rectores Juan Carlos Recalcatti (UTN), Dr. Oscar José Bressan (UN del Comahue), Odont. Juan Carlos Millet (UN de Rosario), Ing. Eduardo José Crnko (UN de Lomas de Zamora) y el Lic. Luis Triviño (UN de Cuyo). El anteproyecto elaborado por la comisión mencionada fue discutido y aprobado en el

---

[90] Actas de la 1.ª reunión del CIN, 16 y 17 de junio de 1986, Buenos Aires, p. 3.

segundo plenario del CIN, celebrado en la Universidad de Buenos Aires en agosto de 1986, e inmediatamente girado al Ministerio de Educación para sus consideraciones y, por esta vía, ser remitido al Congreso Nacional:

"El anteproyecto de ley de autarquía universitaria, aprobado por el plenario del CIN el 12 de agosto de 1986, fue analizado y aprobado por la secretaría de coordinación educacional, científica y cultural y por la Dirección Nacional de Asuntos Universitarios, con modificaciones menores de texto y redacción. La propuesta fue considerada favorablemente por la Sra. presidente de la comisión de enseñanza de la Cámara de Senadores y el Pte. de la comisión de educación de la Cámara de Diputados"[91].

El proyecto elaborado por el CIN contó con el firme apoyo del gobierno, quien impulsó su tratamiento en las cámaras legislativas, interesado en avanzar en un tema clave de la agenda bilateral con las universidades que, a su vez, permitía maximizar el uso de un presupuesto asediado por demandas de infraestructura, dotación de personal y un grave conflicto salarial con los gremios docentes:

"Se ha enviado al Congreso, para su tratamiento, un proyecto de ley que introduce cambios importantes en el manejo de los fondos de estos institutos, otorgándoles mayor autonomía, permitiendo un uso ágil de sus fondos y facilitando el funcionamiento de incentivos para la generación de recursos propios"[92].

El anteproyecto, a pesar de las consideraciones favorables de los presidentes de las comisiones de educación de ambas cámaras, fue ampliamente discutido en el Congreso, introduciéndole numerosas modificaciones, en especial en la Cámara de Senadores donde el justicialismo contaba con mayor representación. Ello es claramente visible en la nota enviada por los rectores a la senadora Margarita Malharro de Torres, presidenta de la Comisión de Educación del Senado:

"El proyecto que cuenta con la media sanción de la Cámara de Diputados, sufrió algunas modificaciones con respecto al que en su momento enviara el Poder Ejecutivo Nacional. Varias de las modificaciones parecen reflejar el espíritu de la Comisión de Educación, que respetamos, si bien nos hubiera beneficiado más la redacción original"[93].

Ante las modificaciones realizadas, en un tono similar pero con mucha más contundencia, el director de la DNAU, Hugo Storani, expresaba:

---

[91] Despacho de la comisión de asuntos económicos del CIN, p. 1. Mar del Plata, 2, 3 y 4 de octubre de 1986.

[92] Discurso del ministro de Educación y Justicia, Dr. Julio R. Rajneri, ante el Plenario del CIN realizado en la ciudad de Tandil. 29 de mayo de 1987, p. 6.

[93] Nota dirigida a la senadora Margarita Malharro de Torres, presidenta de la Comisión de Educación del Senado de la Nación, firmada por los rectores Juan Carlos Pugliese (UN del Centro); Dr. Oscar Bressan (UN del Comahue); Ing. Enrique A. López (UN de Santiago del Estero), e Ing. Juan C. Recalcatti (UTN). Buenos Aires, 22 de julio de 1987, p. 1.

"El segundo asunto que Ud. somete a nuestra consulta, es el referido al régimen financiero de las universidades nacionales. Al respecto debo manifestarle nuestro más absoluto rechazo a las limitaciones que ha sufrido el proyecto luego de ser aprobado en la cámara baja, que no respeta el espíritu del proyecto original, y es más, si así fuera finalmente sancionado constituiría un retroceso a la actual situación y por lo tanto convendría, en última instancia, no innovar"[94].

Seguidamente, Storani reafirma el apoyo del CIN a la versión original remitida al Congreso, el cual había sido aprobado sin mayores modificaciones en la Cámara de Diputados:

"El proyecto remitido originalmente por el Poder Ejecutivo Nacional a sesiones extraordinarias, goza del consenso total de las 26 universidades autónomas nacionales. El mismo se afirma sobre la base de dos principios básicos: mayor flexibilidad en el manejo de los recursos y a la vez el necesario control de los actos"[95].

Finalmente, con modificaciones pero manteniendo el núcleo duro de los avances que contenía el anteproyecto, el 20 de julio de 1988 el Congreso aprobó la ley 23569 estableciendo el nuevo régimen económico-financiero de las universidades nacionales, y de esta forma cristalizando una de las primeras políticas universitarias, con alcance para todo el conjunto universitario, impulsada y gestada en el CIN. Esta política universitaria, en el sentido de que fue gestada y lograda con el consenso de todas y cada una de las universidades nacionales, tendrá además efectos contradictorios ya que también será funcional, al reforzar la autonomía y autarquía individual de cada una de las universidades, a la consolidación del fenómeno que hemos denominado autonomía fragmentada. Proceso que lenta pero incansablemente ha ido contorneando a ese gran archipiélago que constituye el conglomerado universitario.

El financiamiento universitario en el período

La centralidad de las universidades en la agenda política del gobierno de Raúl Alfonsín no se vio reflejada en la priorización presupuestaria hacia el sector. Durante todo el período, salvo 1987, las UUNN no mejoraron su presupuesto y estuvieron expuestas a graves problemas de financiamiento. Hubo un fuerte deterioro del salario docente, sobre quien recaía parte sustancial del peso del aumento de la matrícula, siendo especialmente intensas las huelgas protagonizadas durante los años 1987, 1988 y 1989. Los rectores y el CIN acompañaron en gene-

---

[94] Nota DNAU Nº 157, 19 de octubre de 1987, pp. 2 y 3.
[95] *Ibídem.*

ral el reclamo salarial docente diferenciándolo, al igual que el gobierno nacional, del tema presupuestario, al que reconocían algunas mejoras, especialmente en lo vinculado a mejorar la infraestructura y el equipamiento de las universidades:

"Estamos en condiciones de afirmar que en dos o tres años se podrá lograr en lo que hace a edificios, laboratorios, equipamiento para investigación y docencia, aquello que se considera serio y digno en el mundo. Esta realidad presentada aparece incongruente con una política salarial que conduce al desánimo y, eventualmente, al alejamiento de nuestros mejores recursos humanos"[96].

Esta diferenciación entre los avances presupuestarios y los atrasos salariales era la estrategia central del gobierno en la discusión con la gremial docente. Aceptaban parcialmente el atraso relativo en materia salarial, pero argumentaban que en materia presupuestaria global la inversión en educación había sido sostenida y aumentada:

"El atraso salarial es marcado en sí mismo, pero habría que contrastarlo con otros salarios, otras remuneraciones de la economía y el Estado y también compararlo con el avance presupuestario de las Universidades en otros rubros"[97].

Tabla 4

Participación porcentual del presupuesto de las Universidades Nacionales en el Producto Bruto Interno

1980	0,47
1981	0,42
1982	0,31
1983	0,40
1984	0,41
1985	0,45
1986	0,41
1987	0,55
1988	0,52
1989	0,44
1990	0,44

Fuente: SPU, Anuario 1992, Dirección Nacional de Economía e Información Universitaria.

---

[96] Declaración del CIN, p. 2. Aprobada en Mendoza, los días 6, 7 y 8 de agosto de 1987.
[97] Adolfo Stubrin, Secretario de Educación del Ministerio de Educación y Justicia. Discurso pronunciado ante el Plenario del CIN realizado en SC de Bariloche los días 12 y 13 de marzo de 1987, p. 3.

A su vez, la definición del presupuesto universitario estará a cargo de la Secretaría de Hacienda del Ministerio de Economía, sin participación relevante del Ministerio de Educación ni del CIN en la discusión del mismo, hecho que generó constantes reclamos por parte del CIN. Es así como, en la tercera reunión del CIN en noviembre de 1986, al tomar conocimiento del presupuesto 1987 para las UUNN distintos rectores expresaban su disconformidad con el presupuesto, como así también por la dinámica para su definición:

"El Dr. Bressan manifiesta que le preocupa mucho que en su país la política económica para el área de educación la dicte el Ministerio de Economía y no el de Educación. Este último organismo, según el orador, es el que debe otorgar prioridad a una universidad con relación a otra, pero no el Ministerio de Economía"[98].

En el mismo sentido que los rectores, los secretarios económicos financieros de las UUNN expresaban:

"La planificación presupuestaria debe tender a cumplir con los objetivos fijados por la política universitaria nacional. El CIN debería participar necesariamente en la definición de dicha política, así como en la confección de las pautas presupuestarias encuadradas dentro del marco general de la Ley respectiva"[99].

Asimismo, para algunos rectores no solo se trataba de tener mayor participación en la definición presupuestaria sino que debía ser el CIN quien realizara dicha distribución:

"Mi propuesta concreta es que para la presentación presupuestaria de 1988 en adelante, una vez conocidos los recursos que el Estado Nacional puede aportar a las universidades estatales, sea el Consejo Interuniversitario Nacional el que prepare la distribución presupuestaria de todas las universidades de la Nación"[100].

Las UUNN, a través de la comisión de asuntos económicos del CIN, año tras año realizaban una intensa discusión para consensuar y posteriormente elevar al Ministerio los requerimientos presupuestarios para el año entrante. No obstante, en materia presupuestaria los rectores y el CIN no tenían mayor peso en la definición del mismo:

"…en relación a las cifras tentativas del presupuesto 1988, se observa que no se han considerado en absoluto los anteproyectos de presupuesto para el año 1988 elevado oportunamente por las universidades. Asimismo, las autoridades universitarias no han recibido ninguna invitación de parte de los organismos responsables a participar en la

---

[98] Actas del Plenario del CIN realizado en la ciudad de Córdoba los días 27 y 28 de noviembre de 1986, p. 201.

[99] Aprobado en el Plenario realizado en Tandil los días 27 y 28 de mayo de 1987.

[100] Rodolfo M. Campero, rector de la UN de Tucumán. Actas del Plenario del CIN realizado en la ciudad de Córdoba los días 27 y 28 de noviembre de 1986, p. 252.

discusión de los niveles presupuestarios a asignar, reiterándose así una omisión que perjudica a las casas de estudio"[101].

El relegamiento en la discusión del presupuesto iba a contramano del discurso, fuertemente presente en la retórica oficial, de centralidad de las universidades en la definición de la política universitaria. Esto iba a producir constantes fricciones con los elencos ministeriales y el reiterado reclamo, plenario tras plenario, por generar dicha participación:

"El CIN reconoce la necesidad de ser parte integrante en la distribución del presupuesto universitario…, por lo tanto solicita a los ministerios de Educación y Economía que, a partir del próximo ejercicio, la distribución del presupuesto universitario sea considerado por una reunión plenaria de este cuerpo antes de su elevación al Congreso por el Poder Ejecutivo Nacional"[102].

Meses antes de la asunción anticipada de Carlos Saúl Menem, en el marco de la elaboración del presupuesto 1989, el CIN vuelve a reiterar el reclamo de participación, mostrando claramente que la falta de injerencia en la distribución presupuestaria será una constante que se mantuvo durante todo el primer gobierno de la Unión Cívica Radical: *"Ratificar la decisión oportunamente adoptada sobre la competencia del Sistema Universitario para solicitar y distribuir los recursos presupuestarios que correspondan"*[103].

El complejo escenario económico y social que lentamente irá asfixiando política y socialmente al primer gobierno de la recuperación democrática, exigió a las autoridades gubernamentales, con el visto bueno de los rectores y del CIN, la búsqueda de alternativas en la consecución de recursos frescos para financiar el funcionamiento del conjunto universitario, sometido a una fuerte expansión de su matrícula, con las consecuentes demandas de mayor infraestructura, equipamiento y dotación de personal:

"La comisión ve con agrado que el Ministerio estudie formas alternativas de financiamiento del presupuesto universitario. En tal sentido solicita a todas las universidades nacionales que estudien otras formas posibles de obtención de recursos, sin que de ningún modo impliquen gravar a los alumnos que cursen enseñanza del tercer nivel"[104].

Descartado el arancelamiento a los estudios de grado por definiciones políticas, sobre todo de su base estudiantil, la aplicación de un impuesto diferencial a aquellos padres cuyos hijos asistan a la universidad pública constituirá una al-

---

[101] Aprobado en el Plenario realizado en Concordia (Entre Ríos) los días 10, 11 y 12 de marzo de 1988.

[102] Aprobado en el Plenario del CIN realizado en la ciudad de Tucumán los días 1, 2 y 3 de septiembre de 1988.

[103] Aprobado en el Plenario realizado en la ciudad de Bahía Blanca los días 18 y 19 de mayo de 1989, p. 1.

[104] Aprobado en el Plenario realizado en Concordia (Entre Ríos) los días 10, 11 y 12 de marzo de 1988.

ternativa viable que el gobierno impulsará fuertemente durante todo el período. El ministro de Educación de la Nación, Julio Rajneri, ponía en conocimiento de los rectores que dicho proyecto de ley se encontraba, a mediados de 1987, pronto a elevarse al Congreso de la Nación: *"La tercera ley que se encuentra en la etapa final de elaboración, es un esquema de fortalecimiento de las universidades por la puesta en vigor de un gravamen que pesará únicamente sobre aquellos hogares cuyo hijos van a la universidad y que tienen ingresos o patrimonios relativamente altos"*[105].

En la misma línea, el secretario de Educación del Ministerio, Adolfo Stubrin, expresaba a los rectores:

"El gobierno impulsa y quiere notificar en este sentido las nuevas fuentes de financiamiento en la universidad... Es el caso del impuesto a las familias pudientes con hijos en la universidad que está al borde de ser enviado por el Poder Ejecutivo a las cámaras y que de acuerdo a los cálculos más moderados que hemos realizado, podría representar un orden del veinte por ciento de los presupuestos universitarios actuales"[106].

La falta de una mayoría parlamentaria estable y las dificultades del radicalismo para articular consensos en el Congreso impidieron que la iniciativa prosperase, encontrando resistencias al proyecto incluso dentro del propio bloque oficialista.

Política Universitaria y Política Científica

Las políticas de articulación entre la universidad y el sistema científico nacional ocuparon un lugar relevante en el trabajo del CIN en esta etapa. Manuel Sadosky, titular de la Secretaría de Ciencia y Técnica (1983-1989) y frecuente participante de los plenarios del CIN, jugó un papel destacado en este sentido. Para posibilitar dicha articulación, el CIN y la SECyT impulsaron distintas medidas con el mismo objetivo de facilitar el encuentro y articulación de los dos principales espacios institucionales donde transcurre la investigación científica del país (Estado y universidades nacionales). Una de las medidas fue la solicitud, por parte del CIN, de reactivación del *"Consejo Intersectorial de Ciencia y Técnica"*, creado en 1984 y coordinado por la SECTyP con representación de las universidades, el CONICET, el INTA, el INTI y otros organismos. Si bien dicho Consejo había funcionado con altibajos, desde ambos sectores se coincidía en que era necesario sostener en su funcionamiento:

---

[105] Dr. Julio Rajneri, Actas del Plenario del CIN realizado en Tandil, 29 de mayo de 1987, p. 9.
[106] Dr. Adolfo Stubrin. Actas del Plenario del CIN realizado en San Carlos de Bariloche, 12 y 13 de marzo de 1987, p. 13.

"Tengo el agrado de dirigirme a Ud. para responder a su carta del 28 de mayo ppdo. Por la que me transmite la inquietud de esa Universidad y del Consejo Interuniversitario Nacional en el sentido de la reanudación de las actividades del Consejo Intersectorial de Ciencia y Técnica (...)"[107].

Por otra parte, y como ámbito específico del conjunto universitario para los temas de Ciencia y Técnica, complementario del Consejo Intersectorial, en el ámbito del CIN fue creada la Comisión Interuniversitaria Permanente de Ciencia y Técnica (CIPCyT) con los objetivos de: *"elaboración de proposiciones y medidas conducentes a la coordinación, armonización y concertación de políticas y de acciones dentro del ámbito universitario y compatibilización con otros organismos estatales y privados"*[108].

Sus funciones, entre otras, eran las de realizar estudios actualizados sobre la problemática de ciencia y técnica, colaborar en la articulación con el sistema científico nacional y extranjero, como así también asesorar al CIN para la formulación de políticas para el sector. La CIPCyT estaba presidida por el rector que estaba a cargo de la comisión de investigaciones del CIN e integrada por representantes de cada universidad y a cuyas reuniones asistían regularmente, en carácter de invitados, representantes de la Secretaría de Ciencia y Técnica de la Nación, CONICET, INTA e INTI. La agenda de la CIPCyT fue amplia, incluyendo *"políticas de regionalización en materia científica y técnica (...), régimen de incompatibilidad para el personal con dedicación exclusiva (...), mecanismos y promoción de transferencia de tecnología (...), relaciones con el SICUN"*[109], entre otros.

En este sentido, y como parte de las políticas de articulación acordadas entre el CIN y la Secretaría de Ciencia y Técnica, el CONICET realizó durante 1986 y 1987 el *Relevamiento de recursos y actividades en Ciencia y Tecnología* (RRACyT) con el objetivo de:

"...determinar las tendencias actuales de la investigación en la Argentina en las distintas ramas del conocimiento: la cantidad de magísteres y doctores recibidos en los últimos años y los títulos de sus tesis, la cantidad de graduados que se encuentran realizando maestrías o doctorados, y los temas que están investigando"[110].

Los resultados preliminares del relevamiento fueron entregados a los rectores en la reunión del CIN celebrada en Mendoza en agosto de 1987.

---

[107] Nota SECyT 1584/87, Buenos Aires, 27/07/1987, p. 1. Dirigida al presidente del CIN, Dr. Juan Carlos Pugliese (h).

[108] Reglamento de la Comisión Interuniversitaria Permanente de Ciencia y Técnica (CIPCyT), p. 1.

[109] Actas de la X reunión de la CIPCyT. Mendoza, 2 de abril de 1987, pp. 6 y 7.

[110] Carta de la Dra. Simonetta Sonnino, secretaria de Coordinación Científica del CONICET. Buenos Aires, 1987, p. 1.

Otra interesante muestra de la proactividad de la agenda de trabajo del CIN que caracterizó esta etapa la constituye la iniciativa de consensuar, con el gobierno nacional y los distintos gobiernos provinciales, políticas de regionalización de las actividades de investigación científica y tecnológica. El diagnóstico compartido dentro del CIN era que en las UUNN existían importantes recursos humanos y de infraestructura y que era imprescindible impulsar el diálogo con los referentes nacionales y provinciales y así iniciar un trabajo en conjunto que atienda las necesidades y prioridades de cada región. El primer paso de la iniciativa lo constituyó una nota dirigida a cada gobernador de las distintas provincias del país, donde el CIN los invitaba a discutir *"los posibles cursos de acción para hacer efectiva la regionalización de las actividades de investigación científica y tecnológica"*[111] con el imperativo de ganar mayor autonomía en materia tecnológica que, a su vez, permita la *"superación del atraso relativo que existe no solo entre nuestro país y el mundo sino entre las propias regiones de nuestra Nación"*[112]. Si bien la iniciativa tropezó con varios inconvenientes y no prosperó en acciones de gran envergadura, sirve para mostrar la noción, fuertemente presente en el contexto político nacional y regional, de que las universidades debían ser instrumentos de desarrollo y, por lo tanto, debían establecer sólidos vínculos con los agentes gubernamentales, nacionales y provinciales, e involucrarse con los desafíos de su territorio.

En línea con los esfuerzos por articular las actividades científicas de la universidad y las del sistema científico nacional, en diciembre de 1987 el CONICET creó el Sistema de Apoyo para Investigadores Universitarios (SAPIU). El SAPIU constituyó una nueva forma de promoción de la investigación científica y tecnológica, esta vez específicamente destinada a los investigadores que efectivamente ejercían la docencia universitaria. En palabras de su presidente: *"con este sistema el CONICET reafirma y perfecciona su política para estrechar una vez más los vínculos con las universidades, apoyando decididamente la investigación de genuina calidad que allí se viene realizando y promoviendo la nueva"*[113].

Creado por la resolución 2275 del CONICET, el SAPIU posibilitaba un sistema de ayuda económica para investigadores universitarios que no tuvieran relación de dependencia con el CONICET y que realizaran, en las distintas universidades, investigación científica o tecnológica en forma independiente o bajo la

---

[111] Nota del CIN aprobada en Plenario realizado en la Ciudad de Corrientes, los días 2, 3 y 4 de junio de 1988.

[112] Nota del CIN aprobada en Plenario realizado en la Ciudad de Corrientes, los días 2, 3 y 4 de junio de 1988.

[113] Carta del Dr. Carlos R. Abeledo, presidente del CONICET, al presidente del CIN, Dr. Eduardo Barbagelata. 8 de marzo de 1988, p. 1.

dirección de otros investigadores. En el CIN la creación del SAPIU fue recibida favorablemente y evaluada como: *"un interesante mecanismo para mantener, recuperar y acrecentar docentes-investigadores con dedicación exclusiva dentro de las universidades en concordancia con la política acordada por el CIN en su corta vida"*[114].

Un año después, y ante las críticas que el SAPIU había recibido durante los primeros concursos sustanciados durante 1988, el CIN ratificó su apoyo al mismo sosteniendo: *"Expresar a las autoridades del CONICET la necesidad de mantener el Sistema de Apoyo para Docentes Investigadores (SAPIU), poniéndose a disposición de ese organismo para profundizar y mejorar el sistema"*[115].

No obstante el apoyo institucional del CIN, fueron varios los miembros de la comunidad científica (universitaria y extrauniversitaria) que expresaron sus reparos ante dicho programa y ciertas connotaciones heterónomas que se le adjudicaban:

"...el SAPIU recibió apoyos, particularmente en las universidades, pero también fue objeto de resistencia activa no solo por los grupos más conservadores, sino también por muchos investigadores ideológicamente afines con el gobierno radical. Fue evidente que el 'espíritu de cuerpo' primó en una medida visible sobre una intervención política no surgida desde el seno de la propia comunidad, más allá de los propósitos democratizadores que la animaban" (Albornoz y Gordon, 2011:14).

En la misma línea de articulación antes mencionada, a mediados de 1989 el CIN encomendó a su Secretaría de Posgrado que realizara las tratativas pertinentes para la gestión de un convenio de colaboración con el CONICET que permitiese:

"a) la instalación de un programa conjunto para la determinación de áreas críticas y prioridades para la formación de recursos humanos de excelencia.

b) La propuesta de metodologías de asistencia por parte del CONICET a los programas de posgrado ofrecidos por el SICUN"[116].

Estas políticas de acercamiento entre las áreas científicas de las UUNN y de la SECyT en general y el CONICET en particular, quedarán de lado a principios de los 90 en el marco de la reorientación general de la política gubernamental hacia el área de ciencia y técnica.

---

[114] Aprobado en el Plenario del CIN realizado en Concordia (Entre Ríos) los días 10, 11 y 12 de marzo de 1988.

[115] Aprobado en el Plenario realizado en Vaquerías (Córdoba) los días 24 y 25 de agosto de 1989, p. 2.

[116] Aprobado en el Plenario realizado en la ciudad de Bahía Blanca, los días 18 y 19 de mayo de 1989.

La "ley universitaria de fondo"

· La necesidad de cobertura del vacío legal existente luego de las leyes que posibilitaron la normalización universitaria generó el constante pedido del CIN de promulgación de las normas legales de fondo que enmarcaran el funcionamiento de las universidades. Luego de tres años de vida institucional las universidades consideraban que ya habían acumulado suficiente experiencia en su vida autónoma y que era necesario contar con un marco normativo definitivo en el cual desenvolver su vida académica. Por otra parte, el Congreso Pedagógico Nacional había finalizado y con ello las explicaciones de que la nueva normativa debía nutrirse de dichas conclusiones. Ahora, en el marco del CIN, las discusiones van a girar sobre las pautas esenciales que debía contener la *"ley universitaria de fondo"*, siendo tema de discusión y tratamiento en varios plenarios, especialmente en el realizado en la ciudad de San Miguel de Tucumán los días 1, 2 y 3 de septiembre de 1988: *"No podemos dejar pasar esta oportunidad sabiendo que el tema tiene estado parlamentario avanzado, sin manifestar si este cuerpo, por ejemplo, le pide al Parlamento que en el proyecto de ley se respeten ciertos conceptos fundamentales como autonomía, autarquía, cogobierno"*[117].

El unánime acuerdo respecto a la necesidad de una nueva legislación chocaba con las distintas opiniones de los rectores acerca de qué temas debía regular la nueva ley y su carácter de ley marco o que contuviera mayores niveles de definiciones respecto a los temas de interés de las universidades:

"…prácticamente hubo coincidencias entre los 12 rectores que estábamos allí (se refiere a una reunión con legisladores por el tema de la Ley Universitaria mantenida días antes del plenario) *que lo que se quería era una ley marco, que no fuera reglamentarista porque eso iba prácticamente a producir los efectos unificadores de universidades tan distantes como la de La Patagonia y la del Nordeste, o la de Buenos Aires y Cuyo"*[118].

"Creo que la ley no tiene que ser simplemente un marco. Creo que tiene que ser programática, pero lo que no tiene que ser es prescriptiva"[119].

Por otra parte, el rol y funciones que la nueva ley estipulara para el órgano de coordinación universitaria también fue objeto de discusión y prevenciones. Ello

---

[117] Dr. Angel Plastino, presidente de la UN La Plata. Actas de la reunión del CIN realizada en la ciudad de San Miguel de Tucumán. 3 de septiembre de 1988, p. 104.

[118] Arq. Luis A. Rébora, rector de la UN de Córdoba. Actas de la reunión del CIN realizada en la ciudad de San Miguel de Tucumán. 3 de septiembre de 1988, p. 105.

[119] Cdor. Oscar Shuberoff, rector de la UBA. Actas de la reunión del CIN realizada en la ciudad de San Miguel de Tucumán. 3 de septiembre de 1988, p. 109.

desde el momento en que los rectores, si bien mostraban interés en que el rol del CIN fuera jerarquizado en la nueva normativa, también mostraban expresamente reparos a que dicho papel solapara a las autonomías de cada universidad:

"El CIN tiene que tener la función que tiene hasta ahora, y si decimos que queremos que avance más en cuanto a sus funciones, y, en alguna medida, puede que toque a la autonomía universitaria; por lo tanto tenemos que tener cuidado porque la función que la legislación puede fijar es que se establezca para el CIN algunas funciones propias de las universidades que, en alguna medida hacen a la autonomía"[120].

La discusión visibiliza que la ambigüedad del poder vinculante del CIN sobre el conglomerado universitario ha sido impulsada por los mismos rectores que lo componen y que la *autonomía fragmentada* ha sido funcional a la construcción del poder rectoral. Consolidado ese poder y asegurada la autonomía institucional, el texto que finalmente se consensuó respecto al papel del CIN fue expresado por el rector de la UN de Salta, solicitando que la Ley: *"deberá legislar sobre el sistema universitario nacional contemplando al Consejo Interuniversitario Nacional como herramienta de planificación indicativa"*[121].

Finalmente, el documento aprobado en el Plenario de Tucumán, elaborado a partir de un borrador redactado por los rectores Recalcatti (UTN), Puchmuller (UN de San Luis), Hidalgo (UN del Litoral) y Bressan (UN del Comahue), recoge las intensas discusiones del cuerpo, expresando la posición institucional del CIN respecto a las pautas esenciales que debía contener la nueva legislación universitaria:

"La Ley universitaria deberá ser un marco general de la vida universitaria y garantizar los principios básicos de autonomía y autarquía vigentes, asegurando la libertad de expresión vigentes… El concurso será la vía normal de acceso y promoción en la carrera docente… las UUNN admitirán la existencia de la docencia paralela y libre (…) Será cogobernada democráticamente por los representantes de los estamentos garantizándose la participación de profesores, estudiantes y graduados, reconociendo la responsabilidad fundamental de los primeros (…) Contra las resoluciones administrativas de la universidad el órgano de competencia será la Justicia federal (…) Las UUNN expedirán títulos habilitantes de validez nacional (…) Las UUNN podrán ser intervenidas por la Cámara Federal respectiva a pedido del Poder Ejecutivo y únicamente en caso de grave conflicto institucional que impida el cumplimiento de sus fines"[122].

---

[120] Dr. Alberto Puchmuller, rector de la UN de San Luis. Actas de la reunión del CIN realizada en la ciudad de San Miguel de Tucumán. 3 de septiembre de 1988, pp. 123 y 124.

[121] Aprobado en el Plenario del CIN realizado en la ciudad de Tucumán. 2 de septiembre de 1988, p. 1.

[122] Aprobado en el Plenario del CIN realizado en la ciudad de Tucumán. 2 de septiembre de 1988, pp. 1 y 2.

La estructura orgánico-funcional del CIN: ambiciosos planes y dificultades inaugurales

En su primer estatuto el CIN definió un esquema de organización compuesto por un Comité Ejecutivo de seis rectores y un presidente. Cada uno de los rectores del Comité Ejecutivo ejercía una de las seis Secretarías, a saber: enseñanza, investigaciones, posgrado, relaciones, asuntos económicos y extensión. De cada uno de estos temas se constituyó una comisión de trabajo dentro del cuerpo, presidida por el rector-secretario e integrada por rectores que no formaban parte del comité ejecutivo. El comité ejecutivo duraba un año en sus funciones y la presidencia del mismo era ejercida en forma rotativa por el rector titular de la sesión ordinaria inmediata siguiente a realizar por el cuerpo. De esta forma se aseguraba una conducción honoraria evitando cualquier personalismo, no obstante padecer los inconvenientes derivados del constante recambio institucional y la vaguedad de los mandatos: *"En los primeros años era muy fuerte la noción de par. Los rectores como pares, como iguales. Por eso no se quería que hubiese fuertes individualidades, liderazgos, sino que todos eran rectores, todos eran pares. La idea era que las presidencias fuesen casi formales, por la sede de la universidad donde se hacía el plenario"* (Costoya, Entrevista, 2012)

A las dificultades presupuestarias propias de un organismo que carece de financiamiento ordinario específico y debe ser financiado a través de aportes de las universidades, se sumaban las inherentes a la figura legal para poder contratar personal propio. No obstante las limitaciones, durante estos años iniciales la estructura orgánica y la organización estarán presentes en la agenda del CIN, concitando animados intercambios entre los distintos rectores sobre cuáles debían ser las funciones de las secretarías del organismo a crearse. Es así como en el Plenario realizado en la ciudad de San Carlos de Bariloche a inicios de 1987 se discutió la creación de la *"Secretaría de Planeamiento"*, la cual, según el anteproyecto objeto de discusión, tenía como misión: *"Planear la acción coordinada de las universidades nacionales procurando el aprovechamiento óptimo de sus recursos humanos, materiales y financieros en sus respectivos ámbitos regionales"*[123]. Y como funciones las de:

---

[123] Secretaría de Planeamiento del CIN (Proyecto), página 2. San Carlos de Bariloche, 12 y 13 de Marzo de 1987.

"1) Diseñar metodologías de diagnóstico y planificación aptas para su implementación en el sistema universitario.

2) Diseñar la estrategia global del sistema universitario nacional, acorde a las prioridades de desarrollo detectadas para el país.

3) Planificar la regionalización del sistema universitario nacional.

4) Entender en la programación y coordinación de las acciones que se desarrollen cooperativamente entre las universidades, tanto a nivel intrarregional como interregional.

5) Establecer métodos de recolección e intercambio de información relacionada con los recursos humanos, materiales y financieros de las universidades.

6) Diseñar e implementar modos de evaluación de la gestión del CIN y de los niveles de eficacia y eficiencia de las realizaciones globales y regionales del sistema universitario en cada uno de sus objetivos específicos"[124].

Meses después, en el anteproyecto propuesto por el rector de la UN del Comahue, Oscar J. Bressan, se discutió la posibilidad de contar con dos tipos de perfiles, una secretaría técnica, con un perfil de gestión administrativa, y una secretaría de planeamiento, con un perfil de mayor especialidad y formación en temas de política universitaria. La secretaría técnica estaba pensada para *"apoyar rápida y eficazmente el tratamiento de los temas y problemas que los Rectores tienen que abordar en común"*[125], y para ello se podría *"requerir en las universidades la disponibilidad de personas dispuestas a integrar dicho equipo técnico"*[126]. En el caso de la secretaría de planeamiento, era menester *"hacer una convocatoria a investigadores de las universidades y del CONICET"*[127], ya que los perfiles deseados (expertos en estadísticas universitarias, economía de la educación superior, sociología de la educación superior, planeamiento universitario, administración de universidades, evaluación de proyectos de investigación, informatización de instituciones universitarias, pedagogía universitaria) *"son contadísimos, lo que contrasta con la expansión del sistema universitario"*[128]. En ambos casos, el diagnóstico que sostenía los requerimientos era la necesidad de:

"...un equipo interuniversitario e interdisciplinario para abordar con seriedad el estudio de temas tales como: la expansión de las universidades, las políticas alternativas para optimizar el funcionamiento de las universidades en función de las necesida-

---

124 *Ibídem.*
125 Nota de la Secretaría Privada UN del Comahue, nro. 079/87. Neuquén, 15 de mayo de 1987, p. 3.
126 Nota de la Secretaría Privada UN del Comahue nro. 079/87. Neuquén, 15 de mayo de 1987, p. 3.
127 Ibíd., p. 4.
128 Ibíd., p. 2.

des del país, la gestión de las universidades, las reformas académicas y pedagógicas tendientes a mejorar el nivel de la enseñanza y la formación profesional, la valorización de la investigación científica en la universidad"[129].

Las ambiciosas funciones que los rectores adjudicaban a la futura secretaría de planeamiento dejaban traslucir el rol estratégico –para el país y el conjunto de las universidades– que anhelaban para el organismo mismo, en un momento donde el CIN era pensado y concebido como el lugar "natural" donde la autonomía del campo se daba cita para articular su despliegue y definir la política universitaria frente al Estado. La ambición de tener un papel protagónico en la política del sector, ausente en su propio estatuto, aparecía plasmada en las repetidas discusiones sobre su estructura.

En el marco del Plenario del CIN realizado en Mendoza a mediados de 1987 se resuelve crear la *"Secretaría administrativa y de gestión"*, la cual debía encargarse de *"registrar, archivar y distribuir toda la documentación que surja de la actividades de dicho consejo y realizar las gestiones que se le encomienden para la ejecución de los acuerdos alcanzados, así como su seguimiento sistemático"*[130].

A su vez, promediando 1988, los intercambios acerca de la creación de la secretaría de planeamiento continuaban al orden del día:

"Sr. Presidente: (…) por lo menos recuerdo dos proyectos que se presentaron a este cuerpo en relación a la creación de la Secretaría de Planeamiento en el ámbito de la Secretaría de Educación, consideramos imprescindible que en estas circunstancias el CIN determine de una vez por todas la necesidad de la creación de esta secretaría de planeamiento porque entendemos que nuestra labor, sobre todo en el ámbito académico, va a ser mucho más fructífera si podemos reunir los datos que son necesarios, los datos estadísticos, información, para poder realizar o programar una labor más coordinada entre las distintas universidades y poder llevar adelante una serie de proyectos que acá se han presentado durante todas las reuniones del CIN (…)"[131].

Y también: *"lo que necesitamos es un soporte logístico que realice las tareas de recolección e interpretación de los datos y que además esté en condiciones, sobre la base de una política adoptada por el cuerpo, de elaborar los documentos necesarios para las acciones en que se traduzca la planificación"*[132].

---

[129] Ibíd., p. 2.

[130] Aprobado en el Plenario del CIN realizado en Mendoza los días 6, 7 y 8 de agosto de 1987.

[131] Dr. Alberto Puchmuller, rector de la UN de San Luis. Actas del Plenario del CIN realizado en la ciudad de San Miguel de Tucumán. 1 de septiembre de 1988, p. 56.

[132] Dr. Oscar Shuberoff, rector de la Universidad de Buenos Aires. Actas del Plenario del CIN realizado en la ciudad de San Miguel de Tucumán. 1 de septiembre de 1988, p. 57.

No obstante las intenciones y plena conciencia institucional acerca de la necesidad de contar con una infraestructura de apoyo acorde a las responsabilidades del organismo, las dificultades presupuestarias, administrativas y políticas impidieron que se concretara. El trabajo administrativo estaba a cargo del personal de apoyo académico de las distintas universidades que eran sedes de los Plenarios, imposibilitando, por la constante rotación entre las universidades que eran sedes de los plenarios, una línea de tiempo institucional y la sistematización y seguimiento de las decisiones que se iban tomando plenario a plenario. Todo ello agravado, a su vez, por el hecho de no contar con una locación administrativa propia y estable. Por otra parte, la ausencia de una estructura de cuadros técnicos especializados en los distintos temas de la política universitaria complejizaba producir proyectos estratégicos propios para el sector, dejando dichas iniciativas exclusivamente en función de las posibilidades de los rectores o cuadros de gestión cercanos al rectorado, destacándose los secretarios académicos y económicos financieros por la intensa actividad en el CIN durante este período.

A mediados de 1988, con la designación de la Dra. Araceli Noemí Proto como secretaria de gestión, el CIN parecía encaminado a resolver algunas de las dificultades mencionadas. El cargo de la Dra. Proto, financiado por la Universidad Tecnológica Nacional, estaba destinado a otorgar soporte administrativo y, a su vez, circular la información entre el CIN y las distintas universidades. Por distintas dificultades, la Dra. Proto solo permaneció algunos meses en dicha función, retornando el CIN a mediados de 1989 a la anterior situación de ausencia de personal destinado a gestionar las distintas actividades administrativas.

Recién a finales de 1990, con la entrega en comodato por parte del Ministerio de Educación de la sede de calle Pacheco de Melo 2084 y la llegada de la Dra. Norma Costoya, contratada en primera instancia como coordinadora del CIN, éste se encaminará a encontrar una vía de regularidad y previsibilidad administrativa. Junto con Costoya comenzaron su trabajo en el CIN dos agentes de apoyo administrativo destinados en comisión de servicios. Esta estructura, una coordinación y dos personas de apoyo académico, será la estructura inicial con que el CIN iniciará lo que entendemos es la segunda etapa del mismo, la cual será objeto de desarrollo en el próximo capítulo de este trabajo. A pesar de la débil y por algún tiempo inexistente estructura propia del CIN, la actividad fue enérgica y especialmente propositiva, impulsando y cristalizando iniciativas que modelaron a la política universitaria y al conjunto de las universidades hasta nuestros días.

Cambio de gobierno, diplomacia universitaria y nueva agenda

Electo Carlos Saúl Menem en las elecciones nacionales del 14 de mayo de 1989, la diplomacia universitaria brindó al gobierno entrante un saludo cargado de institucionalidad:

"El Consejo Interuniversitario Nacional, integrado por la totalidad de los Rectores de las Universidades Nacionales, renueva su compromiso de realizar todos los esfuerzos a su alcance para coadyuvar al logro del mayor de los éxitos del futuro gobierno que presidirá el Dr. Carlos Saúl Menem, con la misma vocación, intensidad y tenacidad con que lo hizo durante toda la gestión del Dr. Raúl R. Alfonsín"[133].

Más allá de los protocolares buenos augurios al presidente recientemente asumido, pronto la desconfianza y las prevenciones irán reemplazando los buenos modales institucionales. La creación de las universidades nacionales de La Matanza y de Quilmes, sin registro de consulta al CIN, a meses de asumir el nuevo gobierno, y el decreto 1111/89 revocando una resolución del Consejo Superior de la UBA, irán preanunciando la complejidad que regirá la relación entre las universidades y el gobierno entrante. Palamidessi, Suasnábar y Galarza sostienen que desde el inicio del gobierno de Carlos Menem se hizo evidente la voluntad del Poder Ejecutivo de reformular las relaciones entre el Estado y las universidades, impulsando para ello un conjunto de iniciativas orientadas a promover nuevas pautas de coordinación del sistema, redefinir la autonomía de las instituciones y modificar los mecanismos del financiamiento estatal, asociándolo a criterios de eficiencia y eficacia (Palamidessi, Suasnábar y Galarza, 2007:101). En el primer año, los cambios impulsados se mantuvieron, preponderantemente, en un tono discursivo, instalando temas en la agenda e impugnando conceptualmente supuestos claves del funcionamiento de la universidad pública que, a juicio del gobierno, era imprescindible discutir y revisar: financiamiento presupuestario incremental sin criterios objetivos de distribución, ineficiencia e ineficacia en el manejo de los recursos (expresado en los bajos niveles de graduación y el desgranamiento de la matrícula), falta de articulación con el sistema productivo, baja rentabilidad social de la inversión educativa en educación superior, entre otras.

En forma paulatina y sostenida la agenda del CIN profundizó la presencia omnipresente de la problemática presupuestaria y salarial y fue poblando sus ejes de trabajo con un discurso y prácticas reactivas y adaptativas, reemplazando la dinámica propositiva que caracterizó su trabajo desde su creación. Como veremos en el próximo capítulo, el CIN va a combinar su vocación de consenso y ne-

---

[133] Comunicado del CIN, Bahía Blanca, 18 de mayo de 1989, p. 1.

gociación con el gobierno entrante, jugando un rol activo en la implementación de sus principales programas, con una posición defensiva y reactiva, sobre todo concentrada en los temas presupuestarios y en la oposición al arancelamiento. En este sentido, los Plenarios del CIN irán abandonando un temario con fuerte presencia de las temáticas educativas y de propuestas sobre el conjunto de temas de interés universitario y extrauniversitario para convertirse en un escenario de especial resonancia donde expresar la disidencia con la coyuntura política. Una muestra de ello la constituyen las notas entradas y tratadas en los plenarios realizados en Vaquerías (Córdoba) los días 24 y 25 de agosto de 1989, Santa Fe los días 9 y 10 de noviembre de 1989 y Río IV los días 8 y 9 de marzo de 1990:

✓ Resolución del Consejo Superior de la UN de La Plata y de la Federación Universitaria Argentina (FUA) oponiéndose al arancelamiento universitario.

✓ Resolución del Consejo Superior de la UBA ratificando la presentación de su rector ante la justicia federal solicitando se declare inconstitucional el decreto 1111/89.

✓ Declaración de la Federación Universitaria de Río IV: "Defender la educación es defender nuestro futuro".

✓ Resolución del Consejo Superior de la Universidad Nacional del Litoral: carta abierta sobre la situación económica actual de las UUNN.

✓ Declaración de rectores de las Universidades Nacionales con sede en la provincia de Buenos Aires.

✓ Resoluciones del Consejo Superior de la Universidad Nacional de San Luis y de la Universidad Nacional de Santiago del Estero sobre la crisis educativa.

✓ Declaración relativa a la decisión de científicos calificados de abandonar el país debido a los bajos salarios y a la falta de estímulo.

✓ Proyecto de Ley de creación de un Fondo Educativo para enfrentar la crisis presupuestaria (Fondo para el Desarrollo Educativo).

✓ Nota de la Federación Nacional de Docentes Universitarios (CONADU); Federación Argentina de Trabajadores de las UUNN (FATUN) y Federación de Docentes de la UN de Tucumán (FEDUNT) sobre la crisis universitaria.

Como podemos apreciar, los plenarios del CIN progresivamente fueron mutando a tribunas donde los distintos agentes universitarios y extrauniversitarios (organizaciones gremiales, federaciones estudiantiles, legisladores, dirigentes políticos, organizaciones sociales) elevaron sus reclamos y documentos de análisis de la situación nacional y universitaria, generando espacios de articulación política para dar volumen y apoyo a las distintas demandas.

Junto con el cambio de gobierno, uno de los hitos que indican la finalización de esta etapa de la coordinación universitaria, lo constituye el llamado del CIN, en el marco del Plenario de Río IV celebrado en marzo de 1990, a constituir una "Asamblea de la Universidad Nacional" en defensa de la universidad pública. Esta medida, argumentada en un tono beligerante contra el gobierno nacional, era una respuesta de las universidades debido a que: *"los reiterados reclamos efectuados al Poder Ejecutivo por cada una de las universidades y por el Consejo Interuniversitario Nacional no han recibido hasta ahora más que respuestas insatisfactorias, manteniéndose y creciendo hasta niveles intolerables la incertidumbre que se cierne sobre el futuro próximo de las Universidades Nacionales"*. La línea argumental sostenía que la preocupante situación comprometía el futuro de la sociedad argentina toda e implicaba que era *"obligación militante de los integrantes de la comunidad universitaria realizar los esfuerzos necesarios para instalar este tema y los puntos de vista de la universidad en el centro del debate nacional"*[134], concluyendo que, en base a estas consideraciones, resultaba urgente *"Encomendar a su comité ejecutivo la organización y convocatoria a todos los sectores representativos de la sociedad y de las universidades nacionales a una Asamblea de la Universidad Nacional para considerar los gravísimos problemas que caracterizan la situación actual de nuestras instituciones"*[135], y, finalmente, que, ante esta situación de gravedad institucional, *"lanza un llamado al gobierno nacional para que considere de manera específica este gravísimo problema proveyendo los medios que fueran necesarios con el objeto de crear un clima de estímulo y aliento que detenga rápidamente este clima de absurda autodestrucción"*[136]. Y como cierre de este sombrío panorama, el CIN declaraba públicamente su extrema preocupación por la decisión de científicos calificados de abandonar el país debido a *"los bajos salarios y a la falta total de estímulo, futuro incierto y ausencia de la palabra oficial que manifieste su preocupación por este nuevo proceso de vaciamiento que sufre nuestra patria"*[137].

El cambio de gobierno, en julio de 1989, y con ello el inicio de una nueva política y agenda, marcaron el final de la etapa de equilibrio entre las distintas fuerzas operantes sobre el campo universitario. La intervención estatal, lograda mediante una potente iniciativa política, permitirá al gobierno entrante ocupar un espacio relevante de la escena universitaria durante toda esta larga década. El peso de la partidización en el funcionamiento del campo universitario tuvo aquí una vuelta de página, mientras crecía la politización que reforzaba la autonomía y el espíritu de cuerpo del CIN.

---

[134] Aprobado en el Plenario realizado en la ciudad de Río IV. Río IV, 8 de marzo de 1990, p. 2.
[135] aprobado en el Plenario realizado en la ciudad de Río IV. Río IV, 8 de marzo de 1990, p. 3.
[136] Declaración pública del CIN. Río IV, 8 de marzo de 1990, p. 1.
[137] Declaración pública del CIN. Río IV, 9 de marzo de 1990, p. 1.

Capítulo IV

1990-2001.
Ni tan heterónomos ni tan autorregulados: el tiempo de la heteronomía concertada

Pasados ya los años de la "normalización" y la "primavera democrática", la autonomía y la autarquía estaban consolidadas en cada universidad; pero una nueva etapa se abriría, complejizando el escenario de un campo universitario en plena expansión. Como sostiene Pedro Krotsch, en el contexto de una transición de orden más general hacia un Estado evaluador, durante los años 90 la coordinación universitaria en la Argentina dejó de ser liviana y autónoma (con el CIN y el CRUP como únicos agentes) para convertirse en una articulación densa y policéntrica en la cual el Estado cumplía un papel central (Krotsch, 2009: 214-215). A partir de la segmentación del gobierno de la educación superior y el fortalecimiento del campo burocrático, una nueva variedad de agentes comenzaron a participar activamente en las decisiones del sector. Los cambios producidos durante esta década se orientaron principalmente a nuevas formas de regulación del campo universitario que situaron a los rectores y al CIN en un escenario de tensión y particular exigencia en su rol de coordinación. Durante estos años se redefinieron las modalidades de ejercicio de la autonomía universitaria, a pesar de que la misma alcanzó rango constitucional en la reforma de 1994.

El equilibrio entre el Gobierno, Rectores y Congreso que había caracterizado el período anterior fue desafiado, y finalmente quebrado, en favor del campo burocrático-estatal. Este cambio de fuerzas comenzó a dibujarse a inicios de 1990 y se terminó de delinear a partir de 1993 con la creación de la Secretaría de Políticas Universitarias (SPU) y el ritmo de gestión que le impuso a la misma su flamante primer secretario, Juan Carlos del Bello. En este período la dinámica de trabajo del CIN abandonó el tono marcadamente propositivo de la anterior etapa para decantar en una agenda y prácticas predominantemente reactivas, procurando contrarrestar el discurso crítico hacia la universidad pública por parte del gobierno de Carlos Menem. Al mismo tiempo, desarrolló una serie de acciones defensivas y adaptativas, intentando preservar los espacios de injerencia y poder que los parámetros políticos e institucionales de la década anterior le habían otorgado.

Lo que intentaremos mostrar es que antes que un proceso de imposición, en términos de simple subordinación, las políticas impulsadas en el marco del nuevo paradigma se construyeron en un proceso de intensas negociaciones y búsqueda de consensos donde el CIN y los rectores jugaron un papel activo, acordando ejes centrales e involucrándose activamente en su ejecución. Esto no significa que el CIN no tuvo un rol crítico y defensivo durante los gobiernos de Carlos Menem y Fernando de la Rúa, pues, como veremos, eso existió. Pero también participó y se involucró en la política universitaria mucho más activamente de lo que normalmente se cree. La posición reactiva del CIN frente al gobierno se verifica, efectivamente, en los conflictos respecto del presupuesto, las demandas salariales y la oposición al arancelamiento como alternativa de financiamiento. Pero el examen de los acuerdos plenarios, resoluciones, actas y documentos de la época, nos permiten observar también que, junto al núcleo conflictivo mencionado, el CIN sostuvo una vocación de consenso y trabajo en conjunto con la nueva SPU sobre temas centrales de la agenda del período. Analizaremos el rol jugado por los rectores en el Protocolo de la Concertación Universitaria; la creación y funcionamiento de la Comisión de Concertación de las Universidades Estatales con el Poder Ejecutivo Nacional; la amplitud y centralidad de los temas que fueron objeto del acuerdo celebrado con la Secretaría de Políticas Universitarias en 1993 respecto a la Ley de Educación Superior; el intenso involucramiento del CIN en la implementación de los principales programas gubernamentales, momentos y procesos que sitúan al CIN y a los rectores en un rol activo, lejos del papel de espectadores estáticos de imposiciones donde solo las acciones defensivas y la resistencia eran posibles. Es por esto que postulamos que en el período se desplegó un proceso de heteronomía concertada, porque efectivamente ocurrió una intervención directa del sector burocrático-político, y se instauró una asimetría entre el gobierno y las universidades, pero, al mismo tiempo, se concertaron gran parte de las políticas con los rectores y el CIN siguió siendo un agente activo en la implementación de las mismas.

Adiós al Estado Benevolente. El diagnóstico oficial sobre la educación superior y el giro hacia la *"autonomía evaluada"*

A diferencia del diagnóstico optimista sobre la universidad y su papel virtuoso en la reconstrucción democrática, ahora, fuertemente condicionado por la profunda crisis económica y social que precipitó la salida de Alfonsín y la asunción del nuevo gobierno, las relaciones entre el gobierno y las universidades estarán marcadas por un nuevo clima de época caracterizado por la apuesta a los efectos reguladores del mercado y el convencimiento que, al igual que otras instituciones estatales, la universidad exigía una profunda transformación. Se fue consolidando una interpretación según la cual los distintos problemas de la educación superior tenían su origen en la estructura de relaciones establecidas durante las últimas décadas en los sistemas de educación superior. ¿En qué consistía esa estructura de relaciones? Según Brunner, básicamente en tres dispositivos interconectados: Primero, Estados que financian la educación superior a través de mecanismos paternales y benevolentes, inspirados en criterios históricos o surgidos de la negociación política, pero siempre desvinculados de cualquier consideración de calidad, equidad o eficiencia. Segundo, Estados que o bien reservan la oferta educativa a instituciones subsidiadas de tipo estatal o, en caso contrario, proceden a desregular al máximo el acceso de nuevas instituciones privadas al mercado educacional. Tercero, Estados que, en general, liberan la regulación de los sistemas a las dinámicas corporativas internas, renunciando a utilizar instrumentos de gestión para guiar la política universitaria según metas u objetivos convenidos (Brunner, 1994:21-22). Según este autor, esta estructura tradicional de relaciones entró en crisis porque los tres dispositivos tendieron a reproducir el conjunto de problemas antes que remediarlos, derivando en una triple crisis: crisis del financiamiento incremental, crisis por falta de regulación y crisis causada por la falta de evaluación.

Así, evaluación, calidad, eficacia/eficiencia, pautas objetivas de distribución de recursos, rendición de cuentas, fueron los principios articuladores de un discurso que fue ganando consenso entre los hacedores de políticas educativas y que veían en la universidad una institución anquilosada, con serios déficits de calidad, carente de dispositivos de evaluación, con criterios irracionales de distribución presupuestaria y desarticulada de los problemas relevantes del país. La ineficiencia sectorial de las universidades era medida a través de las tasas de graduación y el costo por graduado, tasas que mostraban bajo rendimiento y con ello ayudaban a legitimar la urgencia y profundidad de las transformaciones. Endureciendo aún más el diagnóstico, se planteaba que las universidades tenían serios problemas en asumir, aunque fuese parcialmente, dicho diagnóstico y mucho más para emprender endógenamente proyectos de reforma. En la construcción del diagnóstico, y la agenda del sector a nivel regional, tuvieron influencia los organismos internacionales de crédito, en especial el Banco Mundial[138]. Para este organismo, la baja rentabilidad social de la educación terciaria, sobre todo en países que no habían universalizado los niveles primario y secundario, exigía una reformulación de las formas clásicas de las políticas hacia dicho nivel, promoviendo una mayor diferenciación institucional a través del desarrollo de instituciones privadas y terciarias no universitarias. Por otra parte, para la diversificación de las fuentes de financiamiento y la vinculación entre el financiamiento fiscal y los resultados, era clave redefinir la función del gobierno en la educación superior, dotando a las universidades de mayor autonomía a cambio de mayor responsabilidad en el uso de los recursos. Como sostiene Adriana Chiroleu, la meta era la búsqueda de eficiencia y eficacia en las instituciones de educación superior, donde la primera hace referencia a la relación que se obtiene entre los resultados de la educación y los recursos dedicados a ésta, y la segunda apunta a la valoración social del producto educativo, en función de los ámbitos culturales, políticos y económicos vigentes. La búsqueda de eficiencia y eficacia en las instituciones educativas fue una prioridad en la agenda de gobierno de los años 90, generando una profunda transformación del sistema de educación superior, caracterizada por el creciente peso –directo e indirecto– de la iniciativa privada en ámbitos hasta entonces articulados por el sector público (Chiroleu, 2005:48).

Susana Decibe, ex ministra de Educación del presidente Carlos Menem, expresaba que su gestión educativa tuvo que afrontar un conjunto de problemas estructurales del sector universitario, entre los cuales destacaba:

✓ Ausencia de un marco normativo común para el nivel superior.

✓ Desinversión e inequitativa asignación de los recursos presupuestarios.

✓ Progresivo deterioro de la calidad y del nivel de formación de los graduados.

✓ Bajo rendimiento: excesiva duración real de las carreras y bajas tasas de egreso.

✓ Escasa equidad en el acceso y avance de los estudiantes en el sistema.

---

[138] Cfr. "La Enseñanza Superior. Lecciones derivadas de la experiencia", informe publicado por el Banco Mundial en mayo de 1994.

✓ Ausencia de sistemas de admisión y de mecanismos de articulación con el nivel medio.

✓ Ausencia de información estadística confiable.

✓ Escasa articulación con los requerimientos y demandas del sector productivo (Decibe, 1999:19).

Por otra parte, Carlos Marquís afirmaba que el deterioro de la calidad universitaria se evidenciaba en la escasa dedicación y baja calificación de los profesores, la desactualización de los planes de estudio, bajas tasas de graduación, una duración real de los estudios que superaba en 1,6 veces la duración teórica, insuficientes recursos complementarios y la inexistencia de hábitos de evaluación (Marquis, 1999:95).

Se trataba de un balance negativo de la política universitaria del radicalismo, pero que se *aggiornaba* con el imaginario de crisis económica estructural que cerraba el gobierno de Alfonsín y que instalaba al campo universitario en el mismo escenario de desprestigio que envolvía a todo el aparato estatal. Para el primer Secretario de Políticas Universitarias, Juan Carlos del Bello, durante el período 1983-1989 se había consolidado en la universidad:

"...un modelo de desarrollo del sistema universitario basado en la masividad, bajos índices de rendimiento, en especial baja tasa de graduación, elevada politización y ausencia de prácticas institucionales de rendición de cuentas" (Del Bello, Entrevista, 2015).

Desde una perspectiva crítica, José Luis Coraggio y Adolfo Vispo analizan que a principios de la década del 90 se fue configurando una nueva agenda de problemas universitarios, algunos nuevos y otros surgidos con el crecimiento de la matrícula en la década anterior. En esta agenda los problemas vinculados con la administración y gestión del presupuesto universitario tendrán un lugar prioritario, sumándose a las políticas de admisión de los estudiantes, las formas de remuneración del personal, el lugar de la investigación en la universidad y la conformación de la oferta curricular. El problema principal ya no radicaba en el crecimiento del sistema o en la planificación de su expansión. Las preguntas fundamentales remitían ahora a una nueva cuestión: la calidad. La cuestión de la calidad se articulaba estrechamente con otra: la de la evaluación (Coraggio y Vispo, 2001:220).

Una pieza sustancial del imaginario de la época era el convencimiento, por parte de los agentes gubernamentales, de que el sistema universitario era incapaz de autorreformarse y que los cambios solo eran posibles si se impulsaban en forma exógena. Los procesos de reforma en las universidades debían contar con la guía ineludible de la evaluación, instrumento de racionalización de la universidad y farol hacia comportamientos más eficientes y eficaces. Por otra parte, la estructura de la base docente característica en nuestro país, basado fundamentalmente en dedicaciones simples a la docencia, relativizaban la "pesadez" de la base, haciéndola más sensible al cambio exógeno. En este paradigma, los cambios debían ser inevitablemente heterónomos ya que las universidades no completarían acciones sustanciales en este sentido. Eduardo Sánchez Martínez, ex secretario de Políticas Universitarias, recordaba que: *"En esa época en las Universidades hubo mucha discusión acerca de la evaluación, innumerables jornadas y encuentros. Recuerdo haber participado en algunas de esas instancias. Pero nunca se concretaban acciones claras que condujeran a implementar políticas de evaluación. Había discusión, pero la realidad es que finalmente no se llegaban a acuerdos sobre acciones reales y palpables al respecto"*. (Sánchez Martínez, Entrevista, 2015).

Este giro en las concepciones sobre la educación superior no ocurrió solo en Argentina, sino que formó parte de una transición regional del *Estado Benevolente* al *Estado Evaluador*. En el Estado Benevolente, nombre propuesto por Brunner para caracterizar la relación entre el Estado y la educación superior en la fase previa al Estado Evaluador, el Estado proveía recursos a las Universidades sin mayores exigencias de eficiencia en su gasto y con débiles controles externos. Según el autor, este modelo solo fue viable hasta los ochenta, en un contexto de matrícula pequeña, acceso restringido y oferta escasamente diversificada (Brunner, 1990).

Otro referente que contribuyó a formular teóricamente el modelo del Estado Evaluador, Guy Neave, sostenía que en Europa, desde fines de la Segunda Guerra Mundial y hasta la década de 1980, la relación entre la enseñanza superior y el gobierno fue de una admirable estabilidad. Esa relación se basaba en un acuerdo tácito según el cual la enseñanza superior proporcionaba formación y educación a todos aquellos que estimara calificados para ingresar, mientras que el gobierno, a su vez, suministraba los fondos necesarios para esta tarea. Sin embargo, desde comienzos de la década de 1980, la creciente complejidad económica y la insatisfacción por la calidad y la pertinencia de los servicios educativos, entre otros factores, generó una radical revisión de los términos de dicha relación en todos los países de la Europa Occidental. Una parte esencial de esa revisión es la aparición de lo que podría denominarse un *"contrato condicional"*, entre el gobierno y las universidades, que incluía términos negociables específicos y establecía las condiciones particulares. Esta nueva relación entre el gobierno y la educación superior habría sido acompañada, según Neave, por otros dos cambios. El primero se vincula con el paso de la evaluación de rutina a la evaluación estratégica, instando a las instituciones de educación superior a formular objetivos de largo plazo y rendir cuentas públicamente acerca de cómo utiliza los recursos para lograrlos. El segundo es el paso de la evaluación *a priori* a la evaluación *a posteriori*, reforzando el desplazamiento del control de los recursos de una forma *ex ante*, basada en el ingreso, a una forma *ex post*, basada en el egreso, poniendo el acento en una revisión retrospectiva de los resultados alcanzados por la enseñanza superior con los recursos recibidos, revisión que debería impactar en las nuevas formas de distribución presupuestaria basadas, justamente, en la evaluación de dichos resultados (Neave, 1994:385). Este modelo, en definitiva, consistía básicamente, en: *"...una racionalización y redistribución de funciones entre el centro gubernamental y la periferia institucional, de manera tal que el centro conserve el control estratégico global, por medio de palancas políticas menores en número pero más precisas, constituidas por la asignación de misiones, la definición de metas para el sistema y la operación de criterios relativos a la calidad del producto"* (Neave, 1990:8).

En la Argentina, el cambio en la dinámica de relaciones entre el Estado y la educación superior, cuyo inicio se puede situar a fines de los ochenta, y sobre todo a partir de 1993 con la creación de la SPU, implicará formas de regulación y control sobre las universidades a través de las herramientas tradicionales del Estado Evaluador (nuevos marcos normativos, financiamiento condicionado y evaluación) pero con la singularidad de que su instrumentación, y sus límites, fueron posibles por la mediación de los rectores nucleados en el CIN (ver esquema 2).

Esquema 2
Campo universitario y campo burocrático-estatal (1990-2001): heteronomía
concertada, nuevos jugadores y tensiones.

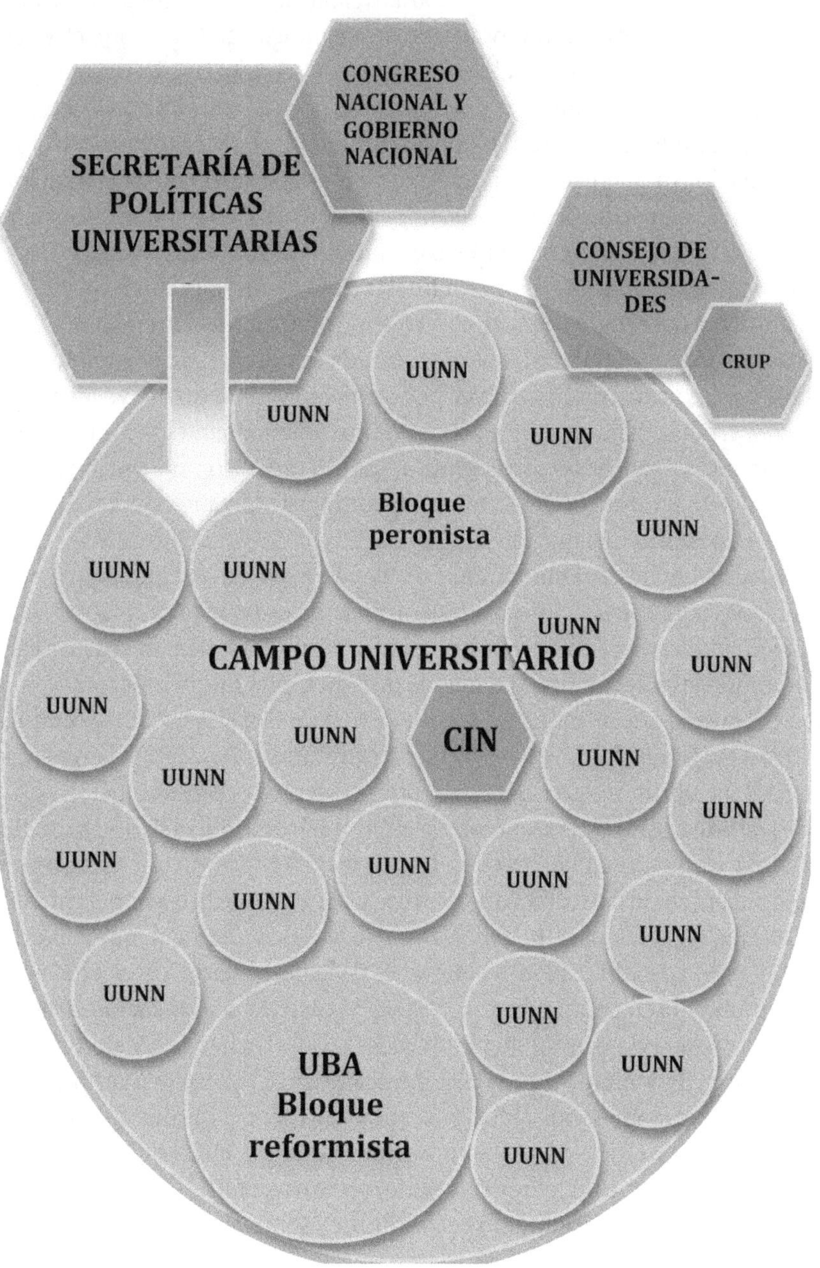

Organización interna y agenda

Durante el presente período, el CIN se consolidó como frontera entre dos espacios con relativa autonomía: el *campo universitario* y el *campo burocrático-estatal*, empoderado este último ahora como un agente especializado proactivo en la ejecución de una política para el sector. Por eso la agenda del CIN que hemos reconstruido resulta ciertamente contradictoria, porque combina un discurso reactivo y globalmente crítico de las políticas impulsadas por el gobierno nacional, en especial lo vinculado con el presupuesto universitario y el arancelamiento, con un involucramiento activo en la implementación de los programas y actividades de la SPU. Como veremos, esto último fue estimulado porque, en lo sustancial, los rectores no objetaban ni refutaban los valores que sustentaban el nuevo paradigma del Estado evaluador y el diagnóstico que de ello emanaba.

Los rectores y el CIN reconocían la necesidad de la evaluación –aunque controlada por las universidades–, la imperiosa necesidad de un nuevo marco normativo, y estaban claramente preocupados por obtener recursos complementarios (aunque la mayoría no considerara al arancelamiento como opción legítima para ello). De ser interpelados, también compartirían la necesidad de rendir cuentas y apuntar a una mayor eficiencia y eficacia en el manejo de los recursos. No obstante, igualmente antes y después de este período, y seguramente por su carácter de factor estructurante de la coordinación universitaria en la Argentina, el núcleo conflictivo central estará a nivel del presupuesto, tanto respecto a los niveles como a las nuevas modalidades de distribución y las fuentes complementarias del mismo que impulsaban desde el gobierno. Por ello resulta necesario reconstruir la agenda del CIN en esta etapa, transitando una vez más la ruta de sus acuerdos plenarios, resoluciones del Comité Ejecutivo y presidente.

Se trata de años trascendentes para el CIN en lo referido a su organización y consolidación institucional. Desde 1989 los rectores hicieron intensas gestiones ante el recientemente asumido ministro de Educación de la Nación, Prof. Antonio Salonia, a los efectos de que dicho Ministerio les facilitara un inmueble donde asentar la sede administrativa. A través de la Resolución Ministerial Nº 50, efectivizada el 11 de septiembre de 1990, el Ministerio de Educación cederá, en concepto de comodato, el inmueble ubicado en calle Pacheco de Melo 2085, destinado al funcionamiento de la sede administrativa del Consejo Interuniversitario Nacional. Por otra parte, meses antes de la entrega del inmueble, iniciará sus tareas en el CIN la Dra. Norma Costoya, quien desempeñará las funciones de coordinadora, secretaria técnica y secretaria ejecutiva del CIN[139], respectivamente, durante el lapso comprendido entre julio de 1990 y marzo de 2013.

---

[139] Norma Costoya se desempeñará como coordinadora del CIN desde julio de 1990 al 28/12/1992; co-

"A mí me convocó a trabajar Juan Carlos Pugliese. Yo tenía conocimiento del CIN por mi trabajo en la Secretaría Académica de Derecho de la UBA. Los primeros tiempos fueron muy difíciles. No teníamos computadoras, muebles, solo era yo y dos empleados designados a comisión. 'Está todo por hacer' me había dicho Juan Carlos, y efectivamente así era...". (Costoya, Entrevista, 2012).

El inicio del trabajo de una mínima estructura administrativa permitirá al CIN iniciar una etapa de mayor organización administrativa, consolidando institucionalmente una dinámica de trabajo de gran ímpetu y proactividad que caracterizó la etapa fundacional del mismo (1985-1990). Las funciones, estructura de funcionamiento y organización del CIN, determinada por el primer Estatuto aprobado en 1986, no registrarán cambios sustanciales a pesar de ser reformado en varias oportunidades durante el presente período. Respecto a las funciones del CIN, puede observarse un moderado avance respecto a la ambición de participación en la política universitaria, al agregar a la función determinada en el primer estatuto de *"Coordinar las políticas comunes a las instituciones universitarias que lo integran"* la de *"Proponer y coordinar las políticas comunes a las instituciones universitarias que lo integran"*.

La presidencia era ejercida por uno de los rectores con derecho a voto. El presidente era designado en un Plenario ordinario, siendo designado el rector de la universidad que era nominada como sede del próximo plenario ordinario. Pese a los reiterados cambios en el Estatuto, la presidencia del CIN seguirá vinculada a la sede el próximo plenario y, desde mediados de los 90, a la rotación entre los miembros de los bloques vinculados al radicalismo y justicialismo, respectivamente. Recién en 2002 se modificará la forma de elección, donde la presidencia ya no estará condicionada a ser el rector de la universidad sede del próximo Plenario ordinario, aunque se mantendrá la alternancia entre los bloques partidarios. Por otra parte, el conjunto de los temas a tratar se derivaban, previo tratamiento en el Plenario, a *seis Comisiones permanentes: Asuntos académicos, Ciencia y técnica, Posgrado, Asuntos económicos, Relaciones y Extensión.* Las comisiones eran coordinadas por un rector e integradas por hasta diez vocales. El cargo de coordinador era incompatible con la pertenencia al Comité Ejecutivo. En el presente período (1990-2001) el CIN emitirá un total de 667 resoluciones, distribuidas entre 432 acuerdos plenarios, 220 resoluciones del comité ejecutivo y 15 resoluciones de presidente.

---

mo secretaria técnica desde el 28/12/1992 al 26/03/2008 (Resolución C. Ejecutivo 20/92), y como secretaria ejecutiva desde el 26/03/2008 al 26/03/2013 (Resolución C. Ejecutivo 450/2008 y Resolución Presidente 203/2013).

Tabla 5
Acuerdos Plenarios y Resoluciones del CIN (1990-2001)

Normas	1990	1991	1992	1993	1994	1995	1996	1997	1998	1999	2000	2001	Total
Acuerdos Plenarios	9	35	57	43	41	37	17	47	51	28	37	30	432
Resoluciones Comité Ejecutivo	—	2	21	4	14	23	9	23	33	25	33	33	220
Resoluciones Presidente	—	1	2	1	—	—	1	1	2	3	2	2	15
Total	9	38	80	48	55	60	27	71	86	56	72	65	667

Fuente: Elaboración propia en base a los Acuerdos Plenarios y Resoluciones del CIN.

La temática de las normas abarcará la amplia y dinámica agenda del período, pudiendo clasificarlas en siete grandes categorías:

Política universitaria: Declaraciones y manifiestos en defensa de la educación pública, pronunciamientos sobre medidas del gobierno (decretos, anteproyectos), declaraciones y propuestas sobre la Ley de Educación Superior, creación de nuevas universidades, temas gremiales del personal de apoyo y estudiantes; autonomía y autarquía universitaria; evaluación, acreditación y calidad universitaria; pronunciamiento sobre distintos programas y proyectos del gobierno, repudios, recortes al presupuesto y demandas de mayor presupuesto, análisis del sistema universitario argentino, gratuidad de la educación superior, relaciones con el Congreso y el PEN, pronunciamientos sobre el nuevo régimen económico-financiero.

Relaciones institucionales: Convenios varios entre universidades nacionales e instituciones educativas de distintos países, designaciones de representantes ante diversos espacios institucionales, auspicios institucionales, consejo de la magistratura.

Asuntos económicos: Distribución presupuestaria, modelos de pautas objetivas de distribución presupuestaria, políticas salariales, demandas presupuestarias, compras, contrataciones.

Asuntos académicos (grado y posgrado): Articulación académica entre universidades, alumnos, bibliotecas, oferta de posgrado, posgrado en general, educación a distancia, incumbencias y validez de títulos, estándares de las carreras para el Consejo de Universidades (art. 43 LES).

Ciencia y técnica: Temáticas de investigación universitaria e investigación del sistema científico nacional, programa de incentivos, planificación científica, desarrollo tecnológico, categorizaciones del sistema de incentivos.

Universidad y sociedad: Extensión universitaria, trabajo con sectores vulnerables, articulación universidad-sector productivo, bienestar universitario, salud estudiantil y salud universitaria, deporte universitario.

CIN. Dinámica interna: Funcionamiento interno, designación de miembros de las comisiones permanentes, reformas al Estatuto, personal del CIN, aporte económico de las universidades al funcionamiento del CIN, dinámica administrativa y organizativa del CIN en general.

Tabla 6

Agenda del CIN: distribución temática de Acuerdos Plenarios y Resoluciones (1990-2001)

Temas	1990	1991	1992	1993	1994	1995	1996	1997	1998	1999	2000	2001	Total
Política universitaria	3	7	9	5	7	14	5	7	4	6	15	9	91
Asuntos económicos	5	6	23	8	11	23	7	19	32	15	20	11	180
Asuntos académicos	1	9	16	11	13	5	2	10	10	3	12	8	100
Relaciones institucionales	—	4	12	3	7	6	5	6	8	7	6	9	73
Ciencia y técnica	—	3	3	2	1	6	2	7	9	8	4	8	53
Universidad y sociedad	—	6	8	14	4	-	1	5	2	2	1	2	45
CIN. Dinámica interna	—	3	9	5	12	6	5	17	21	15	14	18	125
Total	9	38	80	48	55	60	27	71	86	56	72	65	667

Fuente: Elaboración propia en base a los Acuerdos Plenarios y Resoluciones del CIN.

El Protocolo de la Concertación Universitaria y la Comisión de Concertación de las Universidades Estatales con el Poder Ejecutivo Nacional

Las declaraciones y resoluciones del Plenario de Río IV de marzo de 1990 marcarán el tono general del cambio de la dinámica de trabajo del CIN, que, como desarrollaremos en el presente capítulo, combinará la oposición al diagnóstico sobre la universidad del gobierno recientemente asumido con la búsqueda de acuerdos sobre los temas centrales de interés universitario. En esta lógica, gobierno y rectores, al compás de duros cruces retóricos, iniciarán intensas negociaciones para suscribir un acuerdo donde se plasmarían los consensos sobre el rol de la universidad en la sociedad, los compromisos al respecto de cada una de las partes, y una suerte de hoja de ruta del trabajo en conjunto. Ambas partes estaban interesadas en suscribirlo: el gobierno entrante porque era una clara señal de la presencia de una nueva cosmovisión en la cual el Ministerio de Educación pretendía asumir un rol protagónico en la definición de las políticas hacia un sector que estaba hegemonizado por sus adversarios políticos. Advertía que dicha política universitaria era de su pertinencia, en contraposición a ciertos planteos autonómicos por parte de las universidades que afirmaban que la política hacia éstas era resorte de las propias universidades en el ejercicio de su autonomía y que era justamente el CIN el ámbito donde consensuarlas. A su vez, para el CIN, principal impulsor del protocolo, firmar como contraparte del gobierno significaba que era reconocido como la voz articulada del conjunto de las universidades, todo ello en un nuevo escenario donde cada uno de los jugadores buscaba reconocerse en las nuevas reglas de juego del mismo.

"…nosotros convinimos firmar un protocolo de la concertación universitaria, que la sola palabra 'concertación' implicaba que el Poder Ejecutivo reconocía la autonomía de las universidades porque se concertaba con un igual, los dos miembros del Estado, uno como gobierno y agente sectorial del Estado y el otro, la universidad, con su característica particular de autonomía académica…". (Pugliese, Entrevista, 2015).

La letra del protocolo será ampliamente discutida entre el CIN y el Ministerio de Educación, donde borradores de ambas partes circularon con dinamismo. Finalmente, el 20 de junio de 1990, *el Presidente de la Nación y los rectores de las veintinueve UUNN* suscribirán el texto final del *Protocolo de la Concertación Universitaria*, que sentará las bases para la creación, un año después y a instancias del CIN, de la *Comisión de Concertación de las Universidades Estatales con el Poder Ejecutivo Nacional* (decreto 990/91). El Protocolo de la Concertación Universitaria constituye un hito y parte aguas con la anterior etapa de la coordinación universitaria. Por una parte, marca el fin de un período de equilibrio entre los principales campos operantes sobre la política universitaria y señala, a su vez, el inicio de una dinámica política donde uno de los campos, el campo político-estatal, ocupará el centro de la escena política y sostendrá gran parte de las iniciativas hacia el sector. A través del Protocolo, suscripto por el presidente de la Nación y los veintinueve rectores de las UUNN, el gobierno nacional se comprometía a:

"...*valorizar las Universidades y su actividad científica, como agentes esenciales del desarrollo económico y social...*

...propiciar las condiciones que habiliten a las Universidades para operar como los cuerpos consultores y asesores preferenciales de los organismos del Estado, así como su actuación en tal carácter en el exterior.

...realizar un esfuerzo significativo en materia presupuestaria, y lograr un mejoramiento real de las remuneraciones del personal docente y no docente..

...facilitar mediante normas específicas la producción cultural, tecnológica y científica de las Universidades, la compra del equipamiento científico necesario, la venta de productos científicos y tecnológicos y auspiciar la búsqueda de fuentes complementarias de financiamiento"[140].

A su vez, las universidades se comprometían a:

"...*asumir como una misión histórica la decisión de volcar toda su capacidad de acción al servicio del desarrollo integral del país en el marco de los proyectos nacionales, provinciales y regionales.*

...continuar racionalizando su organización, optimizando el uso de sus recursos y establecer mecanismos de evaluación de sus rendimientos para mejorar la calidad del sistema.

....mejorar la coordinación interuniversitaria a fin de optimizar recursos, facilitar el intercambio entre ellas y hacer más coherente la organización de las carreras de grado y de posgrado; asimismo a integrarse con todo el sistema educativo en todos sus niveles para mejorar la eficiencia del conjunto"[141].

Junto con el Protocolo se firmó un acta complementaria donde se formaban las comisiones de trabajo "económico-financiera" y "académica", las cuales, por la relevancia y sensibilidad de los temas a abordar, constituían una verdadera hoja de ruta de la agenda de trabajo del período. Es así como la discusión de pautas objetivas de distribución presupuestaria; la búsqueda de fuentes complementarias de financiamiento; el refuerzo de la autarquía financiera a través de un nuevo ré-

---

[140] Protocolo de la Concertación Universitaria, arts. 1, 5, 6 y 8. Buenos Aires, 20 de junio de 1990, pp. 1 y 2.

[141] Protocolo de la Concertación Universitaria, arts. 2, 3 y 7. Buenos Aires, 20 de junio de 1990, pp. 1 y 2.

gimen económico-financiero; el régimen de consultoría universitaria para organismos del Estado; las pautas de política salarial, y la formulación de un anteproyecto de ley para el financiamiento del sistema educativo constituirán los ejes de trabajo de la comisión económico-financiera. Mientras que la reformulación de la oferta educativa; la promoción de programas de investigación relacionados con necesidades y problemas del país; la articulación del sistema científico universitario y de éste con el resto del científico-tecnológico nacional; la modernización de las bibliotecas y hemerotecas; la creación de la red nacional de información científica y técnica; estrategias para mejorar la calidad de los estudios de grado y posgrado; el diseño de metodologías para la evaluación de los rendimientos académicos, y el estudio de los mecanismos de validez de títulos, incumbencias y habilitaciones profesionales, constituirá la agenda de la comisión académica[142].

Los rectores invocaron reiteradamente el Protocolo de la Concertación Universitaria en la argumentación de sus reclamos, exigiendo el cumplimento del mismo por parte del gobierno, afirmando que, por parte de las universidades nacionales, las mismas habían comenzado a cumplir con sus compromisos, en especial la racionalización en el uso de sus recursos y la consecución de recursos adicionales al presupuesto ordinario:

"Hace tiempo que las Universidades Nacionales han venido realizando esfuerzos tendientes a mejorar su calidad académica, racionalizar el uso de sus recursos, cumpliendo con lo que los rectores suscribieron con el Presidente de la República en el Protocolo de Concertación Universitaria..."[143].

"...Durante la reunión con el Sr. Presidente de la República los rectores ratificaron la necesidad de dar pleno cumplimiento al Protocolo firmado oportunamente. Es imperioso que el presupuesto universitario no se siga reduciendo..."[144].

No obstante el parcial cumplimiento, la firma del Protocolo de la Concertación Universitaria consolidó al CIN como agente principal del campo universitario y sentó las bases para la constitución, un año después, en mayo de 1991 y a través del decreto 990/91, de la *Comisión de Concertación de las Universidades Estatales con el Poder Ejecutivo Nacional*, que tendrá al CIN nuevamente como único representante de las universidades nacionales.

Como sostiene Twaithes Rey, la reforma del Estado impulsada por el gobierno desde 1989 tuvo en la política de privatizaciones una de sus partes sustanti-

---

[142] Protocolo de la Concertación Universitaria, acta complementaria N° 1. Buenos Aires, 20 de junio de 1990, pp. 2 y 3.

[143] Declaración del CIN. Buenos Aires, 12 de febrero de 1991, p. 3.

[144] Declaración del CIN luego de la entrevista con el presidente de la Nación. Buenos Aires, 27 de junio de 1991, p. 1.

vas, pero también lo fueron la reorganización y el ajuste de las administraciones centrales y provinciales, la reestructuración de las relaciones capital-trabajo, los avances desreguladores, la apertura al mercado mundial, la reforma del sistema previsional y la estructura tributaria (Thwaites Rey, 1999:76). Los ajustes, cuyos contenidos estaban expresados en las leyes 23696 y 23697 de 1989, de Reforma del Estado y de Emergencia Económica, respectivamente, y en los decretos 435/90, 612/90, 1757/90 y 2476/90, alcanzaban a las universidades nacionales, incluyendo el recorte de personal, la privatización de servicios no esenciales, incompatibilidades del personal docente, retiro voluntario, la redefinición de todas sus estructuras orgánico-funcionales y la obligación de elevar, en un plazo de 90 días corridos, un programa de racionalización de sus servicios administrativos y de apoyo que contemple: "*…una relación del personal no docente ocupado al 4 de marzo de 1990, respecto del personal docente, no mayor al TREINTA Y TRES POR CIENTO (33%)*"[145].

Ante ello, la estrategia del CIN será la de constituir un ámbito intersectorial entre el gobierno y las UUNN y, por las particularidades de la administración universitaria, producir un régimen normativo especial para implementar una reestructuración de la administración que no implicara, en la medida de lo posible, despidos ni reducciones sustanciales de la estructura orgánica funcional. Dicha comisión estaba prevista en la legislación de la reforma y su efectiva constitución será parte central de la agenda de discusión entre el CIN y el gobierno durante 1990 y 1991, logrando los rectores el compromiso de Menem de avanzar en tal sentido:

"*…el Presidente de la Nación se comprometió personalmente, en fecha 18/12/1990, a dictar el decreto pertinente a los efectos de constituir la comisión mixta a que se refiere el artículo 78 del Decreto 2476/90*"[146].

Asimismo, en numerosas oportunidades, el CIN se pronunciará públicamente pidiendo el cumplimiento de la promesa presidencial, diciendo:

"*Instar al dictado del decreto que constituya la comisión a que se refiere el artículo 78 del decreto 2476/90, a los efectos de que la misma elabore un régimen normativo especial para llevar adelante la racionalización y reestructuración administrativa en el ámbito de las Universidades Nacionales*"[147].

Constituida la comisión mixta, denominada *Comisión de Concertación de las Universidades Estatales con el Poder Ejecutivo Nacional*, de acuerdo a la letra del decreto de creación, su misión consistía en:

---

[145] Decreto 2476/90, art. 28. Buenos Aires, 26 de noviembre de 1990, p. 4.

[146] Aprobado en el Plenario realizado en Buenos Aires el 27 de junio de 1991. Buenos Aires, p. 4.

[147] Tratado en el Plenario realizado en Buenos Aires el 27 de junio de 1991. Buenos Aires, p. 4.

"...analizar y formular propuestas tendientes a concretar la reforma estructural de las Universidades Estatales y sus organismos dependientes, en orden a las metas planteadas por el Poder Ejecutivo Nacional en materia de reforma administrativa del Estado"[148].

La Comisión de Concertación de las Universidades Estatales con el PEN, integrada por funcionarios de distintas áreas del gobierno (Ministerio de Educación, Ministerio de Economía y Subsecretaría de la Función Pública) y los rectores de cuatro universidades nacionales en representación del CIN –todas ellas de fuerte peso institucional y representativas de distintos signos políticos partidarios[149]– tendrá un intenso trabajo de negociación para lograr un acuerdo que contemple los objetivos del PEN de racionalización y reestructuración de las estructuras del Estado, que, en los términos del pensamiento de la época, debía traducirse en achicamiento, y los de las universidades, que buscaban que la modernización de las estructuras administrativas universitarias no implicase, necesariamente, criterios eficientistas de racionalización administrativa. El CIN considerará clave el funcionamiento de la comisión de concertación, conformando para ello, hacia dentro del CIN, una *"comisión de racionalización"* coordinada por el rector de la UN del Litoral, Juan Carlos Hidalgo. Los rectores entendían que su participación en ella podría permitir que el proceso de transformación del Estado se diera teniendo en cuenta la peculiaridad del mundo universitario, sirviendo además para ampliar la constante demanda de mayor presupuesto:

"...porque estamos plenamente conscientes de la necesidad de promover el proceso de transformación y reforma del Estado en el ámbito de las universidades nacionales, venimos trabajando con ahínco en la Comisión de Concertación creada por voluntad del Sr. Presidente de la Nación (decreto 990/91). Sin embargo, no podemos dejar de observar que todo este esfuerzo y decisión se verán enervados si no son atendidos los requerimientos de aumento de presupuesto"[150].

El trabajo de la Comisión de Concertación, cuyo inicio de funcionamiento posibilitó la suspensión de hecho de los efectos de los decretos de la reforma del Estado sobre las universidades, tuvo un hito importante en la firma del *Acta Final de Acuerdo* entre el CIN y el PEN sobre los términos de la reforma administrativa de las universidades nacionales y que fuera aprobada por el CIN, por unanimidad de los miembros presentes, a través del Acuerdo Plenario 27/91. Dicho acuerdo

---

[148] Decreto 990/91, art. 1.º, 24 de mayo de 1991, p. 2.

[149] Los representantes designados por el CIN ante la Comisión de Concertación fueron: Oscar Shuberoff (UBA); Armando Bertranou (UN de Cuyo); Juan Carlos Hidalgo (UN del Litoral), y Juan Carlos Busnelli (UN de Luján). Acuerdo Plenario 27/91, art. 4.º, Buenos Aires, 8 de noviembre de 1991, p. 1.

[150] Comunicado del CIN: "Declaración de San Luis". San Luis, 20 de septiembre de 1991, p. 1.

implicaba que la reforma administrativa de las universidades nacionales se basaría en un régimen normativo especial, el cual estaría basado en tres aspectos centrales: elaboración de una nueva estructura administrativa formal; análisis y revisión de la política de recursos humanos y estudios y financiamiento de los insumos necesarios para mejorar la gestión de las universidades.

La suscripción del acuerdo entre el CIN y el PEN acarreó importantes críticas desde diversos sectores, especialmente gremiales y estudiantiles, que leían en ello una señal a favor del plan de ajuste económico y un gesto legitimador del proceso que, tras un discurso de modernización del Estado, encubría un plan de retiro del Estado de áreas centrales de la economía y la sociedad, con las consecuencias de despidos, precarización laboral y desfinanciamiento de la educación. Ante las críticas que habían tomado estado público a través de los medios de comunicación, el CIN expresaba:

"Los Rectores integrantes de la Comisión de concertación en todo momento fijaron su posición respecto a: 1) que la racionalización administrativa no significa una reducción del gasto; por el contrario, probablemente requerirá una mayor erogación para la capacitación del personal… 2) que tampoco necesariamente implicaba disminución del personal, aspecto éste contemplado en la mencionada propuesta, donde se prevé un programa de reconversión laboral; 3) que la reforma administrativa necesita financiamiento que el Estado debe aportar…"[151].

Para el CIN, el trabajo de la comisión de concertación había posibilitado importantes anticuerpos a los planes privatizadores del gobierno nacional y la firma del Acta de Acuerdo, lejos de significar la legitimación del ajuste, dotaba a las universidades nacionales de excepcionales condiciones para afrontar los embates del PEN:

"…Tiene que quedar absolutamente claro que a través de la comisión de concertación (cuya constitución fuera solicitada por el CIN) se ha logrado la suspensión de hecho de los decretos de reforma del Estado que hubieran significado un extraordinario perjuicio para nuestras universidades. Hoy se dispone de una propuesta, que leída con atención, presenta un marco conceptual favorable para continuar con el proceso de modernización del sistema universitario, con la presencia del CIN en dicha comisión, que estará atento para evitar la aplicación de criterios eficientistas de racionalización administrativa por parte del gobierno nacional"[152].

---

[151] Comunicado del CIN sobre la reforma administrativa. Buenos Aires, 25 de noviembre de 1991, p. 2.

[152] Comunicado del CIN sobre la reforma administrativa. Buenos Aires, 25 de noviembre de 1991, p. 2.

Al término del proceso de reforma del Estado las universidades no estarán exentas de sus efectos y consecuencias. El CIN encontrará en la suspensión de hecho de los decretos de la reforma, en la ampliación de los plazos (hasta julio de 1992) para la aprobación de las nuevas estructuras orgánico-funcionales y en distintas medidas que exceptuaban a las universidades de la normativa de la reforma, los resultados positivos de la decisión política y el intenso trabajo que implicó la participación en la comisión de concertación.

El fortalecimiento del Príncipe: la creación de la Secretaría de Políticas Universitarias y sus principales políticas

En un contexto donde el Estado estaba en retroceso, desplazado por el mercado como articulador del orden social, en lo que respecta a la política universitaria, paradójicamente, adquirió cada vez mayor fortaleza y protagonismo. Por otra parte, el proceso de descentralización a las provincias de los servicios educativos de nivel inicial, medio y terciario –finalizado hacia 1994– generó condiciones al Ministerio de Educación para concentrar las energías institucionales en nuevas formas de regulación del conglomerado universitario:

"El Estado ha jugado un rol activo en la conducción del proceso de reforma de la educación superior. Las iniciativas desarrolladas suponen una suerte de 'regulación indirecta' del sistema. Porque no se trata de asumir el rol de un Estado que planifica todo centralmente ni tampoco de dejar librado a una dinámica autónoma el desarrollo del sistema, sino de implementar una serie de políticas que, sin intervenir directamente en las instituciones, proveen de incentivos para producir los cambios buscados" (Decibe, 1999:18).

Las iniciativas desplegadas desde el Ministerio de Educación intentaron abordar el diagnóstico sobre la educación superior y universitaria descripto con anterioridad. La jerarquización institucional del área del Estado que atendía las cuestiones referidas a la universidad, tema que había quedado pendiente desde el gobierno de Raúl Alfonsín, será parte del amplio abanico de iniciativas sobre el sector que se desplegarán en la presente década. La nueva Secretaría de Estado reemplazó a la anterior "Subsecretaría de Universidades"[153] y tenía por objetivos:

---

[153] La Subsecretaría de Universidades la ocupaba Eduardo R. Mundet, quien había sido designado en dicho cargo a través del decreto 794/92. Buenos Aires, 15 de mayo de 1992, p. 1.

> - Conducir la elaboración de planes y políticas referidas a la enseñanza universitaria, y evaluar, supervisar y apoyar el cumplimiento de la legislación y normativa referida al sistema universitario estatal y privado.
> - Definir lineamientos de políticas y estrategias para la evaluación técnica de la creación, supresión y modificación de la estructura general de carreras y planes de estudio solicitados por los establecimientos universitarios provinciales y privados, así como de la reforma de sus estatutos, y representar al MINISTERIO DE CULTURA Y EDUCACIÓN ante el Consejo Interuniversitario Nacional.
> - Diseñar las políticas para el análisis, evaluación y seguimiento del desempeño del sistema educativo universitario, promoviendo la elaboración de sistemas, instrumentos e indicadores de evaluación y control.

Fuente: Decreto 506/1993.

Asimismo, la Ley de Educación Superior consolidará el nuevo rol de la Secretaría de Políticas Universitarias, estableciendo que:

"Corresponde al Ministerio de Cultura y Educación la formulación de las políticas generales en materia universitaria, asegurando la participación de los órganos de coordinación y consulta previstos en la presente ley y respetando el régimen de autonomía establecido para las instituciones universitarias"[154].

La SPU fue un agente especialmente dinámico durante el período y originó la mayor parte de las iniciativas para el sector, manteniéndose durante la década, especialmente en los primeros años de su creación, en el centro de la escena político-institucional. De ella derivará una parte sustancial de las iniciativas gubernamentales, entre ellas el nuevo marco normativo integral para la educación superior (ley 24521); el programa de incentivos al personal docente de las universidades que participaba en proyectos de investigación científica (decreto 2427/93); la creación de un fondo para cofinanciar proyectos y programas de inversión en las universidades en materia de reformas académicas e inversiones de equipamiento para la enseñanza de grado (FOMEC); dispositivos de evaluación y acreditación de la calidad, primero a través de la Comisión de Acreditación de Posgrado (CAP) asociada al financiamiento del FOMEC, y más tarde mediante la creación y puesta en marcha de la CONEAU; la creación de un Programa Nacional de Becas Universitarias (PNBU); el impulso de nuevas modalidades de financiamiento en base a pautas objetivas de distribución presupuestaria; la descentralización de la política salarial a nivel de cada institución universitaria; la creación, en los términos de la LES, del Consejo de Universidades (CU) y los Consejos de planificación universitaria re-

---

[154] Ley de Educación Superior, art. 70.

gionales (CPRES), y el desarrollo de un sistema de información universitaria (SIU). Como se verá a continuación, los rectores y el CIN tendrán un activo involucramiento, cumpliendo roles relevantes en la implementación de las más importantes iniciativas de la SPU durante el período.

Creado por el decreto 2427 del 19 de noviembre de 1993, el Programa de Incentivos a los docentes investigadores de las Universidades Nacionales, constituirá una de las primeras iniciativas impulsadas por la recientemente creada SPU, con el objetivo explícito de instalar culturas y prácticas evaluativas que vinculen el financiamiento, en este caso a través de incentivos a la investigación, con la producción académica y la evaluación de pares. De esta forma se perseguían cambios culturales, financieros y organizacionales que permitieran modificar distintos ítems en el diagnóstico de problemas de la universidad, en especial la falta de calidad de los estudios, la escasez de grupos consolidados de investigación, la dedicación parcial a la docencia y la desarticulación entre ésta y la investigación. El Programa de Incentivos, financiado en su totalidad por la SPU, implicaba una duplicación del presupuesto de las universidades destinadas a las actividades de ciencia y técnica, y contará con el apoyo entusiasta del CIN. El primer borrador del Programa será ampliamente discutido con los secretarios de Ciencia y Técnica de todas las universidades nacionales y la comisión de investigaciones del CIN en sendas reuniones y, finalmente, por el Plenario de Rectores realizado en la ciudad de Posadas el 29 de agosto de 1993, donde la SPU presentará para su discusión el borrador final. Luego de su discusión, y por unanimidad, el CIN resolverá:

"Artículo 1ero.: Emitir opinión favorable al Proyecto de Programa de incentivos a la investigación en las Universidades Nacionales presentado por la Secretaría de Políticas Universitarias, considerado en general"[155].

El decreto de creación del Programa de Incentivos dictaba que una comisión integrada por profesores universitarios de relevante prestigio y reconocida trayectoria como investigador, de hasta nueve (9) miembros, establecería los requerimientos de información sobre antecedentes del postulante que permitan la formación de una matriz de evaluación cuyos resultados indicarían la categoría que le corresponde. *De los nueve miembros de dicha comisión, seis (6) eran designados por el CIN y tres (3) por la SPU.* Un año y medio después de haberse iniciado la ejecución del programa, la totalidad de las universidades nacionales suscribieron los respectivos convenios de adhesión al mismo, estando fuertemente involucradas en la ejecución del Programa. En 1995, con el objetivo de analizar los avances y proponer un mecanismo de homogeneización de los criterios de asig-

---

[155] Acuerdo Plenario 110/93, art. 1.º, Posadas, 29 de agosto de 1993, p. 1.

nación de las distintas categorías, el CIN resolvió integrar una comisión mixta con la SPU para el análisis y formulación de propuestas de mejora del programa:

"El CIN Resuelve, art. 1º: Intégrese una Comisión mixta entre la Secretaría de Políticas Universitarias y el CIN, que tendrá carácter asesor, y cuyo objetivo será el análisis global del Programa de incentivos a docentes investigadores (decreto Nº 2427/93)".

Las conclusiones y reformulaciones solicitadas por la comisión mixta, como así también el intenso intercambio entre el CIN y la SPU respecto a los cambios necesarios en el Programa, especialmente durante 1997, serán en gran parte atendidas, produciendo modificaciones importantes en los criterios, metodología y procedimientos de ejecución del Programa y ampliando la participación del CIN en su implementación. De acuerdo a la nueva normativa (Decisión Administrativa 665/97 y Resolución Ministerial 2307/97), junto a la SPU, autoridad máxima de aplicación, funcionaba una comisión asesora integrada por dos representantes del Ministerio de Educación y dos integrantes del CIN. A su vez, el proceso de categorización de las categorías I y II era coordinado por una comisión nacional de categorización, que funcionaba en el ámbito del CIN, integrada por siete rectores titulares y siete suplentes, debiendo estar representadas las regiones previstas para los CPRES. El proceso para el resto de las categorías (III, IV y V) también estaba en manos de las universidades a través de comités regionales (categorías III y IV) y comités locales (categoría V). No obstante las críticas hacia el programa, en especial referido al estancamiento de su financiamiento, los retrasos en el pago y las dificultades de homogeneizar criterios en su implementación, el CIN mantendrá durante todo el período un apoyo constante al Programa de Incentivos (Acuerdos Plenarios 216/96; 251/97; 437/02), evaluando como positivo su impacto en el conglomerado universitario:

"Art. 1º: Reivindica la importancia y el impacto positivo que el Programa de incentivos (Dto. Nº 2427/93) ha tenido en el funcionamiento del sistema universitario y el desarrollo del conocimiento"[156].

Tabla 7

Evolución del número total de docentes investigadores que percibieron el incentivo

Año	1994	1995	1996	1997	1998	1999
Total Docentes	11.199	15.900	18.878	17.993	16.905	**16.017**

Fuente: Anuario Estadístico de la SPU, año 2005.

---

[156] Acuerdo Plenario 216/96, art. 1.º, Buenos Aires, 2 de julio de 1996, p. 1.

En marzo de 1995, a través de la Resolución Ministerial 3223/94 y sendos acuerdos entre la SPU, el CIN y el Consejo de Rectores de Universidades Privadas (CRUP), fue creada y comenzó a funcionar la *Comisión Asesora de Posgrados (CAP)*. La constitución de un ámbito bilateral entre la SPU y el CIN que analizara la agenda del posgrado en la Argentina, en un contexto de gran expansión del mismo, había sido una de las propuestas contenidas en las conclusiones del *"Taller Nacional sobre Enseñanza de Posgraduación"* realizado en la Universidad Nacional de Río Cuarto, los días 20 y 21 de septiembre de 1994. Esta iniciativa se cristalizará a través de los Acuerdos Plenarios 146/94 y 154/94, los cuales crean una comisión mixta para la discusión de la temática referente al posgrado. Asimismo, junto con la necesidad de desarrollar el posgrado, estaba la decisión de iniciar un proceso de ordenamiento y sistematización de su oferta, recurriendo para ello a procesos de evaluación y acreditación de los mismos. En el caso específico de la Comisión Asesora de Posgrado, ésta tendrá como principales objetivos la vinculación de las prácticas de evaluación y acreditación con el acceso al financiamiento (a través del Programa FOMEC); la clasificación de los posgrados a través de criterios reconocidos internacionalmente; la formación de recursos humanos; la organización racional de la oferta de las distintas modalidades de posgrados, proveyendo información acerca de la calidad de la oferta educativa en dicho nivel. Para acceder al financiamiento del FOMEC era imprescindible que los posgrados estuvieran acreditados por la CAP, los cuales eran clasificados en las categorías A, B y C. La primera categoría habilitaba para recibir becarios, así como becas libres para la realización de sus propias convocatorias, dentro del programa de perfeccionamiento docente del FOMEC. Las categorías B y C no podían recibir becarios pero obtenían financiamiento para contratar profesores y consultores académicos, recursos para mejorar sus bibliotecas y obtener algún equipamiento crítico que les permitiera mejorar la calidad de su oferta.

La CAP tenía un funcionamiento autónomo y estaba integrada por *cinco (5) miembros propuestos por el CIN*, tres (3) por el CRUP y uno (1) por el Ministerio de Educación. La evaluación y acreditación, de adhesión voluntaria, se realizaba a través de comités de pares designados por la CAP de un listado general que incluía a investigadores categoría A del Programa de incentivos, investigadores principales o superiores del CONICET y/o de destacada trayectoria académica en los distintos campos disciplinares. Los ítems a evaluar eran el marco institucional del programa de posgrado, el plan de estudios y el programa de los cursos, el cuerpo académico, las actividades de investigación, los alumnos y los graduados, el equipamiento, biblioteca y centros de documentación. Durante el año de su funcionamiento, fueron evaluadas 297 carreras de posgrado. En marzo de

1996 la SPU transfirió estos procedimientos de acreditación a la Comisión Nacional de Evaluación y Acreditación Universitaria (CONEAU) dando por terminadas las funciones de la CAP.

Tabla 8
Resultados del proceso de acreditación de posgrados (1996)

Total de Presentaciones	297	100%
Total de acreditadas	177	59%
Total no acreditadas	85	29%
Total no evaluadas	35	12%

Posgrados	A	B	C
Consolidados	52	50	20
Nuevos	11	21	23
Total	63	71	43
	(35%)	(40%)	(25%)

Fuente: Comisión Asesora de Posgrados, 1996.

Con los objetivos de introducir incentivos para la eficiencia, la equidad y el mejoramiento de la calidad de la educación superior, una mayor transparencia en la gestión mediante el mejoramiento de la información, el fortalecimiento de la capacidad de conducción y programación de la SPU, la introducción de modificaciones en los criterios de distribución de los recursos presupuestarios y posibilitar la reforma y ordenamiento del marco legal de la enseñanza superior, la SPU creó, en 1995, el Programa de Reformas de la Educación Superior (PRES). Contó con un presupuesto original de 273 millones de dólares, de los cuales 165 millones provenían del Banco internacional de Reconstrucción y Fomento (BIRF), y los 108 millones restantes eran aportados por el Tesoro Nacional y las universidades nacionales[157]. El PRES incluía seis componentes: el Fondo para el Mejoramiento de la Calidad Universitaria (FOMEC); Asignación de Recursos (AR); la Comisión Nacional de Evaluación y Acreditación Universitaria (CONEAU); la Red de Interconexión Universitaria (RIU); el Sistema de Información Universitaria (SIU), y Fortalecimiento Institucional (FOI).

---

[157] Producto de reformulaciones, el presupuesto final rondó los 202 millones de dólares.

El *Fondo para el Mejoramiento de la Calidad Universitaria (FOMEC)*[158], cuyo funcionamiento operó entre los años 1995 y 2000, constituyó un fondo concursable para el financiamiento de proyectos elaborados por las propias universidades y seleccionados sobre la base de la evaluación realizada por pares académicos. El objetivo central fue promover la mejora de la calidad de las universidades a través de la provisión de fondos hacia líneas específicas definidas como prioritarias por el gobierno. Entre sus propósitos incluía la promoción de prácticas evaluativas, vinculando la evaluación con oportunidades de superación antes que con propósitos punitivos, poniendo a disposición de las universidades recursos para financiar planes de mejora. Todo ello debería favorecer el desarrollo de capacidades institucionales para la generación y el gerenciamiento de cambios académicos e institucionales.

"En este sentido, el FOMEC sirve para la regulación indirecta del sistema: no se interviene directamente en la vida de las instituciones pero se promueven líneas de desarrollo a través de la provisión de incentivos" (Marquís, Riveiro y Porta, 1999:96).

El diagnóstico que fundamentaba la ejecución del programa se basaba en: la escasa dedicación horaria de los docentes; el bajo nivel de formación académica de los profesores; la desactualización de los planes de estudio; las bajas tasas de graduación; la prolongada duración real de los estudios; la insuficiencia de recursos complementarios para la enseñanza, tales como bibliotecas, laboratorios, equipamiento informático y multimedia (Marquís, Riveiro y Porta, 1999). Era preciso realizar una autoevaluación a fin de poder identificar los problemas a resolver, como así también las mejores estrategias a implementar. A su vez, las universidades debían comprometerse a una contraparte en el financiamiento, equivalente a un tercio del total aproximadamente, y de esta manera asegurar el compromiso y relevancia del proyecto en la universidad postulante. Una vez aprobados los proyectos, sus directores rendían cuenta periódicamente de los avances, siendo objeto de un seguimiento financiero, operativo y académico a través de la verificación del cumplimiento de la ejecución, informes de avance y visitas de los pares disciplinarios. El órgano máximo del FOMEC era el Consejo Directivo, instancia que conducía la estrategia del programa y tomaba las decisiones últimas res-

---

[158] La información sobre el FOMEC aquí presentada ha sido extraída de: Carlos Marquís, Gabriela Riveiro y Laura Martínez Porta (1999): "El FOMEC: innovaciones y reformas de las Universidades Nacionales", en Sánchez Martínez, Eduardo: *La Educación Superior en la Argentina*. Oszlak, Oscar (2003): "Estudio sobre el impacto del FOMEC", en Pugliese, Juan Carlos: *Políticas de Estado para la Universidad Argentina*. Oszlak, Oscar, Trombetta, Augusto y Asensio, Diego (2003): *Informe de Evaluación del Programa Fondo de mejoramiento de la calidad universitaria (FOMEC)*. Buenos Aires, febrero de 2003.

pecto a la asignación de los recursos. Estaba presidido por el secretario de Políticas Universitarias y conformado por otros cuatro (4) miembros, quienes debían contar con amplia trayectoria en el ambiente universitario y resultaban de la consulta con *el CIN*, quien, de acuerdo a la normativa (Resolución SPU 12/95), *tenía poder de veto sobre los nombres propuestos.*

El CIN apoyará decididamente la implementación del FOMEC, suscribiendo todas las universidades, a un año de su implementación, un convenio de adhesión al Programa de Reformas de la Educación Superior (PRES) y con ello posibilitando la evaluación de sus respectivos proyectos. Promediando su ejecución, el CIN solicitará expresamente su continuidad y participará activamente en la gestión y discusión del nuevo tramo del préstamo internacional, conformando para ello una comisión de trabajo en conjunto con la SPU:

"…Considerando la importancia que este Programa ha tenido para las Universidades Nacionales, el CIN resuelve: Artículo 1ero: Conformar una comisión de cuatro Rectores, que serán designados por el Comité Ejecutivo, que participará, junto con la Secretaría de Políticas Universitarias, en el diseño de las características de un nuevo tramo del préstamo internacional correspondiente al Fondo para el Mejoramiento de la Calidad"[159].

En sus cinco convocatorias el FOMEC aprobará 500 proyectos de 36 universidades, con un financiamiento de 202 millones de pesos.

Tabla 9

FOMEC: distribución por convocatoria, tipo de universidad y área disciplinaria.

Convocatoria	Porcentaje
FOMEC I	24,9
FOMEC II	24,7
FOMEC III	18,6
FOMEC IV	16,8
FOMEC V	14,9

---

[159] Acuerdo Plenario 305/98, considerandos y artículo 1.º, Buenos Aires, 2 de noviembre de 1998, p. 1.

Tipo de universidad	Porcentaje
Tradicional (-1959)	49,2
Intermedia (1960-1987)	37,8
Nueva (1988-)	13,1
Área disciplinaria	**Porcentaje**
Biblioteca	10,7
Ciencias Básicas	28,7
Ciencias Humanas	9,8
Ciencias Médicas	4,7
Ciencias Sociales	12,1
Ciencias Tecnológicas	25,6
Desarrollo Institucional	8,4
Proyectos aprobados	**500**
Proyectos Vigentes al 31/10/2002	**472**

Fuente: Ozlak, Trombetta y Asensio (2003: 19).

Otros componentes del Programa de Reformas de la Educación Superior (PRES) lo constituían el *Sistema de Información Universitaria (SIU)* y la *Red de interconexión Universitaria (RIU)*[160]. Si bien constituían programas diferenciados, ambos compartían el objetivo general de posibilitar el acceso, manejo y circulación de la información de y entre las universidades. Para la consecución de los objetivos de calidad, eficiencia, evaluación, rendición de cuentas, será imprescindible el acceso a información crítica acerca del funcionamiento del conglomerado universitario, en especial para la puesta en marcha de los nuevos modelos de distribución presupuestaria, basados todos ellos en indicadores de rendimiento académico y financiero de las instituciones universitarias (presupuesto observa-

---

[160] La información sobre el Sistema de Información Universitaria (SIU) y la Red de interconexión universitaria (RIU) aquí presentada ha sido extraída de los Acuerdos Plenarios 167/94, 214/96, 149/94 y 276/98 y de las Resoluciones del CE 113/98 y 173/00. Como así también de Julián Dunayevich: "Una Red de Comunicación Interuniversitaria", y María Luján Gurmendi: "Construir sistemas para la gestión y la información". En Sánchez Martínez, Eduardo: *La Educación Superior en la Argentina*. Buenos Aires, Ministerio de Cultura y Educación, págs. 343-345 y 329-339, respectivamente. También Javier Macchi y Adriana Broto: "La Información universitaria. La Información como herramienta para tomar decisiones". En Pugliese, Juan Carlos: *Políticas de Estado para la Universidad Argentina*. Buenos Aires, 2003, Ministerio de Educación, pp. 196-200.

do, estructuras docentes, matrícula estudiantil, cálculo de adicionales por zona). Por otra parte, el nuevo tipo de relación promovida por el gobierno, basada en la conducción estratégica del sistema y la evaluación *a posteriori* de los resultados alcanzados con los recursos recibidos, exigía contar con una densa red de información que permitiese dichos procesos (presupuesto por alumno, costos docentes comparados, docente *full time* por alumno, estudios por cohortes de egresados, deserción en primer año, desgranamiento y retención de la matrícula).

En el caso específico de la Red de Interconexión Universitaria (RIU), la misma se constituye a partir de un convenio entre la SPU y el CIN con el objeto de crear un "*sistema de interconexión universitario*"[161], iniciando su funcionamiento a fines de 1994 para la provisión de una red telemática que integrara a las distintitas unidades académicas entre sí y entre éstas y el sistema científico nacional (provisión de servicios de internet para todo el conglomerado, administración del dominio "edu.ar").

El Sistema de Información Universitaria (SIU), cuyo funcionamiento se inició en 1996, posibilitará el desarrollo y generación de información en dos diversos planos: los sistemas de gestión y los sistemas de información. Los *sistemas de gestión*, desarrollados en conjunto con las universidades, fueron herramientas para el tratamiento de distintos temas de la gestión universitaria, mediante la homogeneización de los procesos administrativos, académicos y económicos de las distintas universidades. Además de los sistemas de gestión, fueron desarrollados los *sistemas de información* que permitían obtener y generar información homogénea de todas las universidades. La administración de la RIU y del SIU se realizará en conjunto entre el CIN y la SPU. En el caso del SIU, dos rectores designados por el CIN formarán parte de la Comisión Administradora del Sistema del Programa SIU (CAS). El PRES financiará el funcionamiento de la RIU hasta fines de 1998, siendo financiado por la SPU y las universidades desde esa fecha. En el año 2000 la administración pasó a manos de las universidades en forma completa, constituyendo para ello una asociación sin fines de lucro (ARIU). En el caso del SIU, el PRES financió su funcionamiento hasta el 31 de diciembre de 2003, pasando a estar soportado por la SPU y las universidades desde el año 2004[162]. En el año 2013 la SPU transferirá completamente el programa al ámbito del CIN.

El PRES constituirá un dispositivo central en el fortalecimiento del cuerpo burocrático del gobierno en la política hacia las universidades. Por una parte, le permitirá a la SPU contar con recursos frescos para el financiamiento de progra-

---

[161] Acuerdo Plenario 167/94. Comodoro Rivadavia, 21 de octubre de 1994, p. 1.
[162] Acuerdo Plenario 501/2004. Buenos Aires, 26 de febrero de 2004.

mas que estaban sustentados en los principios que configuraban las nuevas políticas para las universidades como así también, a través del componente de *Fortalecimiento institucional (FOI)*, pudo financiar la reorganización institucional de la SPU, reformular sus normas y procedimientos, designar y reasignar personal calificado, adquirir equipamiento técnico, contar con espacio físico adecuado y, en definitiva, dotarla de la estructura y fortaleza técnica que las reformas impulsadas exigían, confluyendo todo ello en un claro aumento de las capacidades del Estado y el gobierno en la política universitaria. Por otra parte, el CIN, promediando 2001 y ante el término de la ejecución del PRES, solicitará a la SPU la implementación de una nueva etapa de dicho programa, constituyendo para ello una comisión de enlace y así trabajar en el diseño de un nuevo Programa de Fortalecimiento de la Educación Superior (PRES):

"Art. 2°: Designar a los Presidentes de las Comisiones de Asuntos Académicos y Asuntos Económicos, en la Comisión de enlace con la SPU que trabajará en el diseño de un nuevo Programa PRES"[163].

Como podemos observar, el CIN tendrá un rol dinámico y protagónico en la implementación de los principales programas desplegados por la Secretaría de Políticas Universitarias durante el período, participando directamente en la ejecución de las distintas iniciativas, todas ellas sustentadas en los principios articuladores del nuevo paradigma impulsado hacia las universidades. De hecho, ninguno de los principales programas podrían haberse implementado sin el apoyo y compromiso en su ejecución por parte del conglomerado universitario, desde el momento que gran parte de las llaves críticas para viabilizar su ejecución estaban en la órbita de las universidades, total o parcialmente, en el marco de la autonomía y autarquía universitaria: política de recursos humanos, políticas de investigación, oferta académica, información, infraestructura. Si bien es complejo discernir las dosis de coerción y consenso en la implicación de los agentes universitarios en las políticas del período, parte de la explicación seguramente se encuentra en los beneficios institucionales que posibilitaban la implementación de dichos programas, en especial los que contaban con financiamiento internacional, en términos de recursos económicos, infraestructura, equipamiento, ingresos adicionales al personal, en un contexto de restricción del gasto público.

Por otra parte, teniendo en cuenta las características de la universidad como institución compleja y la diversidad de agentes e intereses que interactuaban al momento de ejecución de los distintos programas, el involucramiento del CIN y los rectores no implicaban necesariamente cambios institucionales en el sentido

---

[163] Resolución CE 186/01, art. 2.°, Buenos Aires, 9 de marzo de 2001, p. 1.

que el gobierno aspiraba y sí, en todos los casos, implicaban acceso a recursos frescos ampliamente buscados por el conjunto universitario. Como sostiene Lucas Rubinich, algunos de los programas gozaban de críticas pero también de cierto consenso, desde el momento que, en un contexto de creciente restricción del gasto público, lograban resultados puntuales exitosos de acuerdo a los objetivos propuestos, y porque, al fin y al cabo, eran la realización política del nuevo clima que encontraba consensos más allá de los rechazos que pudiera despertar el estilo de la gestión al frente del gobierno y la política universitaria (Rubinich, 2001).

La Ley de Educación Superior y la redefinición de las relaciones entre el Estado, Gobierno y campo universitario

La sanción de un marco normativo integral para la educación superior y universitaria era un reclamo compartido por los distintos agentes que operaban en el campo universitario. Como vimos antes, esta suerte de "vacío" legal estaba originado en el hecho de que la ley clave de la normalización, la 23068/84, tenía un carácter provisorio y acotado a la normalización, cuyo término formal sucedió a mediados de 1986. A pesar de existir numerosas iniciativas parlamentarias de distintos bloques, hasta mediados de 1995 no existirá una ley que regule el funcionamiento de la educación superior en la Argentina. Por su parte, el CIN había discutido ampliamente los contenidos y definiciones que, a su juicio, debía contener la nueva ley universitaria, expresándolos en la *"Declaración de Tucumán"* del 2 de septiembre de 1988 y en el Acuerdo Plenario 54/92 alcanzado en la ciudad de San Juan. No obstante ello, no existió una iniciativa propia de proyecto de ley de educación superior o universitaria, dejando la iniciativa al respecto a los legisladores de los distintos bloques o, en todo caso, al mismo gobierno:

"En esta misma dirección, esperamos la remisión oficial del Proyecto de Ley Universitaria por parte del Ministerio de Cultura y Educación, para intercambiar opiniones y hacer conocer nuestra visión como estimamos nos corresponde por la condición de representantes natos de las Universidades Nacionales"[164].

En 1991, el impulso, por parte del gobierno, de un nuevo régimen económico- financiero de las universidades nacionales en reemplazo de la ley 23569/88, una ley clave del período anterior que dotó a las universidades de niveles de autarquía hasta ese momento desconocidos, generará enfrentamientos entre los

---

[164] Declaración realizada al término del Plenario realizado en San Luis, 20 de septiembre de 1991, p. 2.

rectores y el gobierno y actualizará el debate acerca de la necesidad de un marco normativo integral que regule la educación superior y universitaria. Junto con eliminar rigideces necesarias para el uso ágil de los fondos (autorización de la recepción presupuestaria en duodécimos, desgravar las donaciones, mayor flexibilidad de la política salarial docente), el objeto central de la nueva ley era permitir lo que la ley 23569 prohibía, el arancelamiento de los estudios de grado:

"…*Cada universidad, en función de su propia realidad que conoce mejor que nadie, debe decidir cómo selecciona sus alumnos, si arancela, y en qué medida. Hoy la ley 23569 lo impide y por ello es que propusimos modificarla. Hay que dejar que cada universidad decida, hay que confiar en ellas, sin tutorías innecesarias; y naturalmente, hay que trabajar en ellas, militantemente, para que decidan bien*"[165].

El CIN se opondrá al nuevo régimen económico-financiero, cuestionando expresamente la eliminación de la prohibición de la fijación de tasas y aranceles a los estudios de grado y reivindicando el papel del Congreso y del mismo CIN en la definición del presupuesto. Si bien el mencionado anteproyecto quedará sin tratamiento legislativo, el gobierno nacional retomará este tema, a través de la recientemente creada Secretaría de Políticas Universitarias, elevando al Congreso, en agosto de 1993, un nuevo proyecto de regulación del régimen económico-financiero de las universidades nacionales. El nuevo proyecto será objeto de discusión entre los rectores y la SPU, especialmente en el Plenario desarrollado en San Salvador de Jujuy los días 24 y 25 de febrero de 1994, llegando finalmente a un texto que conformaría tanto al Ministerio como a los rectores, con la única excepción en el ítem referido al arancelamiento:

"…*el CIN acuerda: Art. 1º: Aprobar la nueva redacción del Régimen económico-financiero que será remitida al H. Congreso de la Nación por el Poder Ejecutivo Nacional, que como anexo forma parte de la presente, a excepción de las normas referentes a la autorización para arancelar los estudios de grado*"[166].

El proyecto de régimen económico-financiero permitía a las universidades, junto con la controvertida habilitación a obtener fuentes complementarias de financiamiento y los nuevos criterios de distribución presupuestaria, conformar sociedades públicas o privadas, generar y transferir tecnología, realizar tareas de consultorías, modificar sus plantas de personal sin autorización previa del PEN, otorgar asignaciones complementarias, entre otras ampliaciones de la autarquía

---

[165] Carta de Enrique Bulit Goñi, secretario de Coordinación Educativa, Científica y Cultural del Ministerio de Educación de la Nación, al ex presidente Dr. Raúl Alfonsín. Buenos Aires, 29 de abril de 1991, p. 3.
[166] Acuerdo Plenario del CIN 138/94. San Salvador de Jujuy, 24 de febrero de 1994, p. 1.

universitaria. Finalmente, los rectores y la SPU acordarán que este tema sea tratado en conjunto con la nueva Ley de Educación Superior, formando parte del cuerpo de la misma.

Uno de los temas que generó fuertes desgastes en la relación entre las universidades, en especial con la Universidad de Buenos Aires, y el gobierno será la pertinencia del PEN en los recursos jerárquicos contra las decisiones administrativas en última instancia de las universidades. Para el gobierno la instancia de apelación era el PEN, y más específicamente el Ministerio de Educación, mientras que para el CIN lo era el Poder Judicial, y más específicamente, la Cámara Federal. Con antecedentes en el decreto 1111/89, el cual revocaba una decisión administrativa del Consejo Superior de la UBA, el decreto 160/91 establecía que las universidades nacionales debían elevar al Ministerio de Educación, con los antecedentes respectivos, todos los recursos que contra sus actos hayan sido efectuados. Esto provocó la reacción de los rectores y el CIN, generando también la reactivación del pedido, muy frecuente en la etapa anterior, de la sanción de una "Ley de Autonomía Universitaria" que delimite con claridad los alcances de la misma.

EL CIN entendía que los decretos mencionados, en lo referente al control de legitimidad de los actos emitidos en la última instancia administrativa, realizaban una lectura restrictiva del alcance de la autonomía, y, apoyándose en elementos doctrinarios y los proyectos de ley con estado parlamentario, ratificaban la naturaleza jurídica de las universidades nacionales como personas jurídicas de Derecho Público interno, sosteniendo un sistema recursivo que excluía el recurso jerárquico ante el PEN, habilitándose, bajo determinados aspectos, la instancia judicial de la Cámara Federal a los efectos del control de legalidad de las resoluciones emanadas de las universidades nacionales. Este tema, junto a otros, será parte de la agenda de la tercera reunión del CIN con el presidente Menem, donde los rectores volverán a expresar su desacuerdo, reclamando su revisión: "*...Se planteó la necesidad de revisar la postura adoptada por el PEN en relación con los Decretos 1111/89 y 160/91 que se consideran lesivos para la plena vigencia de la autonomía universitaria que el gobierno ha prometido respetar... Este es un punto central del debate que no podemos soslayar puesto que afecta uno de los pilares sobre los que se asientan las Universidades Nacionales*"[167]. Este espinoso ítem, al igual que muchos otros de candente actualidad en ese momento, será incluido en el acuerdo celebrado entre la SPU y el CIN a fines de 1993.

---

[167] Declaración del CIN luego de la entrevista con el presidente de la Nación. Buenos Aires, 27 de junio de 1991, p. 2.

En este contexto adquiere significación un agente con una larga trayectoria dentro del peronismo y con antecedentes en el campo intelectual. Recientemente designado al frente de la Secretaría de Políticas Universitarias, Juan Carlos del Bello, discutirá con los rectores los contenidos sustanciales que deberían contemplar las iniciativas legislativas tendientes a regular el conjunto de temas que componían la agenda universitaria y que precisaban para su regulación un tratamiento normativo.

"…hubo mucha discusión con los rectores respecto a qué temas, y sus eventuales contenidos, debía regular la nueva ley para el sector. Trabajamos intensamente y firmamos un acuerdo (se refiere al acuerdo firmado entre la SPU y el CIN en Diciembre de 1993). *Ese acuerdo fue muy importante. Era una hoja de ruta integral, muy clara para ambas partes ya que incluía los ejes centrales de la agenda de esos años"* (Del Bello, Entrevista, 2015).

La búsqueda de acuerdos sobre los contenidos de la nueva ley era algo que interesaba a las dos partes: al gobierno, para evitar los costos de la imposición unilateral de un marco normativo a un sector con una gran tradición de autonomía, y al CIN porque, debido a la mayoría del oficialismo en ambas cámaras, su aprobación, con o sin acuerdo, era un hecho casi inexorable. Meses antes dicha mayoría legislativa había quedado demostrada en el momento de sancionar la Ley Federal de Educación (ley 24195), cuyo contenido indicaba la direccionalidad del proceso de reconversión educativa en marcha, desde el momento que su articulado legitimaba las políticas de subsidiariedad del Estado, relativizaba el principio de gratuidad de la educación y de principalidad del Estado, como así también marcaba la tendencia hacia la recentralización de las decisiones en el PEN (Paviglianiti, Nosiglia y Marquina, 1996). Eduardo Sánchez Martínez, en ese momento integrante, junto con Eduardo Mundet, del equipo de la SPU liderado por Del Bello, que participó activamente en la redacción de la LES, recuerda:

"Pocas veces ha habido tanta discusión para una Ley. Con el CIN discutíamos muchísimo, los rectores, de todas las identidades, participaron activamente de la discusión. Los borradores iban y venían. Dicen que contenía imposiciones del Banco Mundial. Yo me pregunto: si esto fuera así, ¿cómo es posible que veinte años después, pasando varios gobiernos, siga aún vigente?". (Sánchez Martínez, Entrevista, 2015).

Las intensas conversaciones y reuniones entre los rectores y la Secretaría de Políticas Universitarias darán sus frutos cuando, a principios de diciembre de 1993, el CIN, representado por su presidente CPN Fortunato Daher, y el Ministerio de Educación de la Nación, representado por Del Bello, suscriban un acuerdo escrito respecto a cuáles serían los aspectos centrales, y sus definiciones políticas, que debería contemplar la legislación integral de la educación universitaria.

El Consejo Interuniversitario Nacional acuerda con la Secretaría de Políticas Universitarias:

Primero: Que resulta conveniente el tratamiento parlamentario conjunto de los proyectos de Ley de Educación Superior y de Régimen económico-financiero de las UUNN, por lo que las partes se comprometen a gestionar dicho tratamiento en las próximas sesiones del HCN.

Segundo: Que en el Proyecto de Ley de Educación Superior que el Poder Ejecutivo eleve al HCN, previa consulta con el CIN, se contemplen los siguientes aspectos:

a) Que se trate de una ley marco, no reglamentarista, que prevea un régimen común para el conjunto de las Universidades del país, sean nacionales, provinciales o privadas, sin perjuicio de distinguir y regular de modo específico aquellos aspectos que hacen a las particularidades propias de cada tipo de universidad.

b) Que en dicha ley se contemple la creación de un organismo estatal encargado de la evaluación universitaria periódica, que funcione bajo un régimen de independencia y autonomía, garantizando transparencia y objetividad en los procedimientos.

c) Que en ella se asegure la autonomía de las universidades.

d) Que se garantice la mayor representación relativa de los profesores en los órganos colegiados de gobierno de las UUNN.

e) Que se prevea expresamente que la intervención de las UUNN solo puede ser dispuesta por Ley del HCN y por tiempo determinado.

f) Que se prohíba el ingreso de las fuerzas policiales a los locales universitarios, si aquél no fuera solicitado por sus autoridades.

g) Que se establezca que la vía recursiva administrativa se agota con la resolución definitiva que sobre el caso de que se trate adopte el H. Consejo Superior de cada Universidad.

Tercero: Que se realicen gestiones ante el HCN, a fin de que la Ley de Régimen económico-financiero de las UUNN contemple los siguientes aspectos:

a) Que la Ley garantice la máxima autarquía económico-financiera para la gestión y administración de las Universidades, a cuyo efecto las partes efectuarán las sugerencias pertinentes.

b) Que la política salarial básica de todo el personal de las Universidades Nacionales es responsabilidad del PEN, sin perjuicio de la atribución conferida a las Universidades por el Decreto 1215/92 para incrementar las remuneraciones según criterios vinculados con la productividad y el carácter crítico de la función.

c) Que se determine que la asignación global de libre disponibilidad del presupuesto universitario en jurisdicción del MCyE, destinado a impulsar políticas universitarias, no podrá ser superior al dos y medio por ciento (2,50%) de la totalidad de las asignaciones presupuestarias específicas para el conjunto de las UNNN, quedando exceptuadas de dicho monto las asignaciones destinadas a remuneraciones del personal universitario y a programas consensuados entre el MCyE y el CIN.

Cuarto: Las partes acuerdan constituir una Comisión Mixta integrada por representantes del CIN y de la SPU, a fin de elaborar un régimen laboral docente único para todas las UUNN.

Fuente: Acuerdo Plenario 126/93.

Uno de los temas de mayor discusión del período, los aranceles a los estudios de grado universitario, fue dejado de lado para posibilitar el acuerdo:

"...el arancelamiento siempre fue un tema muy sensible. Para facilitar el acuerdo no fue incorporada ninguna cláusula referida a las contribuciones estudiantiles a la enseñanza de grado" (Del Bello, Entrevista, 2015).

Conocido el primer borrador del proyecto de Ley de Educación Superior impulsado por el gobierno, el CIN, junto con destacar *"muchos aspectos convenientes"* del nuevo proyecto de ley, se mostrará en desacuerdo con muchos otros, en especial con el carácter reglamentarista del mismo al incluir temas como la regularidad de los estudios, elecciones directas de autoridades y la regulación de las condiciones que debían cumplir los representantes estudiantiles, carrera académica, entre otros. Como así también expresará su *"fuerte preocupación por temas que afectan la autonomía universitaria"*, tales como la caducidad de los mandatos de los órganos colegiados de gobierno y las exigencias sobre aspectos académicos de las carreras que otorgan títulos de profesiones reguladas[168]. Asimismo, y ratificando su estrategia de sentar posición respecto a los distintos temas y a la vez buscar espacios de consenso, constituirá una comisión mixta, entre la SPU y el CIN, para la búsqueda de acuerdo sobre los temas en disputa:

"Art. 1°: Manifestar la fuerte preocupación generada por diversos aspectos del proyecto de Ley de Educación Superior presentado por el PEN ante el Honorable Congreso de la Nación, que deben ser aclarados o modificados. Art. 2°: Conformar una Comisión Mixta Ministerio de Cultura y Educación-CIN, integrada por parte del CIN por los Rectores de las Universidades de Buenos Aires, Nacional de Cuyo, Nacional del Centro de la Provincia de Buenos Aires y Nacional de la Patagonia, para avanzar en el análisis conjunto del Proyecto de Ley de Educación Superior elevado por el Poder Ejecutivo Nacional al Congreso con el objetivo de buscar consenso en la mayor cantidad de temas posibles"[169].

La sanción de la LES estará precedida por intensas negociaciones entre el CIN y el gobierno, con una activa participación de los legisladores de ambas cámaras. Finalmente será sancionada en julio de 1995, cristalizando a nivel normativo el cambio del patrón de relaciones entre el sistema de educación superior y los gobiernos y el Estado, implicando nuevas formas de regulación sobre el conglomerado universitario. Como sostiene María Catalina Nosiglia, el cambio en la modalidad de control apela ahora, por un lado, a la autorregulación institucional y, por otro, a sistemas cada vez más elaborados de rendición de cuentas ante la au-

---

[168] Considerandos del Acuerdo Plenario 144/94. Colón, 1 de junio de 1994.
[169] Acuerdo Plenario 144/94. Colón, 1 de junio de 1994, p. 1.

toridad pública (Nosiglia, 2004). En lo que respecta a la coordinación universitaria, la LES posibilitó nuevas formas de gestión y coordinación del sistema, multiplicando los espacios de gobierno y toma de decisiones. A los tradicionales organismos de intermediación (CIN y CRUP) se agregaron el Consejo de Universidades (CU) y los Centros Regionales de Planificación de la Educación Superior (CPRES). Por otra parte, como sostiene Krotsch, si bien en la letra de la LES la Comisión Nacional de Evaluación y Acreditación Universitaria (CONEAU) no está planteada como un órgano de coordinación, en los hechos, por su centralidad, peso cualitativo y atribuciones conferidas, es preciso considerarla parte de la nueva estructura de coordinación de la educación superior. Influenciada por el poder político y asociada en la mayoría de las competencias al Ministerio de Educación, tuvo un papel estratégico: la capacidad de distribuir valor a través de la jerarquización de las instituciones (Krotsch, 2009:212). Contando a la Secretaría de Políticas Universitarias, una vez aprobada la LES, serán *seis (6) los espacios formales en la cumbre del sistema* que, con peso variable y pertinencias distintas, intervendrán en la toma de decisiones de políticas para el sector y funcionarán como interfaces en la relación entre el Estado y el sistema de educación superior. Esta segmentación y dispersión de autoridad y poder complejizará el papel de los organismos de intermediación, modificando las formas de regulación del sistema y fortaleciendo aquellos ámbitos ejecutivos que no precisan, necesariamente, de la deliberación para la toma de decisiones (básicamente el Estado y sus órganos de gobierno). A partir del conocido modelo teórico de Clark (1991) sobre el triángulo de coordinación, Krotsch sostiene que la Argentina en este período pasó de una coordinación sistémica liviana y autónoma (CIN y CRUP) a un formato de articulación densa y policéntrica en la cual el cuerpo burocrático-político cumplía un papel central (Krotsch, 2009:214-215).

La Ley de Educación Superior aprobada en julio de 1995, incluyendo en su articulado un nuevo régimen económico financiero, tuvo un carácter reglamentarista y avanzará sobre temas que habían sido históricamente resorte de las universidades (condiciones de regularidad de los alumnos; régimen de admisión en facultades con más de 50.000 alumnos; planes de estudio de las carreras de interés público; definiciones de los órganos de gobierno universitario y respecto a la participación de distintos claustros; requisitos para la representación política de los alumnos, entre otros). No obstante ello, la LES igualmente contendrá partes sustanciales del acuerdo celebrado con el CIN en diciembre de 1993, en especial: mayor autarquía económica-financiera; intervención de las UUNN solo a través de ley del Congreso Nacional; mayor representación relativa docente en los órganos colegiados; ingreso a la carrera docente por concurso; prohibición del ingreso de la fuerza pública sin autorización de las autoridades universitarias; competencia del Poder Judicial en las instancias recursivas contra los actos administrativos de última instancia de las UUNN; mayor pertinencia de las UUNN en la fijación de la política salarial, y creación de un organismo descentralizado encargado de la evaluación y acreditación universitaria.

La LES reguló un conjunto de temas que, desde mediados de los ochenta, interesaban a los rectores y al CIN y venían reclamando que la legislación "de fondo" contuviera. Posteriormente a la sanción de la LES, el CIN no se pronunciará orgánicamente, a favor ni en contra, sobre temas centrales incluidos en su articulado, con la única excepción respecto al artículo 50 de dicha ley. Al igual que con la evaluación y acreditación universitaria, la resistencia a temas incluidos en la LES estará concentrada en las acciones judiciales que numerosas universidades emprenderán contra la obligación de adecuar sus respectivos estatutos a la nueva legislación, sin reflejarse ello en los pronunciamientos institucionales del CIN.

A veintidós años de la sanción de la LES, la ausencia de iniciativas relevantes por parte de los rectores y la SPU para modificar aspectos sustanciales de dicha norma pueden darnos pistas acerca de que la letra y puesta en marcha de la misma no generó ni genera distorsiones relevantes en la forma de entender la dinámica universitaria por parte de los distintos agentes que operan sobre el sector universitario.

El Modelo de Pautas: antecedentes en la década del ochenta

Promediando la década del ochenta, a nivel regional, el presupuesto universitario había experimentado un estancamiento generalizado a pesar de la curva ascendente de la matrícula. Brunner sostiene que el estancamiento del financiamiento puede explicarse a partir de dos circunstancias históricas confluyentes: condiciones macro-económicas adversas (crisis del Estado de Bienestar, crisis fiscal, demandas de mayor competitividad) y un creciente escepticismo acerca de la rentabilidad social de los recursos destinados a la educación superior (Brunner, 1994). Buchbinder sostiene que durante los años 90 los fondos para las universidades, en conjunto, aumentaron en proporción al PBI –un 67% entre 1989 y 1997–, pero ese aumento fue insuficiente por el notable incremento que experimentó la matrícula. En 1992 había ya más de ochocientos mil estudiantes universitarios, casi setecientos mil de ellos en el sistema público. Seis años después, superaban el millón cien mil, de los cuales ochocientos sesenta mil, aproximadamente, desarrollaban sus estudios en instituciones estatales (Buchbinder, 2010:230). Por otra parte, junto con la crítica al esquema de financiamiento tradicional, y su eventual agotamiento y débil rentabilidad social, estaba la apuesta por impulsar fuentes complementarias al financiamiento estatal, especialmente las contribuciones estudiantiles y la venta de bienes y servicios, las cuales no solamente dotarían de recursos frescos para los proyectos de prioridad institucional sino que darían señales de hacia dónde conducir el necesario cambio institucional:

"La idea que sostiene este enfoque es bastante simple: los aranceles aumentan la eficiencia del sistema porque como obligan a los beneficiarios directos a internalizar los costos de la educación superior, regulan la demanda y por consiguiente mejoran la asignación de los recursos" (Delfino y Gertel, 1996:2).

Como sostiene Laura Rodríguez, a nivel local, los nuevos criterios de financiamiento se apoyaron en los supuestos y herramientas de la economía neoclásica: inevitabilidad del contexto de restricción de fondos públicos y necesidad de transición hacia el financiamiento privado, balance negativo de la masificación de la matrícula, diversificación del financiamiento como garantía de la autonomía institucional, beneficios de la introducción de mecanismos de mercado, equidad del gasto buscada a través de políticas focalizadas, eficiencia centrada en la evaluación y el financiamiento condicionado (Rodríguez, 2011:53-54). Gran parte de las críticas apuntaban a cuestionar el modelo tradicional de financiamiento que había imperado en las universidades, basado en la inercia histórica y la negociación política, desvinculado de cualquier tipo de indicadores de rendimiento académico y con débiles o inexistentes procesos de rendiciones de cuenta. Este mecanismo de financiamiento reproducía las asimetrías en la distribución presupuestaria y no contenía ningún tipo de incentivo para el mejoramiento de la calidad y eficiencia en las instituciones universitarias, favoreciendo todo ello el financiamiento del *status quo* y el desaliento a financiar las innovaciones y mejoras institucionales (Delfino y Gertel, 1996; Sheehan, 1996). Ante esto, dos tipos de soluciones se venían ensayando a nivel internacional: un sistema de distribución de tipo normativo, basado en el empleo de fórmulas de distribución presupuestaria, de diversa complejidad, construidas sobre indicadores de rendimiento académico y, en segundo lugar, el desarrollo de agencias de financiamiento universitario, intermediarios entre las universidades y el gobierno. En el caso argentino, la opción, como veremos más adelante, fue por el desarrollo de fórmulas objetivas de distribución presupuestaria, pasando del cálculo del financiamiento global de la actividad académica de las instituciones al financiamiento de programas o áreas específicas, de la asignación de recursos a procesos al financiamiento en función de resultados (Obeide, 2000). En este sentido, como sostienen José Luis Coraggio y Adolfo Vispo, las propuestas de fórmulas de distribución no constituían solamente un mecanismo objetivo de asignación de recursos sino que incursionaron en el análisis y ponderación de temas centrales de la vida universitaria, tales como los tipos de actividad académica, formas de organización interna y calidad de sus resultados. En otros términos, la ausencia o presencia de determinados indicadores, y los valores asignados a ellos, podían poner en tela de juicio o reafirmar aspectos esenciales del quehacer universitario, tanto actuales como futuros, dado que suponen (o inducen) una serie de incentivos que modelan el futuro universitario en una dirección específica (Coraggio y Vispo, 2001). Sergio Obeide, coordinador del componente de *Asignación de Recursos* del PRES, área que tenía como misión generar un nuevo instrumento de distribución presupuestaria, reflexionaba:

"La discusión era técnica pero, inevitablemente, también terminaba siendo política e ideológica. Siempre una fórmula contiene un modelo, algo que se proyecta como deseable, aspirable y por tanto las ponderaciones y los indicadores no podían ser neutros. Justamente una de las dificultades fue no acompañar debidamente la discusión técnica con otras, en otro nivel, de tipo político". (Obeide, Entrevista, 2015).

Por otra parte, las agudas críticas a los esquemas de financiamiento operantes, ilustradas con preocupantes estadísticas sobre el desgranamiento de la matrícula y la baja graduación, serán vertidas en un clima de época que presuponía ineficiencia en el uso de los recursos por parte de las instituciones del Estado, todo ello alentado por diferencias en las asignaciones presupuestarias entre las distintas universidades que, de por sí, eran complejas de explicar.

Si bien es en esta época cuando la definición de un mecanismo objetivo de distribución presupuestaria ingresa como tema central en la agenda universitaria, como componente central de una profunda reformulación de las relaciones entre el Estado, el gobierno y la universidad, este tema estuvo presente en la agenda de las autoridades gubernamentales y el CIN desde sus primeras reuniones. Es así como en 1987 Julio Rajneri, ministro de Educación de la Nación, expresaba a los rectores reunidos en Tandil:

"…La asignación de fondos va a descansar entonces en varios elementos: la forma en que cada institución ha utilizado sus recursos hasta ahora, el mérito de cada iniciativa y su validez o relevancia frente a otras iniciativas. La preparación del presupuesto descansa no solo en el examen de valores monetarios, implica la contrastación de esos valores con indicadores respecto al empleo de los recursos y al producido de esos recursos"[170].

En este sentido, promediando 1987, las universidades, impulsadas por las áreas económico-financieras que habían comenzado a reunirse regularmente desde principios de ese año, comenzaron a discutir este tema. Es así como en las

---

[170] Dr. Julio Rajneri. Actas del Plenario del CIN realizado en Tandil, 27 de mayo de 1987, pp. 10 y 11.

conclusiones de la primera reunión, junto con reclamar la participación del CIN en la definición presupuestaria y solicitar urgentes medidas para informatizar y homogeneizar la información presupuestaria, solicitaban al Plenario del CIN:

"Propiciar el análisis teórico de una metodología que permita asignar, distribuir y reasignar recursos presupuestarios entre las distintas universidades"[171].

Confirmando el interés de profundizar la discusión acerca de un mecanismo de distribución presupuestaria, en el marco del Plenario del CIN celebrado en Tandil en mayo de 1987, la Comisión de Asuntos Económicos, propuso al Plenario de Rectores:

"…una segunda reunión de secretarios económicos financieros y responsables de presupuesto de las UUNN a realizarse en Mar del Plata en la primera semana de julio. Temario: Pautas de distribución del presupuesto universitario de 1988"[172].

Durante 1988 el CIN continuará trabajando sobre una metodología de distribución de recursos, constituyendo a tal efecto una *"Comisión Técnica Permanente"*:

"Visto la necesidad de racionalizar y armonizar el otorgamiento de los recursos económicos del presupuesto universitario, el CIN integrará una Comisión Técnica Permanente a través de las Secretarías de Hacienda de las Universidades o su similar…"[173].

Asimismo, durante 1989 continuarán trabajando en la búsqueda de un mecanismo de distribución. En este sentido, los rectores, reunidos en Bahía Blanca, expresaban su decisión de:

"Continuar con las tareas indicadas con el propósito de definir una metodología para la asignación de recursos…"[174].

El proceso hiperinflacionario que vivió el país, que comenzará a escalar a mediados de 1989 y marcará la salida anticipada del gobierno de Raúl Alfonsín, y la consecuente emergencia presupuestaria de las universidades, desdibujará en la agenda del CIN la búsqueda de una metodología de distribución de recursos. A principios de los 90, junto con las punzantes críticas al mecanismo tradicional de asignación de fondos, basado en los niveles "históricos" y la negociación política (a través de los rectores y la colaboración eventual de gobernadores y legisladores nacionales), la búsqueda de un mecanismo objetivo de distribución presupuestaria cobrará plena vigencia en la agenda gubernamental y, con ello, en la agenda de conjunto de las universidades y el CIN.

Como veníamos diciendo, fijar pautas de asignaciones de créditos presupuestarios será el primer eje de trabajo consignado para la comisión de trabajo

---

[171] Actas de la *"Primera reunión de Secretarios de Asuntos económicos-financieros y responsables de Presupuesto de las Universidades Nacionales"*. Córdoba, Vaquerías, 19, 20 y 21 de marzo de 1987, pág. 3.

[172] Aprobado en el Plenario del CIN realizado en Tandil los días 27 y 28 de mayo de 1987.

[173] Actas del Plenario del CIN realizado en Tucumán los días 1, 2 y 3 de septiembre de 1988, pág. 2.

[174] Acuerdo Plenario del CIN, art. 2.º, Bahía Blanca, 14 de abril de 1989, p. 2.

económico-financiera surgida del *Protocolo de la Concertación Universitaria* firmado por el CIN y el gobierno en 1990[175]. Asimismo, este tema será discutido en las intensas sesiones de trabajo de la *Comisión de Concertación de las Universidades Estatales con el Poder Ejecutivo Nacional*, creada por el decreto 990/91. En esta línea, el gobierno incluirá la distribución presupuestaria a través de indicadores en el anteproyecto de reforma del régimen económico financiero de las universidades impulsado en 1991. Este punto, y otros contenidos en dicho anteproyecto, serán fuertemente rechazados por el CIN:

"Visto: el Anteproyecto de reformas al Régimen Económico financiero de las Universidades Nacionales remitido por el Ministerio de Cultura y Educación a este Cuerpo para que emita opinión; el Consejo Interuniversitario Nacional, Acuerda: Artículo 2do: NO es conveniente que los indicadores propuestos en el artículo 4° para la asignación de recursos se incluyan en una ley de este tipo, pues se considera que, para establecerlos, son necesarios estudios más profundos y completos, que se adapten a situaciones específicas en cada región del país"[176].

Será en 1992 cuando el CIN pondrá en funcionamiento, al igual que la *Comisión Técnica Permanente* creada en 1988, una comisión específica para la elaboración de criterios objetivos de distribución del presupuesto universitario, fijando un plazo inicial de seis meses para dicha elaboración. Las dificultades técnicas y políticas para encontrar una metodología que conforme a todas y cada una de las universidades, determinará constantes prórrogas en el funcionamiento de la mencionada comisión, que, a lo largo de los años, será conocida como *"Comisión de Pautas Presupuestarias"* o, simplemente, *"Comisión de Pautas"*.

Iniciado el trabajo de la Comisión de Pautas, uno de los obstáculos principales era la insuficiente información existente en las universidades y la heterogeneidad de criterios en su acopio. Esta realidad determinó la realización, en 1994, de un Censo Nacional de Estudiantes, con financiamiento de la SPU[177]. Continuados los trabajos en la Comisión de Pautas y ante los primeros ensayos y borradores, fue evidente que por la heterogeneidad institucional, los formatos organizacionales y las asignaciones presupuestarias inerciales de las universidades, cualquiera fuese la fórmula de distribución podría tener impacto en los presupuestos históricos consolidados de las distintas universidades; hecho mirado con especial recelo por las universidades de distinto signo político que el del gobierno, y aquellas universidades, cualquiera fuese su signo político, que, por diversos motivos, contaban

---

[175] Protocolo de la Concertación Universitaria, acta complementaria N° 1. Buenos Aires, 20 de junio de 1990, p. 3.
[176] Acuerdo Plenario 20/91. San Luis, 20 de septiembre de 1991, p. 1.
[177] Acuerdo Plenario 147/94. Colón, 1 de junio de 1994.

con un presupuesto por encima de la media. La discusión de cómo distribuir el presupuesto, promovida por el gobierno a través de distintas medidas legales y presupuestarias, en un primer momento impactó fuertemente en el conglomerado universitario, profundizando la fragmentación y la diferenciación.

"La discusión original del presupuesto la inició el Ministerio. Y allí el gobierno, al promover que sean las mismas universidades las que decidan cómo distribuir el presupuesto, nos instaló una bomba dentro del CIN. El CIN actuaba unido en todos los temas pero tener que discutir cómo distribuir el presupuesto nos trajo múltiples discusiones y problemas. La discusión del presupuesto esfumaba los bloques ya que cada uno defendía su posición y para ello los aliados en los distintos temas para priorizar en la distribución podían ser de uno u otro bloque, ya no importaba de donde venía". (Del Bono, Entrevista, 2015).

En 1994, y luego de intensas marchas y contramarchas, los rectores encontraron en la *Declaración de Comodoro Rivadavia* un punto de equilibrio y acuerdo, donde todos encontraban contenidos sus intereses. La declaración contenía una decisión trascendental para el conjunto de las universidades: que la aplicación de las nuevas metodologías, del mismo CIN o del gobierno, deberán estar circunscriptas exclusivamente a los futuros incrementos presupuestarios y, en ningún caso, implicar reducción del presupuesto histórico inercial de las universidades.

"El CIN está construyendo un modelo de distribución presupuestaria. En todos los casos pretendemos alcanzar el objetivo de una distribución equitativa. Bajo ningún punto de vista aceptaremos que la aplicación de cualquier metodología de distribución sea sobre la base de la reducción presupuestaria de alguna de la Universidades Nacionales, lo que implicaría, sin dudas, cesantía de personal. Reconocemos distorsiones en la distribución presupuestaria actual, entre las casas y hacia el interior de las mismas, aquellas deberán irse corrigiendo con los futuros incrementos de presupuesto globales"[178].

"A partir de la Declaración de Comodoro Rivadavia, los rectores pudimos dejar de estar divididos por cómo distribuir el presupuesto histórico, lo que ya teníamos, para pelear, todos juntos, por más presupuesto, por nuevos recursos". (Del Bono, Entrevista, 2015).

Esta declaración, posteriormente ratificada por los Acuerdos Plenarios 288/98, 360/00 y 458/03, será clave para ceñir los nuevos criterios de distribución a los incrementos presupuestarios, cristalizando la distribución "histórica" previa a la vigencia de los nuevos criterios y, con ello, minimizando el impacto relativo y absoluto de los nuevos mecanismos de distribución en el financiamiento universitario.

---

[178] Declaración de Comodoro Rivadavia, pág. 1. Declaración emitida en el marco del Plenario del CIN realizado en la ciudad de Comodoro Rivadavia, los días 20 y 21 de octubre de 1994.

Del modelo de costos estándar al presupuesto normativo: la intervención de la SPU

Ante la demora en consolidar un nuevo mecanismo por parte del CIN, la SPU inició, a mediados de los 90, y marcadamente a partir de la sanción de la LES, la construcción de su propia fórmula de distribución presupuestaria, en el marco del componente Asignación de Recursos (AR), financiado por el Programa de Reformas de la Educación Superior (PRES). Los primeros avances de dicha fórmula serán aplicados en la distribución unilateral que la SPU implementará, en 1997 y 1998, en la distribución de programas recientemente implementados, con la previsión de que dicha porción fuera creciendo año tras año. En esta línea, y siguiendo a García de Fanelli, la distribución de los fondos del Programa de Financiamiento de la Enseñanza Universitaria (PROFIDE), constituyó la primera respuesta del gobierno a lo estipulado por el artículo 58 de la LES, el cual estipulaba que para la distribución del aporte del Estado se tendrían en cuenta especialmente *"indicadores de eficiencia y equidad"*. La fórmula utilizada para distribuir los fondos de dicho programa, denominada *"modelo de costos estándar"*, establecía una relación óptima entre un factor base (la cantidad de alumnos) y el número del personal (profesores, auxiliares, no docentes). A su vez se introducían indicadores que premiaban resultados deseables en función de la política educativa del gobierno (incremento del 10% con relación a la media del sistema en el número de materias cursadas por alumnos y un coeficiente egresado/inscripto igual al coeficiente promedio del sistema para todas las universidades), incorporando para ello ponderadores que modificaban la cantidad de alumnos financiables (García de Fanelli, 2005). No obstante, los montos distribuidos por el modelo de costos estándar, 20 millones en 1997 y 7 millones en 1998, no serán significativos en el conjunto y pronto la escasez de nuevos fondos (que era sobre los cuales se aplicaba la fórmula) y la falta de consenso, impedirán la continuidad de su implementación hasta comienzos de la próxima década, donde la SPU consolidará su propuesta, en reemplazo del modelo de costos estándar, conocida como *"Presupuesto Normativo"*. Como describe Gabriel Ojeda[179], el modelo de Presupuesto Normativo está construido sobre el presupuesto requerido por cada universidad para atender, en condiciones estándares, sus actividades académico-científicas en marcha, definiendo el gasto normativo en

---

[179] La descripción del modelo normativo de la SPU está realizada en base al documento de Gabriel Ojeda (2008): *Breves consideraciones sobre el "Modelo de Pautas de Asignación Presupuestaria"* y al Anexo "A" del *Texto Unificado del Modelo de asignación presupuestaria* aprobado por el CIN en 2012. En dicho texto, el CIN unificó lo reglado por los Acuerdos Plenarios 465/03, 508/04, 660/08 y 690/09, adjuntando como anexo explicativo el documento de la Secretaría de Políticas Universitarias, elaborado en mayo de 2002, denominado: "Metodología para la asignación de recursos a las Universidades Nacionales".

personal docente e infiriendo porcentualmente los demás componentes. Una vez calculado el Presupuesto Normativo, éste es comparado con el Presupuesto Observado de cada universidad nacional, obteniéndose las diferencias (brechas) existentes entre uno y otro. Ante ello, la SPU proponía dos alternativas básicas para la asignación de los recursos diferenciales entre el presupuesto normativo y el presupuesto efectivamente observado:

✓ Asignar los recursos incrementales entre las universidades sub-financiadas.
✓ Reasignar el presupuesto real (total o parcialmente) en función de los valores normativos calculados.

En el primer caso, se mantenían inalterables los presupuestos históricos pero los nuevos recursos se distribuirían solo entre las universidades sub-financiadas. La segunda alternativa, en la medida en que existían instituciones sub-financiadas y otras sobre-financiadas, producía, respectivamente, el aumento y la disminución de los presupuestos históricos inerciales (Ojeda, 2008). El escaso impacto en la distribución de los nuevos mecanismos fundamentará que el componente Asignación de Recursos (AR) sea el único de los componentes del PRES que será evaluado como *No Satisfactorio* por el Banco Mundial, en función de la exigüidad de los montos distribuidos respecto del total del presupuesto del sector, como lo podemos observar en los cuadros siguientes:

Tabla 10
Porcentaje de transferencias por Programas distribuidos por la SPU sobre el total de transferencias del Tesoro Nacional

Año	Total Transferencias (en millones de pesos)	Transferencias por Programas	Modelo de Costos estándar (PROFIDE) (en millones de pesos)	Porcentajes %
1995	1.471,74	70	———	4,8
1996	1.535,16	75,91	———	4,9
1997	1.592,5	132,27	20 (1,3%)	9,6
1998	1.762,2	208,51	7 (0,3%)	12
1999	1.721,01	188,91	———	11

Fuente: Elaboración propia en base a García de Fanelli (2005:283), Rodríguez (2011:36) y anuarios SPU 1995-1999.

Aunque los datos muestran claramente que, durante todo el período, el grueso del presupuesto continuó distribuyéndose de acuerdo a la inercia histórica, no hay que minimizar los porcentajes distribuidos por los distintos programas ya que, a diferencia del resto del presupuesto, en muchos casos son recursos frescos sobre los que las distintas gestiones tienen flexibilidad en su manejo y pueden direccionarlos según sus prioridades políticas e institucionales, mientras que sobre la gran masa restante, destinada básicamente a sueldos, tienen escaso margen de maniobra. En este sentido, Christine Musselin, refiriéndose al proceso europeo y los fondos derivados de los contratos-programas, expresaba:

"Así, si bien es cierto que los contratos no representaban más que el 5% del presupuesto de funcionamiento, este 5% es en cierta medida mucho más importante que el 95% restante, pues representa la parte sobre la cual existe margen de maniobra" (Musselin, 2001:31).

En los once años que el CIN trabajó para lograr un consenso respecto a un *"Modelo de pautas objetivas de distribución presupuestaria"*, distintas serán las opciones técnicas, metodológicas y políticas e intenso será el trabajo de rectores y secretarios económicos-financieros para encontrar, luego de numerosos borradores, ensayos, avances y retrocesos, una fórmula que contenga los intereses del fragmentado mundo universitario. Si bien podemos concluir que lo que posibilitó el consenso fue la utilización combinada de los modelos de la SPU y del propio CIN, el *"modelo de alumno ajustado"* será el componente que el CIN, luego de arduo y sostenido esfuerzo de la Comisión de Pautas, definirá como propio[180]. Eduardo Asueta, ex presidente del CIN y de la comisión de asuntos económicos del Consejo, expresaba:

"El modelo de alumno ajustado resume años de discusión en la comisión de asuntos económicos y en la comisión de pautas del CIN. Expresa, a través de ajustes y correcciones de la variable alumno, la heterogeneidad del sistema universitario". (Asueta, Entrevista, 2014).

En este modelo de distribución, la variable alumno es el elemento fundamental. En función de ello, el modelo procede a la homogeneización de los alumnos nominales de cada universidad a través de tres sucesivos ajustes:

1) Ajuste por Índice de Economía de Escala Global: consiste en considerar la existencia de economías de escala globales.

---

[180] Para la descripción del modelo de distribución propio del CIN nos basamos en los distintos acuerdos plenarios sobre el tema y en el texto Unificado del Modelo de asignación presupuestaria aprobado en 2012.

2) Ajuste por Índice de Complejidad de la Oferta Académica: recoge la influencia de la demanda presupuestaria diferencial que tienen las distintas carreras del conglomerado universitario.

3) Ajuste por Índice de Actividad Académica: este indicador reconoce la actividad académica diferencial de los alumnos de cada universidad, en virtud de que distinto nivel de actividad académica demanda distinto requerimiento presupuestario.

Los tres respectivos ajustes dan por resultado el total de alumnos referenciados de cada universidad, los cuales al dividirlos por la cantidad total de alumnos referenciados del conjunto universitario y el porcentaje de participación de cada universidad en el total, será el porcentaje de participación, de cada una de las universidades, en la distribución de los fondos del segundo bloque del modelo de pautas. El Acuerdo Plenario 395/01 aprobará por primera vez un *"Modelo de Distribución de incrementos presupuestarios"*, definiendo cuatro (4) bloques de asignación de los incrementos, ratificando la definición de la *Declaración de Comodoro Rivadavia* de 1994 respecto a que el modelo será aplicado solamente a los aumentos presupuestarios. En este sentido, Miguel González Gaviola, ex integrante de la comisión de pautas, recordaba:

"El modelo del CIN es un acuerdo técnico pero, sobre todo, político. Combina la visión de la SPU, expresado con el componente SPU que impacta en el 50% de la distribución, con el modelo de alumno referenciado del CIN, el cual contiene la diversidad del sistema universitario. Todo ello unido a que solo se puede aplicar a los incrementos presupuestarios, nunca al presupuesto histórico" (González Gaviola, Entrevista, 2014).

En esta línea, los Acuerdos Plenarios 458/03 y 465/03 aprobarán el *"Modelo de Pautas Objetivas de Distribución Presupuestaria del Consejo Interuniversitario Nacional"*, sustentado en los siguientes criterios:

✓ Primer bloque de asignación: este bloque, definido como *"función objetivo"*, expresa la voluntad estratégica de lograr que las universidades nacionales no tengan un compromiso mayor al 75% de su presupuesto total asignado al inciso 1 (Personal).

✓ El segundo bloque de asignaciones se aplica mediante la determinación del concepto de *"alumno referenciado"*, el que partiendo de los alumnos nominales de cada universidad, son ajustados independientemente por un índice de *Economía de Escala*, un índice de *Actividad Académica* y un índice de *Complejidad de la Oferta Académica*.

✓ El tercer bloque de asignaciones se aplica sobre la base del Modelo Normativo de la SPU.

✓ El cuarto bloque de asignaciones se aplica a fortalecer la función investigación, tomando como base distributiva la cantidad, categoría y dedicación de cada docente categorizado en el programa de incentivos.

Un elemento que catalizará el acuerdo entre el CIN y la SPU fue la decisión de la SPU, en 2001, de separar un 2% del presupuesto 2002 y distribuirlo por su fórmula de distribución. Esta decisión, con los temores que despertaron al CIN, precipitará el acuerdo entre el consejo y la SPU, plasmado en el Acuerdo Plenario 465/03. El acuerdo implicará la utilización combinada de ambos modelos (CIN y SPU) en la distribución de los fondos adicionales al presupuesto, precisando que cada año el CIN se expida respecto al porcentaje de aplicación de cada uno de los cuatro bloques de asignación. En el caso de los incrementos presupuestarios del año 2003, el primer año en ser usado este instrumento, la decisión del CIN fue aplicar el modelo de pautas asignando los siguientes porcentajes de distribución a cada bloque:

- 1.º bloque de asignación: 0%
- 2.º bloque de asignación: 45%
- 3.º bloque de asignación: 50%
- 4.º bloque de asignación: 5%

La decisión para el año 2003, y que se repetirá a lo largo de los años, en especial desde el año 2008 con la denominada "Planilla B", será eminentemente política ya que la aplicación combinada de ambos modelos (CIN y SPU) posibilitará que ante cada distribución de incrementos presupuestarios todas las UUNN reciban una parte (2.º bloque de asignación) y, a su vez, que en cada incremento presupuestario las UUNN sub-financiadas reciban aportes diferenciales para achicar la brecha (3.º bloque de asignación).

A diferencia de un conjunto central de políticas y programas impulsadas por la SPU en el período, en donde el CIN y los rectores tendrán una activa participación e involucramiento, con una clara actitud de búsqueda de acuerdo y consenso, a nivel presupuestario, tanto en sus niveles como en los criterios de distribución, los rectores y el CIN mantendrán un núcleo de conflicto permanente, expresado en duros enfrentamientos con el gobierno en general y la SPU en particular, reflejados en periódicos pronunciamientos públicos, declaraciones de emergencia presupuestaria y la búsqueda de alianzas, sobre todo con las gremiales estudiantiles y docentes universitarias, en la consecución de las demandas presupuestarias para el sector.

La reconfiguración de las fuerzas en el interior del campo universitario y del CIN: bloques y consolidación del liderazgo de la UBA

A inicios de la década del 90, el CIN se había consolidado como un espacio de frontera en la dinámica de relaciones entre el campo universitario y el campo burocrático-estatal, en un contexto de permanente disputa que se expresaba no solo en la nueva situación de los rectores radicales frente al gobierno de Menem, sino en la aparición en escena de nuevos agentes. Por una parte, los rectores peronistas que, a partir de 1988, fueron elegidos en universidades como Cuyo, San Juan, Comahue y Río Cuarto. Por la otra, los rectores surgidos de la creación de nuevas universidades que comenzaron a desafiar la tradicional mayoría del radicalismo en la composición del CIN. Nos referimos a las nueve universidades nacionales de gestión estatal creadas en el período: La Matanza (1989); Quilmes (1989); Gral. San Martín (1992); Gral. Sarmiento (1992); Patagonia Austral (1994); La Rioja (1994); Lanús (1995); Tres de Febrero (1995); Villa María (1995), y a tres institutos universitarios nacionales: Enseñanza Superior del Ejército (1990); Naval (1991); Del Arte (1996). Todas ellas conducidas por rectores organizadores cercanos al gobierno que ingresaron al CIN y engrosaron lo que ya por entonces se llamaba el Bloque Justicialista.

"…en 1988 fui elegido rector y comencé a participar del CIN. A los pocos meses fue elegido Tulio del Bono en San Juan. Luego se sumaron Bohoslavsky de Comahue y Cantero de Río IV. Con ellos iniciamos el bloque peronista del CIN…". (Bertranou, Entrevista, 2014).

Hasta 1988, el CIN se presentaba como un agrupamiento compacto de rectores cuya orientación podríamos denominar genéricamente "reformista", articulado con un gobierno radical y un Congreso con figuras con trayectoria universitaria de ese partido. Para 1989, el cambio de gobierno y la aparición del bloque justicialista sellan el acta de nacimiento del "bloque reformista" dentro del CIN y de una dinámica partidaria dentro del Consejo. *Reformistas y Justicialistas* jugarán, desde fines de los ochenta, un papel central en la dinámica de funcionamiento del CIN y, como veremos, irá adquiriendo autonomía respecto del signo político del gobierno, consolidando la encarnación en la figura de los rectores de lo que hemos llamado "poder universitario". El funcionamiento por bloques incluirá entre sus acuerdos permanentes la alternancia en la presidencia, la distribución de los integrantes del comité ejecutivo y la conducción de las comisiones permanentes, la identidad política de los representantes institucionales del CIN en distintos ámbitos (miembros de la CONEAU, el representante del

Consejo de Universidades ante el Directorio del CONICET, propuestas de docentes destacados para integrar el Consejo de la Magistratura) y toda distribución de espacios y roles que impliquen poder, estructura y recursos.

A mediados de la década de 2000 surgió, con un breve recorrido, un espacio que aglutinó a rectores de distintas identidades políticas, disconformes con la lógica binaria peronismo-radicalismo y la ausencia en la agenda de discusión del consejo de temas centrales de la universidad, tales como el compromiso con las políticas educativas incluyentes, la articulación con los demás niveles educativos, el papel de la universidad en el desarrollo de la investigación y el involucramiento con las problemáticas sociales relevantes, entre otros. Entre los integrantes de este espacio se destacaban Silvio Feldman (UN de Gral. Sarmiento), Stella Maris Pérez de Bianchi (UN de Salta), Osvaldo Arizio (UN de Luján), Daniel Gómez y Jorge Flores (Rector y vicerrector de la UN de Quilmes) y Carolina Scotto (UN de Córdoba). Silvio Feldman, ex rector de la UN de General Sarmiento, recordaba:

"...un grupo de rectores creíamos que esa lógica y funcionamiento de acuerdos entre bloques empobrecía la discusión e intentamos generar otra agenda, otros debates. Entendíamos que el CIN no podía eludir temas centrales de la política educativa en general y universitaria en particular. No fue posible." (Feldman, Entrevista, 2015).

No obstante el cuestionamiento del grupo de rectores (denominado por los rectores de los bloques reformista y justicialista como *"bloque independiente"*), la dinámica de acuerdos entre bloques continuó su curso, consolidando un patrón de funcionamiento del CIN. A costa de la calidad de la representación, en el sentido de que no hay proyectos en disputa, los aceitados acuerdos entre los bloques justicialista y reformista posibilitaron al consejo una notable estabilidad política interna. Si sumamos el liderazgo de la UBA, que se mantuvo corporizada en la figura de Shuberoff durante toda la década del 90, esto explica por qué la fuerza del espíritu de cuerpo de los rectores dio como resultado que el CIN tuviera, más allá del bloque que ocupara la presidencia, un discurso en general crítico hacia el gobierno nacional, en especial en todo lo referente a la dinámica presupuestaria. De hecho, como dice Krotsch (2002) la implementación de las políticas universitarias en los 90 estuvo atravesada por una fuerte tensión entre el partido en el gobierno y el principal partido opositor, porque este último tenía uno de sus principales bastiones en la conducción de las universidades tradicionales. Como sostienen Francisco Naishtat y Mario Toer (2005), las universidades públicas más tradicionales, como el caso de la UBA, sintieron las transformaciones de los 90 como una amenaza a su identidad, misión y destino, haciendo que el foco se concentrara en el frente externo. Además, la creación de nuevas universidades en el conurbano bonaerense favoreció la movilidad interinstitucional de docentes de la UBA, a partir de incentivos financieros que permitían una política de desregulación salarial y modelos universitarios con una fuerte impronta investigativa, que atrajeron recursos humanos de excelencia (Rovelli, 2012). Ambos procesos, la presencia de un frente externo que amenazaba la identidad institucional de las universidades tradicionales y la emigración de docentes que debilitó las posibilidades de articulación política de un frente interno de signo distinto al radicalismo, favorecieron la continuidad del grupo dominante liderado por Oscar Shuberoff. La UBA era el eje del sistema, tanto por su historia, tamaño y prestigio académico, como por su "poder de fuego" dado por la capacidad de movilización estudiantil, amplificado todo ello por estar situada en el centro neurálgico del país. A ello se sumaba un liderazgo fuerte y reconocido por sus pares. Como recuerda A. Stubrin: *"…el CIN para Shuberoff era una parte muy importante de su agenda de trabajo. Iba a todas las reuniones, siempre acompañado por su equipo de trabajo. Le daba mucha importancia a ese ámbito."* (A. Stubrin, Entrevista, 2015).

Efectivamente, la fuerza de la UBA, y el involucramiento personal de Shuberoff, constituyen relaciones causales directas que explican el volumen político del Consejo en este período[181]. A comienzos de la década de 1990, la escala de la UBA parecía materializar perfectamente las críticas al Estado ineficiente y el diagnóstico negativo en el que se englobaba a las universidades. La masividad, el ingreso irrestricto, la gratuidad y el cogobierno eran los elementos centrales que el clima de ideas de la época definía como obstáculos para el buen funcionamiento del conjunto universitario. Y si hay un ejemplo de una institución que albergue todos estos elementos juntos era la universidad pública, en especial la UBA (Rubinich, 2001). En este sentido, desde el peronismo era considerada el ícono de los defectos de la universidad reformista tradicional. Jozami recuerda que:

"La crítica que le hacíamos a la UBA era que la política tradicional del radicalismo había llevado a que sea una universidad elitista donde el 80% de los alumnos eran hijos de padre o madre universitarios, aislada de la sociedad". (Jozami, Entrevista, 2015).

Pero, como sostiene Cox (1989) a mayor tradición y peso de la base, mayor es la capacidad de la organización de resistir las presiones externas o de recontextualizarlas. Y la UBA tenía el tamaño y la capacidad de resistencia suficiente para conducir al bloque radical del CIN, y con ello de cierta manera al CIN mismo, como se verificará años más tarde con su desconocimiento de la LES y el sustancial

---

[181] Es preciso mencionar la activa presencia en la dinámica del CIN de quien fuera la secretaria académica en la extensa gestión de Shuberoff, Prof. Alicia Camilloni. En las actas, acuerdos y resoluciones es claramente advertible este potente tándem.

aporte en la movilización del sector ante las diversas demandas universitarias, en especial salariales y presupuestarias. De hecho, un rector peronista de la época reconoce que "...*el liderazgo del bloque radical del CIN era de Shuberoff. Él era el líder del grupo radical y, en cierta medida, de todos nosotros. El poder deviene de tu propia personalidad o deviene del cargo que ocupás. Shuberoff tenía las dos cosas, personalidad muy fuerte, un hombre con gran capacidad de debate y aparte rector de la universidad más importante del país ubicada en Buenos Aires. Yo hacía una huelga en San Juan y no se enteraba nadie. En la UBA los alumnos de Sociales cortaban una calle y se enteraba el mundo entero*". (Del Bono, Entrevista, 2015).

Esta misma condición era leída desde el gobierno. En este sentido, Juan Carlos del Bello y Eduardo Sánchez Martínez, Secretarios de Políticas Universitaria en los años 1993-1996 y 1996-1999 respectivamente, recordaban:

"*El articulador de la voz del sistema universitario durante mi gestión era el CIN. Y dentro del CIN Shuberoff era un actor muy importante. Teníamos muchas diferencias pero nuestra relación era buena, de colaboración*" (Del Bello, Entrevista, 2015).

"*La UBA y Shuberoff eran los principales actores del conjunto de universidades. Teníamos mucho diálogo con ellos y en general buena relación, aunque siempre estaba atrás, latente, su capacidad de movilización*". (Sánchez Martínez, Entrevista, 2015).

Por su parte, como sostiene Ricardo Romero, el movimiento estudiantil en los años 90, en especial Franja Morada, se fortaleció en la resistencia a las políticas neoliberales y en las múltiples acciones de defensa de la educación y la universidad pública, siendo el área metropolitana uno de los epicentros principales de la disputa social y política del período. Específicamente en la UBA, Franja Morada consolidó sus espacios de poder en la FUBA y en la universidad, en estrecha alianza con el rector Shuberoff, política que se traduciría en: a) mantener el alineamiento con el rector y el cuerpo de profesores aliados en el interior de la universidad; b) impulsar acciones hacia afuera de la universidad para defender la educación pública frente a las propuestas de reforma impulsadas por el gobierno (Romero, 1998).

El gobierno de la ALIANZA y la llegada de los rectores a la SPU

La relación entre el gobierno y las universidades hacia el final del menemismo será particularmente conflictiva. Los años 1997 y 1998 serán años donde por primera vez la SPU realizará "ejercicios distributivos" unilaterales, distribuyendo recursos presupuestarios incrementales de acuerdo a los nuevos criterios de asignación, combinado con esquemas contractuales de asignación específica.

Los temores a eventuales recortes se verán cristalizados a fines de abril de 1999 cuando el PEN, a través del decreto 455/99, dispondrá un recorte global de 1.000 millones de pesos, dentro de los cuales 280 correspondían a recortes del presupuesto universitario. El CIN, alertado del recorte, emitirá un duro comunicado, publicando además una solicitada en los principales medios gráficos nacionales.

"Ante la decisión adoptada por el Poder Ejecutivo Nacional de producir un fuerte recorte en el presupuesto destinado a la Educación, presupuesto desde ya insuficiente, el Consejo Interuniversitario Nacional quiere expresar su más enérgica condena…."[182].

Días después, y ante la falta de voluntad de reformular la medida por parte del gobierno, el CIN subirá la apuesta y dispondrá un conjunto de acciones de fuerza, que incluirán acciones legales, movilizaciones, reuniones con gobernadores, legisladores y candidatos presidenciales, entre otras medidas.

Parte importante de la estrategia para evitar el recorte estaba basada en el rechazo legislativo al decreto presidencial, aprovechando las reacciones negativas que el mismo había ocasionado en las propias filas oficialistas, en el marco de la tumultuosa dinámica interna del peronismo que se expresaba en la heterogeneidad del voto legislativo.

"…El CE del CIN resuelve: Art 1ero: Prestar su apoyo a la iniciativa legislativa de un numeroso grupo de legisladores nacionales tendientes a dejar sin efecto los ajustes al crédito dispuesto por el decreto 455/99, solicitando al Sr. Presidente de la Cámara de Diputados y a los Sres. Presidentes de Bloque le den urgente tratamiento parlamentario, evitando que la medida sancionada produzca daños irreparables"[183].

Las contundentes marchas en defensa de la universidad pública, encabezadas por la UBA y Shuberoff, la debilidad del oficialismo al término de su mandato y la crisis interna que produjo la derrota del menemismo en las elecciones internas del justicialismo en la provincia de Buenos Aires, provocarán el rechazo legislativo del decreto 455/99 y la marcha atrás del recorte presupuestario. No obstante ello, enfrentada con el ministro de Economía Roque Fernández por los recortes al presupuesto educativo, y ante la decisión de Menem de sostenerlos, el 7 de mayo de 1999, en un clima de fuertes protestas estudiantiles, renunciará a su cargo la entonces ministra de Educación de la Nación, Susana Decibe. Será reemplazada por el segundo de la cartera, Manuel García Solá, quien designará al frente de la Secretaría de Políticas Universitarias, en reemplazo del también renunciado Eduardo Sánchez Martínez, al entonces rector de la Universidad Na-

---

[182] Resolución del Comité Ejecutivo 134/99, anexo II. Buenos Aires, 4 de mayo de 1999.
[183] Resolución del Comité Ejecutivo 138/99. Buenos Aires, 7 de mayo de 1999.

cional de Tres de Febrero, Aníbal Jozami, inaugurando con ello la presencia de rectores frente a dicho espacio de conducción gubernamental.

"*Me llamó García Solá para ofrecerme el cargo, yo estaba a punto de salir de viaje afuera del país. El ambiente era muy complejo por los recortes al presupuesto y había mucha movilización estudiantil, en especial en la UBA donde Shuberoff había sacado los estudiantes a la calle. Lo pensé un par de días y finalmente acepté*". (Jozami, Entrevista, 2015).

Jozami, quien contaba con una extensa militancia en el peronismo y formaba parte del bloque justicialista del CIN, conducía una de las universidades creadas recientemente, todas ellas con estructuras académicas y organizativas más flexibles que las tradicionales y de mayor afinidad con los nuevos instrumentos de política universitaria promovidos por el gobierno.

La gobernabilidad será un factor clave a la hora de definir que sea un rector quien estuviera al frente del área que maneja las políticas del sector. Su figura, donde lo político y lo técnico se suponen sintetizados, era la considerada pertinente para interactuar con un sector caracterizado por la autonomía y un gran potencial de conflicto político, en especial en las grandes universidades enclavadas en centros urbanos:

"*Cuando asumí, en casa de Gobierno, Menem me dijo: yo sé que vos vas a poder manejar esto, refiriéndose a las movilizaciones de los estudiantes que habían en esos días. Yo le dije: quédese tranquilo, Presidente, que vamos a poder calmar la situación*". (Jozami, Entrevista, 2015).

A los efectos de ir descomprimiendo la conflictividad estudiantil, las nuevas autoridades educativas pudieron arrancar la promesa presidencial de recomponer las partidas en discusión. Meses después, el triunfo electoral de la Alianza para el Trabajo, la Justicia y la Educación (ALIANZA), una coalición política formada al calor de las críticas al menemismo, integrada por la UCR y el FREPASO, posibilitó la llegada a la Presidencia de la Nación de Fernando de la Rúa, iniciando el fin del ciclo político inaugurado por Carlos Saúl Menem diez años atrás. Asumido Fernando de la Rúa, designará a Juan Llach al frente del Ministerio de Educación y, nuevamente, a un rector al frente de la Secretaría de Políticas Universitarias. En el inicio del gobierno de la Alianza, tres eran los nombres que circularon para ocupar la Secretaría de Políticas Universitarias: Juan Carlos Gottifredi, Juan Carlos Pugliese y Adolfo Stubrin. Juan Carlos Gottifredi, quien contará con el expreso apoyo de Oscar Shuberoff y el bloque reformista del CIN, será el elegido de la mencionada terna. Rector de la Universidad Nacional de Salta y presidente del CIN al momento de su designación, estará al frente de la ahora designada Secretaría de Educación Superior (SES) durante las gestiones de Juan José

Llach, Hugo Juri y Andrés Delich al frente del Ministerio de Educación[184]. Su gestión intentará iniciar un nuevo esquema de relaciones con las universidades, aunque, más allá de sus intenciones, las mismas estarán impregnadas por el rechazo a los recortes en el presupuesto y la demora en el envío de las partidas. No obstante la salida del gobierno y el rechazo público a su figura, los ejes centrales de la política macroeconómica de Menem seguirán vigentes y se mantendrán sin grandes modificaciones hasta la debacle de diciembre de 2001. Las gestiones de José Luis Machinea, Ricardo López Murphy y Domingo Cavallo al frente del Ministerio de Economía continuarán con la inercia de la década saliente y, procurando el saneamiento fiscal, impulsarán profundos ajustes presupuestarios en búsqueda de achicar el gasto público, encontrando en el presupuesto universitario, y su potencial capacidad de encontrar alternativas al financiamiento estatal, una de sus fuentes privilegiadas. A pesar de que la identidad política e ideológica del gobierno entrante presuponía una relación de mayor cercanía con una parte considerable del conjunto universitario, por compartir la pertenencia al Radicalismo con un buen número de rectores, la gestión entrante continuará con importantes enfrentamientos con las universidades, en especial con las distintas gestiones al frente del Ministerio de Economía. Durante el año 2000 reiteradas serán las expresiones públicas, a través de comunicados y solicitadas, donde el CIN expresará su malestar frente a las determinaciones a nivel presupuestario:

"La Universidad Pública nuevamente atraviesa una difícil situación financiera. Al finalizar la administración anterior el Sistema de Educación Superior se vio sorprendido por un decreto y otras disposiciones de recorte presupuestario, que las Universidades rechazamos firmemente. El problema persiste en el año en curso, ya que el PEN transfirió solo una parte de los fondos remanentes del presupuesto 1999, a lo que se suman los atrasos correspondientes al año 2000…"[185].

La preocupación expresada en los Acuerdos Plenarios 172/00 y 158/00, centrada más que nada en las dificultades presupuestarias, dará lugar, a fines de 2000, a una reflexión más profunda, donde el CIN, deliberando sobre el futuro de la educación pública y ante la profusa difusión de investigaciones y análisis que cuestionaban ejes centrales del modelo estatal de educación y las distorsiones que ocasionaban el ingreso irrestricto y los actuales esquemas de financiamiento público, muestra la decepción con la continuidad del núcleo duro de las políticas de los no-

---

[184] Ministros de Educación de la ALIANZA: Juan José Llach (10 de diciembre de 1999-25 de septiembre de 2000); Hugo Juri (25 de septiembre de 2000-20 de marzo de 2001); Andrés Delich (20 de marzo de 2001-21 de diciembre de 2001).

[185] Acuerdo Plenario 172/2000. Buenos Aires, 25 de octubre de 2000.

venta y alerta sobre los riesgos que la adhesión a ese pensamiento acarreaba. El pronunciamiento, conocido como *"Documento de Santa Fe"*, contendrá la retórica que caracterizó el discurso público de la década saliente, ahora enmarcado en un gobierno del mismo signo político con el de gran parte de las universidades:

"ESTÁ EN JUEGO EL FUTURO DE LA EDUCACIÓN: el futuro de la Argentina está en juego porque está en juego el futuro de la educación. Es que desde algunos sectores vinculados a una excluyente lógica de mercado se intenta profundizar la deserción del Estado a través de una justificación fundamentada en inapropiados criterios de eficiencia. Así, en materia universitaria, lejos de plantear mejoras de calidad accesibles a toda la población, se proclaman supuestas virtudes para el sistema si se reduce drásticamente la población estudiantil y se arancelan los estudios superiores…"[186].

La relación con el gobierno nacional durante el año 2000 estuvo impregnada de reiterados y constantes reclamos a nivel presupuestario y cuestionamientos de fondo respecto a la concepción de la universidad pública. A inicios de 2001 el conflicto escalará a niveles especialmente altos cuando el recientemente designado ministro de Economía, Ricardo López Murphy, anunciara un fuerte recorte del presupuesto universitario, retomando para su justificación el andamiaje del discurso economicista neoliberal:

"…Este año, para acompañar el esfuerzo fiscal, las transferencias a las universidades del Tesoro no podrán superar los 1.440 millones, lo que implica una reducción de 360 millones respecto a lo presupuestado…. con el nuevo presupuesto podrán mejorar la asignación del gasto, así como buscar alternativas de financiamiento, tal como lo hacen muchísimas universidades públicas del mundo, que permitan al mismo tiempo una mejora de la equidad distributiva. Todos sabemos que los sectores de menores recursos tienen grandes dificultades para acceder a la Educación Superior. Esta es la oportunidad para que los responsables de la gestión de las universidades puedan proponer imaginativamente un sistema universitario basado en la igualdad de oportunidades". (R. López Murphy, ministro de Economía de la Nación. Discurso pronunciado al anunciar su plan económico, 16 de marzo de 2001).

El plan económico de López Murphy producirá un cisma político en la ALIANZA, incluyendo las renuncias de Federico Storani al Ministerio del Interior y de Hugo Juri (ex rector de la UN de Córdoba y ex presidente del CIN) al de Educación, como así también el retiro de funcionarios pertenecientes al FREPASO, en un intento de restar legitimidad política a la iniciativa y provocar la salida del ministro de Economía. Asimismo, dentro de la comunidad universitaria, la reacción fue inmediata, instando el CIN a toda la comunidad educativa a resistir la medida.

---

[186] Documento de Santa Fe. Acuerdo Plenario 385/2000. Santa Fe, 19 de diciembre de 2000.

"Art. 1º: Rechazar enérgicamente todas las medidas de recorte de fondos para la educación pública.

Art. 2º: Defender el estado de derecho que estas medidas anunciadas pretenderían quebrantar, violentando el principio constitucional de división de poderes, sustituyendo la voluntad ciudadana. …

Art. 6º: Convocar al Sistema Universitario Nacional a permanecer en estado de alerta hasta la derogación plena de las medidas anunciadas y el cumplimiento mes a mes de los envíos de presupuesto, y en defensa del sistema educativo. …"[187].

La falta de apoyo político dentro de la coalición gobernante y la movilización social en general, y educativa en particular, terminarán provocando la salida apresurada de López Murphy, a solo quince días de asumir.

"Las movilizaciones contra los recortes eran masivas, en todas las universidades, en todas las provincias. En ese tema no había bloques, todos los rectores en el CIN estábamos unidos en defensa del presupuesto universitario". (Martín, Entrevista, 2015).

El ingreso de Domingo Felipe Cavallo al Ministerio de Economía no hizo más que reforzar la ortodoxia anterior, agudizando los conflictos sociales y, en el caso de las universidades, sostener los altos niveles de beligerancia referidos a las exigencias presupuestarias y defensa ante eventuales recortes. La gestión de Cavallo, encaminada a sostener a toda costa el modelo de la década anterior, fracasó y condujo a la debacle económica, política y social. Respecto a las universidades, el clima reactivo ante los embates presupuestarios se sostendrá hasta el final. Una solicitada del CIN, días antes de los hechos de diciembre de 2001, ilustran la escena:

"AL SEÑOR PRESIDENTE DE LA NACIÓN; AL HONORABLE CONGRESO DE LA NACIÓN Y A LA OPINIÓN PÚBLICA: Las Universidades Nacionales vienen sufriendo la subejecución y el recorte de sus partidas presupuestarias en forma deliberada, como parte de una política discriminatoria que se agrega a una sistemática campaña de desprestigio…"[188].

Junto con la solicitada, el CIN enviará una carta documento al entonces ministro de Economía Domingo Felipe Cavallo, exigiendo el pago de los sueldos del mes de noviembre y la regularización de las partidas para el funcionamiento universitario[189].

El clima defensivo imperante y la inestabilidad económica y política impiden identificar una política universitaria específica, distinta del canon general de esta década larga, en el gobierno de la ALIANZA que transcurre entre los años 2000

---

[187] Acuerdo Plenario 386/2001. Buenos Aires, 19 de marzo de 2001.

[188] Acuerdo Plenario 407/2001. Buenos Aires, 18 de diciembre de 2001.

[189] Acuerdo Plenario 410/2001. Buenos Aires, 18 de diciembre de 2001.

y 2001. La Comisión Nacional para el mejoramiento de la Educación Superior, creada en mayo de 2001 por el ministro Delich; la puesta en agenda del proyecto del economista Humberto Petrei para el cobro de una sobretasa en el impuesto a las ganancias a los padres que enviaran a sus hijos a la universidad pública y los intentos de integrar a la educación superior no universitaria –expresado en el cambio de nombre de la Secretaría–, serán algunas de las notas características de la agenda universitaria del período, aunque insuficientes para constituir una política universitaria identificable que trascienda los ejes centrales que caracterizaron a estos años. Si bien la gestión de Juan Carlos Gottifredi intentó poner en marcha una nueva forma de relación entre el CIN y el Ministerio de Educación, dicho intento fue imposible de prosperar en el marco de un gobierno que, hegemonizado por el Ministerio de Economía y la búsqueda del equilibrio fiscal, recurrió a periódicos recortes y reducciones presupuestarias en el área universitaria, con la consecuente reacción y movilización de los claustros universitarios.

Crisis, estallido y corolario: los rectores como actores en la implementación de las políticas universitarias del período

Los hechos de diciembre de 2001 y la crisis económica, social y política que conllevaron, cierran este período de la coordinación universitaria argentina que tuvo como hitos la firma del *Protocolo de la Concertación Universitaria a mediados de 1990*; la puesta en marcha, en 1991, de la *Comisión de Concertación de las Universidades Estatales con el Poder Ejecutivo Nacional*; la creación de la *Secretaría de Políticas Universitarias en 1993*; la *jerarquía constitucional de la autonomía universitaria en 1994*; la sanción de la *Ley de Educación Superior en 1995*; la puesta en funcionamiento en 1996 de la *Comisión Nacional de Acreditación y Evaluación Universitaria (CONEAU)*, y la llegada de los *rectores a la SPU* en 1999. Las reformas parcialmente implementadas no fueron simplemente consecuencia de políticas impulsadas verticalmente por la SPU sino que se produjeron a partir de potentes interacciones entre el gobierno y la cúspide del campo universitario representado por los rectores, todo ello en un complejo espacio de disputa, donde confluían diversos y múltiples intereses. En esta etapa, aunque las universidades fueron objeto de políticas, los rectores fueron sujetos en la implementación de las mismas, combinando convencimiento con pragmatismo político y comportamientos adaptativos para acceder a las ventajas que ofrecía el nuevo escenario. Esta dinámica se reflejará fuertemente en la agenda de trabajo del CIN que, a pesar de su tono reactivo y defensivo, incluyó acuerdos y participación en los programas claves impulsados por la SPU, en una dinámica que alternó el conflicto y el consenso, en un proceso de heteronomía concertada.

Daniela Atairo, al evaluar el proceso de implementación del FOMEC en la Universidad Nacional de La Plata, afirma que la presencia de diferentes intereses disciplinares, políticos-académicos, estamentales, partidarios hacen que el gobierno de la universidad tenga un carácter político importante, que se profundiza dado el sistema de elección del ejecutivo basado en las alianzas (abiertas u ocultas) que se construyen en la base. Una mirada sobre las distintas esferas y niveles de gobierno y de la organización, no solo nos muestra la complejidad derivada de la cantidad de instancias de decisión sino también lo incierto y el carácter negociado de los procesos de implementación de las políticas universitarias. Atairo concluye que el proceso de implementación del FOMEC en la UN de La Plata supuso una "adaptación negociada" y una "cadena de ajustes" de intereses entre la institución y el Estado y, al interior, entre los actores de la institución universitaria, poniendo en cuestión ciertas visiones reduccionistas que postulan que una agenda neoliberal impulsada por organismos internacionales e implementada por organismos estatales nacionales moldea directamente los cambios institucionales al considerar a las instituciones carentes de dinámicas propias. Una visión más ajustada de la realidad, que resalta la importancia de la organización local, observa que valores, intereses y condiciones académicas se constituyen en factores facilitadores y restrictivos que influyen en la dinámica del proceso de implementación de las políticas (Atairo, 2011:88-92).

La complejidad creciente de la coordinación universitaria que trajo aparejada la LES; la división de los roles colegiados y los ejecutivos; la multiplicación de ámbitos donde las universidades debían estar representadas (Programa de Incentivos, Comisión asesora de Posgrados, FOMEC, SIU, RIU, Consejos de Universidades, CPRES, etc.); el notable incremento de la capacidad técnica del agente gubernamental; la multiplicidad de ventanillas de financiamiento que vinieron con los nuevos criterios de distribución presupuestaria y la intensa iniciativa política de la SPU, tensaron los mecanismos de representación, reforzando la centralidad del rol del rector y profundizando de esta manera el proceso de empoderamiento de los rectores iniciado en los ochenta durante la recuperación democrática. Así, el conjunto de reformas impulsadas en los 90 actuó en dos sentidos: debilitando el peso político específico del campo universitario como un todo y, hacia adentro, fortaleciendo el papel de los ámbitos ejecutivos en general y del rector en particular.

El nuevo mapa de instituciones del campo y la complejidad de la agenda, que imponía un agente burocrático-estatal proactivo, actuaron potenciando los liderazgos institucionales y con ello el *poder rectoral*, dada la velocidad de reacción que la coyuntura exigía, atentando contra instancias de mayor horizontalidad como los consejos superiores. En este proceso contradictorio, se favorecieron las conductas adaptativas dadas las limitaciones impuestas por los intereses de cada universidad, manifiestos en la fragmentación en las autonomías individuales y la autarquía que, lejos de debilitarse, durante esta década siguieron operando y fueron confirmadas constitucionalmente en 1994. En este sentido, Coraggio y Vispo (2001) sostienen que "*La imposibilidad de generar un cambio endógeno sustantivo contribuyó a potenciar la legitimidad de las intervenciones externas de la última década*" (Coraggio y Vispo, 2001:36).

El gobierno nacional instrumentará una dinámica agenda de iniciativas políticas hacia el conjunto universitario, combinando instrumentos de política basados en el acceso a recursos financieros adicionales a cambio de un determinado comportamiento institucional, y en la posibilidad de abrir diversas instancias de negociación para articular los cambios impulsados. Los rectores formularon estrategias que combinaron negociación y conflicto y de esta manera poder adaptarse, lentamente, al nuevo escenario político. Ya fuera por pragmatismo o por convicción, al mismo tiempo que sostenía el nudo conflictivo de la disputa presupuestaria, el CIN y los rectores, en un proceso de heteronomía concertada, fueron agentes activos en la implementación de las principales políticas y programas impulsados por el gobierno, todas ellas fundadas en los principios articuladores del nuevo paradigma impulsado hacia las universidades: instalación de prácticas evaluativas, búsqueda de mejora en los niveles de calidad, mayor eficacia y eficiencia en el manejo de los recursos, pautas objetivas de distribución presupuestaria, vinculación del rendimiento académico con el acceso al financiamiento, procesos de rendición de cuentas, entre otros.

Capítulo V

2002-2015.
Autonomía consensuada y expansión heterónoma: las dos facetas de la política universitaria del kirchnerismo

Como sostiene Maristella Svampa, los hechos que ocurrieron en la Argentina en diciembre de 2001 remontan a las nociones de crisis, rebelión y acontecimiento. Crisis de hegemonía y quiebre de un modelo de dominación asentado en el consenso neoliberal de los 90. Crisis y colapso de las formas de representación dominantes hasta entonces, centradas en una democracia delegativa. Esas crisis, junto al carácter insurreccional de la revuelta, imprimieron nuevos sentidos y dimensiones a la política argentina (Svampa, 2011). Se trató de una profunda implosión social que también impactó en el campo universitario, un espacio que, al igual que gran parte de las instituciones públicas, emprendió rápidamente procesos de relegitimación de su papel en la sociedad. En un contexto social y político donde convivía, por un lado, un ambiente instituyente en el cual eran recreadas nuevas prácticas políticas y mecanismos de participación, y, por otro, un mandato destituyente al son del "que se vayan todos", la universidad reforzó las prácticas de compromiso social, las acciones de trabajo con la comunidad, fundamentalmente a través de las áreas de extensión universitaria, colaborando en la recuperación y reconstrucción del tejido social. En el plenario de rectores realizado en Tucumán a mediados de abril de 2002, el CIN emitió la "Declaración de Tucumán" instando al conjunto universitario a involucrarse con la compleja situación generada por la emergencia social e institucional derivada de los sucesos de fines de 2001 e inicios de 2002:

"Nuestra sociedad atraviesa una crisis inédita por su extensión, su duración y la gravedad de sus efectos… El sistema público educativo está presente en todo el territorio nacional, y en este momento de incertidumbre generalizada debe constituirse en una base firme para sostener o reconstituir los lazos sociales y las voluntades, integrando a

niños, jóvenes y adultos en la búsqueda de un nuevo rumbo para su realización personal y la de sus comunidades, como protagonistas del desarrollo…"[190].

Días después, el consejo resolvió solicitar una audiencia con el entonces presidente de la Nación Eduardo Duhalde, para ponerse a disposición del conjunto de tareas del momento:

"Art. 1º: Solicitar audiencia al Sr. Presidente de la Nación con el objeto de ofrecer la capacidad del conjunto de las Universidades Nacionales para realizar aportes tendientes a enfrentar la actual crisis y mitigar sus efectos…"[191].

Asimismo, y en la misma línea de involucrarse con la compleja agenda social del momento, el CIN resolvió participar en la implementación del Programa Jefes y Jefas de Hogar:

"Art. 1º: Responder a la convocatoria del Ministerio de Trabajo, Empleo y Seguridad Social participando en la implementación del Programa de Jefes de Hogares, a través de las actividades que se detallan…"[192].

Junto con las propuestas mencionadas, el CIN impulsó, en conjunto con el gobierno, una "Ley de Protección de la Educación Pública". El proyecto, elaborado por el CIN en base a los aportes sustanciales del rector de la UN de General Sarmiento, José Luis Coraggio, preveía, para garantizar el funcionamiento del sistema educativo estatal, que el gasto público en educación fuera incrementado gradualmente, a partir de 2002, hasta alcanzar en cinco años al menos un 50% acumulado de incremento sobre el presupuesto del año 2000, o mediante un aumento porcentual similar al estimado de incremento del PIB, lo que fuese mayor. En ningún caso el presupuesto educativo de un año debía ser inferior al del año anterior, siendo los fondos incrementales para el sistema distribuidos según pautas objetivas y vinculados a programas monitoreables. La diferencia entre estas metas de cumplimiento obligatorio y los recursos que determine el presupuesto debía ser financiada con impuestos directos que tomen en cuenta la mayor capacidad contributiva. El proyecto contó con el apoyo de la FUA y de las gremiales docentes, lanzándose las universidades a recolectar firmas para apoyar la iniciativa. No obstante los apoyos recaudados y las reuniones con distintos agentes gubernamentales y legislativos, el proyecto no prosperó en el Congreso.

El gobierno de transición de Eduardo Duhalde incluyó acuerdos legislativos con la Unión Cívica Radical y la incorporación de miembros de este partido en el gabinete nacional a través de figuras como Jorge Vanossi como ministro de Justi-

---

[190] Declaración de Tucumán. Resolución del 47º Plenario de Rectores, S M de Tucumán, 25 de abril de 2002.

[191] Resolución del Comité Ejecutivo 224/02. Buenos Aires, 30 de abril de 2002.

[192] Resolución del Comité Ejecutivo 226/02. Buenos Aires, 30 de abril de 2002.

cia y Derechos Humanos; José Horacio Jaunarena como ministro de Defensa; Raúl Horacio Borrás como secretario de Planeamiento, entre otros. En el marco de dichos acuerdos, la gestión de la Secretaría de Políticas Universitarias estaba reservada para un hombre del radicalismo, Juan Carlos Pugliese, un dirigente con amplia trayectoria en el campo educativo y universitario, en ese momento presidente de la CONEAU, y que, al igual que el secretario saliente, contaba entre sus antecedentes el haber sido rector de una universidad púbica y presidente del CIN.

"...yo estaba acá en Tandil, de vacaciones, y me llamó Leopoldo Moreau. Me comenta que el candidato que proponía el radicalismo para el cargo era Adolfo Stubrin, que Duhalde había pedido por mí pero que el radicalismo había decidido eso. Asume la Ministra Graciela Giannettasio y me llama por teléfono, yo estaba en España por temas de CONEAU, me llama a España y me propone el cargo, yo le digo 'mirá Graciela, arreglalo con el radicalismo'. 'No, no, no, dice, el presidente quiere que seas vos'. Luego me llama nuevamente y me dice que cuando venga vaya a verlo a Alfonsín. Lo fui a ver a Alfonsín y Alfonsín me dijo que estaba arreglado que sea yo. 'Confiamos en vos me dijo'". (Pugliese, Entrevista, 2015).

Al igual que en anteriores y posteriores designaciones, la gobernabilidad será un objetivo primario de la gestión de los responsables del área, especialmente en el contexto de un gobierno de transición y emergencia como el que estaba en curso.

"Duhalde, me dijo: yo de universidades no sé nada y mis amigos en las universidades son unos sabandijas. Este es un gobierno para atajar penales todos los días, así que vos manteneme a los muchachos quietos...". (Pugliese, Entrevista, 2015).

Pugliese inició su trabajo como Secretario de Políticas Universitarias el 28 de enero de 2002, pero su gestión, entendida en sus inicios como de "transición", abarcó la totalidad del mandato de Eduardo Duhalde y una parte sustantiva del gobierno de Néstor Kirchner (hasta diciembre de 2005). Un hecho relacionado con la conducción del CIN y relevante para la correlación de fuerzas dentro del campo universitario se produjo en los primeros meses de la gestión de Pugliese: la *finalización del mandato de Oscar Shuberoff* como rector de la UBA y, casi inmediatamente, *el retiro del CIN del nuevo rector, Guillermo Jaim Etcheverry*.

Naishtat y Toer sostienen que la crisis de 2001 dejó a la UBA sin una articulación política general, a diferencia de lo que había acontecido durante los casi veinte años de hegemonía radical en la universidad. Mientras en el período anterior la conflictividad se centraba en el frente externo (defensa de la autonomía y presupuesto), surgieron importantes conflictos de niveles normativos en su interior (Naishtat y Toer, 2005).

Durante 2002 culminó el trabajo de la *Comisión Nacional de Mejoramiento de la Educación Superior.* La Comisión había sido creada por el ministro Delich en el gobierno anterior y la continuidad de su trabajo había sido alentada por la ministra Giannettasio. Presidida por el ex ministro de Educación Hugo Juri, la comisión estuvo integrada por miembros y representantes de la CONEAU, CIN, CRUP, el Consejo Federal de Cultura y Educación, los presidentes de las comisiones de educación de ambas cámaras legislativas, miembros de la comisión asesora de Educación superior del Ministerio de Educación; el presidente de la FUA y representantes de CONADU. La misión era estudiar la situación de la educación superior y poner a consideración de las autoridades recomendaciones y propuestas de políticas públicas, colaborando para incluir en la agenda del gobierno la problemática de la educación superior. El informe, presentado en mayo de 2002, presentó un diagnóstico fundamentado de la educación superior argentina, describiéndolo como un conjunto desarticulado, heterogéneo en calidad y concentrado geográficamente, que creció sin planificación, con déficit de calidad, y que si bien permite el acceso de los jóvenes, pierde al 50% de los ingresantes en el primer año de las carreras. Concluía recomendando fortalecer los conocimientos básicos, rever el sistema hiperdesarrollado del posgrado, aumentar las escasas dedicaciones exclusivas de los docentes y distribuir fondos específicos según planes de reforma que elaboren las universidades.

No obstante la complejidad de la situación de la educación superior, la gestión de Juan Carlos Pugliese implicó el inicio de un nuevo esquema de relaciones entre el Ministerio de Educación y el CIN, que continuó durante más de una década, caracterizado por ingentes esfuerzos en diluir los conflictos potenciales, el tono amable y la minimización de roces y fricciones entre ambos.

"La universidad tiene que volver a creer en el Estado, reconociéndolo como el garante y sostén de su autonomía, y el Estado tiene que acercarse a la universidad para mejorar sus procedimientos y potenciar sus capacidades con los recursos que dan el conocimiento y los valores de la modernidad"[193].

Pero el aspecto clave para consolidar el nuevo tipo de relaciones descripto pasó, centralmente, por la dinámica presupuestaria. La principal tensión estaba en la regularización de la deuda acumulada ante la falta de remisión de diversos incisos presupuestarios; y la segunda tensión, en la mejora de los niveles del mismo. La urgencia presupuestaria impuso una agenda de corto plazo, desplazando la discusión acerca de los caminos posibles para abordar el complejo diagnóstico que ofrecía el Informe de la Comisión Juri:

---

[193] Juan Carlos Pugliese (h). Discurso pronunciado en la asunción de Guillermo Jaim Etcheverry como rector de la UBA. Buenos Aires, 7 de mayo de 2002, p. 4.

"Estos quince meses de gestión han estado permanentemente connotados por la cuestión presupuestaria. Mes a mes se ha dependido de la cuota financiera y de los pagos de la Secretaría de Hacienda y ello ha disimulado la necesidad de formular y ejecutar políticas que nos permitan salir de la crisis y construir un futuro mejor" (Pugliese, 2005:13).

La lenta recuperación de la economía, visible especialmente con la gestión de Lavagna al frente del Ministerio de Economía, permitió ir regularizando el envío de las partidas presupuestarias e ir alejando, gradualmente, los miedos a futuros recortes. En abril de 2003, luego de once años de arduo trabajo y discusión, se aprobó el *Modelo de Pautas Objetivas de Distribución Presupuestaria del Consejo Interuniversitario Nacional*, cuyas características y funcionamiento hemos descripto en el capítulo anterior. Paralelamente, el CIN suscribió un acuerdo con el gobierno para el pago de la deuda de las partidas atrasadas. En esta misma línea de acercamiento y gestos mutuos de convivencia y gobernabilidad, el gobierno de la Nación declaró a las universidades nacionales como "consultoras preferenciales" para los organismos del Estado nacional. El decreto, entregado simbólicamente por el presidente Duhalde a los rectores del CIN en la residencia presidencial de Olivos, estableció la prioridad de las universidades nacionales en las licitaciones y concursos que los organismos públicos realicen para contratar trabajos de asesoría técnica, auditoría y consultoría.

El fraccionamiento disciplinar como potenciador de nuevos actores en la política universitaria: los consejos de decanos y asociaciones de facultades

En el marco del nuevo tono de relaciones entre el gobierno, la SPU y las universidades, el CIN y los consejos de decanos y asociaciones de facultades impulsaron que el Ministerio de Educación creara líneas de financiamiento específicas que atendieran los requerimientos de los planes de mejora institucional resultantes de los procesos de evaluación, en el caso de las instituciones universitarias, y de los procesos de acreditación, en el caso de las carreras de grado de interés público. De esta forma, junto al financiamiento determinado anualmente por el Congreso Nacional (Planilla A) y los fondos distribuidos por la jefatura de gabinete de ministros (Planilla B), durante el presente período se abrirán en el ámbito de la SPU nuevas opciones de financiamiento que incluirán el *Programa de Financiamiento para el Desarrollo Regional (FUNDAR)*, cuya primera experiencia estará dirigida a las tres universidades que habían completado la segunda evaluación ante CONEAU, y el *Programa de Calidad Universitaria*, espacio institucional que albergará los proyectos de apoyo y mejora de la enseñanza de las distintas carreras y familias de carreras.

En esta expansión de las oportunidades y vías de financiamiento tuvo un rol determinante un nuevo agente de la política universitaria que amplió y complejizó el espacio de frontera entre el campo universitario y el campo burocrático-estatal, no sin algunas tensiones con el CIN. Nos referimos a los *Consejos de Decanos y Asociaciones de Facultades*. Los consejos y asociaciones más antiguos empezaron a cobrar protagonismo a partir de 1995 con la sanción de la Ley de Educación Superior (LES), en especial los que agrupan a las facultades de Medicina (AFACIMERA); Ingeniería (CONFEDI) e Ingeniería Agronómica (AUDEAS). Serán estas carreras, impulsadas por sus respectivos decanos, quienes tomarán la iniciativa en la acreditación de las carreras de interés público determinadas por el artículo 43 de la LES, abriendo el camino y legitimando el desempeño de las instituciones encargadas de instrumentar los procesos de evaluación, en especial la CONEAU.

En un comportamiento estándar del Estado Evaluador, es el gobierno quien define, central y previamente, los parámetros de calidad a impulsar a través de los instrumentos de financiamiento y el cambio institucional por ellos inducido. En el caso argentino, esta visión se complejiza ya que los estándares definidos por AFACIMERA, CONFEDI y AUDEAS serán los requerimientos de calidad de las carreras de medicina, ingeniería e ingeniería agronómica impulsados por la SPU en los respectivos programas de mejoramiento. Esto significa, como sostienen Rocío Casajús y Luciana Garatte, que los lineamientos que definen dicha política de mejoras no fueron definidos *ex ante* por el Estado sino que procedieron desde el principio de la propia comunidad universitaria, a través de sus órganos de gobierno y representación política, determinando una correlación entre los documentos producidos por una determinada comunidad académica y las normas prescriptas por una agencia estatal. En esta línea, el PROMEI (Proyecto de Mejoramiento de la Enseñanza en Ingeniería) se presenta como la respuesta a un reclamo gremial de los ingenieros que no se produce una vez finalizada la acreditación, sino conjuntamente con ella (Casajús y Garatte, 2012). De esta forma, el papel del CONFEDI, AFACIMERA y AUDEAS, entre otros consejos de decanos y asociaciones de facultades, serán claves y determinantes no solo para la elaboración y aprobación de los estándares de sus carreras, sino para la definición de la política de calidad educativa del Estado y la consiguiente apertura de líneas de financiamiento destinadas a la mejora de la enseñanza, mostrando, de alguna manera, el peso político relevante que han ido adquiriendo estos espacios de co-ordinación alternativos al CIN.

Durante la última década, los mencionados Consejos de Decanos y Asocia-ciones de Facultades jugaron un papel relevante a la hora de legitimar y natu-ralizar los procesos de evaluación y acreditación, encabezando las primeras ex-periencias en tales sentidos. Según Ernesto Villanueva, la acreditación fue percibida como punto de apoyo para los sectores internos proclives al cambio en alianza tácita con la CONEAU (Villanueva, 2008). En la misma línea, Sonia Araujo y Lucía Trotta afirman que la institucionalización de la acreditación fue el resultado de una configuración particular que posibilitó el acercamiento de los académicos universitarios y los representantes del gobierno nacional. Más específicamente, fue el producto de la integración combinada de la coordina-ción estatal (SPU y CONEAU) y la presencia de cuerpos intermedios como el CONFEDI, en primera instancia, y el Consejo de Universidades, en segundo lugar, que articuló tres ámbitos: agenda gubernamental, especialización disci-plinar y representación institucional. De acuerdo a las autoras, la legitimación del control estatal fue producto del reconocimiento del CONFEDI como "bisa-gra" del nivel de base (los ingenieros que realizan sus tareas de docencia, inves-tigación y extensión y transferencia) y el nivel institucional constituido por los rectores de las universidades que forman parte del Consejo de Universidades (Araujo y Trotta, 2011).

Este papel relevante de los Consejos de Decanos y Facultades no se circuns-cribirá exclusivamente a la acreditación de las carreras sino que será clave a la ho-ra de definir, en la SPU, la apertura de nuevas y diversas líneas presupuestarias destinadas a financiar las debilidades identificadas en la acreditación. Según el testimonio de Pugliese: *"Con FUNDAR y los programas de mejora buscábamos apor-tar los recursos necesarios para que las universidades pudieran cumplir los compromi-sos que asumían en los procesos de evaluación y en los de acreditación de las carreras determinados por el art. 43 de la LES. De lo contrario seríamos un Estado irresponsa-ble. El Estado no podía pedir que las Universidades y las carreras se sometieran a pro-cesos de evaluación y acreditación y después desentenderse de financiar las dificultades que allí se detectaban".* (Pugliese, Entrevista, 2015).

La temprana acreditación de un conjunto de carreras de Medicina impulsa-das por AFACIMERA posibilitará la apertura, en el año 2002, de una línea de fi-nanciamiento para el aseguramiento de la calidad dirigida a las carreras de Medi-cina acreditadas. Aunque con un financiamiento casi simbólico de $ 847.000 distribuidos en nueve proyectos de las carreras de Medicina de las Universidades Nacionales del Comahue, Córdoba, Cuyo, La Plata, Nacional Nordeste, Rosario,

Litoral, Tucumán y del Sur, esta primera experiencia abrirá el camino para que otros programas, de mayor volumen presupuestario, visibilicen y disparen el recorrido estándar para acceder a recursos específicos de mejoramiento de la calidad: solicitud para estar incluida en el listado de carrera de interés público; acreditación ante CONEAU y presión, durante y posteriormente al proceso de acreditación, para la apertura de una línea de financiamiento en la SPU para enfrentar las debilidades y problemas detectados. En este sentido, y teniendo como antecedentes la declaración de las ingenierías como "carreras estratégicas" para el desarrollo nacional y en el marco de las convocatorias a acreditación voluntaria y obligatoria convocadas por la CONEAU desde el año 2002, a finales de 2004 se pondrá en funcionamiento, dentro de la SPU, el programa que albergará la respuesta política y presupuestaria a las demandas de los Consejos de Decanos y Asociaciones de Facultades: el Programa de Calidad Universitaria, con sus programas de mejoramiento de la enseñanza.

A su vez, producto de la presión de los Consejos de Decanos y asociaciones de Facultades de carreras que no estaban comprendidas dentro del artículo 43 de la LES, el financiamiento no solo quedó restringido a las carreras de interés público. Es así como, paulatinamente se fueron abriendo líneas de financiamiento a carreras de universidades nacionales de gestión pública no incluidas en dicho artículo, denominadas Proyectos de apoyo a las carreras, entre los cuales se puede mencionar el Proyecto de apoyo a las ciencias sociales (PROSOC), el Proyecto de apoyo a las ciencias humanas (PROHUM), el Proyecto de apoyo a las carreras de ciencias exactas y naturales, ciencias económicas e informática (PACENI), el Proyecto de apoyo a la formación de técnicos informáticos y el Proyecto de apoyo a las carreras de Arte (FORMARTE), entre otros.

Tabla 11

Programas de Mejoramiento de la enseñanza. Total inversión al año 2012

Proyecto	Carreras	Número de carreras	Período de Implementación	Inversión (en $)
PROMEI I y II	Ingenierías	257	2005-2010	365.160.000
PROMAGRO	Agronomía	25	2007-2009	40.379.000
PROMFYB	Farmacia y Bioquímica	23	2008-2010	53.395.038
PROMVET	Veterinaria	11	2009-2011	30.806.800
PROMARQ	Arquitectura	9	2010-2012	29.240.654
PROMED	Medicina	12	2011-2014	72.000.000

PROMOD	Odontología	7	2011-2014	25.200.000
PROMFORZ	Ingeniería Recursos Naturales Renovables e Ing. Forestal y Zootecnista e Ing. Forestal y Zootecnista	14		30.133.442
TOTAL				**646.314.934**

Fuente: Anuario de Estadísticas Universitarias, Ministerio de Educación. Año 2012.

Tabla 12
Proyectos de Apoyo a las carreras. Total inversión al año 2012

Proyecto	Carreras	Número de Carreras	Período	Inversión (en $)
PACENI	Ciencias Exactas y Naturales, Ciencias Económicas e Informática	41	2009-2011	34.922.912
PROSOC	Ciencias Sociales	31	2008-2010	26.043.474
PROSOC RRHH	Ciencias Sociales	31	2010-2012	23.000.000
PROHUM	Ciencias Humanas	31	2010-2012	12.438.688
DOCTORAR SOCIALES	Ciencias Sociales	38	2012-2014	20.400.000
Formación de Técnicos Informáticos	Técnicos Informáticos	84	2007-2010	17.500.000
Acciones Complementarias Becas Bicentenario	Ingeniería, Informática, Ciencias Agropecuarias, Veterinaria, Bioquímica y Farmacia, Ciencias Exactas y Naturales	45	2009-2011	11.600.000
INTER-U	Ciencias Exactas, Físicas y Naturales	—	2009-2011	2.371.904
Total				**148.276.978**

Fuente: Anuario de Estadísticas Universitarias, Ministerio de Educación. Año 2012.

Producto del sostenido y pragmático trabajo a lo largo de estos años, los Consejos de Decanos y Asociaciones de Facultades abrieron y consolidaron líneas directas de articulación política y técnica con la autoridad estatal, generando programas y proyectos con importante financiamiento, para el grado y el posgrado, *sin necesidad de mediación y representación del CIN*. La fragmentación disciplinar fue alentada por el recorrido paradigmático establecido para conseguir eventuales recursos extrapresupuestarios, puesto que, para acceder a los proyectos de mejora de la enseñanza, era preciso reforzar las identidades disciplinares, ser parte de las carreras reguladas por el Estado y acreditar ante la CONEAU. Como recordaba Alberto Dibbern: "*…el diálogo para los programas de mejoramiento por carrera o familias de carreras era con los decanos, esto molestaba a veces a los rectores, pero así era*". (Dibbern, Entrevista, 2014).

Esta articulación política con los Consejos de Decanos y Asociaciones de Facultades fue estimulada por las distintas gestiones de la SPU, desde el momento que constituyen ámbitos más pragmáticos y resolutivos que el CIN, constituyendo este vínculo alternativo con las universidades un elemento condicionante y de presión hacia el mismo CIN. Un ex rector de la UBA nos decía:

"*…la SPU acordaba planes de mejora, que incluían importantes recursos, cargos, directamente con las facultades, con los decanos. Ello impactaba en el mapa político de la facultad pero también de toda la universidad*". (Hallú, Entrevista, 2015).

En esta línea, Adolfo Stubrin sostiene que los consejos de decanos constituyen una serie de circuitos para la toma de decisiones que desdoblan la autonomía en tantas formas como disciplinas/profesiones consiguen legitimarse para actuar (Stubrin, 2014). La jerarquización de los Consejos de Decanos y Facultades como interlocutores válidos en el conjunto universitario, con las consecuencias de ello en la dinámica política interna de cada universidad, registraba no pocos enemigos dentro del CIN, incluyendo instituciones y figuras de considerable peso político dentro de éste.

"*Uno de los principales opositores para incluir, dentro del esquema del CIN a los consejos de Decanos era la UBA, expresada a través de su rector Oscar Shuberoff. Ello por distintos motivos, sobre todo por los desequilibrios políticos que producía hacia dentro de la universidad*". (Stubrin, Entrevista, 2015).

No obstante, el CIN realizará algunas acciones para incluir en su dinámica institucional a las Asociaciones de Decanos y facultades, incluyendo la conformación de una comisión específica para estudiar cómo hacerlo.

"*Considerando: que es necesario desarrollar un programa de acciones tendientes a poner en marcha la decisión de hacer partícipes a las Asociaciones de Facultades o Decanos de las actividades del Consejo… El CIN Resuelve: Artículo 1ero.: conformar un grupo de trabajo integrado por la Prof. Alicia Camilloni (UBA), el Ing. Cirio A. Murat (UTN) y un representante de la Universidad Nacional de Cuyo (a designar), el que será coordinado por el Presidente de la Comisión de Asuntos Académicos, Lic. José Martín, que tendrá por misión la propuesta de acciones tendientes a implementar la consulta y participación a las Asociaciones de Decanos o Facultades"*[194]. El coordinador de dicha comisión recordaba:

"…trabajamos intensamente para posibilitar la inclusión de los decanos. De hecho hubo algunos avances, pero el problema estaba en los ruidos hacia dentro de cada universidad…". (Martín, Entrevista, 2015).

A pesar de las energías institucionales volcadas, el CIN nunca logró, por acción o inacción, involucrar en su funcionamiento y base de representación a los Consejos de Decanos y Asociaciones de Facultades, entre otros motivos por considerarlos una eventual competencia de su propio rol de representación, en lo político y presupuestario, del conjunto universitario. Así, la actividad y dinámica de los distintos Consejos de Decanos y Asociaciones de Facultades, que vienen articulando políticas para el grado y el posgrado directamente con las autoridades políticas y técnicas del Ministerio de Educación, continúan sin un espacio de contención orgánica dentro de la estructura del CIN, debilitando su rol coordinador y potenciando la diversificación de iniciativas.

De Horco Molle a la Declaración del Bicentenario: ¿hubo una política universitaria del CIN en el período 2002-2015?

Dos hitos relevantes en el nuevo esquema de relaciones entre el gobierno nacional, la SPU y las universidades fueron la Declaración de Horco Molle (2004), analizado con anterioridad, y la Declaración del Bicentenario (2010), esta última entregada en mano por los rectores a la presidenta de la Nación, Cristina Fernández de Kirchner, en el marco de los distintos actos conmemorativos por los doscientos años de la Revolución de Mayo de 1810. Para la generación de este último documento, el CIN instauró la *"Agenda del Bicentenario"*[195] y así, desde ese marco, se propuso reflexionar acerca del papel de la universidad en la Argentina actual. Para ello desarrolló un conjunto de encuentros en distintas universidades: Universidad Nacional de Cuyo (Universidad e inclusión), del Nordeste (Uni-

---

[194] Resolución del Comité Ejecutivo 123/1998. Buenos Aires, 21 de octubre de 1998.
[195] Resolución Comité Ejecutivo 570/09. Buenos Aires, 16 de diciembre de 2009.

versidad y desarrollo), de Catamarca (Universidad y conocimiento) y de Río Negro (Universidad y ciudadanía). A partir de las conclusiones de los distintos encuentros, se pronunció en el documento: *Las Universidades Públicas en el año del Bicentenario*[196]. En la mencionada declaración se hace un repaso de los avances logrados por el gobierno nacional en los últimos años y una reflexión crítica y autocrítica respecto al papel de la universidad en el desarrollo nacional, exhortando a las universidades a involucrarse con mayor determinación en los desafíos del desarrollo social, cultural, económico y productivo del país.

"…*Este Bicentenario nos encuentra con una realidad, signada por la voluntad de avanzar hacia una sociedad del conocimiento que combine crecimiento con distribución equitativa de la riqueza y en equilibrio con el ambiente. Las Universidades Públicas tenemos la más absoluta convicción de que debemos ser protagonistas de la construcción de esa sociedad…*"[197].

En este sentido, tomando como hitos los documentos de Horco Molle y el del Bicentenario, nos proponemos indagar acerca de si es posible identificar una política coherentemente integrada del CIN hacia el campo universitario, elaborada en el marco del contexto de oportunidad política que ofrecía la fluida relación con la conducción de la Secretaría de Políticas Universitarias y las respuestas positivas obtenidas para gran parte de las demandas presupuestarias. Para dicha indagación analizamos los acuerdos plenarios, resoluciones del comité ejecutivo y de presidente en los años 2002-2015. En el presente período el CIN emitió un total de 1778 resoluciones, distribuidas entre 551 acuerdos plenarios, 900 resoluciones del comité ejecutivo y 327 resoluciones de presidente.

Tabla 13

Acuerdo Plenarios y Resoluciones del CIN (2002-2015)

	2002	2003	2004	2005	2006	2007	2008	2009
Acuerdos Plenarios	33	50	48	41	29	37	33	38
Resoluciones Comité Ejecutivo	41	29	33	31	56	33	58	81
Resoluciones Presidente	3	2	2	3	2	7	7	18
Total	77	81	83	75	87	77	98	137

---

[196] Acuerdo Plenario 759/2010. La Plata, 21 de octubre de 2010.
[197] Acuerdo Plenario 759/2010, anexo I, pág. 1. La Plata, 21 de octubre de 2010.

	2010	2011	2012	2013	2014	2015	Total
Acuerdos Plenarios	37	44	37	40	47	37	**551**
Resoluciones Comité Ejecutivo	77	88	83	92	84	114	**900**
Resoluciones Presidente	9	65	56	67	35	51	**327**
Total	123	197	176	199	166	202	**1778**

Fuente: Elaboración propia en base a los Acuerdos Plenarios y Resoluciones del CIN.

La temática de las resoluciones abarcó la amplia y dinámica agenda del período, pudiendo clasificarlas en siete grandes categorías:

Política Universitaria: Declaraciones y manifiestos en defensa de la educación pública; pronunciamientos sobre medidas del gobierno (decretos, anteproyectos), declaraciones y propuestas sobre la Ley de Educación Superior, creación de nuevas universidades, temas gremiales del personal de apoyo y estudiantes; autonomía y autarquía universitaria; pronunciamientos sobre temas conceptuales de evaluación y acreditación; pronunciamientos sobre distintos programas y proyectos del gobierno, repudios, recortes al presupuesto y demandas globales de mayor presupuesto; análisis del sistema universitario argentino; gratuidad de la educación superior; relaciones con el Congreso y el PEN; pronunciamientos sobre el nuevo régimen económico-financiero.

Relaciones institucionales: Convenios varios entre universidades nacionales e instituciones educativas de distintos países; designaciones de representantes ante diversos espacios institucionales; auspicios institucionales; consejo de la magistratura; convenios con instituciones públicas y privadas.

Asuntos Económicos: Distribución presupuestaria; modelos de pautas objetivas de distribución presupuestaria; políticas salariales; demandas presupuestarias; compras; contrataciones.

Asuntos Académicos (grado y posgrado): Articulación académica entre universidades; alumnos; bibliotecas; oferta de posgrado; posgrado en general; educación a distancia; incumbencias y validez de títulos; estándares de las carreras para el Consejo de Universidades (art. 43 LES).

Ciencia y Técnica: Temáticas de investigación universitaria e investigación del sistema científico nacional; programa de incentivos; planificación científica; desarrollo tecnológico; categorizaciones sistema de incentivos.

Universidad y Sociedad: Extensión universitaria; trabajo con sectores vulnerables; articulación universidad-sector productivo; bienestar universitario; salud estudiantil y salud universitaria; deporte universitario.

CIN. Dinámica interna: Funcionamiento interno; designación de miembros de las comisiones permanentes; reformas al estatuto; personal del CIN; aporte económico de las universidades al funcionamiento del CIN; dinámica administrativa y organizativa del CIN en general.

Tabla 14

Distribución temática de Acuerdos Plenarios y Resoluciones

Temas	2002	2003	2004	2005	2006	2007	2008
Política Universitaria	8	8	9	5	14	11	8
Asuntos Económicos	9	15	19	20	17	11	14
Asuntos Académicos	5	8	7	5	4	9	19
Relaciones Institucionales	19	17	19	23	12	8	10
Ciencia y Técnica	9	13	5	4	4	9	8
Universidad y Sociedad	4	11	3	1	7	10	6
CIN. Dinámica interna	23	9	21	17	29	19	33
Total	77	81	83	75	87	77	98

Temas	2009	2010	2011	2012	2013	2014	2015	Total
Política Universitaria	16	8	18	9	9	18	19	**160**
Asuntos Económicos	23	23	20	9	8	9	15	**212**
Asuntos Académicos	20	11	13	31	26	27	35	**220**
Relaciones Institucionales	33	36	57	18	32	28	47	**359**
Ciencia y Técnica	7	11	32	21	19	28	31	**201**
Universidad y Sociedad	5	8	6	14	10	4	6	**95**
CIN. Dinámica interna	33	26	51	74	95	52	49	**531**
Total	137	123	197	176	199	166	202	**1778**

Fuente: Elaboración propia en base a los Acuerdos Plenarios y Resoluciones del CIN.

Del análisis de las resoluciones, declaraciones y documentos producidos por el CIN durante el período 2002-2015, podemos identificar, dentro de la heterogeneidad y multiplicidad de temas abordados, cierta proactividad en una agenda finita de temas que, sin configurar una política integral, ha conformado un conjunto de núcleos de trabajo dinámicos y áreas de intervención que, con diverso grado de éxito, han estado presentes con regularidad e intensidad en la agenda de discusión y decisiones del CIN durante el período. Entre ellos podemos mencionar: la nueva Ley de Educación Superior, las relaciones internacionales, la expansión territorial de las instituciones universitarias existentes y la política de promoción de la investigación. Veamos ahora, con un poco más de detalle, cada una de ellas.

Debates alrededor de una nueva Ley de Educación Superior:

Si bien desde el mismo momento de sanción de la Ley de Educación Superior 24521 (LES) ésta mantendrá un lugar destacado en la agenda universitaria, será en 2004, en el marco de un balance general a casi diez años de su vigencia, cuando los rectores y el CIN profundizarán la discusión de los lineamientos centrales que debería contener el nuevo marco normativo destinado a reemplazarla. No estará ausente en esta decisión la intensa resistencia estudiantil a su efectiva implementación, presente antes y después de su sanción, con episodios especialmente visibles en la UBA, La Plata, Universidad Nacional del Comahue y Universidad Nacional Patagonia San Juan Bosco, y, por otra parte, la imposibilidad de implementarse plenamente, por la acción judicial de amparo, en la universidad más grande y prestigiosa del país, la Universidad de Buenos Aires[198]. Como continuidad de las jornadas de discusión realizadas en Horco Molle en agosto de 2004, el CIN convocará a las II Jornadas de Reflexión sobre la Educación Superior, a realizarse en diciembre de 2005 en la ciudad de Mar del Plata. Dicho encuentro incluirá en la primera jornada el análisis de algunos ejes fundamentales de la norma, evaluados a la luz de los diez años de vigencia: *"Autonomía y autarquía de las Universidades Nacionales en la Constitución Nacional y en la Ley de Educación Superior"*, presentado por Eduardo Asueta, rector de la UN de Entre Ríos y en ese en-

---

[198] Entre los distintos elementos que precipitarán la discusión en el CIN del nuevo marco normativo, cabe mencionar la decisión de la UBA –apartada del CIN desde 2002– de impulsar la realización de un proyecto de Ley de Educación Superior para posteriormente presentar, unilateralmente, en el Congreso: *"...el rector de la UBA, Guillermo Jaim Etcheverry, le encomendó a un grupo de juristas la confección de un proyecto de ley universitaria... El encargo de la UBA está en manos de tres profesores de la Facultad de Derecho: Jorge Sáenz, Andrés D'Alessio y el actual decano, Atilio Alterini. La idea del rector es tener listo el proyecto antes de fin de año..."* Lorca, J. (30 de noviembre de 2004). Con ánimo de reformar la Ley de Educación Superior. *Página 12*. Recuperado de http://www.pagina12.com.ar/diario/universidad/10-44271-2004-11-30.html

tonces presidente del CIN; *"Evaluación y acreditación. Régimen de títulos (arts. 42 y 43). CONEAU, composición y funciones"*, por el rector de la UN de Río IV, Ing. Oscar Spada, y, finalmente, *"Régimen salarial y administración de personal. Centralización y descentralización y autonomía y autarquía"*, presentado por el rector de la UN de General Sarmiento, Lic. Silvio Feldman. El segundo día de las jornadas estuvo dedicado a evaluar el avance en la vinculación social y productiva, en el marco de los compromisos asumidos al respecto en las jornadas anteriores y explicitadas en el Documento de Horco Molle. Por su parte, en 2007 el Ministerio de Educación, a través de su responsable, Daniel Filmus, reiteró la invitación al CIN, realizada en 2005 y 2006, a abocarse a la discusión del texto de la nueva ley, en el marco de la revisión general de toda la infraestructura normativa de los 90. Superada la crisis de la UBA de 2006 y sancionada la nueva Ley de Educación Nacional (ley 26606) a fines de dicho año, era previsible que la nueva LES, finalmente, tuviera la atención del gobierno en su agenda legislativa[199]. En ese marco, el CIN, desde inicios de 2007, solicitará a todas las universidades que acerquen sus propuestas, trabajos y proyectos de nueva Ley, con la idea de homogeneizar una posición al respecto e involucrarse activamente en la elaboración de la nueva ley.

"Art. 1°: Expresar el compromiso del CIN ante la comunidad universitaria de elaborar lineamientos para una propuesta de reforma centrada en diversos aspectos y capítulos de la Ley de Educación Superior N° 24521..."[200].

A través de una comisión *ad hoc* el CIN producirá un documento preliminar, integrando los aportes de distintas universidades, organizaciones gremiales, estudiantiles y legisladores, que servirá de base para la discusión al respecto en un plenario convocado a tal efecto en la localidad de Vaquerías, Córdoba, los días 23 y 24 de agosto. En el marco de dicho plenario y con la nueva LES como único punto del temario, el CIN aprobará por unanimidad un documento conteniendo un detallado posicionamiento sobre el conjunto de ítems que deberían estar presentes en el nuevo texto. La discusión tendrá sus momentos álgidos al momento de discutir el rol de la CONEAU y si lo conveniente era la sanción de una nueva ley o la reforma de la vigente. A los efectos de lograr la unanimidad, el CIN finalmente no se pronunciará respecto a si el camino era la derogación de la LES o su reforma y, en el caso de la CONEAU, sostendrá que era necesario un orga-

---

[199] *"Nuestro compromiso es que el debate sea sobre todo el 2007 y que, para fines de año, alejado de la fecha electoral, podamos presentar un proyecto, resultado del consenso de todas las universidades"*, dijo Daniel Filmus. Lorca, J. (30 de diciembre de 2006). Se viene el debate por otra ley. *Página 12*. Recuperado de http://www.pagina12.com.ar/diario/universidad/

[200] Acuerdo Plenario 640/2007. Buenos Aires, 4 de julio de 2007.

nismo único de evaluación, pero con menor injerencia política y mayor representación académica.

Si bien desde el gobierno y diversos sectores se había anunciado que 2007 sería el año de discusión de la nueva LES, las elecciones nacionales y porteña, con Daniel Filmus, ministro de Educación, como candidato a jefe de gobierno de la CABA, postergaron el debate. En 2008, el anuncio realizado por la presidenta de la Nación en el discurso de apertura de las sesiones ordinarias del Congreso respecto a la inminente elevación del anteproyecto de nueva LES para su discusión, activará las gestiones del CIN para generar ámbitos de discusión y actualización de los lineamientos centrales oportunamente alcanzados.

"Art. 1º: Encomendar al Comité Ejecutivo que se aboque a la organización de una amplia agenda de actividades específicamente encaminadas a profundizar el análisis, discusión y definición de los lineamientos que debería contemplar la nueva Ley de Educación Superior."[201].

En esta línea, el CIN mantendrá reuniones con diversos agentes universitarios y legislativos, incluyendo reuniones con la Comisión de Educación de la Cámara de Diputados.

"Nos reunimos con la comisión de Educación de Diputados, el objetivo era acercarles, de primera mano, el documento aprobado en el Plenario de Vaquerías. Allí estaban nuestras definiciones pero había ánimo de escuchar otras propuestas, de buscar consenso y que finalmente se tratara". (Gómez de Erice, Entrevista, 2012).

Por otra parte, desde ambas cámaras legislativas y con la colaboración del CIN, se organizaron a lo largo de 2008, en la CABA y en distintas provincias del interior del país (Córdoba, Rosario Tucumán, Salta y Santa Fe), distintos foros denominados *Hacia una nueva Ley de Educación Superior,* con la participación de sindicatos, organizaciones estudiantiles y diversos agentes, universitarios y extrauniversitarios, en donde se abordaron las temáticas del financiamiento universitario, la evaluación y la acreditación y el compromiso social de la universidad. A pesar del anuncio presidencial, otras prioridades en la agenda legislativa, el conflicto con el campo por la resolución 125 de retenciones móviles y la estatización del sistema previsional, determinarán una nueva postergación en el tratamiento del marco normativo para la educación superior. En 2009, la comisión *ad hoc* que había elaborado el documento base para la discusión en Vaquerías se transformó en *Comisión de seguimiento de la nueva normativa* con el objetivo de centralizar la información y el análisis de nuevos proyectos y actualizaciones sobre el tema que pudieran surgir:

---

[201] Acuerdo Plenario 667/2008. Santa Rosa, 28 de marzo de 2008.

"Art. 1º: Crear una Comisión de seguimiento de la elaboración y sanción de la normativa que regule la Educación Superior, integrada por los Rectores Lics. Silvio Feldman, Daniel Martínez y Francisco Morea, Prof. Darío Maiorana, Ing. Agr. Stella Pérez de Bianchi y Dr. José Riccardo"[202].

Junto con la comisión de seguimiento, que será renovada parcialmente por semestre, en 2010 se conformó una comisión especial para la elaboración de una agenda de trabajo en conjunto con la Comisión de Educación de la Cámara de Diputados:

"Art. 1º: Designar al Ing. Oscar Spada y al Prof. Darío Maiorana para integrar la comisión para elaborar una agenda de trabajo en conjunto con la Comisión de Educación de la H. Cámara de Diputados"[203].

No obstante la comisión de seguimiento y la comisión para la agenda de trabajo en conjunto, posteriormente a 2008 el tema irá perdiendo vigencia, desapareciendo lentamente la decisión e iniciativa, del CIN y del Ministerio, de promover el debate de la nueva LES.

"…intentamos que, a diferencia de la anterior Ley, haya mucho consenso con la ley destinada a reemplazarla. Sobre todo en ejes centrales como financiamiento, gratuidad, autonomía, función social de la universidad. Ese consenso es difícil de lograr en la universidad, donde la heterogeneidad y pluralidad es la regla…". (Dibbern, Entrevista, 2014).

En el caso del CIN, posteriormente a 2008, la temática perderá fuerza y será registrada casi exclusivamente en la rutinaria actualización semestral de los miembros de la comisión de seguimiento. Las normativas al respecto emitidas después de ese año denotarán claramente que la promoción e impulso del debate de una nueva LES perderá protagonismo como componente de una agenda transversal al conjunto universitario. Darío Maiorana, ex rector de la UN de Rosario y ex presidente del CIN, recordaba:

"…por diversos motivos, no fue posible que se avanzara en el tratamiento de una nueva LES. En algunos momentos fue la coyuntura, en otros momentos ciertas prevenciones respecto al desenlace de la apertura de ese debate. La cuestión es que no se dieron las condiciones para su tratamiento" (Maiorana, Entrevista, 2015).

La continua postergación del debate parlamentario y la ausencia de un proyecto de LES específico impulsado por el CIN o la SPU, expondrá, por una parte, la eventual debilidad de los agentes para posibilitar su inclusión en la agenda legislativa y gubernamental, pero, sobre todo, evidenciará la amplia conformidad

---

[202] Resolución Comité Ejecutivo 505/2009. Buenos Aires, 28 de abril de 2009. Esta comisión será renovada semestralmente, cambiando parcialmente sus miembros.
[203] Resolución Comité Ejecutivo 587/2010. Buenos Aires, 13 de abril de 2010.

de la gran mayoría de los rectores con la configuración determinada por la ley vigente y los temores y precauciones, por la imprevisibilidad de sus derivaciones, de abrir un debate que concluya con la reforma o derogación de la actual LES.

La expansión territorial de las instituciones universitarias: creación de sedes, subsedes y programas de educación a distancia:

Previo a la sanción de la Ley de Educación Superior, la generación de nuevas sedes o unidades académicas fuera de la jurisdicción de las universidades existentes estaba supeditada a un dictamen favorable del CIN (decreto 2282/93) y solo habilitada para casos excepcionales que contaran con una sólida justificación. El diagnóstico del CIN daba cuenta de que con el avance en las Tics, la demanda de cobertura de las distintas regiones y la mercantilización de la oferta académica privada en busca de nichos rentables, habían proliferado sedes, subsedes, extensiones áulicas y otros formatos que proponían diversas carreras, en muchos de los casos solapadas y en competencia con universidades existentes, además de tener muy bajos niveles de calidad institucional y pertinencia social. Fue así como, ya en 1996, el CIN instaba a la articulación entre las distintas universidades, evitando la superposición:

"Visto:... la superposición de esfuerzos de UUNN frente a la demanda de cursos o carreras... El CIN Resuelve: Art. 1º: Recomendar a las UUNN que ante pedidos de aperturas de carreras o cursos en zonas donde haya asentada otra UUNN, procure la coordinación de las actividades"[204].

No obstante las resoluciones del CIN, el alarmante crecimiento desordenado de las sedes y subsedes determinó, en 1998, una declaración de la CONEAU al respecto, advirtiendo de la gravedad de la problemática y la necesidad de avanzar en la regulación y ordenamiento:

"...Preocupa a la CONEAU una práctica creciente: la creación por parte de universidades, tanto estatales como privadas, de subsedes o carreras –denominadas a veces "extensiones áulicas"– en lugares alejados de su zona natural de actividad... Resulta igualmente llamativo que varias de dichas subsedes se encuentren próximas a instituciones nacionales o privadas consolidadas, con cuya anuencia no cuentan. Tampoco consta que se haya obtenido la conformidad de los distintos organismos nacionales o regionales que agrupan a las instituciones universitarias. Ello está dando lugar a un panorama anárquico que debilita la calidad del sistema de educación superior por la insuficiencia en dichas subsedes del plantel académico, de la infraestructura física y bibliográfica y de otros servicios esenciales para el aprendizaje..."[205].

---

[204] Acuerdo Plenario 213/1996. Buenos Aires, 2 de julio de 1996.
[205] Creación de subsedes universitarias. Declaración de la Comisión Nacional de Evaluación y Acreditación Universitaria, pág. 1. Buenos Aires, 2 de junio de 1998.

Ante la fuerte declaración de la CONEAU, el CIN, teniendo en cuenta que las decisiones deberían involucrar tanto a universidades estatales, privadas y al resto de las instituciones de educación superior no universitaria, resolverá dar intervención al Consejo de Universidades, solicitando que las universidades no realicen ofertas educativas fuera de la región correspondiente a su CPRES, hasta tanto no se expida el mismo[206].

La ausencia de información precisa acerca de la oferta académica del conjunto de la educación superior, universitaria y no universitaria, atentaba contra la consecución de los objetivos de articulación y ordenamiento de las ofertas académicas fuera de las jurisdicciones. Por ello el CIN, detectando casos de *"…apertura de sedes fuera de la región de pertenencia de la institución, convenios de instituciones universitarias con institutos terciarios, ofertas educativas sin respetar la normativa de cargas horarias mínimas, casos de educación a distancia, para grado y posgrado, que no garantizan los niveles de calidad consensuados por instituciones evaluadoras, y ofertas y convenios realizados por universidades extranjeras en la región, que deben cumplir con la normativa vigente en nuestro país…"*[207], resolverá la creación de una *Comisión de Enlace SPU-CIN*, a los efectos de lograr el intercambio de información y documentación para iniciar el proceso de ordenamiento y regularización de la oferta académica de las sedes y subsedes de universidades fuera de sus respectivas jurisdicciones[208]. Finalmente el Consejo de Universidades se expedirá al respecto, a través del Acuerdo 10/1999, cuyo texto será la base para la sanción del decreto 1047/99, el cual establecía:

"Toda oferta de grado o posgrado destinada a instrumentarse total o parcialmente fuera del ámbito del CPRES al que perteneciere la institución universitaria, deberá contar con un reconocimiento oficial otorgado especialmente al efecto, siendo requisito indispensable para ello el dictamen favorable del CONSEJO DE UNIVERSIDADES"[209].

Si bien el decreto 1047/99 estableció un marco normativo de referencia y obligatorio para todo el conjunto de la educación superior, persistieron varios de los problemas enunciados en el diagnóstico que le dio origen. Como sostiene Carlos Pérez Rasetti, la evaluación instaurada por el decreto 1047/99 no tuvo en los primeros años de su vigencia un impacto demasiado importante ya que se

---

[206] *"Art. 1°: Solicitar a las Universidades Nacionales que no realicen ofertas educativas fuera de la región correspondiente a su Consejo de Planificación Regional de Educación Superior, hasta tanto el Consejo de Universidades elabore las pautas a que se refiere el art. 1° del Acuerdo Plenario N° 284/98".* Acuerdo Plenario 309/1998. Río Cuarto, 15 de diciembre de 1998.

[207] Acuerdo Plenario 285/1998. Tandil, 11 de agosto de 1998.

[208] Considerandos y art. 1.° del Acuerdo Plenario 285/1998. Tandil, 11 de agosto de 1998.

[209] Decreto 1047/99, art. 1.°, Buenos Aires, 23 de septiembre de 1999.

practicó muy poco, persistiendo ofertas que se implementaron sin evaluación, reconocimiento oficial específico y funcionando como réplicas fantasmas de las carreras que se dictaban en las sedes principales (Pérez Rasetti, 2007).

En función de los problemas mencionados, en 2006 el Ministerio de Educación de la Nación, a través de la resolución 1671/06, estableció un plazo para que las instituciones universitarias públicas y privadas de todo el país "...*remitan la nómina de carreras de pre-grado, grado y posgrado que dictan total o parcialmente fuera del ámbito del CPRES al que pertenecen y que no cuenten con el reconocimiento especial previsto en el artículo 1 del Decreto 1047/99*"[210], intimando con plazo perentorio a iniciar las gestiones de regularización de la oferta académica que no haya seguido los parámetros establecidos en el mencionado decreto. Las 149 presentaciones realizadas para regularizar la oferta académica fuera de las respectivas jurisdicciones de las instituciones universitarias fueron derivadas a las comisiones de evaluación de los respectivos CPRES, las cuales dictaminaron acerca de la continuidad, cese de actividades o ampliación de información sobre cada una de las presentaciones realizadas[211].

Como podrá observarse, si bien es un tema que continúa abierto y es objeto de iniciativas como el *Registro de Convenios de Asociación, de convenios de Articulación y de experiencias de articulación en la Educación Superior* (resolución ME 1180/07) y el *Mapa de la oferta académica en educación superior*, el CIN y la SPU, a diferencia de la expansión mediante la creación de nuevas instituciones universitarias, respecto a la expansión de la oferta de las instituciones existentes han tenido un papel regulador activo y efectivo.

Relaciones Internacionales:

Las relaciones internacionales constituyeron un eje de trabajo importante para el CIN desde sus momentos fundacionales. Por otra parte, el decreto de creación del CIN establecía con claridad que este ámbito "...*tendrá a su cargo las relaciones con otros organismos públicos y privados, nacionales o extranjeros que constituyan un intercambio beneficioso para las Universidades Nacionales*"[212].

La tendencia mundial de internacionalización de la educación superior, definida por Jane Knigth como el proceso de integración de la dimensión internacional, intercultural y global en las metas y funciones de la educación superior

---

[210] Resolución 1671/2006, art. 1.°, Buenos Aires, 24 de noviembre de 2006.

[211] Las solicitudes de regularización presentadas alcanzaron a 149 carreras (28 de posgrado, 101 de grado y 20 carreras cortas) correspondientes a 22 universidades (8 nacionales y 14 privadas) ubicadas en un total de 97 localidades. Cfr. Pérez Rasetti, 2007, p. 71.

[212] Decreto 2461/85, art. 2.

(Knigt, 2011) y un contexto político regional favorable para la integración –traducido en oportunidades de cooperación y financiamiento– dinamizarán las relaciones internacionales en el ámbito universitario, multiplicando los espacios y temas de coordinación, bilaterales y multilaterales, complejizando todo ello la agenda de las relaciones internacionales. En este sentido, y evidenciando la jerarquía creciente otorgada al tema en el período, en 2007 se creará, dentro del CIN, una comisión permanente específica para el tratamiento de la temática, la *comisión de asuntos internacionales*[213]. Junto con el trabajo de la comisión se desarrollarán las actividades de la Red de cooperación internacional de las universidades nacionales (RedCIUN), la que, creada en 1999[214], agrupa a los responsables de la gestión de las relaciones internacionales en las distintas UUNN.

Dentro de los distintos eventos y encuentros internacionales realizados durante el período, la *Conferencia Regional de Educación Superior en América Latina y el Caribe (CRES 2008-IESALC UNESCO)* realizada en Cartagena de Indias, Colombia, en junio de 2008, jugará un papel clave como elemento dinamizador del proceso de articulación académica y política entre las distintas instituciones de educación superior de América Latina y el Caribe. El CIN participará activamente en dicha instancia, incluyendo la realización, en conjunto con la Universidad Nacional de Tucumán, del *Foro sobre Educación Pública en el Siglo XXI*, instancia preparatoria de la Conferencia regional, donde se acordaron los ejes centrales a impulsar en dicha encuentro. La conferencia contará con una importante participación de rectores, quienes conformarán una nutrida delegación que participará activamente de los debates.

"En la CRES 2008 hubo un documento final previo. Esto permitió, a diferencia de otros eventos de este tipo, que hubiera una importante discusión sobre su contenido y que fuera modificado. Ese documento, de gran calidad, fue muy asumido, muy referenciado hacia el futuro. Aparte, la posición militante de Latinoamérica reflejada en ese documento, donde se definió la educación como bien público y social, como Derecho Humano, jugó también un papel relevante en la Conferencia Mundial de Educación del año 2009, donde en alianza con africanos y algunos países de Asia se rechazó la definición de educación como servicio transable de la Organización Mundial de Comercio". (Somoza, Entrevista, 2015).

La CRES 2008 señalará la necesidad de consolidar el papel de la educación superior en la región como un factor estratégico para el desarrollo sustentable y para la promoción de la inclusión social y la solidaridad regional. Definirá a la edu-

---

[213] Acuerdo Plenario 650/2007. Reforma del Estatuto del CIN, art. 23. Río Cuarto, 9 de octubre de 2007.
[214] Acuerdo Plenario 326/1999. Córdoba, 19 de abril de 1999.

cación superior como un bien público social, derecho humano universal y deber del Estado, afirmando una noción de calidad vinculada a la pertinencia e inclusión social, promoviendo la integración regional y las relaciones Sur-Sur, incluyendo dentro de las cinco medidas de su Plan de Acción:

"...propugnar la integración regional latinoamericana y caribeña y la internacionalización de la educación superior en la región mediante, entre otras iniciativas, la construcción del ENLACES - Espacio de Encuentro Latinoamericano y Caribeño de Educación Superior"[215].

El CIN se involucrará activamente en la constitución de ENLACES y antes de la realización de la Conferencia Mundial de Educación (UNESCO), realizada en París en julio de 2009, participará y adherirá a la Declaración de Lima 2009, siendo parte del grupo fundacional de ENLACES.

"Acordamos: construir el Espacio de Encuentro Latinoamericano y Caribeño de Educación Superior (ENLACES) regido por los principios de autonomía universitaria, reciprocidad, cooperación solidaria, multilateralidad, inclusión, coparticipación, igualdad de oportunidades y flexibilidad, para contribuir a la integración y el desarrollo humano sostenible de la región..."[216].

Junto con las gestiones y esfuerzos institucionales para la construcción de ENLACES, el CIN, como parte integrante del Consejo Universitario Iberoamericano (CUIB), se involucrará en el surgimiento del *Espacio Iberoamericano del Conocimiento,* espacio de articulación académica e institucional acordado por los jefes de Estado y de gobierno en la XV Cumbre Iberoamericana, celebrada en Salamanca, España en 2005. Desde el CUIB, recuperando el marco filosófico y político de la CRES 2008, se emitirá el denominado *Documento de Buenos Aires 2010,* el cual, dirigiéndose a la próxima Cumbre Iberoamericana de Jefes de Estado y de Gobierno; a la Organización de Estados Iberoamericanos para la Educación, la Ciencia y la Cultura (OEI) y al Foro de Responsables de Educación Superior, Ciencia e Innovación, solicitará el apoyo para la implementación del EIC en el ámbito de la educación superior.

Asimismo, y en la búsqueda de implementar acciones de cooperación con distintas instituciones y redes de educación superior de la región, el CIN instrumentará distintos programas de intercambio, entre los cuales cabe mencionar:

---

[215] Declaración y plan de acción de la CRES 2008. Cartagena de Indias, IESALC-UNESCO, p. 7.
[216] Acuerdo Plenario 703/2009. Declaración de Lima. Villa María, 28 de septiembre de 2009, p. 1.

✓ Programa de Movilidad académica Colombia-Argentina (MACA). Aprobado por el Acuerdo Plenario 795/2011 y el acta complementaria 1179/13 del Ministerio de Educación de la Nación.

✓ Programa Jóvenes en intercambio México-Argentina (JIMA). Aprobado por el Acuerdo Plenario 694/2009 y el acta complementaria 1157/13 del Ministerio de Educación de la Nación.

✓ Programa de Movilidad de Académicos y Gestores México-Argentina (MAGMA). Aprobado por el Acuerdo Plenario 731/2010, 884/2014 y el acta complementaria 1157/13 del Ministerio de Educación de la Nación.

En el marco de cierta proactividad en impulsar un espacio de articulación regional que agrupe a las asociaciones de rectores de la región, el CIN impulsará decididamente el surgimiento de la *Asociación de Consejos de Rectores de Universidades de Latinoamérica y el Caribe (ACRULAC)* y la institucionalización y puesta en funcionamiento del Espacio Latinoamericano y Caribeño de Educación Superior (ENLACES).

"En el espacio latinoamericano faltaba el rol de los rectores. Está el rol de las asociaciones de membresía (AUGM, UDUAL, OUI), pero faltaba el ámbito que agrupara a las asociaciones nacionales que tienen el rol de discutir las políticas con sus gobiernos. Las asociaciones de membresía agrupan universidades, tienen más que nada el objetivo de favorecer la internacionalización, la movilidad académica, etc. Pero faltaba el actor que agrupara a los sistemas universitarios, como el CIN en Argentina, ASCUN en Colombia, CRUCH en Chile. Las asociaciones de membresía no recogen la complejidad de cada sistema universitario. Se necesitaba un espacio que agrupara a los colectivos universitarios nacionales. Es en este tipo de espacio donde en realidad se puede discutir realmente el proceso de integración universitaria. Eso pretendíamos con ACRULAC". (Somoza, Entrevista, 2015).

La ACRULAC, conformada en noviembre de 2013, constituye una organización que reúne a los consejos y asociaciones de rectores de los países que conforman la Comunidad de Estados Latinoamericanos y Caribeños (CELAC), que, desde sus diferentes realidades institucionales, comparten la concepción de la educación superior como bien público social, derecho humano y universal, y responsabilidad del Estado (CRES 2008)[217].

Como mencionáramos anteriormente, el CIN participará activamente en la institucionalización y puesta en funcionamiento del Espacio Latinoamericano y Caribeño de Educación Superior (ENLACES), integrado por asociaciones de rec-

---

[217]Resolución Comité Ejecutivo 993/2014. Buenos Aires, 4 de noviembre de 2014.

tores representadas por ACRULAC, las redes latinoamericanas y caribeñas de membresía; el Instituto Internacional de la UNESCO para la Educación Superior en América Latina y el Caribe (IESALC); la Organización Continental Latinoamericana y Caribeña de Estudiantes (OCLAE); las asociaciones latinoamericanas y caribeñas de gremios docentes y personal de apoyo; reservando también un lugar para los gobiernos latinoamericanos y caribeños que decidan cómo y cuándo integrarse. El CIN integrará, junto con la Asociación de Universidades Grupo Montevideo (AUGM), el IESALC y la Unión de Universidades de América Latina (UDUAL), el grupo de trabajo que redactará e impulsará el Plan de desarrollo estratégico de dicho ámbito.

Como podemos observar, el CIN durante el período mantendrá, respecto a las relaciones internacionales en la región, una actitud dinámica y proactiva, manteniendo sostenidos vínculos con las distintas redes de educación superior y teniendo la iniciativa en la generación de nuevos ámbitos regionales de coordinación universitaria, como fue el caso del impulso para la creación de la Asociación de Consejos de Rectores de Universidades de Latinoamérica y el Caribe (ACRULAC), y, por otra parte, un activo involucramiento en la cristalización, puesta en funcionamiento e institucionalización del Espacio Latinoamericano y Caribeño de Educación Superior (ENLACES).

Políticas de promoción de la investigación en las UUNN:

A pesar de que los gobiernos kirchneristas enfocaron centralmente la política científica y tecnológica hacia el CONICET, especialmente partir de la creación del MINCYT en 2007, el CIN mantuvo el interés por estimular la investigación en las universidades. Ante el incremento presupuestario del año 2003, el primer año en ser usado el modelo de pautas objetivas, la decisión del CIN fue aplicar el modelo asignando los siguientes porcentajes de distribución a cada bloque[218]:

- 1.° bloque de asignación: 0%   (Función objetivo)
- 2.° bloque de asignación: 45%   (Alumno ajustado)
- 3.° bloque de asignación: 50%   (Modelo normativo de la SPU)
- 4.° bloque de asignación: 5%   (Fortalecimiento función investigación)

---

[218] Acuerdo Plenario 465/03. Buenos Aires, 8 de abril de 2003.

La decisión para el año 2003, que salvo excepciones, se repetirá a lo largo de los años, permitirá la asignación de nuevos fondos destinados a las actividades científicas, posibilitando con ello la generación de políticas transversales al heterogéneo y fragmentado conglomerado universitario. En ese marco, en el año 2005, el CIN aprobará el "*Plan de fortalecimiento de la investigación en las universidades nacionales*"[219]. El plan tendrá como propósito general consolidar a las universidades como agentes relevantes del sistema de ciencia, tecnología e innovación, en articulación con el *Plan estratégico de mediano plazo en ciencia, tecnología e innovación* definido por la Secretaría de Ciencia, Técnica e Innovación Productiva de la Nación (SECyT), proponiendo para ello el financiamiento de una *asignación directa* para el sostenimiento institucional de la investigación universitaria (mejora de la infraestructura y equipamiento científico; edición de publicaciones científicas; financiamiento de proyectos de investigación y transferencia; implementación de un programa de vocaciones científicas) y una *asignación concertada* con la SECyT para la definición de líneas de investigación y formación de posgrado en áreas temáticas prioritarias. Por otra parte, junto con la descripción de la brecha entre el aporte de las universidades al sistema de ciencia y tecnología y los recursos presupuestarios disponibles, el plan propondrá "*una estrategia de investigación dotada de orientación propia*":

"*…Desde la perspectiva de las universidades nacionales, para potenciar su aporte al cumplimiento de sus funciones y de los objetivos estratégicos del país en materia de ciencia, tecnología e innovación es necesario fortalecer las capacidades de cada institución universitaria para llevar adelante una estrategia de investigación dotada de orientación propia. Esto no equivale a decir que las universidades nacionales pretendan desvincularse de la política nacional de ciencia, tecnología e innovación sino, por el contrario, que pretenden insertarse adecuadamente en ella, nutriéndose de los recursos que generará el Plan estratégico de mediano plazo en ciencia, tecnología e innovación y contribuyendo al logro de sus metas…*"[220].

El plan de fortalecimiento de la investigación será actualizado en 2006 (AP 609/06) y 2007 (AP 609/06), año en el cual se impulsará un conjunto de "*iniciativas de aplicación*" del plan con el objeto de instrumentar acciones que permitan ir cumplimentando los objetivos allí definidos. En este sentido, se definirán y re-

---

[219] Acuerdo Plenario 569/2005. Buenos Aires, 23 de agosto de 2005. El Plan elaborado en el año 2005 fue realizado en base a los aportes de la Comisión de Ciencia, Técnica y Arte del CIN, la cual recogió las demandas y propuestas de las distintas universidades, junto con un trabajo de redacción final y homogeneización a cargo del Dr. Mario Albornoz. Resolución Comité Ejecutivo 337/2005. Buenos Aires, 20 de septiembre de 2005.

[220] Acuerdo Plenario 569/2005, anexo I, pp. 13 y 14. Buenos Aires, 23 de agosto de 2005.

alizarán acciones de articulación con la comisión de posgrado del CIN (formación de posgrado); la Red de Editoriales Universitarias (REUN) y el Centro Argentino de Información Científica y Tecnológica (CAICyT) para el impulso de las publicaciones académicas y científicas; la Red de Vinculación Tecnológica de las Universidades Nacionales Argentinas (Red VITEC) para el mejoramiento del impacto productivo de las actividades científico-tecnológicas, y la Red Nacional Audiovisual Universitaria (RENAU) para mejorar la divulgación científica.

El año 2008 será clave para el intento, desde la Comisión de Ciencia, Técnica y Arte del CIN, de generar una política de ciencia y técnica transversal al fragmentado conjunto universitario. A instancias de la comisión mencionada, el CIN resolverá apartar, de los fondos a distribuir para cada una de las UUNN destinados a ciencia y técnica, una suma anual para ser aplicados a financiar el *Programa Estratégico de Investigación y Desarrollo (PEID)*, en el marco de las orientaciones del Plan de fortalecimiento de la investigación.

"El Programa Estratégico de Investigación y Desarrollo está conformado por Proyectos I+D estratégicos nacionales y/o regionales, en temáticas prioritarias relevantes, con alto impacto social y productivo y centrados en la resolución de problemas..."[221].

Las convocatorias a los PEID fueron instrumentadas y cofinanciadas entre el CIN y el Ministerio de Ciencia, Tecnología e Innovación Productiva a través de la Agencia Nacional de Promoción Científica y Tecnológica (ANPCyT)[222].

"Si bien creo que nos faltaron algunas cosas para materializar más resultados concretos, fue una experiencia desafiante trabajar en temas y problemas del conjunto de las universidades, saliendo de la mirada unilateral de la propia. Con fuerte iniciativa de Jorge Anunziata de Río IV, y con Bertranou como interlocutor en el Ministerio, fue un gran logro que el MINCyT doblara la inversión que el CIN dispusiera a los PEID. Ello jerarquizó las convocatorias y amplificó los alcances". (Passera, Comunicación, 2015).

En base a la distribución geográfica de referencia de los CPRES, cada una de las regiones geográficas realizó un seminario-taller sobre una de las siete temáticas prioritarias. Cada seminario-taller, realizados durante todo 2009, tuvo por objeto procurar una perspectiva interregional de las problemáticas nacionales; detectar vacancias académico-científicas y temas relevantes dentro de cada área, vinculados a necesidades emergentes del sector socio-productivo o demandas sociales que surgieran de las políticas públicas.

---

[221] Acuerdo Plenario 676/2008, anexo I, p. 7. Lomas de Zamora, 16 de septiembre de 2008.

[222] Para instrumentar el co-financiamiento se suscribieron, entre el CIN y la ANPCyT, distintos protocolos estableciendo las bases y ejes temáticos para la convocatoria de los proyectos: Acuerdo Plenario 725/2010. Rosario, 25 de marzo de 2010, y Acuerdo Plenario 742/2010. Buenos Aires, 2 de julio de 2010.

De acuerdo a los convenios oportunamente suscriptos, los instrumentos de financiamiento seleccionados fueron los desarrollados por la ANPCyT:

✔ Proyectos de Investigación y Desarrollo (PID).
✔ Proyectos de Investigación Científico-Tecnológicos Orientados (PICTO).

En este marco, se realizaron dos convocatorias de Proyectos de Investigación Científica y Tecnológica Orientados (PICTO-CIN I y II), alcanzando a financiar y ejecutar 39 proyectos[223]. Junto con la convocatoria a los proyectos PICTO-CIN, el CIN instrumentará, desde 2011, un nuevo dispositivo en el marco del Plan de fortalecimiento de la investigación, en este caso cofinanciado con la Secretaría de Políticas Universitarias: el *Programa de becas estímulo a las vocaciones científicas*[224], pensado con el objetivo de iniciar en las tareas de investigación a estudiantes avanzados de las distintas UUNN, actualmente transitando la cuarta convocatoria. Asimismo, una vez concluida las dos convocatorias de los PICTO-CIN, el CIN, con el objetivo de *"Promover la investigación conducente a resultados socialmente relevantes"*[225], aprobará un nuevo instrumento en reemplazo de los proyectos mencionados, los *Proyectos de Desarrollo Tecnológico-Social (PDTS-CIN-CONICET)*, en este caso articulados con el Consejo Nacional de Investigaciones Científicas y Técnicas (CONICET). Profundizando la articulación entre ambos ministerios, los PDTS para ser considerados tales deben formar parte del Banco de PDTS del MINCyT y fueron incluidos como alternativa de ponderación positiva en la reformulación del manual de procedimientos del programa de incentivos a la investigación.

"…*Los Proyectos de Desarrollo Tecnológico y Social del Consejo Interuniversitario Nacional (PDTS-CIN) surgen como una estrategia para abordar, desde el ámbito universitario, problemas que demanden la comunidad y el desarrollo sustentable del país, generando y aplicando conocimiento en pos de aportar soluciones…."*[226]

Con estas consideraciones hemos querido destacar un conjunto de núcleos dinámicos y áreas de intervención del trabajo del CIN que, con diverso grado de éxito, han estado presentes con regularidad e intensidad en su agenda de discu-

---

[223] Financiamiento: Total: $ 28.500.000. De los cuales $9.500.000 fueron aportados por las distintas UUNN a través del CIN y $ 19.000.000 fueron aportados por la ANPCyT. Fuente: Acuerdo Plenario 708/09, anexo I, p. 6. Villa María, 29 de septiembre de 2009.

[224] A. Plenario 764/2011. Villa María, 5 de abril de 2011, y A. Plenario 809/2012. Santa Fe, 26 de marzo de 2012.

[225] Acuerdo Plenario 901/2014, anexo I, p. 1. Mendoza, 28 de marzo de 2014.

[226] Acuerdo Plenario 901/2014, anexo I, p. 1. Mendoza, 28 de marzo de 2014.

sión durante el período: *nueva Ley de Educación Superior*; *relaciones internacionales*; *la expansión de las instituciones existentes y políticas de promoción de la investigación*. Estos temas no agotan la amplia agenda que el CIN abordó durante estos años, sino que son los que se destacan por su constancia, dinamismo e intenciones de constituir una política transversal a las distintas UUNN. No obstante, más allá de las intenciones y el dinamismo de estos ejes de trabajo, del análisis de los acuerdos, resoluciones, declaraciones y documentos producidos por el CIN durante el período 2002-2015, no ha sido posible identificar un cuerpo coherentemente integrado de iniciativas, que, como política universitaria integral y transversal al conglomerado universitario, concertada por todos los rectores en el marco del CIN, haya sido impulsada ante el conjunto de agentes que intervienen en el diseño e implementación de las políticas públicas hacia el sector. El nuevo equilibrio de fuerzas en el período favorecía la fragmentación de las demandas y de las respuestas, como puede verse en el esquema 3. Si bien hubo un intenso y comprometido trabajo del organismo en el período, el mismo estuvo fragmentado en múltiples temas, no pudiendo coagular una propuesta integral que, aprovechando la fluidez presupuestaria y relevancia política del Consejo en el período, interpele y aborde con profundidad los problemas centrales de la universidad pública argentina. La decisión de fundar la gobernabilidad sobre la base de evitar iniciativas que friccionaran la agenda bilateral con la SPU, imposibilitó el abordaje, con audacia y profundidad, de los problemas estructurales de la universidad argentina, problemas que tanto el CIN como la SPU vienen advirtiendo sobre la necesidad de abordar y gravedad de postergar.

No obstante, a pesar de no identificar en la documentación del período una política universitaria integral propia y elaborada por el CIN, este consejo, como veremos más adelante, tendrá un rol relevante en el direccionamiento de la política universitaria de estos años, determinando las fronteras y espacios de posibilidades de las políticas dirigidas a su sector. Si bien la injerencia del CIN en la política universitaria encontrará su límite en la dinámica de creación de nuevas universidades, se expresará en cambio con contundencia en la política universitaria dirigida hacia el "sistema" universitario tradicional y en la consolidación de la figura del rector (y miembro activo del CIN) como el perfil político y técnico idóneo para la conducción de la política universitaria argentina.

Esquema 3
Relaciones entre campo universitario, campo burocrático-estatal y nuevas universidades durante los gobiernos kirchneristas (2003-2015)

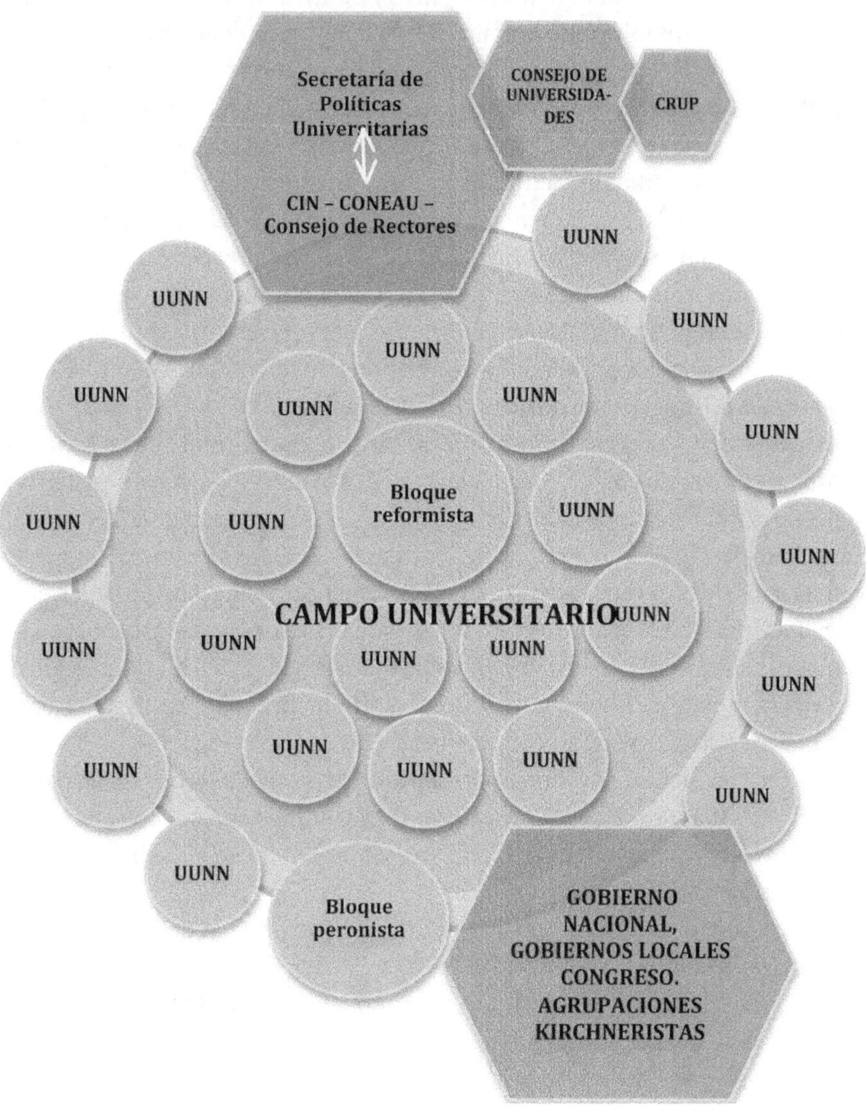

La expansión de la Educación Superior mediante la creación de nuevas instituciones universitarias: la posición del CIN

Fundados en argumentaciones técnicas y políticas que, en general, eran resultado de extensos informes de evaluación de los proyectos analizados, sobre 29 proyectos de ley de creación de nuevas instituciones universitarias analizados en el período 2002-2015, solo seis de ellos tuvieron un dictamen positivo por parte del CIN[227]. Se argumentaba la falta de planificación de la expansión, debilidad y/o ausencia de estudios de factibilidad, así como la superposición de ofertas. Pero la resistencia del CIN a la creación de nuevas instituciones universitarias nacionales también se explica por una reticencia a sumar nuevos agentes en la distribución presupuestaria y la preferencia por la expansión territorial a través de la *ampliación de la oferta académica de las instituciones universitarias existentes*, considerada una vía de solución al amesetamiento, y en muchos casos retroceso, de la matrícula de muchas universidades tradicionales.

Esta resistencia a la creación de nuevas instituciones no era nueva. En los 90 las nuevas universidades fueron creadas antes de la LES y el marco normativo vigente no exigía consulta al CIN. Excepto el rechazo a la creación de la UN de Gral. Sarmiento (A. Plenario 23/91), no hay constancias, más allá de que no había exigencia legal de hacerlas, de consultas al CIN respecto a la creación de las doce nuevas instituciones universitarias (nueve universidades y tres institutos). Sancionada la Ley de Educación Superior en 1995, ésta determinó que la creación de nuevas instituciones universitarias fuese resorte exclusivo del Congreso Nacional, incluyendo dentro de las condiciones que la misma se haga:

"…con previsión del crédito presupuestario correspondiente y en base a un estudio de factibilidad que avale la iniciativa. El cese de tales instituciones se hará también por ley. Tanto la creación como el cierre requerirán informe previo del Consejo Interuniversitario Nacional"[228].

Con el objeto de reglamentar, y de alguna manera intentar delimitar la potestad del Congreso, en 1995 se dictó el decreto 499/95, el que estableció:

"A los fines de dar cumplimiento a lo dispuesto en el artículo 48 de la Ley Nº 24521, los proyectos de leyes de creación de nuevas instituciones universitarias nacionales deben contemplar, en el estudio de factibilidad que las fundamente, el conjunto de recur-

---

[227] Dentro de los seis informes positivos se cuenta el dictamen favorable sobre el cambio de denominación de una institución universitaria preexistente. Nos referimos al cambio de nombre del Instituto Universitario Nacional del Arte (IUNA) por Universidad Nacional de las Artes (AP 911/2014).

[228] Ley 24521, art. 48.

sos que hagan viable la iniciativa, la necesidad de formar recursos calificados en el área que la nueva institución se propone cubrir y los lineamientos generales del proyecto institucional que resulten indispensables para evaluar su justificación"[229].

En 1999 el CIN había solicitado al Congreso Nacional la suspensión del tratamiento de los proyectos de creación de nuevas instituciones, ofreciendo a su vez lo que para los rectores constituían los criterios de política universitaria a considerar en la elaboración y tratamiento de las propuestas de nuevas instituciones universitarias nacionales:

"…Para que un proyecto de nueva institución universitaria nacional se considere factible necesariamente deberá cumplimentar cuatro aspectos fundamentales:

a) Responder a lo definido en la LES en lo relativo a los requisitos que deben reunir las instituciones universitarias;

b) Revelar –con fundamentaciones detalladas y científicamente rigurosas– la necesidad y singularidad de las contribuciones que hará la institución proyectada para la formación y capacitación de graduados profesionales del país y para el desarrollo y la transformación cultural y socio-económica de las comunidades locales y regionales con las que se relacionará en particular y con la comunidad en general;

c) Contener justificaciones precisas que demuestren la calidad de la oferta universitaria del proyecto y la pertinencia y viabilidad de su puesta en funcionamiento, en el contexto del desarrollo actual del sistema universitario argentino;

d) Testimoniar, con elementos que denoten evidencia probada, que la institución proyectada cuenta con el apoyo formal de organizaciones locales, estatales y privadas del área de influencia donde se desarrollará"[230].

Posteriormente, en el desglose de los elementos básicos e imprescindibles para el análisis de viabilidad del proyecto incluirá: fundamentación de la denominación propuesta; razones socio-económicas, históricas, institucionales y de política educativa que justifican el proyecto; disponibilidad y acceso a los recursos humanos, infraestructura, equipamiento y presupuesto, entre otros.

Pese a las declaraciones públicas del CIN realizadas con periodicidad, advirtiendo de las graves consecuencias de un crecimiento sin planificación, la mayoría de los proyectos continuaron su marcha legislativa. Por ello el CIN insistió con sus declaraciones:

---

[229] Decreto 499/1995, art. 18.
[230] Acuerdo Plenario 325/1999, anexo II. Córdoba, 19 de abril de 1999.

"Considerando: ...que se advierte con preocupación una peligrosa tendencia a la creación indiscriminada de Universidades Nacionales, en un contexto caracterizado por restricciones presupuestarias del sistema universitario existente, requerimientos de inversión en infraestructura y, lo que es más importante, desafíos pendientes en lo que hace a la consistencia de la oferta académica existente no solo en términos de su calidad, sino también de su articulación...; El CIN, Acuerda: Art. 1°: Desalentar la tendencia a la creación indiscriminada de Universidades Nacionales hasta tanto el CIN no cuente con suficientes elementos de juicio"[231].

En la misma línea, en 2007 y teniendo como referencia los proyectos de creación de las Universidades Nacionales de Río Negro, Chaco Austral y Villa Mercedes sobre sedes de universidades preexistentes (Cuyo, Nordeste y San Luis, respectivamente), el CIN, alegando la defensa del patrimonio y la integridad de la autonomía universitaria, se pronunciará reiteradamente en contra de proyectos que impliquen la fragmentación de instituciones universitarias preexistentes:

"Art. 1°: Rechazar los proyectos de creación de las Universidades Nacionales de Río Negro y Neuquén, Chaco Austral y Villa Mercedes identificados en los vistos del presente, y todos aquellos que propongan la creación de nuevas universidades nacionales sobre la base de la fragmentación de las Instituciones Universitarias existentes, generados sin su acuerdo"[232].

Junto con el rechazo a las nuevas universidades mencionadas, durante 2007 el CIN propondrá al Ministerio de Educación la puesta en funcionamiento de un programa que amplifique la oferta de educación superior a partir de la articulación y mejor aprovechamiento de la oferta existente, como medida para intentar frenar la cantidad de proyectos que a esa fecha se iban acumulando, pendientes de tratamiento, en el Congreso Nacional:

"Art. 1°: Encarar las acciones tendientes a la generación de un Programa de Cooperación y Articulación Universitaria Nacional, que utilice y optimice los recursos institucionales existentes, tanto en el sistema universitario público, como en las distintas regiones, a efectos de extender una oferta integral en los aspectos que así lo requieran en las zonas donde se revele la necesidad de atenderlo, a través de una política ordenada y cooperativa..."[233].

La propuesta contenida en el AP 629/2007 fue recogida por la Secretaría de Políticas Universitarias, la que, a través de la resolución 299/09 del Ministerio de Educación, puso en marcha el *Programa de Diagnóstico y Evaluación de la Educa-*

---

[231] Acuerdo Plenario 510/2004. La Plata, 26 de marzo de 2004.
[232] Acuerdo Plenario 628/2007. San Luis, 29 de marzo de 2007.
[233] Acuerdo Plenario 629/2007. San Luis, 29 de marzo de 2007.

ción Superior, el cual tenía, entre otros objetivos, el propósito de construir alternativas de cobertura de la demanda de educación superior que reemplazaran a la creación de nuevas universidades. El espacio construido entre la SPU y el CIN verificaba, así, su vitalidad e intentaba contrarrestar la otra cara de la política universitaria del kirchnerismo que era dominada por otros agentes, tensionando los pilares del funcionamiento consensuado con los agentes universitarios tradicionales.

"Creíamos que había cierta anarquía y que, entre todos, debíamos planificar el crecimiento, identificar con racionalidad las vacancias nacionales y regionales y de a poco ir dando respuestas de calidad a las demandas, donde no todas esas respuestas eran necesariamente nuevas universidades". (Dibbern, Entrevista, 2014).

Alarmado por los quince proyectos que, promediando 2009, se encontraban en diversas etapas de tratamiento legislativo, el CIN volvió a pronunciarse críticamente sobre la creación de nuevas universidades, en esta oportunidad a través del Documento: *"Desarrollo del sistema universitario en la Argentina. Creación de nuevas Universidades Nacionales"*[234], el cual, tras su aprobación, fue remitido a las dos cámaras del Congreso Nacional. Dicho documento, entre otras consideraciones críticas a la creación de nuevas universidades, expresaba:

"…La experiencia en la puesta en marcha de nuevas universidades señala que a las dificultades para dotarlas de un presupuesto adecuado para su inicio, se suma el hecho de que no se atiende luego su crecimiento, que por lógicas razones –implementación paulatina de los sucesivos años de las carreras ofrecidas–, aparece en escala distinta al del resto de las Universidades en funcionamiento. Por otra parte, y como cuestión de la mayor relevancia, los recursos humanos que acuden a cubrir esas nuevas ofertas educativas, y cuya formación lleva muchos años y esfuerzos económicos y personales, son los que se retiran de otras, generando desajustes internos y situaciones de incompatibilidad, no deseables"[235].

No obstante el documento elevado por el CIN al Congreso Nacional y la puesta en marcha, en septiembre de 2009, del Programa de Diagnóstico y Evaluación de la Educación Superior por parte de la Secretaría de Políticas Universitarias, meses después, entre noviembre y diciembre de 2009, el Congreso Nacional sancionó las leyes de creación de siete (7) nuevas universidades nacionales, seis de ellas con informe previo negativo del CIN[236].

---

[234] Acuerdo Plenario 706/2009. Villa María, 29 de septiembre de 2009.

[235] Acuerdo Plenario 706/2009, anexo I, pág. 3. Villa María, 29 de septiembre de 2009.

[236] Con fecha 11 de noviembre de 2009 fueron sancionadas las leyes de creación de las Universidades Nacionales de Avellaneda; Oeste; Villa Mercedes, y Tierra del Fuego, Antártida e Islas del Atlántico Sur. Con fecha 2 de diciembre de 2009 fueron sancionadas las leyes de creación de las Universidades Nacionales Arturo Jauretche y de José Clemente Paz. Fuente: Infoleg: http://infoleg.mecon.gov.ar/. Excepto el informe positivo ante el proyecto de ley de creación de la UN de Tierra del Fuego, Antártida e Islas del Atlántico Sur, el resto de los informes previos del CIN (art. 48 de la LES) fueron todos negativos.

Entre 2009 y 2013 se detuvo la creación de nuevas universidades, más debido a las crecientes dificultades presupuestarias que a la eventual presión del CIN o la SPU al respecto. De todos modos, la SPU en 2012 puso en funcionamiento el *Programa de Expansión de la Educación Superior*, creado por resolución 1366/12 del Ministerio de Educación y que, al igual que su antecesor, el Programa de Diagnóstico y Evaluación de ES, promovía la articulación de las capacidades institucionales y académicas *existentes* para cubrir la demanda territorial de educación superior. Los borradores del Programa de Expansión de la Educación Superior, y de una de sus herramientas principales, los Consejos Regionales de Educación Superior (CRES), fueron ampliamente debatidos en el CIN, incluyendo la propuesta de alternativas.

"Había muchas críticas a los fundamentos de cómo debía ser encarado el crecimiento de la educación superior. La asociación de universidades aparecía algo forzada y, sobre todo, no estaban bien contemplados los mecanismos para detectar, con base sólida, científica –y no solo por percepciones o basados en los reclamos de los municipios–, cuál era la oferta académica que era pertinente, en todos los sentidos, para una determinada zona del país". (Somoza, Entrevista, 2015).

Sorteadas las críticas, la SPU, con el apoyo del CIN, finalmente implementó el Programa de Expansión de la ES, en el cual la principal herramienta la constituían los *Consejos Regionales de Educación Superior (CRES)*, consorcios entre universidades, instituciones de ES y municipios que, anclados en los distintos Consejos Regionales de Planificación de la Educación Superior (CPRES), se asociarían para "*...dar una respuesta a la creciente necesidad de educación superior, capaz de ofrecer una alternativa planificada y orientada por la pertinencia, a la fragmentación del sistema, a la creación de universidades como única opción para el crecimiento y a la proliferación de ofertas solo orientadas por el mercado...*"[237]. Los CRES, pensados como modelos institucionales para la expansión planificada, estarían localizados en puntos geográficos determinados por cada CPRES, de acuerdo a sus prioridades, asumiendo que, de acuerdo al decreto 1047/99, existía una jurisdicción geográfica para cada una de las universidades nacionales, determinada por la pertenencia a alguno de los siete Consejos Regionales de Planificación de la Educación Superior (CPRES). Algunos de los CRES definidos fueron el CRES Almirante Brown (Pcia. de Buenos Aires, partidos de Florencio Varela, Quilmes, Lomas de Zamora, Lanús, Esteban Echeverría y Presidente Perón); CRES San Fernando (Pcia. de Buenos Aires, partidos de Tigre, San Isidro, Vicente López, General San Martín, San

---

[237] Resolución 1366/12 del Ministerio de Educación de la Nación. Buenos Aires, 14 de agosto de 2012, anexo I, p. 1.

Miguel, Malvinas Argentinas, Tres de Febrero); CRES Deán Funes (Córdoba); CRES Villa Dolores (Córdoba); CRES San José de Jáchal (San Juan); CRES de Iguazú (Misiones).

Como podemos ver, el emplazamiento de los CRES apuntaba directamente a intentar dar respuesta a los reclamos, por parte de referentes políticos, intendentes y gobernadores, de cobertura territorial de educación superior, intentando evitar que la respuesta a la misma fuese mediante el impulso legislativo a la creación de una nueva universidad.

"Impulsábamos una nueva forma de crecimiento del sistema universitario. A través de los Centros Regionales de Educación Superior (CRES). La idea era que cada CRES sea una herramienta de cada uno de los CPRES para atender a los pedidos de educación de las provincias y municipios, y sin dudas, que se erigieran en una alternativa clara a la creación de nuevas universidades. Las universidades debían asociarse entre ellas y los gobiernos municipales. Intentamos que los CRES descomprimieran el tema de las universidades nuevas sin planificación". (Spada, Entrevista, 2014).

Luego de una pausa de cuatro años, en los años 2014 y 2015 se crearon nada menos que once (11) instituciones universitarias nacionales (diez universidades y un instituto universitario), cinco de ellas con un informe previo negativo del CIN, tres con informe positivo y tres de ellas sin registrar consulta al mismo. Muchas de las nuevas universidades estaban enclavadas en zonas donde estaban pensados los CRES, dejando expuesto el magro resultado en constituirse como una alternativa a la creación de nuevas universidades. A su vez, analizando la distribución geográfica de las nuevas instituciones, no se advierte lógica de planificación pública, remitiendo a los compromisos políticos entre los distintos agentes, el gobierno y los partidos presentes en el Parlamento la explicación de la voluntad legislativa instituyente. En esta misma línea, un ex presidente del CIN reflexionaba:

"…era muy difícil saber quién estaba detrás de cada proyecto de nueva universidad, a veces se sabía o intuía, a veces no. El proyecto podía estar mucho tiempo quieto, sin avances y de repente, sin una lógica precisa, era rápidamente aprobado en comisiones y en el pleno". (Somoza, Entrevista, 2015).

Como puede observarse en el Cuadro 7, en cumplimiento del artículo 48 de la LES, el CIN analizó 29 expedientes de creación de universidades entre 2002 y 2015, informando negativamente 23 y positivamente 6.

Cuadro 6

Proyectos de Ley presentados/Informes del CIN/Instituciones universitarias nacionales creadas en el período (2003-2015)

Proyectos de Ley	Provincia	Informe del CIN	Año de creación
Universidad Nacional de Chilecito	La Rioja	Negativo	2003
Universidad Nacional del Noroeste de la PBA	Buenos Aires	Positivo	2003
Instituto Universitario de Seguridad Marítima[238]	CABA	Negativo	2007
Instituto Universitario de Gendarmería Nacional	CABA	No hay datos de consulta	2007
Universidad Nacional de Río Negro	Río Negro	Positivo	2007
Universidad Nacional de Chaco Austral	Chaco	Negativo	2007
Universidad Nacional del Chubut	Chubut	Negativo	———
Universidad Nacional de Avellaneda	Buenos Aires	Negativo	2009
Universidad Nacional de Villa Mercedes	San Luis	Negativo	2009
Universidad Nacional Arturo Jauretche	Buenos Aires	Negativo	2009
Universidad Nacional de Moreno	Buenos Aires	Negativo	2009
Universidad Nacional del Oeste	Buenos Aires	Negativo	2009
Universidad Nacional de José Clemente Paz	Buenos Aires	Negativo	2009
Universidad Nacional de Tierra del Fuego, Antártida e Islas del Atlántico Sur	Tierra del Fuego	Positivo	2009
Universidad Nacional de la Región Metropolitana Norte	Buenos Aires	Negativo	———
Instituto Universitario Nacional de Desarrollo Tecnológico Almirante Brown	Buenos Aires	Negativo	———
Universidad Nacional del Camino Real	Córdoba	Negativo	———

[238] Si bien el Instituto Universitario de Seguridad Marítima de la Prefectura Naval Argentina fue creado en 2002 (Decreto 1389/2002), para adecuarse a la legislación vigente posteriormente fue tratado por el Congreso, obteniendo la aprobación final en 2007.

Proyectos de Ley	Provincia	Informe del CIN	Año de creación
Universidad Nacional del Alto Uruguay	Misiones	Negativo	2014
Universidad Nacional de Rafaela	Santa Fe	Positivo	2014
Universidad Nacional de Hurlingham	Buenos Aires	Negativo	2014
Instituto Universitario de DDHH "Madres de Plaza de Mayo"	CABA	No hay datos de consulta	2014
Universidad Nacional de los Comechingones	San Luis	No hay datos de consulta	2014
Universidad de la Defensa Nacional	CABA	Positivo	2014
Universidad Nacional de las Artes[239]	CABA	Positivo	2014
Universidad Nacional de Ezeiza	Buenos Aires	Negativo	———
Universidad Nacional de Almirante Brown	Buenos Aires	Negativo	2015
Universidad Nacional Raúl Scalabrini Ortiz	Buenos Aires	Negativo	2015
Universidad Pedagógica Nacional	Buenos Aires	Negativo	2015
Universidad Nacional Intercultural de los Pueblos Indígenas	Jujuy	Negativo	———
Universidad Nacional de Venado Tuerto	Santa Fe	Negativo	———
Universidad Nacional del Oeste de Catamarca	Catamarca	Negativo	———
Universidad Nacional de Villa Dolores	Córdoba	Negativo	———
Universidad Nacional de San Antonio de Areco	Buenos Aires	No hay datos de consulta	2015

Fuente: Elaboración propia en base a los Acuerdos Plenarios del CIN/Infoleg.

---

[239] Corresponde al cambio de denominación del Instituto Universitario Nacional de las Artes (IUNA) creado por decreto 1404/96.

Finalmente entonces, entre 2003 y 2015 se aprobaron en el Congreso Nacional veinticuatro nuevas instituciones universitarias nacionales, de las cuales catorce habían tenido informe negativo del CIN, seis informes positivos y cuatro sin consulta registrada. Como podemos observar, este crecimiento encontrará resistencia en el CIN, quien consideraba que se trataba de un desarrollo desordenado y explosivo, con especial preocupación por la suma de nuevos actores en el reparto presupuestario. En este sentido, la debilidad del papel regulador de la SPU y el límite de la injerencia del CIN en la política universitaria quedaron sensiblemente expuestos con la creación de veinticuatro (24) nuevas instituciones universitarias por parte del Congreso Nacional, en su enorme mayoría a contramano de sus voluntades.

Es real que puede observarse cierta continuidad con el anterior ciclo de creaciones de nuevas instituciones en los 90, que posibilitó la creación de nueve universidades y tres institutos universitarios nacionales con una débil planificación educativa y que, salvo algunas excepciones, era complejo justificar su emplazamiento geográfico. No obstante, y para señalar las rupturas o discontinuidades con los 90, el contexto político y el estilo institucional de estas nuevas universidades permiten advertir un nuevo sentido, distinto del ciclo anterior. En esta línea, compartimos con Eduardo Rinesi que, más allá de los propósitos que las hayan animado, el resultado efectivo de la creación de nuevas universidades, las de ahora y las de antes, es un aumento de las posibilidades de ejercer de manera concreta y cierta el derecho de la educación superior universitaria (Rinesi, 2015). A su vez, como sostiene Pérez Rasetti, hubo una modificación sustancial respecto a lo declarativo, especialmente en las acciones tendientes a la recuperación del rol principal del Estado y el compromiso con el sostenimiento. En este contexto, la aceptación de las nuevas universidades impulsadas por distintos sectores de la política nacional, sin la existencia de un plan o de prioridades debatidas, más que improvisación surge como la aceptación de lógicas locales que son asumidas con el compromiso presupuestario y el acompañamiento político correspondiente (Pérez Rasetti, 2012). En este sentido, la ruta de la expansión de las instituciones de educación superior estimulada por el kirchnerismo, vinculada a uno de los rostros de su política universitaria que remite a la expansión heterónoma, enlaza políticas de ampliación de Derechos con prácticas de inserción territorial, donde el desarrollo institucional encuentra puntos de contacto con la construcción política.

Autonomía consensuada y gobernabilidad: una de las facetas de la política universitaria del kirchnerismo

Las relaciones entre el Estado, el gobierno y el campo universitario durante la década larga de 1990 estuvieron marcadas por la incorporación de la evaluación como orientadora del financiamiento, y por un nuevo agente, la SPU. Como vimos en el capítulo anterior, este giro hacia la "autonomía evaluada" implicó un movimiento hacia la regulación y el control estratégico sobre las universidades a través de tres principales herramientas: la sanción de nuevos marcos normativos, el financiamiento y la evaluación. No se concretó como una imposición vertical sobre el campo universitario, desde el momento que el CIN y los rectores tuvieron un papel activo en la forma final que adoptaron las acciones de gobierno, pero existió un enfrentamiento entre "los universitarios" en su conjunto y la SPU que, por lo menos hasta fines de 1999, representaba los principios de un gobierno que cuestionaba ejes centrales de su dinámica tradicional de funcionamiento.

Durante el gobierno de la Alianza se mantuvo la política macroeconómica del menemismo. Pero cabe destacar que, producto de la compleja dinámica interna del gobierno de ese período, la gestión de la SPU, y el ex rector que estuvo a cargo de ella durante sus dos años de duración, Juan Carlos Gottifredi, se manifestaron públicamente en contra de los ajustes presupuestarios hacia el sector. En este espacio burocrático-estatal germinaba, así, un vínculo intrínseco y una cierta forma de dependencia con la práctica del consenso y acuerdo entre bloques dentro del CIN, una práctica que edificó el espíritu de cuerpo entre los rectores y que sentó las bases de una política colaborativa en las fronteras entre el Estado y la universidad. En manos de ex rectores y miembros del CIN (en su mayoría ex presidentes), este espacio se autonomizó relativamente de la dinámica del gobierno, materializando un complejo proceso de politización y especialización de la política universitaria. Como satélite de este espacio de frontera, la CONEAU, por su propia composición, pendulaba entre los intereses del gobierno, el Congreso, la SPU y el CIN, pero funcionó por lo general dialogando con este espacio estatal de frontera entre el gobierno y el campo universitario.

Tras las elecciones de 2003, Néstor Carlos Kirchner, quien había quedado segundo en la primera vuelta con un 22% de los votos, accedió a la presidencia de la nación, ante la negativa del ex presidente Menem de presentarse al balotaje. El nuevo gobierno se encaminaba a conducir el país luego de la transición comandada por Eduardo Duhalde. Designado Daniel Filmus al frente del Ministerio de

Educación, éste optó por convocar al Secretario de Políticas Universitarias saliente, Juan Carlos Pugliese, quien contaba con el apoyo de los bloques reformista y justicialista del CIN:

"...*Cuando llegó Kirchner, yo ya había terminado mi mandato y me había venido a Tandil, después me llamó Filmus y me ofreció el cargo, tenía el apoyo de los rectores. De la unanimidad de los rectores de ese momento, que en su mayoría eran peronistas. Ahí tuve clara conciencia que la fuente de inspiración para estar en ese cargo era la corporación universitaria, la corporación de los rectores (…)*". (Pugliese, Entrevista, 2015).

La designación de un hombre de las filas del radicalismo al frente de la Secretaría de Políticas Universitarias es un hecho que podría sorprender a un observador lejano al campo. Pero tenía por objetivo central otorgar mayores niveles de gobernabilidad para una gestión que, con el recuerdo fresco de la revuelta de 2001, emergía con una menguada legitimidad política ante el flaco resultado de la primera vuelta y la ausencia de balotaje. Como sostienen Suasnábar y Rovelli, es probable que el gobierno de Kirchner haya desalentado cambios drásticos en el área de gestión universitaria en virtud de los recursos y el tiempo que hubieran sido requeridos para crear nuevas capacidades en un área que, desde 1999, era gestionada por equipos del radicalismo, quienes lograron un aval político relativamente estable por parte de los rectores de las universidades (Suasnábar y Rovelli, 2012). Asimismo, un referente del radicalismo en el gobierno posibilitaba una articulación política directa con un sector que históricamente ha tenido significativa fuerza en los claustros universitarios y, junto con ello, evitaba problemas internos con el complejo peronismo universitario. Resulta significativo el testimonio de Aníbal Jozami, primer rector designado secretario de Políticas Universitarias en 1999, de filiación peronista:

"...*cuando nombraron a Pugliese y Dibbern, siempre he dicho lo mismo: crea menos problemas al peronismo dentro de la universidad que haya un Secretario radical que maneje todo el otro sector y que no cree problemas en el peronismo a nombrar a uno u otro rector peronista, con los problemas internos que puede ello ocasionar*". (Jozami, Entrevista, 2015).

Más allá de la continuidad de Pugliese hubo un elemento clave que marcó, desde el principio, la relación entre el nuevo gobierno justicialista, las universidades y los rectores. Nos referimos a la receptividad a un conjunto de demandas presupuestarias que fue contorneando el nuevo esquema de relaciones, iniciado ya durante el gobierno provisional de Eduardo Duhalde. Recuerda Alberto Dibbern que:

"A principios de 2004, yo era presidente del CIN y nos reunimos, junto al comité ejecutivo, con Néstor Kirchner. Le planteamos en primer lugar que la deuda de gastos de funcionamiento de 3 o 4 años sea pagada en cuotas; que el presupuesto sea dividido en 12 partes y que nos enviaran a principios de mes una parte y que se creara un fondo de infraestructura universitaria. Él nos escuchó, nos dijo que le parecía bien e instruyó al jefe de gabinete y al ministro para que implementaran los pedidos. Lo que ocurrió es que se generó un programa de infraestructura, que dependía de Planificación, accedieron a enviar mensualmente la parte proporcional del presupuesto y la totalidad de la deuda la terminaron cancelando ese año. Fueron gestos que nos demostraron que el gobierno iba a darle a las universidades una atención casi privilegiada...". (Dibbern, Entrevista, 2014).

Las líneas centrales de la gestión de Pugliese la constituyeron la promoción de un ciclo certificado de educación superior por familia de carreras; la articulación con el nivel medio; la activación de dispositivos direccionados de financiamiento vinculados a procesos de evaluación y acreditación, y, sobre todo, la consolidación de un nuevo esquema de construcción de la política universitaria que tendrá como prioridad la gobernabilidad del sector y el consenso, independientemente de las identidades políticas de los agentes. En este sentido, dos procesos contribuyeron ciertamente a cristalizar una relación que estuvo marcada por el buen tono y la búsqueda de consenso: a) la respuesta positiva a nivel presupuestario, inusual para un sector que arrastraba años de recortes y objeciones a esta demanda, y b) la ausencia, tanto por parte de la SPU como del CIN, de iniciativas políticas con transformaciones de fondo para el "sistema universitario" tradicional que pudieran friccionar la agenda bilateral.

A mediados del año 2004, el CIN organizó, en la localidad de Horco Molle, provincia de Tucumán, las Jornadas de Reflexión sobre la Educación Superior. Las conclusiones, conocidas como *Declaración de Horco Molle,* constituyeron un hito relevante de este giro y del nuevo esquema de relaciones entre el gobierno y las universidades, caracterizadas por una importante estabilidad y altos niveles de gobernabilidad. En este sentido, en la referida declaración, el CIN, junto con acordar los ejes impulsados por la SPU y en el marco de una política basada en el consenso, asume el compromiso de profundizar la responsabilidad social de la universidad pública:

"...la universidad debe incrementar su contribución al cambio socioeconómico con justicia social e igualdad de oportunidades y promover un proyecto de desarrollo sustentable. Para el logro de estos objetivos los rectores acuerdan:

- Afianzar la política universitaria como búsqueda de consensos entre la universidad autónoma y los poderes del Estado, en diálogo con la sociedad...
- Acrecentar el compromiso de la vinculación de la universidad con la sociedad...
- Promover la progresiva organización por ciclos que faciliten el diseño de contenidos básicos disciplinares comunes por familias de carreras...
- Construir un sistema de créditos de grado y posgrado, para estimular la articulación en la universidad y entre universidades...
- Mejorar las condiciones y estrategias institucionales para facilitar el tránsito del nivel medio a la universidad, los procesos de aprendizaje, la calidad de la formación, el progreso en los estudios y la graduación...
- Contribuir al debate sobre la situación y propuestas para la mejora del sistema educativo en sus diversos niveles..."[240].

La declaración de Horco Molle es clave para referenciar este nuevo pacto entre las universidades y el Estado, donde éstas se comprometían a elevar su pertinencia social y el Estado abandonaba el rol de evaluador desconfiado y descomprometido, ofreciendo un generoso apoyo económico. Como mencionáramos, no fue poco importante para el buen ánimo de esta relación el hecho de que tanto la SPU como el CIN no avanzaron sobre proyectos e iniciativas sensibles a ambos agentes. Resulta importante destacar, al mismo tiempo, que esto implicó priorizar los consensos sobre los desacuerdos, generando un ambiente universitario singularmente favorable en un contexto nacional de creciente tensión y antagonismo político.

"...La ejecución plena del presupuesto universitario y las transferencias oportunas, como asimismo otras decisiones presupuestarias por parte del Gobierno Nacional han sido, sin duda, medidas valiosas para la previsibilidad y el funcionamiento del sistema universitario"[241].

---

[240] A. Plenario 537/2004. Declaración de Horco Molle. Río Gallegos, 23 de septiembre de 2004, anexo I, p. 2.
[241] A. Plenario 537/2004. Declaración de Horco Molle. Río Gallegos, 23 de septiembre de 2004, anexo I, p. 2.

Tabla 15
Presupuesto Universitario 2003-2014: Evolución en participación porcentual
en el PIB

Año	%
2003	0,53
2004	0,48
2005	0,54
2006	0,61
2007	0,67
2008	0,73
2009	0,87
2010	0,90
2011	0,92
2012	1,00
2013	1,08
2014	1,16

Fuente: Anuarios Estadísticas Universitarias, ME-SPU. Años 2006/2009/2011/2012/
2013/2014.

En el marco de este nuevo esquema de relaciones, en la SPU se pondrán en funcionamiento dispositivos de financiamiento que, al igual que los iniciados en los años 90, dependían de procesos de evaluación y acreditación. Junto con los programas de mejoras de la carreras de Medicina e Ingeniería, se destacó el Fondo Universitario para el Desarrollo Nacional y Regional (FUNDAR), el cual, tomando como modelo los contratos-programa franceses, constituyó un programa plurianual de financiamiento donde ambas partes, universidad y ministerio, asumían mutuas responsabilidades expresadas en un acuerdo de partes en el que se establecían las metas y objetivos a alcanzar, como así también los mecanismos de seguimiento y control. En este programa, la SPU era quien definía los ejes de interés para el financiamiento, y para su experiencia piloto se volcó hacia las tres universidades que en ese momento tenían una doble evaluación ante CONEAU, la Universidad Nacional del Sur, la Universidad Nacional de Cuyo y la Universidad Nacional Patagonia San Juan Bosco. Junto con FUNDAR, la gestión de Pugliese abrió numerosas alternativas de acceso a financiamiento diferenciales según diversas temáticas que permitían potenciar a las instituciones tradicionales que formaban parte del CIN. La dinámica de "ventanillas múltiples" (García de Fanelli, 2008) se vio reflejada en el heterogéneo abanico de programas, proyectos y convocatorias existentes en el ámbito de la SPU, que si bien no representaba un volumen equiparable a otros rubros del presupuesto, tuvo significativa importancia en la vida interna de las universidades y carreras, como así también en el proceso de legitimación de los nuevos instrumentos y ámbitos encargados de la evaluación universitaria.

A principios de 2006, Juan Carlos Pugliese fue reemplazado por Daniel Malcolm, en ese momento rector de la Universidad Nacional de San Martín y ex presidente del CIN. Malcolm, a diferencia de los dos secretarios anteriores, era de origen justicialista, pero su gestión duró escasos meses y estuvo signada por diversos desencuentros entre su equipo y el *staff* ministerial. En agosto de ese año, Malcolm renunció y un hombre del radicalismo nuevamente ocupará la SPU: Alberto Dibbern, de amplia trayectoria en el campo universitario, ex presidente de la UN de La Plata y ex presidente del CIN. El inicio de la gestión de Dibbern estuvo marcado por el virulento proceso de movilización estudiantil a favor de la democratización de las universidades, con epicentros claramente identificables en la Universidad de Buenos Aires, Comahue, Rosario y La Plata. Durante gran parte de 2006, intensas movilizaciones estudiantiles se combinaron con novedosos repertorios de acción colectiva para impedir la constitución de las asambleas universitarias y la elección de los reemplazantes de los rectores salientes.

Al igual que sus antecesores en el presente período, Dibbern continuó la dinámica evaluativa heredera de las reformas de los 90 y la compleja arquitectura de coordinación que había generado la LES. Siguió jerarquizándose el papel de la CONEAU y se confirmó el camino típico para acceder a programas de financiamiento: el haber pasado los filtros de los procesos de evaluación y de acreditación en el caso de los posgrados o las carreras reguladas por el Estado. La tendencia a generar opciones diferenciales de financiamiento que había comenzado con la gestión de Juan Carlos Pugliese, se profundizó en los seis años que duró la gestión de Alberto Dibbern, pasando de diez programas y proyectos focalizados existentes en 2006, a más de cuarenta líneas de financiamiento cuando terminó su gestión en 2012, distribuidas en programas, proyectos, actividades y diversas convocatorias, entre las que se destacan los proyectos de mejoras destinadas a distintas carreras y familias de carreras, incluidas o no en el artículo 43 de la LES.

"…Juan Carlos (en referencia Pugliese) generó contratos programa por universidades, pero, y esto era algo que lo discutíamos mucho adentro de la SPU, era imposible tener fondos suficientes para hacer un contrato programa con cada una de las 55 universidades. En cambio si lo hacíamos por áreas, carreras o familias de carreras que son transversales a las distintas universidades, podíamos cubrir más áreas con los fondos de que disponíamos". (Dibbern, Entrevista, 2014).

Junto al financiamiento determinado por el Congreso Nacional (Planilla A) y los fondos distribuidos por la jefatura de gabinete de ministros (Planilla B), convivieron un amplio conjunto de programas, actividades y proyectos, gestionados directamente por la SPU, a partir de los cuales todos recibieron algo. Veamos, en un año estándar, como se reflejaba ese financiamiento fragmentado en múltiples programas:

Tabla 16
Distribución Recursos Adicionales de la SPU año 2013 (en $)

Programa	Presupuesto 2013
Contratos Programa	295.797.687
Recursos adicionales con destino específico	133.039.418
FUNDAR	115.257.371
Programa de Calidad Universitaria	100.313.807
Programa de Incentivos a la investigación	98.978.088
Programa de Infraestructura Universitaria (M. Educación)	59.716.180
Programa de apoyo al Desarrollo de Universidades Nuevas (PROUN)	55.000.000
Programa de Promoción de la Universidad Argentina	46.237.191
Programa de Expansión de la Educación Superior	43.515.536
Programa de Internacionalización de la E. Superior	40.479.021
Garantía docentes preuniversitarios	30.308.232
Programa de Bienestar Universitario	29.957.546
Adicional Doctorados y Maestrías	25.809.752
FONID	24.366.922
Programa de Voluntariado Nacional	22.601.209
Programa de Inclusión Educativa	11.535.642
Programa de Capacitación Docente	10.320.505
Acciones Complementarias Becas Bicentenario	9.873.886
PEID	5.000.000
Programa de Unificación de Cargos	5.784.370
Total Recursos Adicionales.Año 2013	1.163.892.363

Fuente: Anuario de Estadísticas Universitarias, año 2013, pp. 239-240.

En términos generales, esta política de distribución de recursos de la SPU por carreras, familia de carreras o proyectos, y no por universidad, favoreció a las universidades creadas en las últimas décadas antes que a las universidades tradicionales y antiguas. En la Tabla 13 presentamos una comparación por universidad entre la distribución del programa de incentivos y la distribución de los fondos de la SPU. Hemos considerado que la distribución del programa de incentivos responde a la lógica del campo universitario tradicional, favoreciendo a las universidades más antiguas y prestigiosas porque tienen mayor cantidad de docentes-investigadores categorizados y, especialmente, mayor cantidad de categorías I y II. De esta manera, el programa de incentivos nos permite tener un término de referencia para examinar la distribución de los fondos de la SPU, cuya lógica parece estar a mitad de camino entre las viejas y las nuevas universidades. Visto desde esta perspectiva, las "múltiples ventanillas" de la SPU se presentan como una bisagra entre las dos caras de la política universitaria del kirchnerismo, es decir, la autonomía y la gobernabilidad del sistema universitario tradicional y la expansión institucional.

Tabla 17

Distribución de fondos SPU (Recursos Adicionales) por Universidad. Comparaciones porcentuales con Programa de Incentivos: año 2013

Universidad Nacional	Recursos Adicionales recibidos año 2013	Participación en los Recursos Adicionales de la SPU (%)	Participación Porcentual programa Incentivos
Total Universidades	1.163.892.363	100	100
Arturo Jauretche	14.829.792	1,2	—
Avellaneda	10.205.888	0,8	—
Buenos Aires	57.455.824	4,9	13,88
Catamarca	34.247.081	2,9	1,77
Centro de la PBA	20.428.802	1,7	2,49
Chaco Austral	12.105.053	1,04	0,20
Chilecito	8.137.541	0,69	0,13
Comahue	33.983.814	2,9	2,66
Córdoba	64.833.066	5,5	8,64
Cuyo	25.170.861	2,16	4,18
Entre Ríos	22.880.177	1,96	0,60
Formosa	24.718.949	2,12	0,39
Gral. Sarmiento	13.789.872	1,18	0,96
José C. Paz	9.176.665	0,78	—
Jujuy	8.065.748	0,69	1,17
La Matanza	11.510.286	0,98	0,72
La Pampa	11.296.210	0,97	1,23

La Plata	121.996.867	10,48	10,65
La Rioja	6.183.941	0,53	—
Lanús	9.972.148	0,85	0,35
Litoral	20.012.223	1,71	3,99
Lomas de Zamora	6.329.539	0,54	0,40
Luján	18.741.842	1,61	0,82
Mar del Plata	23.795.414	2,04	3,61
Misiones	21.084.590	1,81	1,74
Moreno	9.918.195	0,85	—
Nordeste	14.557.155	1,25	2,09
Noroeste de la PBA	20.782.019	1,78	0,14
Oeste	5.183.661	0,44	—
Patagonia Austral	9.322.783	0,80	0,67
Patagonia S.J. Bosco	8.523.275	0,73	0,77
Quilmes	22.985.913	1,97	0,95
Río Cuarto	20.014.788	1,71	3,86
Rio Negro	16.960.468	1,45	0,31
Rosario	46.480.640	3,99	5,82
Salta	19.456.343	1,67	1,84
San Juan	20.844.542	1,79	3,30
San Luis	12.262.054	1,05	3,32
San Martín	56.953.202	4,89	0,68
Santiago del Estero	8.660.263	0,74	1,04
Sur	18.351.914	1,57	3,60
Tecnológica Nacional	39.641.927	3,40	2,34
Tierra del Fuego	13.145.474	1,12	—
Tres de Febrero	18.760.069	1,18	0,21
Tucumán	64.815.533	5,56	7,50
Villa María	32.950.815	2,83	0,53
Villa Mercedes	9.874.043	0,84	—
Aeronáutico	578.433	0,04	
ES del Ejército	324.843	0,02	
IUNA	19.270.948	1,65	0,39
Policía Fed. Argentina	1.556.644	0,13	—
Sup. Ens. Radiofónica	260.591	0,02	—
Otros sin discriminar	40.503.635	3,48	—

Fuente: Elaboración propia en base al anuario de Estadísticas Universitarias, año 2013, pp. 239-240.

Los fondos para el desarrollo de programas de la SPU (ver Tabla 16) aumentaron constantemente su participación en el presupuesto universitario total, pasando de 1,23% a 5,43%. Esto le permitió a la SPU multiplicar los programas y acciones en torno de tres ejes principales: a) el *financiamiento evaluado* (Programas de apoyo y Mejoramiento de la Calidad); b) la *vinculación social* (Voluntariado; Programas de Extensión, Universidad y Territorio), y c) la *expansión de la educación superior* (Programa Nuevas Universidades, Programa de Infraestructura, Programa de Expansión de la Educación Superior, Programas de Becas). Por supuesto, las transferencias directas siguen siendo el grueso del presupuesto universitario y éstas disminuyeron su participación en una pequeñísima escala, entre 2003 y 2013, pasando de 94,45% a 92,6% del total. No olvidemos, sin embargo, como ya fue analizado, que a pesar de que cuantitativamente representa números infinitamente menores que los dedicados a sueldos o funcionamiento, el financiamiento directo vía SPU representa recursos más flexibles, que son administrados con mayor margen de maniobra por los rectores en forma directa o a través de convenios aprobados en los consejos superiores.

Tabla 18

Presupuesto universitario 2003-2013: Participación porcentual de los programas de la SPU

	2003	2004	2005	2006	2007	2008	2009	2010	2011	2012	2013
Transferencias directas a UUNN	94,45	95,33	93,37	92,97	92,9	92,76	93,10	92,71	92,70	92,7	92,60
Programas de Desarrollo (SPU)	1,23	1,56	3,27	3,71	4,41	4,34	4,63	4,91	5,13	5,22	5,43
Programa Nacional de Becas Universitarias (SPU)	1,33	0,33	0,48	0,73	0,45	0,97	0,66	0,86	0,70	0,71	0,75
Programa de Incentivos (SPU)	2,99	2,78	2,88	2,59	2,47	1,93	1,61	1,52	1,44	1,36	1,22
Total	100	100	100	100	100	100	100	100	100	100	100

Fuente: Elaboración propia a partir de los Anuarios Estadísticos de la SPU y presupuestos nacionales años 2003-2013. El ítem Transferencias directas a UUNN incluye los fondos del programa de infraestructura del Ministerio de Planificación, desde 2007; y los fondos de la Planilla B, desde 2008 en adelante.

Es observable que en el financiamiento vía SPU prevalece la *fragmentación y las respuestas diferenciales* a demandas y necesidades múltiples con diversas iniciativas que se canalizan en el espacio de frontera que materializan el CIN, los consejos de decanos y la SPU. Esto parece reforzar las conclusiones del trabajo de Marquina (2012), quien, luego del análisis de la evolución de la distribución del presupuesto universitario en el período 2004-2010, concluye que las distintas medidas y sus asignaciones presupuestarias pertinentes no llegan a constituir una política universitaria claramente identificable. Según ella, el gobierno, respecto a un sector con gran capacidad de conflictividad social, habría optado por privilegiar la distribución de fondos como respuesta a la presión política y la existencia de acuerdos en el CIN y con los gremios docente y no docente, manteniendo el sector relativamente calmo a partir de la satisfacción de sus demandas (Marquina, 2012).

Coincidimos con este argumento. Pero consideramos que es en parte aplicable a una de las facetas de la política universitaria del kirchnerismo (autonomía consensuada y gobernabilidad) que priorizó la gobernabilidad del sector, el respeto de la autonomía universitaria y la construcción de sus acciones a través del consenso con los principales agentes del campo universitario. Esto explica, ciertamente, por qué no se impulsó una política de cambio estructural del sistema universitario tradicional, algo que contrasta abiertamente con la determinación y capacidad de trasnformación demostrada por los gobiernos Kirchner en muchas otras áreas en las que se desarrollaron políticas globales que rompieron esquemas tradicionales o la inercia de paradigmas instalados en los 90. Pero un balance equilibrado no puede menospreciar el cambio que se produjo en el nivel de las prácticas. La consolidación de un nuevo esquema de relaciones entre el campo universitario y el campo del poder estatal, a través del empoderamiento de los rectores, generó un proceso de especialización de la política universitaria, en buena medida sostenido por la tradición de equilibrios inter partidarios dentro del CIN. Por ello resulta tan significativo que entre 2002 y 2012, más allá del breve paso de Daniel Malcom, los Secretarios de Políticas Universitarias (Pugliese y Dibbern) hayan sido radicales, ex rectores y presidentes del CIN. En palabras de Dibbern:

"…El sector universitario es un sector que la mayoría de los que gobiernan le tienen ciertos temores, por la capacidad de conflicto, por lo tanto buscan a una persona que tenga capacidad de diálogo con el sistema. Por eso en general se inclinan por rectores ya que ellos conocen el sistema y sus actores. Esto es algo que no les gusta a los especialistas en educación. Es un plus importante ser o haber sido rector para gestionar el sector, personas con diálogo con todos los sectores universitarios" (Dibbern, Entrevista, 2014).

La consolidación de esta suerte de traslación del poder rectoral hacia el campo burocrático-estatal es un movimiento complejo, con consecuencias directas para una organización como el CIN, como veremos más adelante, pero no deja de ser un cambio sustancial de las relaciones entre las universidades y el Estado. Hasta los años 90, los rectores fueron un grupo de presión muy activo, pero se confinaron siempre detrás de las fronteras del campo universitario para discutir y acordar con un Estado y un gobierno que se presentaban unidos detrás del mostrador. Durante el gobierno de transición de Duhalde y el kirchnerismo los rectores y consejos de decanos tuvieron cada vez mayor protagonismo, con una amplia libertad para desarrollar iniciativas, especialmente vinculadas al financiamiento de los distintos programas de mejora y apoyo de la calidad universitaria. Lineamientos que, sin contradecir el cambio que imprimió el "Estado Evaluador" al financiamiento universitario, modificaron, ahora, los agentes de elaboración y las modalidades de implementación de esas políticas.

Ahora bien, los programas y acciones desarrollados por la SPU en este terreno profesionalizado y autónomo no agotan la política universitaria de los gobiernos del período 2003-2015. La otra cara de la política universitaria del kirchnerismo (expansión heterónoma e inserción territorial) fue la que actuó decididamente sobre la expansión de la educación superior a través de la creación de veinticuatro nuevas instituciones universitarias, a muchas de ellas dotándolas de infraestructura, impulsando una nueva matrícula estudiantil proveniente de familias sin antecedentes universitarios, característica principal de este nuevo anillo de instituciones que modificó en muchos aspectos el "sistema universitario tradicional". En su gran mayoría estrechamente vinculadas al gobierno y/o a los intereses del mismo en el Congreso Nacional, la mitad de estas nuevas universidades están ubicadas en la estratégica provincia de Buenos Aires. Por eso consideramos fundamental desbrozar el carácter dual de la política universitaria del kirchnerismo y los efectos que esto tuvo en una separación entre gobierno y Estado que habilitó dos espacios de política pública. Uno, centralizado a través de la alianza entre el CIN y la SPU dirigido a todo el campo y caracterizado por la fluidez presupuestaria y la gobernabilidad del sector más tradicional del conglomerado universitario. Otro, más fragmentado burocráticamente pero cohesionado políticamente, construido entre el gobierno, sectores de la SPU y el Congreso, que le permitía intervenir en la ampliación de derechos y colaborar con la inserción territorial de diversas agrupaciones políticas, en especial las kirchneristas.

Expansión heterónoma e inserción territorial: la otra faceta de la política universitaria del kirchnerismo. La "nueva frontera"

La expansión de la educación superior en las últimas tres décadas tomó dos caminos principales en Argentina: el *crecimiento de la matrícula estudiantil* y la *expansión de las instituciones* (Fanelli, 2006). En capítulos anteriores hemos destacado que, al aumento exponencial de la matrícula universitaria pública propia del período post-dictatorial, le siguió una etapa de crecimiento acelerado de estudiantes en universidades privadas, mientras la matrícula de las universidades públicas más tradicionales se amesetaba. Ello motivó una intensa discusión en el CIN y la propia SPU respecto de las ventajas y desventajas de dos vías posibles de la expansión de las instituciones públicas de gestión estatal de educación superior: a) la creación de nuevas instituciones y b) la expansión territorial de las universidades existentes mediante la creación de sedes, subsedes, nuevas carreras y programas de educación a distancia.

La creación de nuevas instituciones fue, durante el kirchnerismo, la vía elegida para desenvolver una política de expansión que tuvo un cierto impacto en términos del crecimiento de la matrícula total en instituciones públicas. Las Tablas 16 y 17 muestran que, en el marco de una baja tasa de crecimiento promedio de la cantidad de estudiantes en las instituciones universitarias de gestión estatal (1,2% anual, mientras que la tasa de crecimiento promedio del sector privado alcanzó el 6,2% anual), el crecimiento de las universidades tradicionales en general decreció o se amesetó, mientras que las universidades creadas en las últimas décadas crecieron. En 2013, de un total de cincuenta y cuatro instituciones universitarias, solo quince quintuplican la tasa promedio de crecimiento anual (=+6%). De esas quince instituciones universitarias, seis corresponden a universidades creadas durante los 90 (General Sarmiento, Lanús, Quilmes, San Martín, Tres de Febrero y Villa María) y nueve a las creadas en el último período (Arturo Jauretche, Avellaneda, Chaco Austral, Chilecito, Moreno, Noroeste de la PBA, Río Negro y los institutos universitarios de Gendarmería y Seguridad Marítima).

Tabla 19
Evolución de la cantidad de estudiantes (pregrado y grado) en las instituciones universitarias de gestión estatal

Año	Estudiantes
2003	1.273.832
2004	1.299.564
2005	1.295.989
2006	1.306.548
2007	1.270.295
2008	1.283.482
2009	1.312.549
2010	1.366.237
2011	1.441.845
2012	1.442.286
2013	1.437.611
2014	1.468.072
Tasa promedio de crecimiento anual 2003-2013	1,2%

Fuente: Anuario de Estadísticas Universitarias ME-SPU, año 2013, p. 94.

Tabla 20
Evolución de la cantidad de estudiantes (pregrado y grado) en las instituciones universitarias de gestión privada

Año	Estudiantes
2003	215.411
2004	237.089
2005	257.711
2006	279.972
2007	298.770
2008	317.040
2009	337.601
2010	352.501
2011	366.570
2012	382.618
2013	393.132
Tasa promedio de crecimiento anual 2003-2013	6,2%

Fuente: Anuario de Estadísticas Universitarias ME-SPU, año 2013, p. 128.

La expansión de la educación superior es un problema clave de política universitaria que tiene, además, la ventaja de oficiar como efecto de demostración respecto de los desplazamientos ocurridos en las relaciones entre Estado, gobierno y campo universitario durante la última década. Si la comparamos con la década de 1990, la política universitaria del kirchnerismo evidencia un giro: una suerte de división del trabajo entre el Gobierno y el Estado. El "sistema universitario" tradicional fue conducido por un espacio burocrático estatal cada vez más autónomo, cuya especialización fue creciendo a medida que la figura del rector se fue consolidando como perfil técnico-político para el rol de Secretario de Políticas Universitarias y se fue aceitando un espacio de confluencia y diálogo con el CIN y los consejos de decanos. En cambio, la política de expansión vía creación de nuevas universidades, una de las respuestas posibles a una matrícula estudiantil amesetada y decreciente en las universidades tradicionales, fue desarrollada en acuerdos entre el gobierno nacional, el Congreso y los gobiernos provinciales y municipales, con una lógica más ligada a la vinculación social y la inserción territorial del peronismo y el kirchnerismo. Esta expansión heterónoma combinaba dos fines importantes de los gobiernos Kirchner: la ampliación del Derecho a la Educación Superior, a través del aumento y cercanía de las instituciones disponibles para su ejercicio, y la ampliación de sus propias bases de sustentación política, ya fuera respondiendo a compromisos con agrupaciones políticas afines, grupos de legisladores o gobiernos municipales, en especial de la Provincia de Buenos Aires. La tensión entre ambas facetas de la política universitaria puede visualizarse con claridad en las posiciones reactivas del CIN y la SPU frente a la creación de nuevas universidades.

Así, la política universitaria del kirchnerismo se expresó en el despliegue, por un lado, de una serie de acciones dirigidas a las universidades tradicionales preexistentes que, bajo una lógica autonómica tradicional y en pos de la gobernabilidad, resignó cambios profundos en la estructura de funcionamiento del sector universitario. Para ello se evitaron todas aquellas iniciativas que pudieran alterar la agenda común y el buen tono de las relaciones entre la SPU y el CIN, afianzando la delegación de la conducción del área responsable de la política universitaria a la corporación de los rectores, todo ello soldado con una sostenida jerarquización presupuestaria a través de múltiples y fragmentadas opciones de financiamiento. Esta política tendiente a la estabilidad del conjunto tradicional de universidades, hegemonizada por la entente entre la conducción de la SPU y el CIN, convivió con otra, desplegada principalmente en lo que la propia SPU denominó la "nueva frontera" del conglomerado universitario generada por las veinticuatro nuevas universidades, la mitad de ellas establecidas en la provincia de Buenos Aires. Esta otra política, que transitó preponderantemente entre el gobierno nacional, provincial y municipal, el Congreso y los nuevos rectores organizadores, operó con una lógica y criterios de legitimidad distintos de la cultura académica universitaria tradicional, donde el prestigio científico y el elitismo intelectual ocupan un lugar destacado.

"Aunque no la única, la creación de estas nuevas universidades tal vez sea la política educativa que con mayor claridad permite entender la novedosa dirección asumida a lo largo de este último decenio… Inclusión y democratización pero también una nueva vinculación con el territorio, como correlato de esta nueva frontera"[242].

La expansión heterónoma introdujo nuevos jugadores: los rectores organizadores, todos con canales de comunicación directos con distintos espacios del gobierno nacional y del Estado provincial y municipal. En este sentido, como in-

---

[242] "Una década ganada para la Universidad pública". Buenos Aires, Secretaría de Políticas Universitarias, 2014, p. 26.

tentamos mostrar en el esquema 3, en la *nueva frontera*, la lógica de las relaciones entre el gobierno y la universidad estará mayormente ligada a la vinculación con el territorio, la construcción política y las relaciones con otras áreas del Estado (no solo el Ministerio de Educación), todo ello en el marco de una agenda mayormente local, diferenciada de las universidades tradicionales. Las realidades institucionales, sociales, presupuestarias, geográficas y de infraestructura de estas nuevas universidades han sido distintas a las universidades más antiguas, y por múltiples razones favorecieron efectivamente el acceso a la educación superior de un nuevo tipo de matrícula, de mayor heterogeneidad social que la composición mayoritaria del conjunto histórico de universidades. Si bien ambas caras de la política universitaria del kirchnerismo estuvieron atravesadas por lógicas políticas, en la nueva frontera predominaron las disputas de construcción política de gobiernos y agrupaciones mayormente locales, mientras que en el sistema universitario tradicional predominaron las disputas históricas del poder universitario y una *illusio* más bien academicista.

Capítulo VI

Poder Rectoral y Poder Universitario

La descripción que hacen de la universidad Cohen y March como una suerte de *anarquía organizada* (ver capítulo 1) se opone radicalmente a la idea de una burocracia bien organizada o del cuerpo colegiado obligado al consenso. Según los autores, es una organización en la cual sus integrantes, por sus abundantes recursos, pueden ir en diferentes direcciones sin la coordinación de una autoridad central. Dado que los fines de la organización son así, ambiguos, las decisiones son a menudo sub-producto de actividades no intencionadas y no planificadas. En estas circunstancias, los rectores y otros líderes institucionales sirven primordialmente como catalizadores o facilitadores de un proceso en curso. Ellos, más que dirigir la institución "…*canalizan sus actividades de maneras sutiles. Ellos no mandan, sino que negocian. Ellos no planifican comprensivamente, sino que tratan de aplicar soluciones preexistentes a los problemas. Las decisiones no se toman, sino que suceden. Los problemas, las elecciones, los agentes de decisión confluyen en soluciones temporales*" (Cohen y March, 1974: 88).

En línea con Cohen y March, para Clark el poder de los rectores (*Presidents*) también es muy débil. El conocimiento es la materia prima central de las universidades y las características del conocimiento determinan el modo en que se distribuye la autoridad, la capacidad de innovación y el cambio organizacional. En comparación con otros tipos de organizaciones burocráticas, las organizaciones académicas son para él sistemas de *base pesada*, una base fragmentada en tantas instancias como disciplinas y subdisciplinas articula una institución dada. En función de ello, el poder y la autoridad también estarán, en la base del sistema, difundidos y fragmentados (Clark, 1991 y Cox y Courard, 1994). Como veremos más adelante, en nuestra investigación procuramos contrarrestar esa perspectiva analizando la estructura de las universidades argentinas y señalando, por el contrario, su liviandad.

Para el caso de las universidades latinoamericanas, distintos autores, como Simón Schwartzman y Daniel Samoilovich llegan a similares conclusiones respecto a la debilidad estructural del poder de los rectores. En este sentido, Samoilovich señalará que la principal limitación al gobierno de las universidades públicas de América Latina no es el déficit de autonomía sino el escaso poder que tienen los rectores y directivos para ejercer el margen de autonomía otorgado por los marcos normativos. Las autoridades tienden a inclinar sus decisiones en favor de las personas que piensan que les son leales, con la intención de estabilizar coaliciones que permitan generar consensos. Pero los compromisos que esto genera rápidamente neutralizan el poder de iniciativa de los directivos (Samoilovich, 2008). En la misma línea, Schwartzman afirma que los rectores asumen sus mandatos con un poder secuestrado por sus compromisos de campaña, casi siempre inevitables (Schwartzman, 2003). Es decir que su poder se ve totalmente limitado por las alianzas a las que debe su mando (decanos, grupos de docentes, agrupaciones estudiantiles, sectores del personal de apoyo y graduados, etc.).

A diferencia de Samoilovich y Swartzman, varios autores de nuestra región van a postular conclusiones diferentes. En este sentido, bajo el sugerente título de *Príncipes, Burócratas y Gerentes*, Adrián Acosta se interrogaba, en un trabajo del año 2009, sobre las características del gobierno, y de los roles ejecutivos, en las universidades públicas de México. El trabajo de Acosta (2000, 2009, 2014) forma parte de una importante producción de distintos autores de esa nacionalidad que ampliarán el enfoque de los modelos de gestión a los del cambio institucional, gobernabilidad institucional y liderazgo, acompañados de análisis empíricos de universidades públicas e instituciones de educación superior. En este sentido, los trabajos de Axel Didriksson (1994); María Lorena Hernández Yáñez (1996, 2012); Wietse De Vries (2001); Romualdo López Zárate (2010a y 2010b) y Eduardo Ibarra Colado (2009, 2013), entre otros, contribuyeron a situar la temática del gobierno universitario en la agenda de investigación latinoamericana, incursionando en los estudios sobre los juegos de poder entre los grupos presentes en las instituciones, las modalidades de relación con los actores gubernamentales, las formas de elección de rectores y sus aparatos administrativos, las trayectorias y los tipos de liderazgo de los rectores. Volviendo al texto de Acosta, el autor sostiene, como eje central, que los cambios en el contexto y en el entorno de las políticas universitarias de los últimos años han modificado silenciosa pero sustancialmente las formas de gobierno, de gobernabilidad y gobernanza de la educación superior mexicana, y que esta modificación ha sido guiada por una lógica pragmática, de adaptación hacia las exigencias y propuestas de programas federales que ha propiciado el tránsito de una "*autonomía sin adjetivos a una autonomía regulada cada vez más por el Estado o por el mercado*" (Acosta, 2009:74). Afirma que en el período 1990-2006 se implementó en las universidades públicas mexicanas un amplio conjunto de políticas basado en la evaluación de la calidad, los estímulos al cambio institucional universitario, la rendición de cuentas, la acreditación y certificación de programas docentes y de investigación, los cuales estuvieron cada vez más asociados a diversos sistemas de indicadores, de reconocimientos prácticos, financieros y simbólicos, que constituyeron el centro de las relaciones entre el Estado y las universidades públicas. Este proceso de adaptación a las nuevas reglas del juego establecidas por el Estado no habría transitado por los órganos de gobiernos colegiados tradicionales sino que se registró un traslado de la histórica autoridad institucional distribuida entre diferentes órganos unipersonales y colegiados a la autoridad concentrada en el rector. En función de ello, una de las consecuencias del proceso mencionado fue el cambio en el perfil de los rectores universitarios que generó la creación de una figura *híbrida*, que combina las capacidades del *político* (*El Príncipe* de Maquiavelo), con la experticia del *burócrata* profesional (fiel al modelo Weberiano) y el *gerente* de las políticas institucionales, figura predilecta en el campo de la Nueva Gestión Pública (Acosta, 2009; López Zárate, 2010). En la misma línea, en un trabajo más reciente, Acosta sostendrá que la tradicional tendencia hacia la conformación de gobiernos colegiados basados en la representación ponderada, equilibrada o corporativa de los intereses de estudiantes, profesores y directivos en un órgano máximo de gobierno (consejo universitario), se modificó silenciosa o ruidosamente hacia la redistribución del poder en figuras unipersonales y en la reforma de la representación política de los universitarios, dando lugar a nuevos espacios de negociación y decisión en los gobiernos universitarios en México (Acosta, 2014). Coincidiendo con Acosta, Wietse De Vries dirá que en México las nuevas formas de gobierno surgidas a partir de una combinación de factores internos y políticas públicas externas, se destacan por la burocratización, el desplazamiento de decisiones de órganos colegiados hacia comisiones especiales y el incremento de los puestos directivos (De Vries, 2001).

El fortalecimiento de los roles de los ejecutivos unipersonales que Acosta describe para México, para otros autores es un proceso que se observa a nivel internacional, tanto en los países centrales como en América Latina. Daniela Atairo y Antonio Camou sostienen que en los países centrales hay un proceso de fortalecimiento del rol de los presidentes y rectores y que dichos procesos se han dado sin que hayan operado cambios en los marcos normativos o en las estructuras formales de gobierno (Atairo y Camou, 2011). En la misma línea, Christine Musselin advierte el fortalecimiento de la función rectoral, adjudicándola en gran medida a la política de financiamiento por contratos-programas: "*Los presidentes actuales no se consideran más simples primus inter pares, receptores y defensores de las demandas de las universidades francesas: estiman legítimo tener proyectos, hacer elec-*

ciones incluso si no son consensuadas, en síntesis, ser más intervencionistas" (Musselin, 2001:9). Axel Didriksson, en un estudio de las formas de gobierno y administración académica de México, Inglaterra, EE.UU., Canadá, Suecia, Japón y Bélgica, concluye que en Latinoamérica, al igual que en los países mencionados, las formas actuales de gobierno universitario tienden a subordinar la participación activa de los cuerpos colegiados, reducir la autonomía académica de la universidad y concentrar más niveles de poder a partir de la lógica de profesionalización de la administración académica. Los cambios, en gran parte como consecuencia de las reformas de los 90, han fortalecido la centralización del poder en la administración institucional y en la figura de sus autoridades, sobre todo de los presidentes, vicecancilleres o rectores, propiciando un proceso de sustitución de los cuerpos colegiados y de la toma de decisiones de las comunidades académicas por órganos de política propios de autoridades. Con ello, la administración central y las autoridades han pasado a ser los actores más importantes del cambio en las universidades (Didriksson, 1994).

A resultados similares, respecto al proceso de fortalecimiento de las instancias ejecutivas, en especial post reformas de los 90, han arribado distintos trabajos de investigación en la Argentina (Kandel, 2005, 2011; Mazzola, 2006; Bianco, 2006; Atairo y Camou, 2011). En dichos estudios, los ámbitos colegiados se revelan más como espacios de validación de decisiones que se toman en otros espacios, antes que ámbitos para la discusión de políticas sustantivas. Los nodos de poder, al no ser ejercidos en los espacios instituidos, se movilizan hacia otros lugares de la estructura de la organización que operan por fuera del cuerpo colegiado, produciendo un extrañamiento de las atribuciones que tienen (Bianco, 2006).

No obstante que los procesos mencionados constituyen una tendencia de alguna manera global, o al menos extendida en un número importante de sistemas universitarios, las condiciones que posibilitaron o potenciaron dichos procesos tiene un registro nacional diferenciado. Esto en el sentido de que si bien, como mencionáramos, los estudios muestran que el fortalecimiento de los ejecutivos, en desmedro de las instancias colegiadas, es un fenómeno que transcurre tanto en los países centrales como en América Latina, los procesos que confluyen para ello son marcadamente distintos. Es que, como bien dicen Atairo y Camou, a diferencia de las experiencias europeas y norteamericanas, el proceso de fortalecimiento de los ejecutivos en Latinoamérica no ha sido, en la mayoría de los casos, el resultado de proyectos y diseños de reorganización inspirados por teorías gerenciales, que priorizan la eficiencia y la productividad, o fruto de planificaciones estratégicas participativas de la comunidad universitaria. Más bien, lo que diferentes investigaciones han destacado es que los cambios en las estructuras y

238

dinámicas del gobierno universitario han estado en gran medida determinados por la interacción –inestable y conflictiva– entre el funcionamiento de cada institución y las presiones externas generadas por las políticas públicas dirigidas al sector universitario (Atairo y Camou, 2011).

Nuestras observaciones apuntan en esta misma dirección, marcando el crecimiento del poder rectoral, aunque sostendremos que su configuración histórica no obedece a las reformas de los años 90 sino a un conjunto de determinantes estructurales y factores históricos previos, como veremos enseguida, entre ellos la particular fuerza que adquirieron los rectores, normalizadores primero y organizados en el CIN después, en la reconstrucción del campo universitario a principios de los ochenta, después de la última dictadura militar.

Trayectorias y características morfológicas de los rectores de las universidades nacionales en la Argentina

Teniendo en cuenta que a lo largo de este libro nos hemos centrado en el análisis de los rectores y del CIN en las distintas etapas de su funcionamiento, y en el contexto de los distintos momentos de la política universitaria que han transcurrido entre 1985 y 2015, conviene ahora preguntarse si estos rectores tienen una especificidad que nos permita diferenciarlos de los rectores de otros países a los que se refiere la literatura disponible. En otras palabras, ¿puede hablarse del papel de los "rectores" en general, abstrayéndose de la estructura de relaciones históricas y de la configuración nacional y local de la que forman parte? Para ello, construimos una matriz prosopográfica que nos permitió poner en relación las trayectorias universitarias de los ex presidentes del CIN y sus características morfológicas, así como determinar los rasgos diacrónicos del perfil de los rectores (ver Anexo 2).

Entre 1985 y 2015, existió un total de 196 rectores/as de universidades públicas, nacionales y provinciales, de gestión estatal. Aunque no existen series estadísticas oficiales disponibles para el universo en todo el período, la Tabla 18 nos permite observar que entre 2009 y 2013 los rectores fueron mayormente hombres, con promedios de edad que oscilan entre 57-59 años. En un todo de acuerdo con el artículo 54 de la LES, el 100% tiene dedicación exclusiva al cargo. Para el caso de vicerrectores/as, la masculinización disminuye, oscilando entre un 40-42% el porcentaje de mujeres. Si se tiene en cuenta el carácter del cargo de vicerrector, cuyo rasgo principal consiste en estar débilmente provisto de poder efectivo en la mayoría de las universidades, se trata de un dato que fortalece la conclusión de que el poder rectoral es fuertemente masculino.

Tabla 21
Rectores/Presidentes de universidades nacionales, por edad, sexo y dedicación
(2009-2013)

Rectores	Total	Hombres	%	Mujeres	%	Edad Promedio
2009	37	32	86%	5	14%	57
2010	41	35	85%	6	15%	58
2011	42	36	86%	6	14%	58
2012	46	40	87%	6	13%	59
2013	49	43	88%	6	12%	57

Fuente: Anuarios Estadísticos SPU, 2009, 2010, 2011, 2012, 2013.

El universo sobre el que hicimos un relevamiento primario propio y que nos permite una descripción morfológica es el que componen todos los presidentes del CIN entre su fundación, en 1985 y 2017. De un total de 76 presidencias que se han desarrollado en el período, la población que hemos analizado suma 63 personas, dado que varios de ellos han tenido más de un mandato. Un primer dato que refuerza la masculinización es que durante estas tres décadas, y del total de presidencias, solo una vez una mujer ocupó este cargo (en 1997, Esther Picco, rectora de la UN de San Luis). En general, predominan los presidentes provenientes de las universidades medianas, siendo el 65% del total, mientras que el 22% de las presidencias fueron ocupadas por rectores de universidades grandes y un 13% provenían de universidades chicas[243]. Varios presidentes tuvieron dos mandatos, pero tres resaltan por la cantidad de presidencias ejercidas: Oscar Shuberoff de la UBA (tres períodos), Martín Gill de la UN de Río IV (tres períodos) y Darío Maiorana de la UN de Rosario (tres períodos).

En términos generales, los presidentes del CIN son rectores con una trayectoria de gestión universitaria previa. La mayoría de ellos fue consejero superior y/o directivo, ejerciendo el cargo de decano antes de llegar al rectorado y más de la mitad tuvo otros cargos de gestión universitaria, principalmente Secretarios de Rectorado. Varios de ellos fueron miembros del directorio de CONEAU (en representación del CIN o de las cámaras parlamentarias) y dieciocho ocuparon luego cargos de jerarquía nacional: Hugo Juri (Ministro de Educación de la Nación); Roberto Biazzi (Ministro de Educación de la Nación (interino), Secretario de Edu-

---

[243] Universidades grandes: más de 50.000 estudiantes. Medianas: entre 10.000 y 50.000. Chicas: menos de 10.000. En base a matrícula estudiantil anuario estadístico ME-SPU año 2013.

cación de la Nación y Convencional Constituyente (1994)); Tulio del Bono (Secretario de Ciencia, Tecnología e Innovación Productiva de la Nación y Convencional Constituyente (1994)), Hugo Storero (Subsecretario de Cultura de la Nación y Diputado Nacional); Mario Barletta (Diputado Nacional, Presidente de la UCR); Alberto Cantero Gutiérrez (Diputado Nacional); Martín Gill (Diputado Nacional); Juan Carlos Millet (Diputado Nacional); Rodolfo M. Campero (Diputado Nacional); Luis Rébora (Convencional Constituyente (1994)); Humberto Herrera (Convencional Constituyente (1994)) y Alberto Puchmuller (Convencional Constituyente (1994)). A su vez, seis de los presidentes del CIN ocuparán el cargo de Secretarios de Políticas Universitarias: Juan Carlos Gottifredi, Juan Carlos Pugliese (h), Daniel Malcom, Alberto Dibbern, Martín Gill y Albor Cantard.

Respecto a las titulaciones disciplinares de los presidentes del CIN podemos mencionar que veintiseis pertenecen a las ciencias sociales y humanidades (incluidos los seis abogados), mientras que todos los demás pertenecen a las ciencias exactas y naturales, predominando las ingenierías y, en menor medida, a medicina, química y física. Pocos tienen título de doctor (14/63) y antecedentes de investigación relevantes porque más bien desarrollaron un perfil docente profesional. Tres de ellos son o fueron investigadores del CONICET. Se trata de Seiler, Plastino y Gottifredi, siendo el primero investigador adjunto, el segundo investigador superior y el tercero investigador principal. Estos dos últimos son los únicos con una dilatada trayectoria científica con publicaciones en circuitos mainstream, premios y membresía en asociaciones académicas internacionales. Tres presidentes del CIN tienen categoría I en el sistema de incentivos y otros tres tienen categoría II. El resto tiene categoría 3-5 o no tiene. Solo cuatro de ellos (Barletta, Gottifredi, Villar y Del Bono) fueron miembros del directorio del CONICET. Barletta, Villar y Del Bono sin ser investigadores del organismo y Gottifredi durante la última dictadura militar (1981-1983). Según Bekerman (2012) este último no solo fue miembro del directorio sino que acumuló varios cargos, en tres comisiones asesoras, en ese mismo período.

En relación con su politización, la gran mayoría de los presidentes del CIN que hemos entrevistado tuvieron militancia estudiantil, por lo que desde una perspectiva cualitativa hemos observado una trayectoria típica en la que estos perfiles se forman en los centros de estudiantes y en la batalla política de los consejos directivos o superiores, y pasan luego a la gestión universitaria cuando ingresan como docentes. Muchos de ellos han sido, al mismo tiempo, militantes del peronismo o del radicalismo, y, en el caso de los independientes, varios fueron militantes de izquierda. Para la mayoría, esa militancia política se desarrolló básicamente en la universidad, pero 23/63 tuvieron cargos públicos fuera de esta: diputados, senadores y funcionarios de gobiernos nacionales y provinciales.

Aunque en los primeros años del CIN no existían bloques internos (los rectores normalizadores y los elegidos eran mayoritariamente afines al gobierno de Alfonsín), podemos afirmar que la existencia de los bloques, los consensos y la alternancia entre ellos fue una constante desde la aparición del bloque justicialista a fines de los ochenta. La dinámica de acuerdos y consenso entre los bloques involucrará, además de la alternancia en la presidencia, todas las decisiones relacionadas con la estructura, el poder, los recursos y representaciones institucionales, en especial la designación de los miembros representantes del CIN ante la CONEAU y del Consejo de Universidades en el CONICET. Todos los presidentes del CIN fueron elegidos en relación con los bloques internos hegemónicos (bloque justicialista y bloque reformista). Como mencionáramos en el capítulo IV, a mediados del 2000 surgió un bloque integrado por rectores disconformes con la dinámica de acuerdos entre radicales y peronistas, aunque no tuvo representación en las presidencias del CIN, reservadas estrictamente a la alternancia entre los bloques del peronismo y radicalismo.

Del total de sesenta y tres presidentes del CIN existentes entre 1985 y 2017, más de la mitad pertenecen o pertenecieron al bloque reformista, aunque esta fuerza se consolidó en el período fundacional del CIN que fue compuesto por rectores de identidad radical. Al no existir otra identidad partidaria, este "bloque reformista" propiamente no existía aún. Si analizamos diacrónicamente la universidad y el bloque de origen de las presidencias del CIN desde 1985 hasta la actualidad, veremos que la alternancia es la regla de oro a partir de 1992, aunque a veces se repita un mandato de uno o dos rectores reformistas, luego la alternancia vuelve a tomar su cauce natural y se repite algún justicialista (ver Anexo 2). Durante la primera etapa, los mandatos del presidente eran tan breves como los espacios entre plenario y plenario, mientras que promediando los 2000 comienza una tendencia marcada a la reelección. Desde 2002 (A. Plenario 432/02) los mandatos serán semestrales, en 2007 (A. Plenario 650/2007) se incorpora la figura del vicepresidente y en el año 2012 (A. Plenario 829/12) se eleva el período del mandato presidencial a 1 año.

Si analizamos el listado de miembros de los comités ejecutivos y comisiones permanentes del CIN durante el período analizado aquí crece en pequeña proporción la participación de rectoras mujeres (en total solo seis mujeres) aunque es de notar que accedieron al rectorado durante la última década. Al igual que ocurre con los presidentes del CIN, la mayoría de ellos fue consejero superior y/o directivo, ejerciendo el cargo de decano antes de llegar al rectorado u otros cargos de gestión universitaria. Dos de estos rectores llegaron a ser Secretarios de Políticas Universitarias (Aníbal Jozami y Aldo Caballero). En este grupo hay un porcentaje mayor de rectores con trayectorias científicas aunque la mayoría desarrolló principalmente un perfil docente profesional. En relación con su politización, la mayoría de estos rectores también fueron dirigentes estudiantiles, y algunos han sido militantes activos del peronismo o del radicalismo. Es en este grupo de rectores donde emergen los rectores que pretendieron generar un espacio diferenciado de los dos bloques hegemónicos.

Factores históricos y determinantes estructurales del Poder Rectoral en la Argentina

Llegados a este punto de nuestro trabajo resulta pertinente recuperar una de las líneas principales que surgió de la complejización de las primeras hipótesis de nuestra investigación. Nos referimos al peso del poder universitario en las distintas etapas de la política universitaria y a lo que hemos denominado el poder rectoral en Argentina. Retomemos ahora la cita de Claudio de Moura Castro incluida en la introducción, quien jugando con la figura de un jinete montado sobre un dinosaurio creativamente simbolizaba el escaso control y poder real, que a su juicio y a pesar de las apariencias, los rectores poseen en y sobre una organización como la universidad. Sin pretender invertir la imagen que propone Moura Castro, ni generalizar a otros contextos nuestras observaciones empíricas, sostenemos la especificidad del poder que los rectores adquieren en la Argentina, donde dicho poder y capacidad de injerencia en las universidades y en la política pública para este sector es *considerable y relevante*.

Iniciada la recuperación democrática en diciembre de 1983, un conjunto de factores históricos y una serie de determinantes estructurales confirieron esa capacidad de intervención a los rectores nucleados en el CIN. Poder que estará presente en los distintos momentos de la política universitaria desde la recuperación democrática hasta nuestros días, expresándose en el destacado papel de los rectores y el CIN en el equilibrio de la política universitaria de los ochenta, en los procesos heterónomos de los 90 y, finalmente, en las dos facetas de la política universitaria del kirchnerismo.

Discutiendo un aspecto de las investigaciones anteriormente desarrolladas (Acosta, 2009; Didriksson, 1994; De Vries, 2001; Atairo y Camou, 2011), que sitúan a las reformas de los años 90 como principales responsables del proceso de fortalecimiento de los poderes ejecutivos de las universidades, nosotros hemos planteado que en Argentina el poder de los rectores, como lo conocemos hoy, se configuró, al menos, desde el proceso de normalización iniciado en 1984 hasta nuestros días. Decimos al menos porque la tradición de autonomía universitaria es muy extensa en la Argentina y es sin dudas un factor histórico decisivo de "larga duración". Pero el poder rectoral es un componente del poder universitario y este fenómeno tuvo un momento *instituyente* con el retorno a la democracia en 1983 y, especialmente, en el proceso de normalización.

La singularidad de la situación argentina en la recuperación democrática está marcada por el hito, la bisagra, que significó el fin de la dictadura y el proceso de "normalización" que encaró el gobierno de Alfonsín en 1984 reconstruyendo el tejido social del campo universitario. La tradición de autonomía cobraba especial vigor y era defendida con recelo luego de décadas de interrupciones por distintos gobiernos militares. El proceso de normalización, fuertemente moldeado por el radicalismo a través de la designación de rectores normalizadores afines al alfonsinismo y la recuperación del modelo reformista del período 1955-1966, decantará, una vez normalizados los claustros, en la elección de rectores con una identidad política vinculada al radicalismo. En este contexto, los rectores normalizadores fueron quienes sentaron las bases de la construcción de una determinada relación de fuerzas universitarias. Condujeron, en conjunto con los consejos superiores y académicos provisorios, el proceso que permitió la regularización del funcionamiento autónomo y cogobernado de cada una de las universidades. Como sostiene Adolfo Stubrin, los cuadros profesionales de la UCR en sus funciones de rectores normalizadores tuvieron especial protagonismo en la gestación de una nueva legitimidad universitaria. El buen resultado de aquella construcción sociopolítica quedó ligado a la consolidación de la política partidaria como elemento habitual de integración interna, con fuerte presencia en la conducción y burocracia universitaria (Stubrin, 2001).

A partir de 1985, los rectores surgidos del proceso electoral normalizado se agruparon en el CIN, ámbito que en la cosmovisión reformista del gobierno radical debía conducir una política universitaria autogestionada, "autogobernada". La literatura disponible sobre la política universitaria del período (Bertoni y Cano, 1990; Krotsch, 1993; Marquina y Nosiglia, 1995; Chiroleu, 1999; Buchbinder, 2010; Suasnábar, 2013) coincide en señalar que durante esos años hubo un cierto desplazamiento de la política universitaria hacia las propias universidades. Nuestro trabajo, basado en el análisis empírico de las actas de los Plenarios del CIN, los documentos de la época, las resoluciones tomadas y el relacionamiento con otros agentes evidenciado en las actas de los plenarios, nos permitió observar que, junto a la declamación reformista y esa "delegación" de la política universitaria a las universidades organizadas en el CIN, lo que existió fue un empoderamiento de agentes que, mancomunadamente con el congreso y el gobierno nacional, contornearon un nuevo espacio de frontera entre el campo universitario y el campo burocrático-estatal.

Con la creación del CIN, que, insistimos, para el reformismo era el ámbito natural para la formulación y definición de la política universitaria, se puso en marcha un proceso de empoderamiento de los rectores, representantes de cada una de las universidades ante el consejo, con un peso relevante en la decisión de los destinos del conjunto universitario. El espíritu de cuerpo que alcanzaron y que perdura hasta nuestros días terminó configurándolos como agentes destacados de la política universitaria. Este empoderamiento no solo estuvo sostenido sobre las bases teóricas e ideológicas del reformismo sino también sobre la confianza que inspiraba un mapa político fuertemente hegemonizado por el radicalismo, desde el momento que la gran mayoría de los rectores eran radicales y el alfonsinismo concentraba una parte importante de la energía política del mapa nacional, incluyendo la conducción del movimiento estudiantil. Esta fusión y homogeneidad entre el poder político y el poder universitario fue prácticamente única en la historia reciente argentina y acuñó el sello del valor del CIN y de los rectores en la política universitaria. Aunque el panorama se modificó al poco tiempo, cuando hacia 1988 el peronismo comenzó a ganar en algunas de las universidades tradicionales y finalmente en 1989 cuando entró en contradicción el signo político de las universidades con el gobierno de Menem, este contexto de homogeneidad política fue suficiente para fundar el lazo entre política universitaria y poder universitario. Hecho que terminó consolidándose y reconfigurándose en la Argentina hasta hoy, en el sentido que no es posible viabilizar una política universitaria sin el acuerdo, directo o indirecto, del poder universitario.

Durante el período que transcurrió entre 1985 y 1990, en aquel escenario de articulación entre el Congreso, el gobierno y el conjunto universitario representado por el CIN, en el marco del impulso autonomista del radicalismo, se consolidó un determinado equilibrio entre la autonomía del "sistema" y la autonomía de cada institución. Por eso en el capítulo III hemos intentado mostrar que esa "autonomía fragmentada" no hizo más que acrecentar el peso de la figura de los rectores, depositarios de la viabilidad de coordinar el "sistema". Según el decreto de creación, eran las propias universidades quienes debían decidir las prerrogativas y alcances del funcionamiento del CIN. Como vimos, los rectores optaron por anteponer las autonomías individuales de cada universidad a la posibilidad de otorgar al ámbito de coordinación la capacidad de producir políticas vinculantes para el conjunto. Esta ambigüedad fue contrarrestada por el espíritu de cuerpo y consenso que alcanzaron los rectores entre sí: las resoluciones del CIN no eran ni son actualmente vinculantes al conglomerado universitario, pero en la práctica sí lo son.

Hemos intentado mostrar que el poder rectoral cobra especial relevancia en la frontera e intersección con el campo burocrático estatal, como lo demuestra la presencia ininterrumpida, desde 1999 a nuestros días, de rectores en el área del Estado responsable de las políticas universitarias. En la dinámica de sus universidades y en el trabajo colegiado en el CIN, los rectores han cristalizado saberes técnicos y políticos que se convirtieron en un "saber-hacer" indispensable para la política universitaria argentina, como se puede ver en el cuadro 7. Este proceso de reconversión del poder rectoral en capital burocrático estatal ha consolidado una trayectoria paradigmática para el rol de Secretario de Políticas Universitarias: ser, o haber sido, rector de una universidad pública de gestión estatal y miembro activo del CIN (principalmente Presidente).

Cuadro 7

Secretarios de Políticas Universitarias desde la creación de la SPU. Participación en el CIN

Secretario de Políticas Universitarias	Período SPU	Participación en el CIN	Rectorado	Bloque Interno CIN
Juan Carlos del Bello	26/03/1993 – 18/12/1995	Miembro con voz pero sin voto (en representación de la SPU)	——	——
Orlando Aguirre	18/12/1995 – 30/10/1996	——	——	——
Eduardo Sánchez Martínez	31/10/1996 – 10/05/1999	——	——	——
Aníbal Jozami	14/05/1999 - 14/12/1999	Miembro de comisiones permanentes	UN de Tres de Febrero (1997-continúa)	Justicialista
Juan Carlos Gottifredi	15/12/1999 - 04/01/2002	Presidente	UN de Salta (1985-1991, 1997-1999)	Reformista
Juan Carlos Pugliese (h)	25/01/2002 - 28/12/2005	Presidente	UN del Centro (1984-1992)	Reformista
Daniel Malcom	30/12/2005 - 22/08/2006	Presidente	UN de San Martín (1992-2006)	Justicialista

Alberto Dibbern	23/08/2006 - 04/06/2012	Presidente	UN de La Plata (2001-2004)	Reformista
Martín Gill	05/06/2012 - 10/12/2013	Presidente	UN de Río IV (2007-2012)	Justicialista
Aldo Caballero	10/12/2013 - 09/12/2015	Miembro del Comité Ejecutivo	UN de Misiones (2006-2010)	Justicialista
Albor Cantard	10/12/2015 - 14/07/2017	Presidente	UN del Litoral (2007-2015)	Reformista

Fuente: Elaboración propia en base a documentación del CIN, UUNN y Decretos del PEN de designaciones y aceptaciones de renuncia disponibles en Infoleg.com.ar

Ahora bien, el retorno a la democracia bajo el signo de la UCR, las características del proceso de "normalización" y la consolidación de la figura del rector como conductor de la política pública universitaria no fueron los únicos factores que empoderaron a los rectores. Existe un conjunto de determinantes estructurales del campo universitario argentino que permiten explicar la constitución del poder rectoral y contrastar las características de los sistemas universitarios de referencia en los estudios de los autores de la teoría de las organizaciones, básicamente el de EE.UU., que, entre otras diferencias, poseen una base docente sólida, mayoritariamente con dedicación exclusiva y larga trayectoria dentro de esas instituciones. En el caso argentino, la base docente es más bien liviana y precarizada, persisten formatos académicos tradicionales concentrados en el sistema de cátedras y facultades que dependen fuertemente de la figura de los decanos y estos, a su vez, del rector, y, por el propio peso de los rectores y del CIN, parte sustancial de los mecanismos de financiamiento público y privado quedaron en manos de las gestiones de los rectores. Veamos un poco más en detalle estos determinantes estructurales del campo universitario, que impactan en la consolidación y continuidad del poder rectoral en la Argentina:

✓ *Base liviana, precarizada y con débil profesionalización*: como podemos ver en la Tabla 20, desde 1983 hasta 2013 predomina en Argentina una base docente anclada sobre dedicaciones simples cuyo promedio histórico constituye dos tercios de los docentes en actividad (66,19%). Juntas, las dedicaciones simples y semiexclusivas suman 87,23 % del total de los cargos docentes para todo el período. Gran parte de esos docentes se encuentran ocupando el cargo interinamente con la consecuente precariedad, falta de estabilidad y vulnerabilidad laboral que conlleva. Esta débil inserción institucional que determina la estructura de dedicaciones, la inestabilidad y la histórica remuneración salarial baja, ha dificultado la profesionalización del personal académico y con ello la consolidación de equipos estables de docentes e investigadores equivalentes al modelo norteamericano y europeo. También han jugado un papel en la débil profesionalización académica las constantes interrupciones al orden democrático, con sus consecuencias en el plano de la autonomía universitaria y el sistema de concursos efectivos.

Tabla 22

Cargos docentes de universidades públicas de todo el país, clasificados por dedicación. En porcentaje (%)

Año / Tipo de Dedicación	1989	1990	1991	1994	1995	1996	1997	1998	1999	2000	2001
Exclusiva	10,23	10,32	10,36	12,10	11,60	12,60	12,40	13,62	13,87	13,16	12,60
Semiexclusiva	22,03	21,72	20,17	21,50	20,60	19,70	20,90	21,86	23,02	21,89	21,68
Simple	67,74	67,97	69,47	66,40	67,80	66,70	66,70	64,52	63,11	64,95	65,72

Año / Tipo de Dedicación	2002	2003	2004	2005	2006	2007	2008	2000	2010	2011	2012	2013
Exclusiva	13,86	13,64	13,01	12,93	13,29	13,26	13,05	13,24	13,14	12,98	12,93	13,14
Semiexclusiva	22,05	21,76	22,12	22,07	22,34	21,18	20,11	19,90	19,50	19,42	19,67	19,50
Simple	64,09	64,60	64,87	65,00	64,37	65,56	66,84	66,86	67,36	67,60	67,40	67,36

Fuente: Elaboración propia en base a anuarios Estadísticos universitarios. SPU-ME. No encontramos datos en los anuarios estadísticos oficiales para los años 1992 y 1993.

Tabla 23

Promedio histórico de distribución de cargos docentes por tipo de dedicación

Tipo de Dedicación	Promedio Histórico
Exclusiva	12,66
Semiexclusiva	21,13
Simple	66,21

Fuente: Elaboración propia en base a anuarios estadísticos universitarios ME-SPU.

Estas condiciones institucionales, junto a la derivación de las actividades científicas y de investigación hacia institutos extrauniversitarios, determinaron que la mayor parte de las universidades argentinas no se organizaran sobre una base pesada para producir conocimiento en el sentido que postula Clark (1991), sino fundamentalmente para transmitir el conocimiento, vía la docencia, en instituciones con fuertes rasgos profesionalistas (López Zárate, 2010). La liviandad de la base, la preeminencia de estructuras académicas tradicionales (sistema de cátedra-facultad), la inestabilidad institucional, las recurrentes intervenciones y la histórica escasez presupuestaria, han configurado un desarrollo institucional fragmentario, donde los liderazgos personales tienen condiciones de prosperar. El carácter personalista de la autoridad asentada en la figura del rector, fuertemente instalada en la cultura institucional de las universidades tradicionales, es una de las particularidades del capital político de los rectores.

✓ *Tradición autonómica:* la larga y consolidada tradición de autonomía universitaria, mucho más fuerte que en el resto de Latinoamérica, otorga a la Argentina una singularidad. Como sostienen Unzué y Emiliozzi, *"la férrea defensa de la autonomía por parte de las casas de estudio las hace refractarias a todo intento de reforma heterónoma. La experiencia muestra que solo en la medida en que se ha logrado cierto consenso entre autoridades universitarias y comunidad académica, en particular en torno a la generación de recursos económicos adicionales, el sistema universitario ha presentado signos de vitalidad y ha alterado sus comportamientos"* (Unzué y Emiliozzi, 2013: 32). La autonomía, con rango constitucional desde 1994, forma parte del imaginario histórico y de la identidad política e institucional de cada uno de los claustros y del conglomerado universitario, constituyendo un elemento clave en el fortalecimiento del poder de los rectores como interlocutores fronteras universitarias hacia afuera y en el proceso de reconversión de un capital de poder preponderantemente universitario en capital burocrático-estatal. El proceso de reformas impulsado en los 90 es un claro ejemplo de ello en la medida que las políticas impulsadas no pudieron imponerse sino que se implementaron en un proceso de intensas negociaciones y búsqueda de consensos. Allí el CIN y los rectores jugaron un papel relevante, acordando ejes de reformas e involucrándose activamente en su ejecución, en un proceso que hemos denominado *heteronomía concertada.*

✓ *Principios de legitimidad, participación y gobierno universitario (que fragmentan hacia adentro pero concentran en la figura del rector la interlocución hacia afuera):* a diferencia de universidades norteamericanas y europeas, la tradición reformista y autonómica de la Argentina reconoce en la elección participativa de los claustros, en forma directa ponderada o indirecta por asamblea, uno de los principios de legitimidad del poder universitario. En otros países, la designación de los presidentes o rectores surge de un pequeño conciliábulo docente, con una dinámica política de puertas cerradas o tiene un procedimiento empresarial, de relativa asepsia política, priorizando perfiles gerenciales y de relaciones institucionales. En la Argentina, salvo en los períodos de dictadura militar y en primer peronismo que eran designados por el Poder Ejecutivo Nacional, el rector es elegido en instancias electorales, todas ellas precedidas, incluso hasta el último minuto, de intensas negociaciones políticas. Negociación con los claustros, con distintas fracciones políticas de los claustros, con grupos organizados gremial y políticamente, con agentes individuales, con sectores con referencias políticas externas, con sectores surgidos de una construcción más endógena, etc. Siempre su elección implicará una compleja red de acuerdos y equilibrios que se trasladarán posteriormente a la gestión y el trabajo en los distintos ámbitos colegiados. Para algunos investigadores dicho mecanismo de designación deviene, en virtud de la amplitud de compromisos asumidos, en debilidad del poder del rector ya que su capacidad de cambio e innovación estará restringida por los compromisos de campaña. Acordamos, parcialmente, ya que sin dudas los compromisos restringen el campo de lo modificable hacia adentro. Pero para sortear exitosamente un proceso electoral los candidatos deben mostrar y ejercer habilidades y fortalezas que no son propias un docente estándar sino de un agente con capital político y competencias para la negociación. Por otra parte, dentro de los principios organizativos consolidados está el funcionamiento de ámbitos colegiados, a nivel de universidad y facultad, donde participan los distintos claustros, los consejos directivos y superiores, donde la negociación, búsqueda de consensos y equilibrios continúa durante toda la gestión. En este sentido, desde el punto de vista de la vida institucional de cada universidad, los mecanismos de elección y el formato colegiado deliberativo, vinculado a la organización del gobierno universitario, exigen al rector capacidad de conducción, pragmatismo y habilidad para convivir con alineamientos precarios e inestables, destrezas que, eventualmente, podrían desatar los nudos de los acuerdos y compromisos electorales. Desde el punto de vista de la vinculación con el campo burocrático-estatal, esta dinámica interna, en cierta medida atomizante, normalmente no interfiere en su función de interlocución ante el campo burocrático estatal mencionado. Por el contrario, a los ojos de los funcionarios ministeriales esa conflictividad interna termina reforzando la necesidad de contar con un interlocutor válido ante ese mapa universitario altamente fragmentado.

250

✓ *Las organizaciones gremiales, el capital militante y el movimiento estudiantil:* a diferencia de las universidades estadounidenses sobre las que Clark elabora su marco conceptual, los distintos claustros, en forma independiente o a través de organizaciones políticas y gremiales, han tenido y tienen una fuerte presencia e incidencia en la vida universitaria. Organizaciones como la Federación Argentina del trabajador de las universidades nacionales (FATUN) que agrupa al personal de apoyo académico, la Federación Universitaria Argentina (FUA), centenaria herramienta del movimiento estudiantil y las distintas organizaciones del fragmentado mundo gremial docente son agentes de peso a nivel nacional y local. A su vez, solidariamente con el Ministerio de Educación, el CIN constituye la representación patronal del conjunto universitario en la negociación paritaria con los gremios docentes, generando no pocas tensiones con las organizaciones gremiales del sector. Esta función, y la existencia de organizaciones gremiales potentes y consolidadas exigen del rector un papel de conductor y negociador entre bloques e intereses muchas veces contrapuestos, demandándole habilidad para encontrar caminos y consensos que permitan gobernabilidad y, en el mejor de los casos, encaminar la institución hacia los objetivos deseados. Por otra parte, el carácter militante del movimiento estudiantil argentino y su capacidad de movilización pública en los centros urbanos más importantes lo ha constituido en un agente relevante en la dinámica política interna y externa, sustentado en la legitimidad histórica que le otorga la larga tradición reformista y en dicho poder de movilización. Siendo un agente con capacidad de implementar amplios repertorios de acción colectiva, constituye un determinante estructural de doble cara: hacia adentro de la universidad puede provocar la caída o debilidad creciente de un rector, pero desde el punto de vista del campo burocrático estatal fortalece la idea de que un rector (o ex rector) es el principal perfil con una combinación de habilidades políticas y competencias técnicas capaces de conducir la política universitaria del Estado, pudiendo asegurar aceptables niveles de gobernabilidad.

✓ *Politización relativamente autónoma:* es por demás evidente que existen vínculos y cruces entre el campo universitario y el mundo de los partidos políticos, los cuales, desde 1983 en adelante han tenido un papel significativo en la construcción de la política universitaria argentina (Stubrin, 2001; Atairo y Camou, 2011). Es un hecho contundente, por ejemplo, que la "normalización" universitaria se realizó en el marco de acuerdos partidarios entre el radicalismo y el peronismo. En este trabajo, sin embargo, procuramos distinguir entre partidización y politización universitaria, siendo la primera un alineamiento directo entre agentes universitarios y partidos políticos, y la segunda, una disputa de espacios de "poder universitario" con una lógica propia. Con el correr de los años, la partidización que predominó en los primeros años de la recuperación democrática fue adquiriendo nuevos contornos y el campo universitario experimentó algunos procesos que instauraron elementos refractarios de los partidos mayoritarios. Aunque estos nunca dejaron de tener presencia, poco a poco se introdujeron formas relativamente autónomas de poder universitario: la aparición de rectores independientes de los partidos mayoritarios, agrupaciones estudiantiles independientes, acuerdos de alternancia entre bloques políticos internos al CIN, alianzas entre sectores que en la vida política nacional se encuentran en franca enemistad, cuya explicación responde a lógicas propias del mundo universitario, entre otros. Estas nuevas formas de politización fueron estimuladas, entre otros elementos, por la consolidación de la figura de los rectores como agentes principales de la política pública para este sector. A diferencia de la partidización, que produce comportamientos heterónomos, este proceso de politización relativamente autónomo genera condiciones y prácticas específicamente universitarias y con ello, potencialmente, mayor control, por parte de los rectores y otros agentes, de las variables políticas e institucionales de la dinámica universitaria. Con esto no queremos afirmar que el campo universitario argentino se ha desvinculado del campo de los partidos, vínculo que existe y se expresa, con distinta intensidad, en todos sus claustros. Lo que queremos decir es que de aquella partidización consustancial al proceso de "normalización" se abrió un proceso de politización que se reformuló en función del recorrido histórico particular de cada institución, la particularidad de sus agentes y las fracciones políticas propias del mundo universitario. A esta politización relativamente autónoma podríamos retratarlo hoy, a la luz de las dos facetas de la política universitaria del kirchnerismo, como un *continuum* donde en un extremo hay una lógica universitaria refractaria de la partidización externa y, en el otro, una lógica más vinculada al poder territorial. En ambos extremos, sin embargo, el poder rectoral sigue siendo el catalizador del proceso. Y es aquí, en este proceso complejo y contradictorio, donde la figura y capacidad política del rector adquiere mayor relevancia, en el sentido que ya no se trata de traducir directamente hacia dentro de la universidad lógicas, alineamientos y escisiones de la dinámica política externa, sino que, junto a ellos y desde una lógica universitaria, producir consensos, alianzas y equilibrios políticos propios, que por lo general no coinciden con los del "afuera".

Esta forma de politización es particularmente visible en la consolidación de los acuerdos entre los bloques radical y peronista del CIN que, independientemente de la dinámica política externa, incluye la alternancia en la conducción del organismo, el acuerdo sobre la mayor parte de la agenda universitaria y la distribución de todos los espacios y representaciones que impliquen poder y recursos. A diferencia de los volátiles acuerdos entre estos dos partidos claves en la política nacional (cabe recordar por ejemplo el efímero acuerdo entre el radicalismo y el kirchnerismo encarnado en la figura de Julio Cleto Cobos como vicepresidente de Cristina Fernández de Kirchner en 2007, crudamente finalizado dos años después con el conflicto con el campo), la entente entre radicales y peronistas en el CIN ha persistido por tres décadas, gozando de buena salud y revelando a los rectores como los mediadores más idóneos entre el poder universitario y el campo burocrático.

✓ *Especialización creciente de la gestión, nuevos y viejos mecanismos de financiamiento universitario*: la ampliación de la capacidad política y técnica del Estado, intensa especialmente desde la creación de la SPU en 1993, ha exigido, para la interlocución con el Gobierno, una especialización creciente de los ámbitos ejecutivos de las universidades, demandando mayores exigencias al rol del rector, interlocutor natural ante cada una de las áreas del Estado. Los cambios en la regulación del campo universitario acarrearon nuevas formas de gestión y coordinación del conjunto, multiplicando los espacios de gobierno, gestión, evaluación, administración y toma de decisiones. Esta segmentación de espacios técnicos, administrativos y políticos complejizó el papel de los rectores, exigiendo el manejo de un conjunto de herramientas políticas, presupuestarias y técnicas para el diálogo con las cada vez más diversas y especializadas áreas del Estado. El financiamiento universitario, altamente fragmentado, es uno de los elementos donde se expresa dicha especialización. Más allá de los reiterados intentos de políticas para instalar fórmulas objetivas de distribución presupuestaria, han persistido los mecanismos de financiamiento basados en la inercia histórica y una negociación política en la que interviene el CIN y los rectores, personalmente y a través de sus gobernadores y legisladores nacionales. Este mecanismo jerarquiza el rol del rector ya que es el principal interlocutor ante los distintos agentes gubernamentales, legislativos y universitarios, para sostener y, eventualmente, acrecentar los niveles de financiamiento. De hecho, en muchos casos la gestión rectoral es juzgada en función de las habilidades demostradas para conseguir fondos adicionales. En la medida que los fondos ordinarios se encuentran mayormente comprometidos en sueldos y los gastos de funcionamiento, serán los fondos adicionales o extraordinarios, surgidos en gran medida por las gestiones personales ante distintos ministerios nacionales o provinciales, o de discusiones internas a la distribución entre las distintas universidades, los que les permitirán financiar novedades y prioridades políticas e institucionales. Este papel de interlocutor principal solo se ha visto cuestionado por el creciente peso que han ido adquiriendo la acción y mecanismos de financiamiento impulsados por los consejos de decanos y asociaciones de facultades.

Con el desarrollo de lo que entendemos son los factores históricos y determinantes estructurales del poder rectoral en la Argentina, hemos querido dar cuenta de un conjunto de procesos sociales, históricos, políticos e institucionales que confluyen en la conformación del rector como un agente dotado de un poder específico relevante hacia dentro de las universidades y para la política universitaria argentina. Junto con ello también intentamos señalar nuestras diferencias con marcos analíticos cuyas consideraciones están basadas en sistemas de educación superior con un desarrollo institucional, dinámica de funcionamiento y recorrido histórico muy distinto al campo universitario argentino, diferencias a nuestro juicio fundamentales a la hora de analizar las formas de construcción de la política universitaria.

El efecto combinado del conjunto de características históricas y rasgos estructurales del campo universitario argentino, potenciado por la consolidada tradición autonómica y la dificultad de los gobiernos para intervenir en la dinámica universitaria, contribuyeron a que los rectores hayan logrado erigirse como los agentes que disponen de la capacidad política y los conocimientos técnicos para conducir la política universitaria argentina. Esto se materializó en un proceso de reconversión, protagonizado por los rectores de las universidades públicas de gestión estatal, de un capital propiamente de poder universitario en lo que Bourdieu (2008) llama capital burocrático-estatal. En la consolidación del perfil del rector como cuadro político y técnico para conducir la política universitaria argentina confluyeron distintos elementos: la prioridad de la gobernabilidad en la agenda del sector; la especialización de las políticas del Estado hacia a las universidades (basada en una política de reclutamiento que tuvo como principales agentes a los rectores nucleados en el CIN) y el capital político acumulado por el ámbito institucional que los agrupa. A pesar de poseer una estructura institucional débil y pequeña, el desarrollo de la investigación nos mostró que desde su creación, en 1985, el CIN logró acumular un importante capital simbólico que indujo a los agentes de las políticas públicas a visualizarlo como portavoz del campo universitario. En gran medida, este capital simbólico se nutre en la Argentina de cuatro elementos: a) la extensa y poderosa tradición de autonomía universitaria, b) el lugar asignado a las universidades públicas en el imaginario colectivo, c) el carácter predominantemente público-estatal del conglomerado universitario y d) la particular politización que se vive en el ámbito universitario, que hace del capital social y político de los rectores un elemento clave para la gobernabilidad de este sector.

La necesidad del Estado de generar una mayor especialización en la gestión de las políticas públicas hacia el sector universitario, asociada a la institucionalización de una serie de prácticas, supone que para estos puestos se requieren saberes y calificaciones específicas que, en este caso, no son las titulaciones expertas en educación o planeamiento, sino más bien las capacidades técnico-políticas que adquiere un rector en la gestión de su universidad y en la arena política del CIN. Así se explica que, desde 1999 en adelante, todos los Secretarios de Políticas Universitarias designados hayan tenido una trayectoria paradigmática: han sido rectores de una universidad pública nacional de gestión estatal y miembros activos del CIN, en su gran mayoría ex presidentes del consejo. A diferencia de otros países de la región (donde las políticas universitarias estuvieron mayormente a cargo de expertos en educación o planeamiento), en la Argentina, la política universitaria ha estado protagonizada por rectores o ex rectores.

A poco de saberse el resultado de las elecciones presidenciales de fines de 2015, el Ministro de Educación de la Nación Esteban Bullrich anunció que Juan Cruz Ávila (un productor televisivo sin mayores antecedentes en el campo universitario, egresado de una universidad privada) sería designado al frente de la SPU. Esto parecía contradecir una de las principales tesis de este libro referida a la consolidación de una determinada trayectoria para dicho rol. Sin embargo, evidenciando la fuerza de la lógica propia establecida entre el campo universitario y el Estado, tres días después, el ministro (ante la presión del radicalismo en la coalición gobernante, la demanda explícita de rectores radicales y peronistas nucleados en el CIN y la amenaza de conflictos con el sector estudiantil), volvió sobre sus pasos, designando como Secretario de Políticas Universitarias a Albor Cantard, rector de la Universidad Nacional del Litoral y ex Presidente del CIN.

Reflexiones Finales

Tradicionalmente entendida como la "capacidad de las instituciones universitarias para autogobernarse" (Mollis, 1997: 103), la autonomía universitaria ha sido el pilar fundamental de la bisagra constituida entre las universidades y el Estado, aunque también ha servido como frontera para protegerlas de otros agentes u otros campos que pueden vulnerar la libertad académica. Como han señalado Eduardo Rinesi y Germán Soprano, no solo es el Estado la fuente de heteronomización del sistema universitario, sino que también impactan los intereses y visiones de corporaciones profesionales y disciplinares, intereses del mercado, así como otras lógicas y dinámicas sociales (Rinesi y Soprano, 2007). En nuestro país, la autonomía del campo universitario, con sus múltiples facetas, ha sido siempre una frontera dinámica, con una importante elasticidad, dadas las recurrentes intervenciones militares, que contrajeron no solo la capacidad de autogobernarse sino la libertad académica misma (Beigel, 2010).

En gran medida como resultado de esa "elasticidad" de la autonomía universitaria, la vida de los Consejos de Rectores en la Argentina, durante el siglo XX, ha estado marcada a fuego por los cambios de gobierno, los golpes militares, los movimientos endógenos y exógenos que redefinieron la frontera del campo. Para entender por qué se consolidó un organismo de coordinación recién en 1985, recurrimos a una comparación exploratoria con dos experiencias similares en otros países de la región, el Consejo de Rectores de las Universidades Chilenas (CRUCH), creado en 1954 y la Asociación Nacional de Universidades e Instituciones de Educación Superior (ANUIES) creada en México en 1950[244]. Estas dos experiencias sostenidas de coordinación universitaria que ya cumplieron más de sesenta años no solo se distinguen porque tuvieron una mayor estabilidad político-institucional, sino porque agrupan universidades de distinto tipo (privadas y públicas) que disponen de una menor autonomía que en la Argentina. Esta exploración nos permitió sentar las bases de lo que sería nuestra indagación de la doble frontera que implica la autonomía universitaria en nuestro país y que genera su principal paradoja:

---

[244] Si bien aquí no profundizaremos al respecto, en la investigación doctoral que es la base del presente libro hicimos un análisis exhaustivo de las experiencias de coordinación mencionadas.

a) la autonomía institucional de cada universidad que atenta muchas veces contra las posibilidades de coordinación nacional y b) la autonomía del campo, más ligada a la *illusio* compartida de una universidad pública, laica y gratuita, que estimula la coordinación de las universidades para demandar al Estado o enfrentar sus presiones.

Para indagar en los antecedentes del CIN realizamos un análisis de la legislación universitaria desde 1885 y una búsqueda de archivos históricos que nos permitieron verificar las experiencias que efectivamente existieron. Ese análisis arrojó que la legislación universitaria, con distintas funciones y atribuciones, contempló la creación de cinco órganos de coordinación universitaria previos al CIN: Consejo Nacional Universitario (CNU) creado por la leyes 13031 y 14297 de 1947 y 1954 respectivamente; el Consejo Interuniversitario (CI) creado por el Decreto Ley 7361/57; el Consejo de Rectores (CR) creado por la Ley 17245 de 1967 y el Consejo de Rectores de Universidades Nacionales (CRUN) creado por el Decreto 391/77. Un eventual quinto espacio corresponde al previsto en la ley universitaria del tercer peronismo, ley 20654/74. Como mencionábamos en el capítulo II, no hemos encontrado evidencia de la constitución y funcionamiento del Consejo Nacional Universitario (CNU), del eventual organismo que pudo funcionar en el período 1974-1976 y respecto al Consejo Interuniversitario (CI) solo hemos encontrado datos indirectos que dan cuenta de su funcionamiento. En cambio, del Consejo de Rectores (1967-1973) y el Consejo de Rectores de Universidades Nacionales (1977-1983) pudimos acceder a variada documentación y, sobretodo, a las actas completas que registran su actividad durante todo el período de funcionamiento. En el capítulo II detallamos ampliamente el carácter y contenidos de sus reuniones y, desde esas fuentes documentales, hemos podido profundizar en su dinámica, atribuciones y agenda de trabajo.

Dado el contexto de autonomía restringida, y con ello de reducción de la tensión inherente entre coordinación y autonomía, el análisis documental de las actuaciones de los distintos consejos, en especial del Consejo de Rectores (1967-1973) y el Consejo de Rectores de Universidades Nacionales (1977-1983), arrojó que dichos órganos de coordinación estuvieron limitados a funcionar preponderantemente como un espacio de articulación de las necesidades de las universidades hacia el Estado, con bajos niveles de articulación entre las universidades, con escaso peso político en la definición de las políticas para su sector y, a diferencia del caso de las experiencias chilena y mexicana de coordinación, sin el liderazgo de su principal y más prestigiosa universidad. Sin que signifique homogeneizar los dos procesos, en especial teniendo en cuenta las diferencias oportunamente señaladas en cuanto al contexto histórico y la calidad y profundidad de los debates que en ellos se produjeron, podemos decir que tanto el Consejo de Rectores y, especialmente, el Consejo de Rectores de Universidades Nacionales, fueron funcionales a las políticas restrictivas de los regímenes en los que se desenvolvieron, constituyendo, a la par de su función de asesoramiento, instrumentos disciplinadores y espacios de confianza política e ideológica donde traccionar políticas desde el gobierno hacia el conjunto universitario. Este rol estará especialmente marcado en el caso del CRUN como intentamos develar analizando sus actas, porque el mismo formó parte activa del aparato de control social desplegado por la última dictadura militar, siendo manifiesta en todo momento su sintonía política e ideológica con el proceso en marcha, evidenciado entre otras cosas por las muestras de satisfacción de las autoridades militares y civiles hacia su desempeño. Al respecto, las palabras del Ministro del Interior, Albano Harguindeguy, en la apertura de uno de los plenarios del CRUN en 1978, son ilustrativas:

"…Los críticos más acervos se olvidan en qué estado estaba la universidad argentina en 1976. Se llevan dos años y medio largos, los claustros han vuelto a ser el lugar donde se va para elevar los niveles de capacitación intelectual y también la formación espiritual y moral de nuestros estudiantes… Nadie puede negar cual ha sido la tarea que, todos Uds con pleno éxito, han realizado"[245].

Volviendo a la pregunta inicial podemos decir que si tuviéramos como supuesto la constitución y efectiva actividad de todos los órganos de coordinación creados por las distintas leyes universitarias sancionadas, el funcionamiento potencial de los cuatro órganos de coordinación involucra, desde 1947 a los inicios de la democracia en 1983, a un total de treinta y dos años de eventual funcionamiento. De estos treinta y dos años, dieciocho años transcurren durante gobiernos militares con fuertes restricciones sobre la autonomía y autarquía universitaria y el resto de los años en gobiernos democráticos que no pudieron estabilizar su funcionamiento. Por otra parte, en esos dieciocho años los órganos de coordinación agruparon a rectores interventores impuestos por los distintos regímenes militares a instituciones universitarias cuyo funcionamiento operaba con severas limitaciones a los derechos políticos de los distintos claustros.

Indagando los antecedentes de la coordinación universitaria en la Argentina, y observando la experiencia del CRUCH en Chile y ANUIES en México, hemos podido verificar que las constantes interrupciones del orden democrático, cambios de gobierno e inestabilidad política de nuestro país, y su impacto en la autonomía universitaria, impidieron el afianzamiento de un órgano de coordinación universitaria. Recién en 1985, cien años después de la primera ley universitaria

---

[245] Actas del Consejo de Rectores de Universidades Nacionales (CRUN); año 1978, foja 6.

del país, comenzó, con la creación del CIN y el sostenido funcionamiento democrático, un proceso de consolidación de un órgano de coordinación universitaria en la Argentina.

La fragilidad institucional del CIN: ¿un obstáculo para la coordinación universitaria?

El CIN, creado en diciembre de 1985 y realizada su primera reunión a mediados de 1986, recién en 1990 comenzó a contar con personal administrativo y solo promediando el 2000 comenzó a contratar asesorías técnicas destinadas a realizar trabajos especializados. Como mencionamos en el capítulo III, la preocupación por este tema es verificable desde 1987 cuando, en el marco del Plenario realizado en San Carlos de Bariloche, los rectores discutieron la creación de una "*Secretaría de Planeamiento*" con ambiciosas funciones y agenda de trabajo. A pesar de que nunca se concretó, evidenciaba el rol estratégico que aquellos rectores anhelaban para el organismo. Posteriormente, hubo distintos intentos de abordar con profundidad la problemática, siendo destacables las iniciativas que se registran en 1999, 2007 y 2012. Veamos en qué consistieron y qué grado de eficacia tuvieron.

El ambicioso proyecto de reestructuración del CIN aprobado por los Acuerdos Plenarios 327/99 y 339/99 tenía como objetivo general "*convertir al CIN en el organismo dinamizador y representativo del conjunto de las Universidades Nacionales de la Argentina con suficiente legitimidad para promover las transformaciones necesarias y negociar con los representantes del gobierno nacional, organismos internacionales y de los sectores organizados de nuestra sociedad*"[246]. Para ello proponía una extensa lista de medidas y propuestas, que incluían, entre otras, la creación de una editorial, un banco de datos, una biblioteca especializada en el tema universitario, la realización de un análisis sistemático del presupuesto universitario y promover en cada institución mecanismos de autoevaluación que permitan una observación periódica de las mejoras alcanzadas. Por otra parte, anhelaba asegurar la presencia del CIN en todos los órganos colegiados gubernamentales que tuviesen atribuciones de planificación en las áreas de educación, ciencia y tecnología, salud pública, justicia, medio ambiente y economía, con el fin de acrecentar la incidencia del CIN y de sus actividades. También proponía mantener reuniones de trabajo permanentes con los representantes de la FUA con el fin de

---

[246] Acuerdo Plenario 327/1999, anexo I, pág. 1. Córdoba, 19 de abril de 1999.

concertar iniciativas que permitan incrementar la retención de los estudiantes, modificación de planes y modalidades de evaluación, regularidad en los estudios, movilidad de los estudiantes, regímenes de permanencia y reconocimiento de estudios parciales. Asimismo se planteaba elaborar estudios sobre la realidad universitaria, organizar una unidad para coadyuvar en el aprovechamiento de las oportunidades de cooperación Internacional, promover programas que posibiliten la asociación de universidades públicas, la conformación de consorcios y todo otro tipo de cooperación para impulsar la educación a distancia y estructurar un programa de capacitación para el personal docente de las propias universidades[247].

El ambicioso esquema de fortalecimiento promovido en el año 1999 no prosperó y 8 años después un nuevo intento tuvo lugar. El Plan de *Fortalecimiento Institucional del Consejo Interuniversitario Nacional*, formulado e impulsado por el rector de la UN de La Pampa y Presidente del CIN Lic. Sergio Maluendres, fue aprobado por la resolución del Comité Ejecutivo 436 del año 2007. Estaba fundamentado en la *"necesidad institucional de modernizar el funcionamiento del Consejo, la calidad técnica de sus propuestas y la celeridad que algunas ellas requieren"* y la búsqueda de un rol más dinámico del CIN en la política universitaria *"… la necesidad de respuestas institucionales se verá incrementada en la medida que el CIN desempeñe un rol más activo en la formulación de propuestas ante las distintas instancias de toma de decisión (Ministerio de Educación, Consejo Federal de Educación, Consejo de Universidades)"*[248].

Partiendo del diagnóstico de la complejidad creciente del escenario de la Educación Superior y el incremento de las tareas del consejo, entre otras medidas, proponía la creación de la figura del vicepresidente, una prosecretaria ejecutiva, una nueva comisión permanente y la conformación de equipos técnicos permanentes, transitorios y transversales. Los equipos técnicos, a cargo de expertos de distintas disciplinas, deberían abordar los temas referidos a la oferta educativa, articulación universitaria, modelos de pautas objetivas de distribución presupuestaria, negociación colectiva, higiene y seguridad, formulación de programas, informática, asuntos legislativos, entre otros. Las reformas impulsadas debían permitir al CIN una *"… superación de la calidad institucional de las propuestas que se realicen en el marco de la política nacional… Intervención y atención de áreas de*

---

[247] Cfr. Acuerdo Plenario 339/99, aportes para la reestructuración del CIN. Río Gallegos, 31 de agosto de 1999.

[248] Resolución Comité Ejecutivo 436/07. Buenos Aires, 29 de noviembre de 2007, anexo 1, p. 2.

estratégica importancia institucional vinculada a la política universitaria…"[249]. Un mes antes de la aprobación formal del programa de fortalecimiento, algunas de las medidas propuestas por éste habían sido recogidas en la reforma del Estatuto que había operado en octubre de ese año, incorporando la figura del vicepresidente, sumando una nueva comisión permanente (la comisión de asuntos internacionales) y agregando la temática de comunicación a la comisión de relaciones institucionales, la cual pasará a denominarse relaciones institucionales y comunicación, como así también sumando algunas asesorías técnicas como apoyo al trabajo de las comisiones permanentes.

A pesar de las reformas promovidas en el año 2007, las cuales no alcanzaron a instrumentarse con la profundidad que el programa de fortalecimiento proponía, la estructura del CIN continuará con el esquema de funcionamiento que los distintos diagnósticos, ya desde el año 1987, indicaban como necesario modificar. En función de ello, el debate acerca de cómo fortalecer su estructura continuará y volverá a instalarse con fuerza en el año 2012. En septiembre de ese año, en el marco del 68 plenario realizado en la ciudad de Mendoza, el CIN dedicó una jornada entera a discutir la problemática y así definir un conjunto de cambios que permitieran el tan anhelado fortalecimiento de su estructura. A partir de informes, análisis y propuestas vinculadas al tema que sirvieron de disparadores de la discusión, los rectores discutieron acerca de los motivos de la debilidad institucional y las distintas alternativas para afrontarla. En ese marco, el rector de la UN del Centro, Roberto Tassara aseveraba que el CIN debería ser "…*propositivo, planificador y estratégico sobre las políticas y acciones del sistema. Para ello se deberá pasar de una estructura muy participativa pero poco profesionalizada y muy dependiente de los escasos tiempos de los rectores (cualquiera sea el lugar que ocupen en la actual estructura) a una estructura mixta, que sin quitar participación agregue profesionalismo y tiempo para lograr el posicionamiento deseado"*[250]. Norma Costoya, en ese momento Secretaria Ejecutiva del CIN, afirmaba que la contratación de asesores no solo no había resuelto el problema administrativo sino que lo había agravado por la demanda de soporte administrativo que generaban. Proponía, entonces, la creación de seis direcciones: la general, de asuntos académicos y posgrado, de relaciones institucionales y extensión, de ciencia, técnica, arte y asuntos internacionales, de economía y finanzas y la de comunicación, medios, publicidad insti-

---

[249] Resolución Comité Ejecutivo 436/07. Buenos Aires, 29 de noviembre de 2007, anexo 1, p. 7.
[250] Roberto Tassara: "Análisis sintético de la estructura del CIN". Mendoza, 28 y 29 de septiembre de 2012.

tucional y prensa[251]. El rector de la UN de Río Negro, Juan Carlos del Bello, al interrogarse sobre si el CIN había cumplido con las funciones asignadas por la LES, expresaba "…*Se puede concluir que lo ha hecho parcialmente, y que ello deriva esencialmente de una estructura organizativa que no se condice con las funciones de proposición de políticas y estrategias… A nuestro juicio, la problemática estructural del CIN proviene exclusivamente de sí mismo…No hay "vacío normativo" alguno para encarar una reforma estructural del CIN tendiente al cumplimiento pleno de su misión y funciones…"*[252].

Para Guillermo Capriste, rector de la UN del Sur y en ese momento Presidente del CIN, refuncionalizar la estructura técnico administrativa del CIN no era suficiente para reposicionar al CIN como un organismo planificador y estratégico sobre las políticas del conjunto universitario. A su juicio, en primer término era imprescindible avanzar en "*la formulación de un sencillo pero claro Plan Estratégico del CIN para el período 2013-2018. El objetivo de este plan sería rediscutir la misión y funciones del consejo y establecer los ejes estratégicos, las prioridades y las acciones a desarrollar en los principales temas de intervención del CIN…"*[253].

El debate giró sobre diversos problemas organizativos del CIN, destacándose especialmente el acuerdo respecto a los problemas que se derivaban por la explosiva demanda de las distintas universidades para acreditar sus carreras en los términos del artículo 43 de la LES, con la enorme complejidad y colapso administrativo que ello estaba ocasionando. Un día después de la jornada de debate el CIN aprobó una nueva reforma de su estatuto, estableciendo la duración del mandato del presidente y vicepresidente en un año (anteriormente era seis meses con posibilidad de una reelección) y aprobando una nueva estructura orgánico-funcional que incluía como principal novedad la creación del cargo de *Director General del CIN*, para cuyo desempeño se postulaba preferentemente a un ex rector y cuyas funciones, entre otras, eran: "*…a) Entender en la elaboración de propuestas, instrumentos y medidas de políticas universitarias. b) Colaborar con la Presidencia y/o el Comité Ejecutivo en la planificación de la actividad del CIN. c) Colaborar y promover con la Presidencia las relaciones, gestiones y actividades con los organismos del sector público y con organizaciones del sector privado…"*[254].

---

[251] Norma Costoya: *"Plan de fortalecimiento institucional del CIN. Fortalecimiento del soporte administrativo"*. Mendoza, 28 y 29 de septiembre de 2012.

[252] Juan Carlos del Bello: *"Reflexiones sobre la reforma del Consejo Interuniversitario Nacional"*. Mendoza, 28 y 29 de septiembre de 2012.

[253] Guillermo Capriste: *"Propuestas adicionales para el reposicionamiento y la refuncionalización del CIN"*. Mendoza, 28 y 29 de septiembre de 2012.

[254] Acuerdo Plenario 829/12. Mendoza, 28 de septiembre de 2012, p. 2.

Después del plenario de Mendoza, la estructura del CIN se consolidó con la Presidencia y Vicepresidencia a cargo de los rectores oportunamente elegidos y, bajo ellos, una estructura administrativa y política compuesta por: una Dirección General de la que dependen dos Secretarías, la Ejecutiva y Económica Financiera, dependiendo a su vez de éstas ocho departamentos y tres áreas. Las modificaciones realizadas en el transcurso del año 2013 y 2015 estuvieron más que nada destinadas a incorporar, y en algunos casos reformular, la dependencia funcional de algunas actividades surgidas en los últimos tiempos: proyectos de comunicación audiovisual, la librería universitaria argentina, el sistema de información universitaria (SIU) y el área de internacionalización de la Educación Superior, entre otros.

A pesar que el tema ha estado presente a lo largo de la historia del CIN, las reformas impulsadas en distintos momentos, en especial durante los años 1999, 2007 y 2012, no tuvieron la profundidad y alcance necesarios para revertir totalmente la fragilidad organizativa. La ausencia de una estructura sólida de cuadros políticos, técnicos y administrativos, en el marco de nuevas estructuras organizativas y actualizados objetivos institucionales, resultaron una dificultad adicional para poder asumir y profundizar la diversidad de roles, tareas y funciones que ha exigido históricamente la dinámica y compleja política universitaria. En los inicios de esta investigación una hipótesis de trabajo que manejábamos relacionaba la fragilidad institucional del CIN con una debilidad creciente de su injerencia en la política universitaria. Pero los resultados de la investigación relativizaron esto a partir de la observación empírica que hicimos de su rol relevante en las distintas etapas de la política universitaria desde la recuperación democrática hasta nuestros días y especialmente desde la incorporación de rectores y ex rectores en el cargo de Secretario de Políticas Universitarias. Es decir que a pesar de esa fragilidad institucional el CIN mantuvo en pie el complicado equilibrio entre la autonomía institucional de cada universidad y la coordinación del campo. Porque en definitiva, la fuerza del CIN está más ligada a la fuerza del poder universitario que a la institucionalización de su organización.

La evolución del papel de CIN en política universitaria (1985-2015): continuidades y rupturas

Como hemos desarrollado en el capítulo III y en el anterior capítulo referido a los inicios del Poder Rectoral en la argentina, el período 1985-1990 estuvo caracterizado por el equilibrio entre los agentes de la política universitaria y lo que hemos denominado *autonomía fragmentada*, siendo también un momento instituyente de la configuración del poder rectoral de la argentina. Junto al desplazamiento de la definición de la política pública universitaria hacia las propias universidades, existió un empoderamiento de agentes (los rectores agrupados en el recientemente creado CIN) que en conjunto con el congreso y el gobierno nacional definieron los ejes centrales de la política universitaria de esos años. En este sentido, el análisis fáctico de las actas de las reuniones, acuerdos plenarios, resoluciones y documentos emitidos nos permitió concluir que la dinámica de trabajo del CIN en el período estuvo caracterizada por una importante iniciativa política y una agenda propositiva.

Iniciados los años 90, el equilibrio entre el *Gobierno, Rectores y Congreso* que había caracterizado el período anterior fue desafiado y finalmente quebrado en favor del campo burocrático estatal, determinando una nueva alineación donde los pesos relativos de los campos y agentes vinculados a la política universitaria estuvieron en permanente disputa. En un contexto internacional y regional de reformulación de las relaciones entre el Estado, el gobierno y la Educación Superior, el cambio de fuerzas se terminó de delinear a partir de 1993 con la creación de la Secretaría de Políticas Universitarias. En este período, la dinámica de trabajo del CIN abandonó el tono propositivo para decantar en una agenda y prácticas que combinaron la reacción y el consenso, la defensa y la adaptación. El examen de los acuerdos plenarios, resoluciones y documentos de la época, el rol jugado por los rectores en el *Protocolo de la Concertación Universitaria*, la creación y funcionamiento de la *Comisión de Concertación de las Universidades Estatales con el Poder Ejecutivo Nacional*, la amplitud y centralidad de los temas que fueron objeto del *acuerdo celebrado con la Secretaría de Políticas Universitarias* respecto a la Ley de Educación Superior, el intenso involucramiento del CIN en la implementación de los principales programas gubernamentales (Comisión Asesora de Posgrados, Programa de Incentivos, FOMEC, SIU y RIU) sitúan al CIN y los rectores en un rol activo, lejos del papel de espectadores estáticos de procesos heterónomos donde solo las acciones defensivas y la resistencia eran posibles. Consideramos que en esta etapa, antes que un proceso de imposición en términos de simple subordinación, las políticas universitarias se desplegaron en el marco de intensas negociaciones entre el gobierno y la cúspide del poder universitario, donde el CIN y los rectores fueron agentes activos en la implementación de las mismas en un proceso que hemos denominado heteronomía concertada. Ello no implica que el CIN no tuviera un rol crítico y defensivo durante los años 90, especialmente referido a la demanda y defensa presupuestaria, disputa salarial y la oposición al arancelamiento, sino que, junto al núcleo conflictivo mencionado, los rectores y el CIN sostuvieron una vocación de acuerdo y trabajo en conjunto con la SPU en temas centrales de la agenda del período.

La heteronomía concertada jerarquizó el rol de los rectores ya que no fueron, al menos no solo, objeto de políticas sino agentes en la implementación de las mismas, combinando convencimiento con pragmatismo político y comportamiento adaptativo para acceder a las ventajas y recursos que ofrecía el nuevo escenario. Retomando a Acosta, en la universidad, por su estructura compleja atravesada por múltiples intereses, la instrumentación de las políticas públicas implica un proceso atravesado por negociaciones y conflictos, donde los actores de las políticas públicas y de las universidades construyen una *arena de negociación*, en la cual la existencia efectiva de dicha negociación es condición para el éxito o el fracaso de la implementación las políticas (Acosta, 2000). En este sentido, entre el gobierno y el conjunto de universidades existió una amplia *arena de negociación* donde interactuaron una compleja trama de intereses (políticos, partidarios, corporativos, profesionales, académicos, disciplinares) que complejizaron, fragmentaron y resignificaron las políticas impulsadas por el gobierno hacia las universidades. El proceso de *heteronomía concertada* no transcurrirá en forma uniforme y homogénea entre las distintas universidades del conglomerado universitario, desde el momento que las fortalezas políticas e institucionales para atenuarla serán diferentes, siendo desigual la capacidad de las distintas universidades para atenuar o resignificar dichos procesos. En este sentido, si bien el conjunto universitario incorporó parte sustancial de los ejes de transformación propuestos en el período, convivieron con potentes procesos de resignificación de los contenidos de las reformas impulsadas. Como sostienen Adriana Chiroleu y Osvaldo Iazzetta, la particularidad de la Universidad como ámbito del Estado cuyo funcionamiento está caracterizado por el cogobierno e intensos procesos democráticos internos, favorecieron la dilución parcial de los efectos de la impronta trasformadora impulsada en el período, aunque claramente, la Universidad no fue la misma luego de década del 90 (Chiroleu e Iazzeta, 2005).

Entrando ahora en el período 2002-2015, es evidente que durante el gobierno de Eduardo Duhalde, si puede hablarse de agenda la misma estuvo dominada por las tareas inherentes a la salida de la crisis y emergencia social, y en el caso de la universidad, se aspiraba al logro de mínimos niveles de gobernabilidad. Este contexto tan adverso tuvo un papel decisivo para el inicio de una transición hacia un nuevo esquema de relaciones entre el gobierno/estado y las universidades que pondría a los rectores en primera plana. Respecto a los gobiernos Kirchner, nos interrogamos primeramente por la relevancia, o prioridad, que tuvieron las políticas dirigidas al sector universitario en la agenda de los tres gobiernos que transcurrieron durante las gestiones en la SPU de Juan Carlos Pugliese, Daniel Malcom, Alberto Dibbern, Martín Gil y Aldo Caballero. Como sostienen distintos autores, las políticas que han tenido prioridad durante el kirchnerismo han estado caracterizadas por una férrea decisión y voluntad política de transformación, rompiendo las inercias existentes e innovando en su tratamiento y resolución (Chiroleu, Suasnábar y Rovelli, 2012; Chiroleu, Marquina y Rinesi, 2012). En este terreno podemos mencionar las políticas integrales de Derechos Humanos y dentro de ellas a las leyes de nulidad de la obediencia debida y punto final y el sostenido impulso de los procesos de Memoria, Verdad y Justicia; la renovación de la Corte Suprema de Justicia de la Nación; la relación con los organismos multilaterales de crédito y las estrategias de negociación con los acreedores internacionales; las innovadoras políticas de inclusión social y fomento del consumo interno; la regulación del funcionamiento del sistema de medios de comunicación a través de la ley de servicios de comunicación audiovisual; la aprobación de la Ley de Movilidad de Salarios y Haberes de Pensionados y Jubilados de la República Argentina; la reforma del sistema político a través de la ley de democratización de la representación política, la transparencia y la equidad electoral; las políticas de ampliación de Derechos humanos, económicos, sociales y culturales cristalizadas en un abanico de leyes como las de matrimonio igualitario, identidad de género, fertilización asistida, voto joven, ley nacional de salud mental, muerte digna, educación sexual, femicidio; la estatización de empresas y sectores claves de la economía nacional, entre otras, todo ello en el marco de una tenaz capacidad de intervención y regulación de los procesos macroeconómicos y posicionamiento del Estado como garante de los procesos de ampliación de derechos.

En el caso de áreas aledañas a la política universitaria como la educación en los niveles inicial y medio y la política científica, los gobiernos kirchneristas han mostrado también una sostenida voluntad de transformación, promoviendo iniciativas legislativas y gestiones innovadoras. En este sentido, en otros niveles del área educativa podemos mencionar a la *Ley de financiamiento educativo (Ley 26.075)*, apuntando al incremento de la inversión en educación, ciencia y tecnología por parte del Gobierno nacional, los Gobiernos provinciales y el de la Ciudad Autónoma de Buenos Aires, en forma progresiva, hasta alcanzar en el año 2010 una participación del seis por ciento (6%) en el Producto Bruto Interno. *Ley de Educación Técnica-profesional (Ley 26.058)*, la cual consistió, principalmente, en la recuperación de la educación técnica, olvidada en el contexto de desindustrialización y de achicamiento del sistema de ciencia y técnica de los 90. *Ley de Educación Nacional (Ley 26.206)*, que reemplazó a la Ley Federal de Educación del menemismo, unificando la estructura del sistema educativo nacional y, entre otras cosas, fijó la obligatoriedad de la sala de cinco años, extendió la obligatoriedad escolar de diez a trece años, sumó un segundo idioma obligatorio y promovió el acceso a la informática y nuevos contenidos, como la educación sexual. Al igual que en el área educativa, en el área de Ciencia y Técnica, el gobierno sostendrá una potente decisión política y capacidad de innovación, acompañada de un importante y sostenido financiamiento. Cabe mencionar la creación, a fines del 2007, del Ministerio de Ciencia, Tecnología e Innovación Productiva, con resultados de gestión superavitarios, entre los cuales cabe mencionar el crecimiento geométrico del financiamiento y la cantidad de proyectos financiados por la Agencia Nacional de Promoción Científico Tecnológica; el Programa Red de Argentinos Investigadores y Científicos en el Exterior (RAICES), creado en 2004 y elevado a política de Estado por la Ley 26.421 del 2008; una importante inversión de infraestructura de Ciencia y técnica, con más de 150.000 m^2 de nueva infraestructura, donde se destacan el polo científico tecnológico, el banco nacional de datos genéticos y la fundación de nanotecnología; se cuadruplicó la cantidad de becarios e investigadores del CONICET y los fondos de la ANPCyT y, finalmente, el *Plan Nacional de Ciencia, Tecnología e Innovación, Argentina innovadora 2020*, instrumento por el cual el MINCyT estableció, en 2013, los lineamientos de política científica, tecnológica y de innovación para el país en los próximos años.

En contraste con la decisión y capacidad transformadora mostrada por el kirchnerismo en temas trascendentales de la escena nacional, la política universitaria en el período 2003-2015, parece haber carecido de la innovación y transformación que ha caracterizado a las áreas anteriormente descriptas. En este sentido, es sintomático que durante este tiempo no se modificó la Ley 24.521 de Educación Superior (LES)[255]. A pesar del anuncio presidencial y la existencia de numerosas iniciativas legislativas y ministeriales, el tratamiento de la nueva ley de educación superior quedó postergado, desplazado por otros debates o emergencias de la coyuntura política nacional. Respecto a la política universitaria, el gobierno resignó la vocación de transformación estructural del conglomerado tradicional en pos de priorizar la gobernabilidad con un sector de alto potencial de conflicto social. Sin embargo, derivó a las universidades un generoso financiamiento y los rectores y el CIN ocuparon una posición relevante en el desarrollo de una política universitaria diversificada y abierta a las demandas de sus principales

---

[255] El proyecto de Adriana Puigross que modificó una serie de artículos de la Ley 24.521 fue aprobado en los últimos días del gobierno de Cristina Fernández de Kirchner. Si bien los cambios son relevantes (aseguramiento de la gratuidad, eliminación de trabas al ingreso) no implican una política universitaria, sino más bien ajustes defensivos ante el nuevo escenario político.

agentes. Ese "dejar-hacer" fortaleció el nexo entre el CIN y la SPU, consolidando un espacio burocrático-estatal especializado con una lógica muy cercana a la que fuera construida en estas décadas hacia el interior del CIN (dinámica de acuerdos y consenso entre los bloques, independientemente del conflicto político "externo"). Con ello, se produjo una cierta autonomización de la política universitaria respecto del gobierno, con un funcionamiento basado en el consenso, cuidadoso del espíritu de cuerpo de los rectores, atento además a las iniciativas de los consejos de decanos y asociaciones de facultades. Se comprende así por qué se evitaron todas aquellas acciones que pudieran alterar la agenda común y buen tono de las relaciones entre la SPU y el CIN, afianzando la delegación de la conducción del área responsable de la política universitaria a la corporación de los rectores, todo ello soldado con una sostenida jerarquización presupuestaria a través de múltiples opciones de financiamiento. La SPU fue conducida entre 2002 y 2012 por dos ex presidentes del CIN de origen radical (Pugliese y Dibbern)[256] y, a pesar de algunos matices, esta lógica se mantuvo durante la gestión de otro ex presidente del CIN, esta vez de origen peronista, Martin Gill y de su sucesor Aldo Caballero. Esta faceta de la política universitaria jerarquizó el rol del CIN, priorizó la gobernabilidad del sistema universitario tradicional, el respeto de la autonomía universitaria y el consenso con los principales agentes del campo universitario. No obstante, como desarrolláramos en el capítulo V, del análisis de los acuerdos, resoluciones, declaraciones y documentos producidos por el CIN durante el período 2002-2015, no ha sido posible identificar una política universitaria integral impulsada por este Consejo que, aprovechando la fluidez presupuestaria y relevancia política ocupada en el período, aborde con profundidad los problemas centrales de la universidad pública argentina.

Un balance equilibrado de este último período no puede menospreciar el cambio fundamental que significó para el campo universitario la creación de veinticuatro nuevas instituciones universitarias, que constituyen el límite principal que los rectores y el CIN encontraron a su injerencia en la política universitaria del período. Como hemos visto en el capítulo cinco, de esas veinticuatro instituciones, el CIN se opuso a catorce proyectos, apoyó solo seis y no fue consultado en cuatro casos. Así, en nuestro trabajo, la política del Kirchnerismo se presenta como una política universitaria con dos rostros. Por un lado, una política dirigida a la gobernabilidad de las universidades, desarrollada en un espacio burocrático estatal hegemonizado por la entente entre la conducción de la SPU y el CIN, cristalizada

---

[256] Entre estas dos gestiones transcurrió el breve mandato de Daniel Malcolm, también ex presidente del CIN, en este caso del bloque justicialista.

en la consolidación del perfil técnico-político de ex rectores y miembros del CIN (en su mayoría Presidentes) al frente de ese espacio. Y por el otro, un rostro desplegado principalmente en lo que la propia SPU denominó la "nueva frontera" del conglomerado universitario generada por estas nuevas instituciones universitarias, la mitad de ellas en la provincia de Buenos Aires. Esta otra política, que transitó por otros espacios, preponderantemente entre el Gobierno Nacional y Municipal, el Congreso, los rectores organizadores y funcionariado de las flamantes universidades, con el acompañamiento de algunas áreas de la SPU, operó con una lógica y criterios de legitimidad distintos de la cultura académica universitaria tradicional que dominó el otro rostro de esta política. En la nueva frontera, las relaciones entre el gobierno y la universidad estarán mayormente ligadas a la vinculación con el territorio, la construcción política, las relaciones con otras áreas del Estado, en este caso el gobierno municipal y múltiples programas de diversos ministerios, todo ello en el marco de una agenda local, diferenciada de las universidades tradicionales. Estas universidades favorecieron efectivamente el acceso a la educación superior de un estudiantado con mayor heterogeneidad social que la matrícula del conjunto histórico de universidades. Será el tiempo el que determine la dimensión real de ampliación del derecho educativo de esta nueva frontera, así como la incidencia de estos nuevos rectores en la dinámica del CIN y su injerencia en la política universitaria de esta nueva y compleja etapa que se abrió en la Argentina luego del balotaje de 2015.

Rectores Normalizadores
de las Universidades Nacionales
(1984-1986)

Rectores Normalizadores de las UUNN
(1984-1986)

Universidad	Rector
Buenos Aires	Dr. Francisco J. Delich
Catamarca	Lic. Segundo R. Ruiz
Centro de la PBA	Esc. Natalio P. Echegaray/Dr. Juan Carlos Pugliese (h.).
Comahue	Lic. Arístides Romero
Córdoba	Dr. Mario Alberto Piantoni
Cuyo	Dr. Isidoro Isabelino Busquets
Entre Ríos	Dr. Eduardo Barbagelata
Jujuy	Dr. Fernando R. M. Zurueta
La Pampa	Cr. Leopoldo Rómulo Casal
La Patagonia	Ing. Aldo Raúl López Quid
La Plata	Ing. Raúl Adolfo Pessacq
Litoral	Dr. Benjamín Stubrin/Dr. José M. Arteaga
Lomas de Zamora	Cr. Miguel J. Pujol/Ing. Eduardo Crnko
Luján	Dr. Enrique Fliess
Mar del Plata	Cr. Víctor F. Iriarte
Misiones	Ing. Andrés Ramón Linares
Nordeste	Dr. Armando Carmelo Romero
Río Cuarto	Dr. Juan Carlos Pereira Pinto/Dr. Ricardo O. Petrazzini
Rosario	Dr. Artemio Luis Melo
Salta	Dr. Salum Amado
San Juan	Dr. Antonio de la Torre/Dr. Hugo Segundo Medici
San Luis	Dr. Pascual Antonio Colavita
Santiago del Estero	Ing. Enrique Alberto López
Sur	Prof. Pedro González Prieto
Tecnológica Nacional	Ing. Juan Carlos Recalcatti
Tucumán	Prof. Luis Eduardo Salinas /Ing. Eugenio Flavio Virla

Fuente: Centro Nacional de Información y Documentación Educativa (CENIDE). Discurso del presidente Raúl Alfonsín durante el acto de entrega de diplomas a los rectores normalizadores. Buenos Aires, 17 de junio de 1986, p. 7.

Anexo 2

Presidentes del CIN
(1985-2017)

Presidentes del Consejo Interuniversitario Nacional (1985-2017)[257]

Presidentes del CIN	Período de la presidencia	Bloque interno de pertenencia	Título de grado	Título de posgrado	Cargo de gestión ppal. previo al rectorado	Rectorado
Oscar Shuberoff	11 y 12/08/1986	Reformista	Contador	Doctorado	Decano normalizador	UBA (1986-2002)
Javier Hernán Rojo	13/08/1986-04/10/1986	Reformista	Arquitecto	S/datos	Decano	UN de Mar del Plata (1986-1992)
Luis Rébora	05/10/1986-28/11/1986	Reformista	Arquitecto	S/datos	Decano	UN de Córdoba (1986-1989)
Oscar José Bressan	29/11/1986-13/03/1987	Reformista	Lic. en Física	Doctorado	S/datos	UN del Comahue (1986-1990)
Juan Carlos Pugliese	13/03/1987-29/05/1987	Reformista	Abogado	Maestría (sin tesis)	Rector normalizador/ Secretario Administrativo	UN del Centro (1984-1992)
Luis Triviño	29/05/1987-08/08/1987	Reformista	Antropólogo	Especialización	Decano	UN de Cuyo (1986-1988)
Juan Carlos Millet	08/08/1987-24/10/1987	Reformista	Odontólogo	Especialización	Decano	UN de Rosario (1986-1994)
Juan Carlos Recalcatti	24/10/1987-11/03/1988	Reformista	Ingeniero	S/datos	Rector normalizador	UTN (1986-1993)
Armando Carmelo Romero	11/03/1988-04/06/1988	Reformista	Médico	S/datos	Rector normalizador/ Decano	UN del Nordeste (1984-1989)
Rodolfo Martín Campero	04/06/1988-03/09/1988	Reformista	Médico	S/datos	S/datos	UN de Tucumán (1986-1993)
Luis Rébora	03/09/1988-21/10/1988	Reformista	Arquitecto	S/datos	Decano	UN de Córdoba (1986-1989)

[257] Por razones de espacio y diseño aquí expondremos parcialmente la matriz construida para nuestra investigación doctoral.

Hércules Pinelli	21/10/1988-25/11/1988	Reformista	Profesor	S/datos	S/datos	UNP San Juan Bosco (1986-1989)
Braulio Laurencena	25/11/1988-19/05/1989	Reformista	Ing. Químico	S/datos	S/datos	UN del SUR (1988-1991)
Juan Carlos Gottifredi	19/05/1989-25/08/1989	Reformista	Lic. Química	Doctor UBA, PhD U. London	Decano/ Miembro Directorio CONICET	UN de Salta (1985-1991 y 1997-1999)
Juan Carlos Hidalgo	25/08/1989-10/11/1989	Reformista	Contador y Economista	Maestría	S/datos	UN del Litoral (1986-1994)
Roberto Seiler	10/11/1989-09/03/1990	Reformista	Ing. Agrónomo	Doctorado	S/datos	UN Río IV (1986-1990)
Oscar Shuberoff	09/03/1990-16/06/1990	Reformista	Contador	S/datos	Decano	UBA (1986-2002)
Juan Carlos Busnelli	12/06/1990-27/06/1991 (2 períodos)	Reformista	s/datos	Doctorado	Decano	UN de Luján (1988-1994)
Alberto Puchmuller	27/06/1991-05/03/1992 (2 períodos)	Reformista	Lic. Química	S/datos	Decano	UN de San Luis (1986-2001)
Angel Luis Plastino	05/03/1992-03/04/1992	Reformista	Lic. Física	Doctorado	S/datos	UN de La Plata (1986-1992)
Norberto Consani	03/04/1992-21/05/1992	Reformista	Abogado	Doctorado	Secretario Facultad (UNLP)	UN de Lomas de Zamora (1989-1992)
Tulio del Bono	21/05/1992-14/08/1992	Justicialista	Ing. Electro-mecánico	Maestría (MBA)	S/datos	UN de San Juan (1988-1999)
Julio L. Salerno	14/08/1992-27/11/1992	Reformista	Agrimensor	S/datos	Decano	UN de Catamarca (1995-2007)
César Gottfried	27/11/1992-16/04/1993	Reformista	Contador	S/datos	Vicerrector, Decano	UN de Entre Ríos (1990-2002)

Ricardo Roberto Biazzi	16/04/1993-29/08/1993	Justicialista	Abogado	Doctorado y Maestría	Decano	UN de Misiones (1990-1994)
Fortunato Daher	29/08/1993-24/02/1994	Justicialista	Contador	S/datos	s/datos	UN de Jujuy (1993)
César Gottfried	24/02/1994-01/06/1994	Reformista	Contador	S/datos	Vicerrector/ Decano	UN de Entre Ríos (1990-2002)
Arturo Canero	01/06/1994-21/10/1994	Justicialista	Geólogo	S/datos	S/datos	UNP San Juan Bosco (1992-1995)
Hugo Guillermo Storero	21/10/1994-08/04/1995	Reformista	Arquitecto	Especialización	Decano	UN del Litoral (1994-1999)
Julio Manuel Villar	08/04/1995-11/08/1995	Justicialista	Ingeniero	S/datos	Rector organizador/Decano(UTN)	UN de Quilmes (1992-2003)
Oscar Shuberoff	11/08/1995-18/12/1995	Reformista	Contador	S/datos	Decano	UBA (1986-2002)
Humberto Herrera	18/12/1995-02/07/1996 (2 períodos)	Justicialista	Lic. en Química	Doctorado	Vicerrector	UN de Santiago del Estero (1993-2001)
Jorge Domingo Petrillo	02/07/1996-19/03/1997	Reformista	Ingeniero Químico	S/datos	Decano	UN de Mar del Plata (1992-2000)
Carlos Abel Arenzo	19/03/1997-05/08/1997	Justicialista	Ing. Agrónomo	S/datos	S/datos	UN de La Pampa (1994-2000)
Esther Picco	05/08/1997-10/12/1997	Reformista	Psicóloga	Especialización	Decana normalizadora y electa	UN de San Luis (1995-1998)
Pablo Bohoslavsky	10/12/1997-16/04/1998	Justicialista	Matemático	Maestría	S/datos	UN del Comahue (1990-1998)
Carlos Alberto Nicolini	16/04/1998-10/08/1998	Reformista	Agrimensor	S/datos	S/datos	UN del Centro (1992-2000)

Alberto Cantero Gutiérrez	10/08/1998-16/12/1998	Justicialista	Ing. Agrónomo	Maestría	Decano	UN de Río IV (1990-1999)
Hugo Oscar Juri	16/12/1998-16/04/1999	Reformista	Médico	Doctorado/Maestría	Vicerrector/Decano	UN de Córdoba (1998-2000 y 2016-continúa)
Enrique Ísola	16/04/1999-31/08/1999	Justicialista	Profesor	S/datos	S/datos	UN de la Patagonia Austral (1996-1999)
Juan Carlos Gottifredi	31/08/1999-14/12/1999	Reformista	Lic. Química	Doctor UBA, PhD U. London	Decano/Miembro Directorio CONICET	UN de Salta (1985-1991 y 1997-1999)
Julio Luis Salerno	17/12/1999-28/04/2000	Reformista	Agrimensor	Maestría	S/datos	UN de Catamarca (1991-2007)
Jorge Carlos Bettaglio	28/04/2000-25/08/2000	Justicialista	Ingeniero Químico	Especialización/Maestría (sin tesis)	Vicerrector/Decano	UN de Misiones (1998-2002)
Mario Domingo Barletta	25/08/2000-19/12/2000	Reformista	Ingeniero en recursos hídricos	Maestría	Secretario de Ciencia y Técnica/Secretario General	UN del Litoral (2000-2007)
José Francisco Martin	19/12/2000-04/05/2001	Justicialista	Lic. Sociología	Maestría y Especialización	Vicerrector/Decano	UN de Cuyo (1995-2002)
Adolfo D. Torres	04/05/2001-31/08/2001	Reformista	Odontólogo	S/datos	Decano	UN del Nordeste (1994-2001 y 2010-2014 (sin completar por fallecimiento en octubre de 2010)
Héctor Carlos Brotto	31/08/2001-18/12/2001	Justicialista	Ingeniero Electrónico	S/datos	Vicerrector/Secretario Académico	UTN (1993-continúa)

Mario Alberto Marigliano	18/12/2001-26/04/2002	Reformista	Contador	S/datos	Decano	UN de Tucumán (1998-2006)
Daniel Eduardo Martínez	26/04/2002-30/08/2002	Justicialista	Lic en Administración	Doctorado	Vicerrector/ Decano Normalizador	UN de La Matanza (1998-continúa)
Ricardo Suarez	30/08/2002-28/02/2003	Reformista	Contador	S/datos	Decano	UN de Rosario (1999-2006)
Daniel Malcolm	28/02/2003-16/09/2003	Justicialista	Lic. Filosofía	S/datos	Rector organizador	UN de San Martín (1992-2006)
Alberto Dibbern	16/09/2003-26/03/2004	Reformista	Med. Veterinario	S/datos	Vicepresidente/Decano	UN de La Plata (2001-2004)
Héctor Aníbal Billoni	26/03/2004-24/09/2004	Justicialista	Ingeniero	S/datos	S/datos	UN de la Patagonia Austral (1999-2007)
Luis María Fernández	24/09/2004-31/03/2005	Reformista	Lic. Bioquímica	Doctorado	Secretario Gral. de Ciencia y Técnica	UN del Sur (2000-2007)
Daniel Eduardo Martínez	31/03/2005-28/09/2005	Justicialista	Lic. en Administración	Doctorado	Vicerrector/ Decano Normalizador	UN de La Matanza (1998-continúa)
Eduardo Francisco Asueta	29/09/2005-30/04/2006	Reformista	Contador	S/datos	Decano	UN de Entre Ríos (2002-2010)
Carlos Omar Domínguez	30/04/2006-22/09/2006	Justicialista	Contador	S/datos	Rector Organizador	UN de Villa María (1995-1999 (rector organizador) y 1999-2007)
Germán Arias	23/09/2006-30/03/2007	Reformista	Profesor	S/datos	Decano	UN de San Luis (2001-2007)

Oscar Spada	30/03/2007-09/10/2007	Justicialista	Ingeniero Mecánico Aeronáutico	Maestría	Vicerrector	UN de Río IV (2005-2011)
Sergio Maluendres	09/10/2007-29/03/2008	Reformista	Lic. Historia	S/datos	Decano	UN de La Pampa (2002-2010)
Horacio Gegunde	29/03/2008-17/03/2009 (2 períodos)	Justicialista	Lic. Relaciones Públicas	S/datos	Vicerrector/ Decano	UN de L de Zamora (2001-2012)
Darío Pascual Maiorana	17/03/2009-26/03/2010 (2 períodos)	Reformista	Prof. Literatura	S/datos	Decano	UN de Rosario (2007-2014)
Martin Gill	26/03/2010-05/04/2011 (2 períodos)	Justicialista	Abogado	S/datos	——	UN de Río IV (2007-2012)
Flavio Fama	05/04/2011-04/10/2011	Reformista	Ingeniero Agrimensor	S/datos	Decano	UN de Catamarca (2007-continúa)
Albor Cantard	04/10/2011-27/03/2012	Reformista	Abogado	Especialización	Decano	UN del Litoral (2007-2015)
Martín Gill	27/03/2012-02/07/2012	Justicialista	Abogado	S/datos	——	UN de Río IV (2007-2012)
Guillermo Capriste	03/07/2012-21/03/2013 (primer período parcial y segundo período completo)	Reformista	Ingeniero Químico	Doctorado	Secretario de Relaciones institucionales y Extensión	UN del Sur (2007-2015)
Arturo Roberto Somoza	21/03/2013-28/03/2014	Justicialista	Ing. Agrónomo	Especialización	Vicerrector/ Decano	UN de Cuyo (2008-2014)
Darío Pascual Maiorana	28/03/2014-31/03/2015	Reformista	Prof. Literatura	S/datos	Decano	UN de Rosario (2007-2014)

Jorge Calzoni	31/03/2015-05/04/2016	Justicialista	Ingeniero Civil	Maestría/ Especialización	Rector organizador/ Secretario Académico/ Extensión (UTN-Avellaneda)	UN de Avellaneda (2010-continúa)
Guillermo Tamarit	05/04/2016-31/03/2017	Reformista	Abogado	Doctorado	Vicerrector/ Sec. General	UN del Noroeste de la PBA (2007-continúa)

Fuente: Elaboración propia en base a documentación de distintas fuentes, entrevistas y Acuerdos Plenarios del CIN.

Anexo 3

Plenarios y agenda de trabajo de CIN en el Período 1985-1990

Plenarios y agenda de trabajo de CIN
en el Período 1985-1990

Teniendo en cuenta la inexistencia de estudios que den cuenta del trabajo del CIN en este período y el hecho que este Consejo tiene registradas sus resoluciones políticas y decisiones administrativas (Acuerdos Plenarios y Resoluciones) solo desde 1991 en adelante, fue precisa una laboriosa tarea de reconstrucción artesanal de la agenda de trabajo desarrollada durante estos años. Hablamos de reconstrucción porque esta etapa ha quedado invisibilizada en la historia oficial del CIN, al punto de que el primer Acuerdo Plenario que figura en su actual archivo está fechado el 29/04/1991, la primera resolución del presidente el 28/05/1991 y la primera resolución del Comité Ejecutivo el 13/08/1991. La rotación de sedes y la ausencia, hasta 1990, de una sede y estructura administrativa propia determinaron la falta de acceso y sistematización del trabajo desarrollado en los años previos, con el consecuente hueco histórico sobre una etapa que, como desarrolláramos en el capítulo III, estará caracterizada por una importante iniciativa política y agenda proactiva del CIN.

La reconstrucción de la agenda de trabajo se realizó en base a la búsqueda y recopilación de documentación de la época archivada en distintas universidades nacionales, archivos personales, bibliotecas, centros nacionales de documentación educativa y en la sede del CIN, complementado con entrevistas a distintos actores de dichos años. Agradecemos al personal y autoridades de las distintas universidades que colaboraron, en especial al personal del CIN y a la Secretaría de Extensión Universitaria de la Universidad Nacional de Entre Ríos, quien, a través del área de Archivo y Despacho, aportó una parte sustancial del material de la época. En la descripción de los temas de la agenda de trabajo hemos respetado, en general, el formato de escritura que aparece consignado en los distintos documentos.

1.º Plenario y reunión fundacional del Consejo Interuniversitario Nacional

Lugar: Buenos Aires, Ministerio de Educación.

Fecha: 16 de Junio de 1986.

Temario:

1. Designación de los integrantes de la comisión encargada de redactar el Estatuto y Reglamento del CIN.
2. Problemática salarial: sueldos docentes y no docentes, carencia de escalafón técnico dentro de la universidad, sueldos jerárquicos y 25% en jerarquizados.
3. Organización CIN-SICUN.
4. Participación de las Universidades Nacionales en el Congreso Pedagógico Nacional.
5. SICUN.
6. Relaciones internacionales de las Universidades Nacionales.
7. Régimen de Autonomía y Autarquía (coinciden en que este tema quedaría para la próxima reunión)
8. Posibilidad de la creación de un sistema nacional de educación a distancia, por parte de las Universidades Nacionales.

Acuerdo: declaración con motivo del 68° Aniversario de la Reforma Universitaria.

Documentación presentada a la reunión

Informe del Ministerio de Educación (Sector Programas y Proyectos) sobre el Seminario Bilateral (Argentino-Español) sobre Sistemas en Educación Universitaria a Distancia.

2.º Plenario del Consejo Interuniversitario Nacional

Lugar: Buenos Aires, Universidad Nacional de Buenos Aires.

Fecha: 11 y 12 de Agosto de 1986.

Temario:

1. Política Salarial.
2. Estatuto del CIN.
3. Autonomía y Autarquía.
4. Estudios de Posgrado (Cuarto Nivel)

Plenario

Acuerdo: sobre propuesta salarial, poner en vigencia la escala salarial docente universitaria calculada en base a los salarios vigentes al 1/7/86.

Acuerdo: anteproyecto de Ley de Autonomía Universitaria.

Acuerdo: aprobar el Estatuto del CIN.

Documentación presentada al temario

- Proyecto de Estatuto del CIN realizado por la Comisión de Estatuto.
- Proyecto de Ley de Autarquía Universitaria elevado por la Comisión de Autonomía y Autarquía del CIN.
- Nota al Ministro de Educación sobre vacío jurídico que se produce al no haberse dictado la Ley Universitaria de fondo.
- Respuesta del Ministro a través del Dr. Hugo Storani.
- Nota del Coordinador Nacional de la Red Nacional de Bibliotecas Universitarias (RENBU) sobre el Proyecto: Catálogo Colectivo Nacional de Revistas.
- Resolución del Consejo Superior de la UTN mediante el cual se incorpora al Consejo Interuniversitario Nacional.
- Resolución del Ministro de Educación respecto a la creación de una Comisión especial para analizar los temas salariales relacionados con el personal de las Universidades Nacionales.

3.º Plenario del Consejo Interuniversitario Nacional

Lugar: Mar del Plata, Universidad Nacional de Mar del Plata.

Fecha: 2, 3 y 4 de Octubre de 1986.

Temario:

1. Informe del Comité Ejecutivo y Secretarías.
2. Informe de la Comisión de Política Salarial.
3. Relación entre sistema universitario nacional y el resto del sistema educativo.
4. Relación entre sistema y política científica nacional.
5. Relación con la universidad y el medio: universidad y comunidad; universidad e industria: transferencia tecnológica.
6. Recursos Humanos: oferta, demanda, formación. Orientación de la matrícula.
7. La Universidad generadora de propuesta de un modelo de país.

Secretaría de enseñanza

Acuerdo: constitución de un grupo de trabajo con el fin de elaborar el estudio de factibilidad para la creación de un Centro Universitario Regional en la ciudad de Junín.

Acuerdo: realización de la primera reunión de Secretarios Académicos de las Universidades miembros del CIN a efectuarse en Noviembre.

Acuerdo: sobre creación del Programa de formación y perfeccionamiento de personal docente del CIN que se desarrollará en tres subprogramas.

Acuerdo: creación de la Universidad de Formosa. Fuerte pronunciamiento ante la falta de consulta al respecto.

Secretaría de investigaciones

Acuerdo: sobre la creación de una Coordinación Interuniversitaria de Asistencia Científica y Técnica (CIACYT).

Acuerdo: sobre creación del Comité Interuniversitario Permanente de Ciencia y Técnica.

Secretaría de asuntos económicos

Acuerdo: proyecto de remuneraciones relacionado con los sueldos del personal docente elaborado por la Comisión Salarial del CIN.

Secretaría de relaciones

Acuerdo: realización de gestiones conducentes a que se invite a los Rectores representantes del CIN a los viajes del Presidente de la Nación al Exterior.

Acuerdo: participación de los miembros del CIN en congresos, seminarios, reuniones o eventos similares de carácter internacional y gestión de pasajes aéreos internacionales de ida y regreso.

Acuerdo: participación de tres miembros integrantes del CIN en la III Conferencia de Secretarios Generales, Presidentes y Directores de Asociaciones y Consejos Nacionales de Universidades de América Latina.

Documentación presentada al plenario

- Resolución del Consejo Superior de la Universidad Nacional de Luján sobre aprobación del convenio con la UTN.
- Planilla de personal ocupado en las Universidades Nacionales al 31/12/86.
- Nota del Dr. Gottifredi (rector de la UN de Salta) al Secretario de Asuntos económicos del CIN sobre la necesidad de contar con un instrumento legal

para el ámbito universitario que permite un ágil manejo de fondos ingresados por convenios con terceros.

- Nota del intendente de la ciudad de Junín (Pcia. Bs. As.) sobre creación de un Centro de Estudios Superior Universitarios en el lugar.

- Proyecto de ley creación de la Universidad Nacional del Nordeste de la Pcia. de Buenos Aires (ley N° 20.204).

- Proyecto de Ley de Promoción de la Investigación y Desarrollo que enviara el Congreso de la Nación el Ministro de Educación Dr. Rajneri.

- Proyecto de Reglamento de Becas del Cuarto Nivel.

- Ley de creación de la Universidad Nacional de Formosa.

4.° Plenario del Consejo Interuniversitario Nacional

Lugar: Córdoba, Universidad Nacional del Córdoba.

Fecha: 27 y 28 de Noviembre de 1986.

Temario:

1. Anteproyecto de creación del Consejo Nacional de Títulos e incumbencias profesionales (presentado por el rector de la UBA, Dr. Oscar Shuberoff).
2. Pedido de la asociación de docentes de Misiones.
3. Presupuesto 1986 y 1987: reunión con el Secretario de coordinación educativa, Dr. Rodolfo Pérez y el Director de la DNAU, Dr. Hugo Storani.
4. Presupuesto para el cuarto nivel (SICUN).
5. Creación de una universidad nacional en Viedma y futura instalación de un centro regional de la Universidad de Buenos Aires en Lomas de Zamora: necesidad de participación del CIN en al curación de nuevas universidades.
6. Secretaría de Extensión Universitaria: consideraciones acerca del proyecto de ley de radiodifusión ingresado al Congreso.
7. Situación de los organismos previos a la existencia del CUIN: Comité técnico del deporte universitario.

Acuerdo: encomendar a la Secretaría de Enseñanza *"la constitución de un Grupo de Trabajo Interdisciplinario para generar informes y documentos que posibiliten la intervención eficaz del cuerpo en el proceso de elaboración del diseño futuro del sistema universitario que incluye una nueva ley universitaria"*.

5.º Plenario del Consejo Interuniversitario Nacional

Lugar: San Carlos de Bariloche, Universidad Nacional del Comahue.

Fecha: 12 y 13 de Marzo de 1987.
Temario:

Informe del Comité Ejecutivo:

1. Ley de Autarquía.
2. 1° Reunión de Secretarios de Asuntos Económicos-Financieros y/o de Administración de Universidades Nacionales realizado en Vaquerías, Pcia. de Córdoba.
3. Salarios personal jerarquizado.
4. Informe viaje a México

Informe de las Comisiones:

- Ley de autarquía.
- Descuentos días de huelga.
- Proyecto sobre misión y funciones de una secretaría de planeamiento.
- Retiro Voluntario.

Secretaría de asuntos económicos

Acuerdo: sobre situación salarial docente y su no inclusión en la recomposición salarial efectuada a partir del 1/3/87.

Acuerdo: criterio a adoptar con relación a las implicancias del decreto 2193/86 (retiro voluntario).

Acuerdo: sobre el envío al Congreso por parte del PEN del Proyecto de reformas a la Ley 23.151 de Régimen Eco-financiero de las Universidades.

Secretaría de relaciones

Acuerdo: aprobación del Reglamento para el funcionamiento de la Secretaría de Relaciones.

Secretaría de enseñanza

Acuerdo: convocatoria a una Reunión de Secretarios Académicos de UUNN.

Acuerdo: constitución de un grupo de trabajo integrado por las Univ. de Rosario, Luján, UTN y UBA para elaborar el estudio de factibilidad para la creación de un Centro Universitario Regional en la ciudad de Junín.

Secretaría de extensión universitaria:

Acuerdo: creación de un grupo técnico de trabajo cuya principal misión será la de analizar las posibilidades de desarrollo de un Sistema Nacional de Audio difusión Universitaria.

Comité ejecutivo:

Acuerdo: gestiones para lograr la modificación del actual régimen de otorgamiento de validez nacional e incumbencias profesionales de los títulos universitarios, tendiendo a institucionalizar la participación del CIN en el organismo otorgante.

Documentación presentada al plenario

- Reglamento interno del CIN redactado por la Asesoría legal de la Universidad Nacional de la Patagonia.
- Ley de reformas a la Ley N° 23.151

6.° Plenario del Consejo Interuniversitario Nacional

Lugar: Tandil, Universidad Nacional del Centro.

Fecha: 27 y 28 de Mayo de 1987.

Temario:

1. Informe del Comité Ejecutivo.
2. Informe de las Comisiones.
3. Consideración de la creación en el CIN del área de Planeamiento.
4. Consideración del Proyecto de Reglamento Interno del CIN enviado por el Rector de la U N de la Patagonia.
5. Informe sobre la creación del grupo de universidades nacionales de la Región Centro-Oeste.
6. Informe del Sr. rector de la UTN sobre facultades de reforma estatutaria.

Secretaría de relaciones

Acuerdo: organización y coordinación de las acciones conducentes a la obtención de soluciones para ingresantes extranjeros a las universidades nacionales.

Acuerdo: participación de cinco rectores del CIN para que próximamente efectúen una visita a universidades brasileñas.

Acuerdo: aceptación de la invitación cursada por el gobierno cubano a través del Rector de la UN de Salta para que un grupo a determinar de Rectores del CIN visiten su país.

Documentación presentada al plenario

- Nota del Dr. Domingorena (Aerolíneas Argentinas) sobre renovación de franquicias para jurados de concursos docentes.
- Nota de Universidades de: San Luis, San Juan, Cuyo, La Pampa, Córdoba y Río Cuarto sobre constitución del grupo de UUNN de la Región Centro Oeste.
- Informe de la reunión de Secretarios de Asuntos Económico-Financieros.
- Propuesta de métodos de evaluación de programas de enseñanza de cuarto nivel.
- Nota de la Comisión de Investigaciones científicas de la Pcia. Bs. As.
- Primer Curso de Derecho Parlamentario Iberoamericano – Mexicano.
- Resolución 85 del Secretario de Educación y 90 del Secretario de Coordinación Educacional (MEyJ) acerca de la intervención de la Dirección Nacional de Asuntos universitarios en todos los asuntos atinentes a la materia presupuestaria.
- Nota de JUBIUNA sobre regionalización de su accionar.
- Nota de APUL sobre estado de situación del sector.
- Nota del Dr. Campero sobre lo decidido por la Comisión de Posgrado en su reunión del 2/10/86.
- Discurso del Ministro de Educación y Justicia.
- Documentación presentada por la Secretaría de Relaciones.
- Nota del secretario de Posgrado de la UN de Tucumán solicitando información.

Secretaría de investigaciones

Acuerdo: interuniversitario para el uso de talleres y laboratorios para la construcción de equipamiento científico y docente.

Acuerdo: creación de una Coordinación interuniversitaria de Asistencia Científica y Técnica (CIACyT).

7.º Plenario del Consejo Interuniversitario Nacional

Lugar: Mendoza, Universidad Nacional de Cuyo.

Fecha: 6, 7 y 8 de Agosto de 1987.

Temario:

1. Análisis de un año de labor del CIN.
2. Informe de Presidencia.

3. Informe de Secretarías.

4. Elección de Secretarios.

5. Temas Especiales.

6. Informe sobre la reunión de Secretarios de Finanzas y Presupuesto de Mar del Plata.

7. Política Salarial.

8.Régimen de Obras Sociales.

9. Planeamiento Universitario.

10. Reglamento interno del CIN.

11. Reglamento del CIPCYP.

12. Sede y Secretaría Administrativa del CIN.

Secretaría de enseñanza

Acuerdo: recomendar a las UUNN se aboquen a la realización de trabajos de investigación vinculados en el diagnóstico del campo ocupacional de los egresados.

Acuerdo: constituir una comisión especial integrada por tres Rectores, miembros de las Comisiones de Investigación, Docencia, y Posgrado con el objeto de recabar la información necesaria y de formular una propuesta que compatibilice las disposiciones vigentes en las UUNN a la luz de los nuevos incentivos que se están gestando para facilitar la participación de docentes e investigadores en tareas de extensión universitaria que puedan ser rentadas.

Acuerdo: estimular el establecimiento de convenios bi o multilaterales para el diseño, desarrollo e implementación de los sistemas de educación a distancia actualmente existentes o a crearse en las Universidades Nacionales.

Acuerdo: crear un grupo de trabajo para elaborar un proyecto de creación de un sistema interconectado de bibliotecas de las UUNN con el fin de mejorar el empleo de los recursos existentes y de racionalizar la adquisición de material bibliográfico y equipamiento.

Comité ejecutivo:

Acuerdo: crear la Secretaría Administrativa y de Gestión del CIN que se encargará de registrar, archivar y distribuir toda la documentación que surja de las actividades de dicho Consejo y realizar las gestiones que se le encomienden para la ejecución de los acuerdos alcanzados, así como su seguimiento sistemático.

Acuerdo: recomendar a las universidades miembros del CIN que, en un plazo mayor de 45 días, comuniquen a la Presidencia del Concejo, los aspectos específicos que estarían interesadas en incluir en un Convenio Marco a establecer entre todas las UUNN.

Declaración: con motivo del primer año de ida del CIN y para destacar los logros alcanzados en la etapa democrática en las altas casas de estudio del país.

Secretaría de investigaciones

Acuerdo: prestar apoyo del CIN al relevamiento de los recursos y actividades en ciencia y tecnología (RRACyT) consistente en la realización de una encuesta sobre los aspectos más salientes de la información y estado de investigación científica y técnica en nuestro país, en todo el ámbito de las Universidades Nacionales bajo la supervisión de sus autoridades pertinentes.

Secretaría de asuntos económicos

Acuerdo: propiciar la inmediata creación de una comisión que resuelva la coyuntura y proyecte metas salariales para los años 1988/89 para los docentes universitarios. Esta comisión deberá integrarse con los representantes del CIN, un representante del Ministerio de Educación, uno del Ministerio de Economía y un representante de la Secretaría de la Función Pública.

Secretaría de relaciones

Acuerdo: encomendar a la Secretaría de Relaciones del CIN, organizar y coordinar las acciones conducentes a la obtención de soluciones para ingresantes extranjeros a las Universidades Nacionales. Iniciar los contactos que correspondan ante el Ministerio de Relaciones Exteriores y Culto.

Acuerdo: encomendar a la Secretaría de Relaciones, establecer fecha y lugares de visita de la Rectora de la Escuela Superior de Industria de Tesalónica (Grecia) entre octubre y Noviembre de 1987

Documentación presentada al plenario

- Relevamiento de recursos y actividades en ciencia y tecnología.
- Cuestionario para proyectos de investigación y desarrollo –PID-.
- Acta del 3/8/87 entre el Ministerio de Trabajo, el CIN y FATUN.
- Informe sobre áreas del Conocimiento que se consideran críticas.
- Proyectos A.
- Cuadro de objetivos y perfiles que conducen a la definición de las grandes áreas del 4° Nivel.
- Discurso del Secretario de Planificación.
- Nota del Presidente de Austral Líneas Aéreas, en respuesta al pedido del Dr. Pugliese de concesión de pasajes sin cargo.
- Resolución N° 874-887 del Consejo Superior de la Univ. de Tucumán sobre declaración del estado de emergencia institucional de esa Casa.
- Memorándum de FATUN al Ministerio de Trabajo y Seguridad Social.

- Conclusiones de la Segunda Reunión de Secretarios de Asuntos Económico-Financieros realizada en Mar del Plata los días 1 y 2 de Julio de 1987.
- Dictamen de las comisiones de Educación y Presupuesto de la Cámara de Diputados de la Nación sobre el proyecto de Ley del PEN que propicia la modificación de la ley 23.151.
- Ordenanza del Presidente del Consejo Superior de la Universidad Nacional de Mar del Plata sobre distintos reclamos (mayor presupuesto educativo, recuperación del salario real docente, etc.).
- Nota del Rector de la Univ. Nac. del Comahue sobre el texto de la futura Ley de Autarquía.
- Modificación posible al reglamento del CIPCyT.
- Esquema para la organización de una secretaría Técnica o de una Secretaría de Planificación en el CIN, presentado por el Rector de la Univ, Nac, del Comahue, Dr. Bressan.

8.º Plenario del Consejo Interuniversitario Nacional

Lugar: Rosario, Universidad Nacional de Rosario.

Fecha: 22 y 23 de Octubre de 1987.

Temario:

1. Plenario: Autarquía Universitaria.
2. Obra Social Universitaria.
3. Situación de los docentes Universitarios.
4. Temas Propuestos: unificación del régimen de incompatibilidades de las Universidades Nacionales.
5. Proyecto REFIU –Red Federal de Información Universitaria-.

Secretaría de pasgrado:

Acuerdo: solicitar que en el presupuesto 1988 correspondiente al Ministerio de Educación de la Nación, se reserve una partida de A 15.000.000 a precios de Julio de 1987, con facilidades suficientes para que el Ministerio la asigne a los proyectos que resulten aprobados.

Acuerdo: recomendar el financiamiento del SICUN y que sea motivo de la apertura de un nuevo programa presupuestario.

Acuerdo: realizar las acciones conducentes a la provisión de la documentación básica que permita conocer la realidad del sistema universitario nacional en los estudios de grado y posgrado.

Acuerdo: solicitar a las UUNN la totalidad de los planes de estudios vigentes de todas las carreras de grado y posgrado.

Acuerdo: encomendar al Secretario de Post-grado, Lic. Luis Triviño, para que constituya la propuesta de las Universidades Nacionales y en un plazo no mayor de 30 días los grupos de trabajo con las características que se detallan en el Anexo I del presente.

Secretaría de enseñanza

Acuerdo: instar a todas las Universidades Nacionales a diagramar un cronograma de trabajo que permita recuperar las actividades académicas no realizadas por las huelgas, sin desmedro de la calidad de la enseñanza.

Acuerdo: solicitar a cada una de las Universidades un informe sobre el total de cargos docentes discriminados por carreras, categoría u dedicación, y el marco normativo de asignación de esta última.

Plenario

Acuerdo: crear la oficina de Planificación, dependiente del CIN, a cargo de un Coordinador General designado por el Plenario del Cuerpo.

Acuerdo: disponer la celebración, con carácter nacional, en la sede de la Univ. Nac. De Córdoba, del 70° Aniversario de la Reforma Universitaria, ocurrida en el año 1918.

Acuerdo: ratificar lo actuado por el Comité Ejecutivo y avalar las actas acuerdos que aprobó la Comisión de Asuntos Universitarios.

Acuerdo: establecer para este Consejo una estructura de agrupamiento regional de las Universidades Nacionales que lo integran; a tal fin créanse los Concejos Regionales Interuniversitarios (CRI) que seguidamente se detallan, (ver resolución) los que estarán integrados por los Rectores o sus reemplazantes naturales, de las Universidades que en cada caso se indican.

Documentación presentada al plenario

- Conclusiones de la Comisión de Trabajo designada por el CIN para producir un informe sobre el Sistema Interconectado de Bibliotecas Universitarias.

9.º Plenario del Consejo Interuniversitario Nacional

Lugar: Concordia, Universidad Nacional de Entre Ríos.

Fecha: 10 y 11 de Marzo de 1988.

Temario:

1. Presupuesto Universitario 1988 y Proyección 1989.
2. Política Salarial docente y no-docente: escalafón no docente y nomenclador docente.
3. Regionalización del CIN. (U.N. de Córdoba).
4. Ley Universitaria.
5. Informe de Comisiones:
- Posgrado
- Relaciones
- Extensión Universitaria
- Educación
- Asuntos Económicos

Secretaría de enseñanza

Acuerdo: coordinar las acciones con el Estado, tendientes a definir dentro del proyecto del país, las demandas de recursos humanos para el futuro.

Acuerdo: impulsar en cada una de las Univ. Nac. la realización de estudios de diagnóstico de las tendencias de la matrícula, la inserción laboral de los graduados, las tendencias del mercado del trabajo y las necesidades regionales y nacionales.

Acuerdo: auspiciar acciones para concretar la edición masiva de textos correspondientes a disciplinas básicas y que permita cubrir la demanda planteada por la población estudiantil residente en los primeros años de las carreras universitarias del país y de Latinoamérica. Encomendar a la Univ. Nac. de la Plata la preparación del proyecto de trabajo a desarrollar, sobre la base de la conformación de Comités de Redacción "ad hoc" por cada texto a editar.

Secretaría de pasgrado:

Acuerdo: declarar de interés para el sistema universitario nacional el desarrollo de actividades académicas de posgrado vinculadas a la planificación y proyección del Medio Ambiente.

Secretaría de relaciones

Acuerdo: autorizar al señor Rector de la Univ. Nac. de Tucumán, Dr. Rodolfo Campero, para gestionar que el alcance de los convenios que suscriba con universidades europeas, que resulten de interés de este Consejo Interuniversitario, se extienda a otras Univ. Nac. Argentinas.

Acuerdo: aceptar la invitación formulada por Resolución N° 416 del Ministerio de Educación (este Ministerio invitó al CIN a formar parte de la Comisión Asesora para el Programa de Interparticipación de la UNESCO). Encomendar a la Secretaría de Relaciones la designación de un representante y un alterno para integrar la comisión de referencia.

Secretaría de extensión universitaria:

Acuerdo: que resulta necesario que la nueva Ley de Radiodifusión preserve la posibilidad de existencia, sin restricciones de ningún tipo de medios de comunicación pública, y entre estos especialmente los pertenecientes a las Univ. Nac., sin condicionamientos políticos o económicos. De esta manera se preservará la igualdad con los medios de propiedad privada, haciendo posible una real y auténtica competencia. Que la sanción de la Ley de Radiodifusión debe estar precedida por una consulta a las Univ. Nac. De no hacerse así habría un avance sobre la Autonomía Universitaria que el propio Poder Legislativo otorgó.

Acuerdo: adherir al Sistema Nacional Universitario de Televisión/Video Educativo.
Designar su respectivo representante para el Plenario del Sistema Nacional Universitario de Televisión/Video Educativo a realizarse en Córdoba (Vaquería) los días 6, 7 y 8 de mayo de 1988.

Plenario

Acuerdo: Declarar de interés para el sistema universitario nacional el desarrollo de actividades académicas de posgrado vinculadas a la planificación y proyección del Medio Ambiente.

Acuerdo: Recomendar la realización de un amplio debate, en el seno de las respectivas Universidades, sobre las partes centrales que deberían observar la futura ley universitaria.

Acuerdo: Promover la participación argentina en las Olimpiadas de Río de Janeiro (Brasil) en 1989.

Acuerdo: Solicitar al Ministerio de Educación la elevación de un proyecto de decreto que contemple precisar el contenido del Art. 137 Anexo I del decreto de Escalafón para Personal No Docente, mediante el cual se establece el sistema de ajuste de las remuneraciones de ese personal, indicando que este deberá mantener, como mínimo, el nivel de equivalencia de la categoría 11 con la categoría 24 del escalafón 1428/73 en forma permanente con vigencia al 1 de enero de 1988.

Documentación presentada al plenario

- Propuestas sobre Posgrado, investigación científica, y sobre reválida de títulos presentada por la Universidad de la República.

- Informe sobre las Primeras Jornadas de Televisión y Video Educativos y Universidades Nacionales, convocada por el Centro de información Nacional, documentación y tecnología Educativa, dependiente de la Secretaría de Educación del Ministerio de Educación y Justicia.

- Jornadas de Actualización e intercambio Académico-científico. Anteproyecto.

- Propuestas a la Comisión Interuniversitaria para la Integración Latinoamericana.

- Convenios suscriptos entre la Universidad de la República y Universidades de la Argentina.

- Informe de la Universidad de la República, Facultad de Arquitectura, sobre el Encuentro de docentes de asignaturas afines al proyecto y construcción de estructuras, desarrollado en la ciudad de Buenos Aires los días 20 y 21 de agosto de 1987

- IV reunión de Secretarios Económicos administrativos realizada los días 7 y 8 de Marzo en la ciudad de Concordia.

10.º Plenario del Consejo Interuniversitario Nacional

Lugar: Corrientes, Universidad Nacional del Nordeste.

Fecha: 2, 3 y 4 de Junio de 1988.

Temario:

1. Conclusiones de las Terceras Jornadas de Extensión Universitaria.
2. Conclusiones de la Reunión de Responsables Área Deportes.
3. Modificación del Estatuto del CIN para designar personas.
4. Seminario Internacional "70 años de la Reforma Universitaria". Declaración de Interés Nacional.
5. Varios.
6. Regionalización del CIN.
7. Acuerdo con la Universidad de Uruguay – Actuación del Comité Mixto Universidad Nacional de la Plata.

Secretaría de extensión universitaria:

Acuerdo: sobre proyectos de ley de radiodifusión enviado por el PEN a la Cámara de Diputados de la Nación y su inminente tratamiento. Reiterar en todos sus términos el documento emitido en la anterior reunión del CIN en Concordia. Designar una Comisión Especial integrada por las Univ. de Córdoba, La Plata, Litoral Nordeste y Tucumán, a los efectos de realizar las gestiones necesarias ante la Secretaría de la Presidencia de la Nación y las Comisiones Parlamentarias correspondientes.

Acuerdo: procurar la obtención de recursos financieros de entes estatales o privados para ser aplicados a la promoción de competencias deportivas en las Univ. Nac. y la consecución de las condiciones necesarias para realizarlos.

Acuerdo: realizar las "Universiadas Nacionales 88". Establecer que la delegación Argentina de atletas Universitarios así como el cuerpo técnico que asista a las "Universidades Internacionales de San Pablo", será la que resulte seleccionada en las "Universiadas Nacionales 88".

Acuerdo: Invitar al representante del Deporte Universitario Nacional ante la FISU, Sr. Ricardo Nosiglia a efectos de informar al CIN sobre la situación planteada con motivo de la realización de las próximas competencias deportivas internacionales.

Secretaría de relaciones

Acuerdo: aprobar el texto del Convenio marco entre el CIN y la Universidad de la República (Uruguay) y proceder a la firma del mismo.

Acuerdo: designar como representante del CIN, ante la UDUAL, al Dr. Juan Carlos Hidalgo y como alterno al Dr. Eduardo Barbagelatta.

Secretaría de asuntos económicos

Acuerdo: solicitar al MEyJ que durante la aplicación del Dto. N° 643/88 ningún docente podrá recibir un salario menor que el liquidado en abril de 1988 más la adición de los aumentos decretados por la política salarial.

Acuerdo: propiciar la continuidad de la Comisión Permanente de Asuntos Docentes Universitarios para tratar a partir del mes de junio y durante el corriente Ciclo Lectivo el Nomenclador Específico definitivo, en el marco de la recomposición de puntos para el sector; incluyendo en la discusión: antigüedad docente, mayor dedicación, Sistemas de Control a la Actividad Docente y de Investigación, incentivos al perfeccionamiento docente (posgrado), Régimen de Compatibilidad y Disciplinario y otros de igual naturaleza.

Acuerdo: solicitar el PEN que en forma urgente se incremente al 200% el presupuesto de las Universidades Nacionales en relación con los valores globales aprobados en el presupuesto nacional de 187 para atender el funcionamiento de dichas instituciones durante el tercer trimestre de 1988.

Secretaría de enseñanza

Acuerdo: hacer propia la iniciativa de dictar seminarios sobre cultura indígena argentina y americana en las disciplinas mencionadas en el Art. 1° de la resolución referida e incorporando, adicionalmente, las carreras de antropología y arqueología.

Acuerdo: propender el establecimiento de una reglamentación compartida por todas las Universidades Nac. en relación con el régimen de incompatibilidades en las dedicaciones de los cargos docentes.

Acuerdo: sobre la normativa integrada por diversas disposiciones emanadas de los Ministerios competentes que regula el ingreso de estudiantes extranjeros a las Universidades Argentinas. Solicitar se le dé intervención para que conjuntamente con el Ministerio de relaciones exteriores y el Ministerio de Educación y Justicia se establezcan criterios unívocos para la aplicación de la normativa con el fin de asegurar el fiel cumplimiento de la misma.

Acuerdo: considerar las equivalencias de materias sobre la base de los siguientes criterios:

a) Análisis articulado de objetivos contenidos mínimos, prácticos y bibliografía de cada asignatura en su conjunto, globalmente y evitando un estudio pormenorizado de contenidos.

b) Vinculación de equivalencia con toda la estructura de la carrera.

c) Otorgamiento de equivalencia total de la materia completa como norma general sin prejuicio de que lo sea en forma parcial en casos especiales, debiendo indicarse en la forma más precisa posible lo que falta para la aprobación de la asignatura.

Acuerdo: considerar las solicitudes de aprobación por equivalencia de materias de los estudiantes que pasan de una Univ. Nac. a otra de acuerdo con los siguientes principios.

a) Análisis de objetivos, contenidos y bibliografía de cada asignatura en su conjunto, y globalmente, con criterios amplios por la Universidad de origen.

b) Vinculación de este análisis con la estructura total de la carrera.

Recomendación: convocar a una reunión de Secretarios Académicos de las Univ. Nac. a realizarse los días 4 y 5 de julio en la sede de la Univ. de Misiones. Temario: 1- carrera docente; 2- orientación vocacional; 3- Planificación Académica Univ. Regional y Nacional; 4- Institutos de Enseñanza secundaria y terciaria dependientes de las Universidades (planes de estudios, experiencia pedagógica, etc.)

Secretaría de investigaciones

Acuerdo: encomendar a la Comisión de Investigaciones del CIN la realización de un seminario conjunto con la SECyT con el objeto de discutir el tema de regionalización de Ciencia y Técnica a fin de elevar a este Concejo las conclusiones a que se arribe en dicho evento.

Acuerdo: Crear una Comisión Especial para la implementación del Sistema SAPIU.

Plenario

Acuerdo: aprobar el proyecto de regionalización del CIN presentado por la Universidad de Córdoba, considerando a las Univ. arriba mencionadas como un todo integrantes de la Región Provincia de Buenos Aires en conjunto con la Universidad Nacional de Buenos Aires.

Documentación presentada al plenario

- Nota del Rector de la Univ. de Buenos Aires, al Presidente de la UIA sobre su solicitud de prohibición y el retiro de la circulación del libro "Estudios sobre la Sociedad y el Estado", publicado por EUDEBA y cuyo compilador es Héctor Roudil.
- Conclusiones de las 3° Jornadas de Extensión Universitaria.
- Conclusiones de la XIII Reunión de la CIPCyT realizada en la ciudad de Neuquén los días 4, 5 y 6 de mayo de 1988.
- Nota del Dr. Hugo Storani sobre la realización del Seminario "70 Años de Reforma Universitaria" a realizarse en la Universidad de Córdoba.
- Resolución N° 453/88 del consejo deliberante de la ciudad de Necochea sobre dictado de carreras de Letras, Filosofía e Historia de seminarios sobre cultura indígena argentina y americana.
- Nota a la Dra. Araceli N. Proto sobre Convenio Univ. de la República.
- Nota de la Dra. Araceli N. Proto al rector de la Univ. de la Rep. Sobre Convenio Marco.
- Nota del Rectorado de la Univ. de Entre Ríos a la Dra. Proto sobre el convenio de Interacción que esa Universidad tiene vigente con la Universidad de la República.
- Nota sobre el temario acordado en la reciente reunión de Secretarios Académicos realizada en la Univ. de Río Cuarto entre el 4 y 6 de Abril del 88.

11.º Plenario del Consejo Interuniversitario Nacional

Lugar: Tucumán, Universidad Nacional de Tucumán.

Fecha: 1, 2 y 3 de Setiembre de 1988.

Temario:

1. Nuevo nomenclador No docente.
2. Tratamiento de la Ley Universitaria.
3. Continuidad de la Comisión docente que estudia el nuevo escalafón docente.
4. Despacho de Comisiones.
5. SICUN.
6. Reglamentación del régimen económico financiero de las Univ. Nac.

Comisión de asuntos económicos

Acuerdo: proponer que la bonificación por título y antigüedad, sean liquidadas en el período Diciembre 1987 a Junio de 1988 en base al artículo N° 14. (Referido al decreto N° 2213/87 de escalafón no docente).

Acuerdo: propiciar la continuidad de la Comisión Permanente de Asuntos Docentes Universitarios para tratar a partir del mes de Septiembre y durante el corriente ciclo lectivo el nomenclador específico definitivo, en el marco de la composición de puntos para el sector; incluyendo en la discusión: antigüedad docente, mayor dedicación, sistema de control a la actividad docente y de investigación, incentivos al perfeccionamiento docente (pos grado). Régimen de Compatibilidades y Disciplinario y otros de igual naturaleza.

Acuerdo: proponer al PEN, la modificación del Régimen aprobado por el Decreto N° 826-88, flexibilizando su aplicación en el ámbito de las Universidades Nacionales.

Secretaría de ciencia y técnica

Acuerdo: solicitar a la Cámara de Diputados de la Nación el tratamiento y sanción de una Ley de Promoción a la Innovación Tecnológica.

Acuerdo: dar como último plazo la reunión de la CIPCYT del 15 de Septiembre próximo para la presentación de cada Universidad en la que debe constar la nómica de los investigadores y el cargo actual en la Universidad.

Acuerdo: solicitar al PEN, la apertura de una línea de crédito de gobierno a gobierno con diversos países proveedores de equipamiento científico y didáctico no fabricado en el país, para la modernización universitaria, estableciéndose en cada caso, los montos máximos permitidos y las condiciones de financiamiento.

Secretaría de posgrado

Acuerdo: encomendar a la Secretaría de Posgrado disponga las medidas necesarias para:

a- Compatibilizar la redacción de los textos de los documentos presentados a la Comisión por las universidades correspondientes.

b- Realizar las acciones conducentes a un relevamiento de las necesidades de formación de recursos humanos en cada una de las Univ. Nac.

c- Realizar un relevamiento y análisis comparado de las normas y reglamentos de posgrado vigentes en las Univ. Nac.

Comisión de enseñanza

Acuerdo: solicitar al Congreso de la Nación el tratamiento de la Ley Universitaria de fondo.

Acuerdo: rendir homenaje a Don Domingo Faustino Sarmiento en el centenario de su fallecimiento. El mismo se realizará en San Juan el día 11/9/88.

Documentación presentada al plenario

- Decreto 865/88 del PEN al ME y J de restricciones impuestas por el Decreto N° 930/85 y adécuese distribuciones por cargos y horas de cátedra.
- Resolución del Consejo Superior de la Universidad Nacional de San Juan rechazando la política socio económica instrumentada por el gobierno nacional.
- Nota del Dr. Lofeudo director de la Obra Social de la UNL en la que se refiere al Seguro de Salud.
- Nota del COSUN acerca de su exclusión del art. 1 inc. C del proyecto de Ley de Obras Sociales.
- Decreto del PEN sobre: fíjese a partir del 1 de Julio de 1988, para el personal docente nacional, el valor del índice en la suma de A 5,67.
- Nómina de proyectos presentados oficialmente al SICUN ordenados cronológicamente.
- Nota del coordinador de la RENBU Prof. Galo Luvecce sobre definición acerca de qué red bibliotecaria y de información científica será propiciada por el CIN.
- Memorándum de Cancillería sobre el ingreso a las Universidades Argentinas de estudiantes Latinoamericanos.

12.º Plenario del Consejo Interuniversitario Nacional

Lugar: Vaquerías, Córdoba.

Fecha: 20 y 21 de Octubre de 1988.

Secretaría de posgrado

Acuerdo: aprobar los documentos presentados y enumerados en los vistos, los que se adjuntarán al Reglamento del SICUN y se solicitará su difusión en las Universidades Nacionales y otras instituciones que los soliciten. Constituir los grupos de trabajo acordados en la Reunión de Tucumán, tal como se detallan en el anexo 1.

Acuerdo: Solicitar la apertura de una nueva finalidad en el presupuesto universitario, destinada a las actividades de posgrado.

13.º Plenario del Consejo Interuniversitario Nacional

Lugar: Buenos Aires, Universidad de Buenos Aires.

Fecha: 24 y 25 de Noviembre de 1988.

Temario:

1. Ejecución del Proyecto 1988. Proyecto de presupuesto de 1989. Análisis de la situación laboral del personal docente y no docente.
2. Relación CONICET – Universidades.
3. Ley orgánica de la Universidad y Ley de promoción de la innovación tecnológica. Estado parlamentario.
4. Proyecto de organización y funcionamiento de la secretaría administrativa y de gestión del CIN.
5. Informe de Comisiones.

Secretaría de investigaciones

Acuerdo: reconocer a la RENBU como componente del SISTEMA DE INFORMACION UNIVERSITARIA propiciando la incorporación de la totalidad de las Universidades Nacionales a la Red y la colaboración de éstas en la confección y actualización permanente de un catálogo colectivo de revistas.

Acuerdo: encomendar a las Secretarías de Investigación y Extensión del Cuerpo, la coordinación y programación de la misma. (Referida a la realización de una jornada sobre la relación Universidad – Sociedad)

Acuerdo: elevar a las comisiones respectivas de la Cámara de Diputados de la Nación, solicitud del CIN de pronta sanción de la Ley de Promoción a la Innovación Tecnológica.

Secretaría de asuntos económicos

Acuerdo: solicitar al MEyJ, que efectivice lo acordado en el acta del 28/10/88 donde consigna: "en consecuencia, esta Secretaría de Estado no encuentra inconveniente en propiciar la medida legal correspondiente que permita retrotraer lo previsto en el Decreto 907/88, a diciembre 1987". Petición ya efectuada por el CIN en reunión realizada en Tucumán y reiterada por el Comité Ejecutivo de Vaquerías.

Acuerdo: reconocer la real existencia de retrasos en los ajustes y en la recomposición salarial de los docentes universitarios que ha conducido a un marcado deterioro de sus remuneraciones. Manifestar profunda preocupación por los efectos negativos que ocasiona una situación de conflicto fundado en los antecedentes expuestos.

Secretaría de posgrado

Acuerdo: encomendar al Presidente y al Secretario de Posgrado del CIN, la presentación de una solicitud formal y realizar todas las gestiones que consideren necesarias, ante el PEN, y el Congreso de la Nación, para obtener la apertura de la finalidad presupuestaria de posgrado. Solicitar que el monto anual a asignar a dicha finalidad, sea, como mínimo, equivalente al 2% del presupuesto universitario total.

Acuerdo: facultar a la Secretaría de Posgrado para integrar los grupos de trabajo que han de asesorarla en las áreas de las Ciencias Agropecuarias, Ciencias Exactas, Ciencias Médicas, Ciencias Naturales, Ciencias Naturales, Ciencias Sociales, Humanidades, Ingeniería y Tecnología, y en la definición de áreas críticas.

Acuerdo: aprobar los proyectos elevados por la Comisión de Posgrado del CIN, consignados en el Anexo 1, que forma parte del presente Acuerdo (proyectos relativos a programas seleccionados para implementar: el dictado de las carreras y cursos del cuarto nivel).

Secretaría de enseñanza

Acuerdo: establecer que la convocatoria a reuniones interuniversitarias referidas a la programación y operación de servicios técnicos universitarios, solo puede ser efectuada por el Plenario de Rectores o las Secretarías del CIN, con comunicación a los Rectores.

Plenario

Acuerdo: dirigirse al PEN a efectos de solicitarle la pronta sanción de la Ley Universitaria de fondo. Solicitar asimismo en el tratamiento de la Ley Universitaria la incorporación de los Señores Decanos como miembros plenos de la Asamblea Universitaria y Consejo Superior de cada una de las Universidades Nacionales independientemente de la representación proporcional que se disponga para cada estamento.

Documentación presentada al plenario

- Informe sobre el plenario especial sobre Posgrado.
- Acta del 28/10/88 entre FATUN y Ministerio de Educación.
- Planilla de Sueldos Docentes de Octubre, Noviembre y Diciembre.
- Nota del Rector Hércules Pinelli al Secretario de Coordinación Educacional Dr. Rodolfo Pérez sobre solicitud al PEN de modificación del régimen aprobado por el Decreto N° 826/88, sobre publicidad de contrataciones del E.
- Nota al Dr. Rodolfo Pérez del Dr. Pinelli sobre bonificación por el título y antigüedad del personal no docente, período 12/87 al 6/88.

14.° Reunión del Consejo Interuniversitario Nacional

Lugar: Bahía Blanca, Universidad Nacional del Sur.

Fecha: 18 y 19 de Mayo de 1989.

Temario:

1. Situación económica, financiera y salarial de las Univ. Nac.
2. Presupuesto Universitario 1989.
3. Sistema SICUN y Posgrado.
4. Planeamiento en las Universidades Nacionales.
5. Plan de equipamiento docente e investigación.
6. Obras Sociales Universitarias.

Secretaría de asuntos económicos

Acuerdo: solicitar al PEN que disponga la inmediata realización de las liquidaciones de los libramientos presentados por las Universidades Nacionales.

Acuerdo: gestionar ante el Poder Legislativo y Ejecutivo la convalidación del criterio sustentado en su reunión del 1° al 3/9/88 en Tucumán, con referencia a la base del cálculo para la actualización prevista en el art. 15 "in fine" de la Ley N° 23569, situación que ya se planteara en la reunión convocada por la Secretaría de Coordinación Educacional, Científica y Cultural del M.E. y J. para el análisis integral de la Ley citada, con participación de todas las Univ. Nac.

Acuerdo: solicitar al PEN la promulgación de un Decreto que disponga extender, la vigencia del art. 14 del Decreto 907/88, a partir del 1° de diciembre 1987.

Acuerdo: requerir del PEN la reformulación del cumplimiento de los libramientos emitidos por las Univ. Nac.

Acuerdo: definir una metodología para la asignación de recursos sobre la base de los documentos considerados oportunamente por este Consejo. A tal efecto se delega a la Secretaría de Asuntos Económicos la confección de dicha metodología para ser presentada en la próxima reunión del CIN.

Secretaría de posgrado

Acuerdo: designar a los integrantes de los grupos evaluadores según los proyectos individuales, en conformidad con lo detallado en el Anexo que forma parte integrante de la presente resolución.

Acuerdo: encomendar a la Secretaría de Posgrado del C.I.N. la gestión de un Convenio con el CONICET, cuyo proyecto será sometido a consideración de este plenario y que deberá tener como objetivos:
a) La instalación de un programa conjunto para determinación de áreas críticas y prioridades para la formación de recursos humanos de excelencia.
b) La propuesta de metodologías de asistencia por parte del CONICET a los programas de posgrado ofrecidos por el SICUN.

Acuerdo: expresar su solidaridad con la gestión del CONICET, caracterizada por una actitud democrática basada en criterios de excelencia académica y científica.

Secretaría de investigaciones

Acuerdo: insistir ante el Poder Legislativo para la pronta sanción de una Ley Universitaria que establezca el marco legal que sustente los principios básicos para el funcionamiento de nuestras Universidades, según las pautas contenidas en el documento que se anexa.

Acuerdo: encomendar a la Secretaría de Investigaciones del CIN el establecimiento de relaciones con organismos empresarios a los fines de promover vínculos entre las Universidades y los sectores productivos.

Acuerdo: recomendar a las Univ. Nac. la organización de actividades de posgrado de corta duración, específicas e intensivas y abiertas a docentes e investigadores de todas las Universidades. Recomendar la comunicación anticipada al CIN, de las actividades a desarrollar, a través de las Secretarías de competencia para su difusión al conjunto de las Universidades.

Acuerdo: reconocer las gestiones realizadas por el Ministerio de Educación de la Nación en relación con la disponibilidad de líneas de crédito para compra de equipamiento e instrumental en las Universidades Nacionales.

Secretaría de enseñanza

Acuerdo: poner en conocimiento del Honorable Senado de la Nación las consideraciones precedentes como respuesta a la inquietud planteada en la resolución referida (se refiere a la Resolución del Senado de la Nación por la cual se solicita la titularización de los docentes de nivel medio de las escuelas dependientes de Univ. Nac.)

Acuerdo: convocar a través de la Secretaría de Enseñanza a una reunión de Secretarios de Asuntos Académicos de Univ. Nac. a realizarse en la U. N. de San Luis los días 22 y 23 de junio del cte. año, para la consideración del siguiente temario: 1- Régimen de compatibilidades docente. 2- Régimen de flexibilización curricular: pases y equivalencias. 3-Planeamiento académico. 4- Red Nacional de Bibliotecas Universitarias.

Acuerdo: promover el urgente establecimiento de convenios bilaterales o multilaterales para el reconocimiento automático de estudios cursados en otras Univ. Nac.

Acuerdo: expedirse favorablemente acerca de las propuestas elevadas en consulta. (en referencia a las Notas del Rectorado de la U. N. de Formosa, en las que se solicita opinión acerca de la reestructuración académica a tenor de lo establecido en el art. 5 Ley 23.631.

Plenario

Acuerdo: crear la Secretaría General que será financiada por las Universidades Nacionales en forma proporcional al monto de sus respectivos presupuestos (Inciso 12).

Acuerdo: gestionar ante el Congreso de la Nación la exclusión de las Obras Sociales de las Universidades Nacionales de la Ley 23.660 o la modificación de su Artículo 1°, incluyéndose las en el inciso g) del mismo.

Acuerdo: DECLARACIÓN: con relación al acto eleccionario del 14 de Mayo de 1991. *"Hoy el pueblo argentino vive horas de angustia ante esta crisis que está conmoviendo a cada uno de nuestros hogares por la tremenda agresión que estamos recibiendo desde los mismos sectores que ostentando el privilegio nunca desearon la instauración de un estilo de vida basado en el más irrestricto respeto a los derechos individuales…"*

15.º Reunión del Consejo Interuniversitario Nacional

Lugar: Vaquerías, Córdoba. Este Plenario estaba originalmente previsto realizarse en la Ciudad de Salta el día 10/08. Fue reprogramado y se realizó en la localidad de Vaquerías (Córdoba), los días 24/08 y 25/08.

Fecha: 24 y 25 de Agosto de 1989.

Secretaría de posgrado

Acuerdo: encomendar a los señores rectores y a la puesta en marcha del reglamento de becas del Sistema Universitario de Cuatro Nivel (SICUN), aprobado por el CIN en su plenario de Bariloche en marzo de 1987.

Acuerdo: reglamentaciones accesorias a lo dispuesto por el artículo 10 del reglamento del SICUN: a) cursos de especialización: duración mínima un año. b) Para Magister: duración mínima: dos años. Cantidad de horas acreditables: 1200, de las cuales por lo menos un tercio serán presenciales. C) Para Doctorado: en lo que hace a escolaridad deben superar los requisitos de Magister.

Acuerdo: los fondos que eventualmente destine el SICUN a cada Unidad Ejecutiva o participante de proyectos se destinarán exclusivamente a becas y a viáticos y movilidad de docentes y alumnos. Recomendar a las universidades la modificación de sus regímenes de incompatibilidad de manera tal que se permitan abonar emolumentos adicionales a aquellos docentes afectados a actividades de posgrado derivadas de convenios intrauniversitarios, siempre y cuando tales emolumentos se vinculen directa o indirectamente con ingresos producidos por la actividad.

Secretaría de investigaciones

Acuerdo: promover la firma de un convenio marco entre todas las universidades nacionales, a fin de facilitar un sistema de intercambio ágil y eficiente, encomendándose a la secretaría de investigaciones del CIN la elaboración de un texto que contemple las exigencias comunes de las universidades nacionales, que deberá ser presentado a consideración en la próxima reunión.

Acuerdo: reconocer la importancia de la Red Regional de Intercambio de Investigadores para el Desarrollo de América latina y el Caribe (RIDALC) como instrumento para orientas la formación de recursos humanos en la región y favorecer la difusión del mismo en el ámbito de las universidades.

Acuerdo: encomendar a la secretaría de investigaciones del CIN realizar las gestiones que correspondan, a los fines de analizar la factibilidad de organizar un Seminario Taller de Ciencia y Tecnología en Argentina, en el marco de programas de cooperación técnica internacional.

Acuerdo: encomendar al comité ejecutivo, y por este a la secretaría que el mismo estime conveniente, la elaboración de un proyecto de conformación de una asociación sin fines de lucro que favorezca la capacidad de gestión para el conjunto de universidades, que será evaluada por el cuerpo.

Acuerdo: expresar a las autoridades del CONICET la necesidad mantener el Sistema de Poyo para Docentes Universitarios (SAPIU) poniéndose a disposición de ese organismo –a través del comité ejecutivo- para profundizar y mejorar el sistema. Encomendar al Comité Ejecutivo una gestión ante las autoridades del CONICET a fin de solucionar los inconvenientes planteados en relación con los concursos sustanciados.

Acuerdo: auspiciar el seminario sobre "Ciencia, Universidad y Producción" que, organizado por la UN de San Juan, se llevará a cabo durante los días 23 al 25 de octubre próximo.

Comisión de enseñanza:

Acuerdo: aprobar las pautas, objetivos, criterios y metodologías obrantes en el anexo I de dicho acuerdo, referente a "PAUTAS PARA UN SISTEMA DE PASES Y EQUIVALENCIAS INTERUNIVERSITARIAS". Con relación a la necesidad de agilizar y alentar el reconocimiento por equivalencia de materias aprobadas por estudiantes con pase entre Universidades Nacionales, llevando a la práctica convenios bilaterales o multilaterales para el reconocimiento automático de estudios cursados en otras universidades nacionales, es menester un mínimo consenso previo entre carreras similares o afines que se dicten en las distintas casa de estudio.

Acuerdo: propender al establecimiento de una reglamentación transitoria, compartida por todas las universidades nacionales, en relación con el Régimen de Compatibilidades en las dedicaciones de los cargos docentes, que apunte a lograr la corrección paulatina de las situaciones existentes en la materia. Encomendóse a los rectores la instrumentación de los mecanismos necesarios, en cada una de las universidades nacionales, para la consideración y aprobación con carácter urgente de dicha reglamentación Se adjunta Anexo con la REGLAMENTACION DE DEDICACIONES Y COMPATIBILIDADES DE LOS CARGOS DOCENTES UNIVERSITARIOS.

Comisión de asuntos financieros:

Acuerdo: designar una Comisión Permanente integrada por los Secretarios económico financieros de las universidades de Mar del Plata, Salta, Luján, San Luis y Córdoba, que tendrá por objetivo la fijación de pautas para la elaboración de los anteproyectos de presupuesto de las universidades nacionales. Dichas pautas deberán ser presentadas para su tratamiento en la próxima reunión del cuerpo.

Acuerdo: solicitar a las Universidades Nacionales que, con urgencia, efectúe un análisis pormenorizado de la Ley de Reforma del Estado –recientemente sancionada– y del Proyecto de Ley de Emergencia Económica, enviando sus conclusiones a la secretaría económica financiera del CIN.

Acuerdo: establecer que las universidades nacionales realizarían un aporte de A 30.000,00, con el objeto de conformar un fondo destinado a permitir el funcionamiento de la sede del consejo en la ciudad de Buenos Aires, según lo dispuesto por la resolución ministerial, cediendo un inmueble y fijando la estructura orgánico administrativa.

16.° Reunión del Consejo Interuniversitario Nacional

Lugar: Santa Fe, Universidad Nacional del Litoral.

Fecha: 9 y 10 de Noviembre de 1989.

Temario:

1. Financiamiento de las Universidades Nacionales.
2. Ingreso a las UUNN.
3. Despachos de las Comisiones.
4. Decreto 1111/89.
5. Designación de representantes ante la Comisión de Negociación Salarial.

Secretaría de asuntos económicos

Acuerdo: requerir a las autoridades del Ministerio de Educación de la Nación, una pronta solución de los problemas planteados, permitiendo disponer a la mayor brevedad posible de los refuerzos presupuestarios que posibiliten a las Universidades Nacionales desarrollar normalmente su actividad académica

Acuerdo: solicitar al Ministerio de Educación su oportuna gestión ante su par de Economía (Secretaría de Comercio Exterior, Dirección Nacional de Importaciones) para eliminar las trabas que impiden concretar la introducción al país e incorporación a los patrimonios de las Universidades, del equipamiento e instrumental recibidos en donación o adquiridos en el exterior.

Acuerdo: encomendar al Comité Ejecutivo del CIN la realización de las gestiones pertinentes ante la Secretaría de Comunicaciones de la Nación, para que se considere de interés general el pedido de bibliografía que efectúen los docentes e investigadores de las Univ. Nac., permitiendo su trámite por la vía de tarjeta abierta sin firma.

Acuerdo: aprobar la metodología propuesta por la mencionada Comisión Permanente que figura como anexo a la presente (Comisión Permanente de Presupuesto del CIN sobre metodología para la elaboración del presupuesto 1990).

Acuerdo: solicitar, con pedido de pronto despacho, por intermedio de la Secretaría de Asuntos Económicos y según lo expresado en los considerandos al Ministerio de Educación de la Nación, dictamine sobre la situación planteada (diferentes interpretaciones que han surgido sobre el Art. 144 del decreto N° 2213/87).

Secretaría de enseñanza

Acuerdo: insistir en recabar información a cada Universidad comenzando por la referida a la recepción de alumnos provenientes de pases, identificando universidad de origen y carrera, en el período 1986-1989, la que será comunicada a la Secretaría de Enseñanza del CIN dentro de los 60 días. En el futuro, dicha información será proporcionada en forma periódica.

Acuerdo: concretar entre todas las Universidades Nacionales, el Ministerio de Educación y las provincias un programa de Información de la oferta Universitaria, nacional o regionalmente.

Acuerdo: proponer el registro metodológico para un registro unificado de datos del sistema universitario Nacional radicado en el CIN.

Secretaría de investigaciones

Acuerdo: manifestar la intención de constituir una Asociación de las Universidades Estatales Argentinas que como ANEXO 1 se acompaña al presente acuerdo.

Acuerdo: aprobar en general el texto de convenio que se acompaña como ANEXO 1 del presente acuerdo.

Acuerdo: encomendar al Comité Ejecutivo y por este a la Secretaría que el mismo estime conveniente, elaborar un proyecto de conformación de una asociación sin fines de lucro de las universidades para ser evaluado por este cuerpo.

Secretaría de posgrado

Acuerdo: reiterar la solicitud efectuada al PEN y al Congreso Nacional referente a la apertura, en el Presupuesto Nacional, de la finalidad específica para el SICUN en 1989 y 1990.

Acuerdo: autorizar a la Comisión de Posgrado a realizar gestiones con el objeto de acordar, con el CONICET y con otros organismos públicos o privados, mecanismos que permitan el financiamiento de gastos originados en becas y docencia en la realización de los proyectos de posgrado que previamente el CIN ha calificado como prioritarios y que cumplan con el resto de los requisitos oportunamente aprobados.

Secretaría de relaciones

Acuerdo: autorizar a la Comisión de Relaciones a continuar con la tarea enunciada extendiéndola a otras embajadas (incrementar la cooperación y el intercambio entre Universidades Estatales argentinas y algunas instituciones universitarias de esos países.)

Documentación presentada al plenario

- Resolución N° 50 del Ministerio de Educación de la Nación sobre destino al CIN del inmueble ubicado en Pacheco de Melo 2085 Cap. Fed. al CIN.
- Nota de la Asociación de Jubilados y Pensionados de la U. N. de San Juan al Ing. Gottifredi sobre agilizar trámites burocráticos.
- Informe de la Comisión Permanente de Presupuesto del CIN sobre Metodología para la elaboración del Proyecto de presupuesto.
- Resolución del Consejo Superior de la Universidad de Buenos Aires sobre exclusión para la UBA de la aplicación del art. 94 y concordantes de Dto. 1759/72 y art. 1° inciso 20 del Dto. 9.101/72
- Resolución del Consejo Superior de la UBA ratificando en todos sus términos la presentación efectuada por el Rector ante la Justicia Federal en lo Contencioso Administrativo solicitando se declare la inconstitucionalidad e ilegalidad del Dto. 1.111/89.
- Resolución del Consejo Superior de la Univ. Nac. de la Plata oponiéndose al arancelamiento del grado en la Univ. Nac.
- Resolución de creación del CATEC, Centro de Asistencia Técnica.
- Presupuesto de la Univ. Nac. del Litoral (inc. 12, 13, 31, 41 y 42).
- Evolución presupuesto UNL (inc. 12, 31, 41, y 42).
- Resolución del Secretario de Coordinación Económica del 7/11/89 sobre Becas otorgadas por el ME y J en diferentes áreas.
- Nota de la FEDIUNT al Presidente del CIN sobre la crisis universitaria.
- Nota del Sr. Hugo Kofman (CONADU) sobre descuento por planilla, dirigida al Dr. Hidalgo.
- Nota de la FATUN al Dr. Hidalgo sobre diferentes reclamos gremiales.
- Declaración de los Secretarios de Extensión Universitaria de Universidades de la Provincia de Buenos Aires.
- Preguntas al Secretario de Coordinación Educacional, E. Bulit Goñi.
- Sistemas de ingreso en otros países.
- Nota de la Federación Universitaria Argentina.

17.º Plenario del Consejo Interuniversitario Nacional

Lugar: Río Cuarto, Universidad Nacional de Río IV.

Fecha: 8 y 9 de Marzo de 1990.

Secretaría de posgrado

Acuerdo: reiterar la solicitud al PEN y al Congreso de la Nación referente a la apertura de una nueva finalidad presupuestaria destinada a atender programas de posgrado aprobados por el CIN dentro del marco del SICUN.

Acuerdo: aprobar el informe presentado por la Secretaría de Posgrado del CIN.

Secretaría de asuntos económicos

Acuerdo: solicitar a las autoridades del Ministerio de Educación y Justicia y Economía de la Nación, el dictado de un Decreto que exceptúe de lo dispuesto por el Decreto 225/90 a las Universidades Nacionales.

Acuerdo: solicitar a las autoridades del Ministerio de Economía de la Nación, que extienda a las Universidades Nacionales las excepciones otorgadas a las distintas entidades sin fines de lucro y establecimientos de enseñanza privada, que posibiliten la devolución de los depósitos a plazo fijo vigentes el 28 de diciembre de 1989, con más las actualizaciones que correspondan a la fecha de su efectivo reintegro.

Acuerdo: encomendar al Comité Ejecutivo del CIN transmita al Ministerio de Economía la preocupación que origina la situación planteada de los VISTOS Y CONSIDERANDO del presente acuerdo y solicite del mismo la intervención oportuna y eficiente para la resolución positiva y urgente de las actuaciones originadas por las Univ. Nacionales.

Acuerdo: encomendar a la Secretaría de Asuntos Económicos a través de la Comisión Permanente de Presupuesto al análisis del proyecto de creación del Fondo Permanente de Educación, haciendo llegar a las Universidades Nacionales las sugerencias que se propongan otorgándoseles un plazo de 10 días para su análisis y remisión de sugerencias.

Secretaría de relaciones

Acuerdo: autorizar al Concejo Ejecutivo del CIN a realizar una solicitud de financiamiento a la OEA a través del Ministerio de Educación y Justicia y la Cancillería con el objetivo de financiar el Programa Nacional de Difusión de Carreras.

Comité ejecutivo:

Acuerdo: encomendar al Comité Ejecutivo la organización y convocatoria a todos los sectores representativos de la sociedad (legisladores, funcionarios públicos, dirigentes políticos, organizaciones gremiales, empresarias, científicas y culturales, etc.) y de las universidades nacionales a una Asamblea de la Universidad Nac. para considerar los gravísimos problemas que caracterizan la situación actual de nuestras instituciones y generar propuestas para solucionarlos en el marco de la plena asunción por parte del Estado de su responsabilidad primaria en el mantenimiento del sistema educativo y, en él, de la Educación Superior.

Acuerdo: solicitar por intermedio del Ministerio de Educación y Justicia de la Nación, la suspensión temporal de la aplicación de las disposiciones del decreto 435/90 en el ámbito de las Univ. Nac.

Acuerdo: DECLARACIÓN: Relativa a la decisión de científicos calificados de abandonar el país debido a los bajos salarios y a la falta total de estímulos, futuro incierto y ausencia de la palabra oficial que manifieste su preocupación por este nuevo proceso de vaciamiento que sufre nuestra Patria.

Documentación presentada al plenario

- Declaración de los Rectores de la Univ. Nac. con sede en la Pcia. De Bs As.
- Proyecto de Ley de creación de un Fondo para la Educación (Fondo para el Desarrollo Educativo).
- Departamento Programa y Proyectos. Títulos y grados académicos: Validez Nacional y Universidades Nacionales.
- Documento del Consejo Superior de la Univ. Nac. de Sgo. del Estero (5/3/90).
- Documento de la Federación Universitaria de Río Cuarto: Defender nuestra educación es defender nuestro futuro.
- Decreto 225/90 – Aporte del 10% sobre Propio Producido para el Tesoro Nacional.
- Egresados 1983/1988 de las Univ. Nac. Dirección Nacional de Asuntos Universitarios.
- Res. 80/90 sobre importaciones del Ministerio de Economía (Univ. de Belgrano).
- Resolución 141/89 dictada por el Consejo Superior de la Univ. Nac. del Nordeste con motivo del documento emitido por la Asociación de Trabajadores de la UNNE.
- Informe de las actividades de la Secretaría de Posgrado.

18.° Plenario del Consejo Interuniversitario Nacional (Extraordinario)

Lugar: Buenos Aires, Universidad de Buenos Aires.

Fecha: 12 de junio de 1990.

Temario:

1. Protocolo de concertación universitaria: borrador enviado por el Dr. Oscar Shuberoff.
2. Programa de apoyo a la investigación científica y tecnológica de las universidades nacionales.

19.° Plenario del Consejo Interuniversitario Nacional

Lugar: Buenos Aires, Universidad de Buenos Aires.

Fecha: 17 de Diciembre de 1990.

Temario:

1. Decreto de racionalización.
2. Salarios.
3. Visita del Embajador Zapata.
4. Reuniones de Comisiones Protocolo. Visita del Diputado Nacional José Rodríguez.
5. Audiencia Dr. Matera.
6. Audiencia con el Sr. Presidente de la Nación (política de salario, fondo de ENTEL).
7. Orden del día para las comisiones. Temas de urgente despacho.
8. Contribuciones al CIN.
9. Asuntos entrados y salidos
10. Actas de sesiones anteriores y del comité ejecutivo.

Referencias bibliográficas

ABELEDO, Carlos – OBEIDE, Sergio (2003). "La Política de Financiamiento de la Secretaría de Políticas Universitarias: Un Marco Conceptual". En Pugliese, Juan Carlos (editor): *Políticas de Estado para la Universidad Argentina. Balance de una gestión en el nuevo contexto nacional e internacional*. Buenos Aires, Ministerio de Educación, Ciencia y Tecnología, SPU, pp. 156-164.

ACOSTA SILVA, Adrián (2000a): *Estado, Políticas y Universidades en un periodo de transición. Análisis de tres experiencias institucionales en México*. Universidad de Guadalajara, FCE.

ACOSTA SILVA, Adrián (2000b): "La ANUIES y el proceso de traducción de la agenda de políticas de educación superior (1950-2000)". México, *Revista de Educación Superior,* N° 116, Volumen 29, ANUIES.

ACOSTA SILVA, Adrián (2009): *Príncipes, burócratas y gerentes. El gobierno de las universidades públicas en México*. ANUIES, Biblioteca de la Educación Superior, México.

ACOSTA SILVA, Adrián (2014): *Gobierno universitario y comportamiento institucional: la experiencia mexicana*. Disponible en: https://www.researchgate.net/publication/269802388_GOBIERNO_UNIVERSITARIO_Y_COMPORTAMIENTO_INSTITUCIONAL_LA_EXPERIENCIA_MEXICANA

ACOSTA SILVA, Adrián; ATAIRO, Daniela y CAMOU, Antonio (2015): "Gobernabilidad y democracia en la universidad pública latinoamericana: Argentina y México en perspectiva comparada". En *Los desafíos de la universidad pública en américa latina y el caribe*, Buenos Aires, CLACSO, pp. 19-118.

ALBORNOZ, Mario y GORDON, Ariel: "La política de ciencia y tecnología en Argentina desde la recuperación de la democracia (1983-2009)", en Mario Albornoz y Jesús Sebastián (eds.), *Trayectorias de las políticas científicas y universitarias de Argentina y España*, CSIC, Madrid, 2011.

ALVAREZ DE TROGLIERO, Sonia (1996). "Combates y debates sobre la evaluación de la calidad en la Argentina". *Pensamiento Universitario*, Año 4, N° 4/5, 3-18.

ARAUJO, Sonia y TROTTA, Lucía: "La acreditación de las Ingenierías: configuración compleja en la institucionalización de la política". FHCE-UN de La Plata. Archivos de Ciencias de la Educación, año 5, N° 5, p. 83-97. Disponible en: http://www.memoria.fahce.unlp.edu.ar/art_revistas/pr.5430/pr.5430.pdf

ASUETA, Eduardo D. J. (2004). *Las Universidades Nacionales. El presupuesto universitario y las condiciones para el desarrollo sustentable y equitativo de la Nación*. Entre Ríos. Universidad Nacional de Entre Ríos.

ATAIRO, Daniela y otros (2014): *Evaluación y Acreditación Universitaria. Actores y políticas en perspectiva*. CABA, Universidad de Palermo, Colección de Educación Superior.

ATAIRO, Daniela y CAMOU, Antonio (2011): "La gobernabilidad de las universidad nacionales en Argentina: escenarios de un paradigma en transformación". En: ATAIRO, Daniela y otros: *Evaluación y Acreditación Universitaria. Actores y políticas en perspectiva*. CABA, Universidad de Palermo, Colección de Educación Superior, pp. 63-111.

ATAIRO, Daniela (2011): "Estado, políticas y universidad: Una mirada sobre los actores universitarios, sus estrategias e intereses. El proceso de implementación del Programa FOMEC en la Universidad Nacional de La Plata". En Revista *Propuesta Educativa*, N° 36, Año 20, Vol. 2, pp. 87 a 94.

AVEIRO, Martín: *La universidad inconclusa. De la Ratio Studiorum a la reforma universitaria en Mendoza (1973-1974)*. Mendoza, EDIUNC.

BALÁN, Jorge (1992): "Políticas de financiamiento y gobierno de las universidades nacionales bajo un régimen democrático: Argentina (1983-1992)". Buenos Aires, documento del CEDES, N° 79.

BALÁN, Jorge (1993): "La universidad privada en América Latina". En Patricia McLauchlan de Arregui (editora): *Educación superior en América Latina: políticas comparadas*. Lima, GRADE.

BALDRIDGE, V.; CURTIS, David V.; ECKER, George P.; RILEY, Gary L. (2002): "Modelos alternativos de gobierno en la Educación Superior". En Revista *ALTERNATIVAS*, serie Espacio Pedagógico, Año 7, N° 26, febrero de 2002. Traducción de Ana María Tello.

BARANGER, Denis (2004): *Epistemología y metodología en la obra de Pierre Bourdieu*. Buenos Aires, Prometeo.

BARANGUER, Denis (2009): "Para el estudio de los campos universitarios: Pierre Bourdieu y la construcción del objeto en Homo Academicus". En Revista *Pensamiento Universitario*, N° 12, pp. 63-75.

BARLETTA, ANA M. (20001): *Universidad y Política. La peronización de los universitarios (1966-1971)*. Disponible en http://lasa.international.pitt.edu/Lasa2000/Barletta.PDF

BARSKY, Osvaldo (1997): *Los posgrados universitarios en la República Argentina*. Buenos Aires, Troquel.

BEIGEL, Fernanda (2010): "Reflexiones sobre el uso del concepto de campo y acerca de la elasticidad de la autonomía en circuitos académicos periféricos". En

Beigel, Fernanda (dir.) *Autonomía y Dependencia Académica: Universidad e investigación científica en un circuito periférico. Chile y Argentina (1950-1980)*. Buenos Aires, Biblos.

BEIGEL, F. (2015): "Culturas [evaluativas] alteradas". En *Política Universitaria*, IEC-CONADU, N° 2, pp. 11-21.

BEKERMAN, Fabiana (2009): "El campo científico argentino en los años de plomo: desplazamientos y reorientación de los recursos". En *Revista Socio Histórica Cuadernos del CISH*, N° 26, Buenos Aires, pp. 151-176.

BEKERMAN, Fabiana (2011): *La estructura del campo científico argentino: reconfiguraciones, desplazamientos y transferencias producidos durante la última dictadura militar*. Tesis de Doctorado. Mendoza, Facultad de Ciencias Políticas y Sociales, Universidad Nacional de Cuyo.

——— (2013). "Science during Argentina's Military Dictatorship: The Contraction of the Higher Education System and the Expansion of CONICET". En Beigel, Fernanda Ed. *The Politics of Academic Autonomy in Latin America*. London: Ashgate, 227-247.

BERTONI, María Luz y CANO, Daniel (1990): "La educación Superior argentina en los últimos veinte años: tendencias y políticas". Revista *Propuesta Educativa*. Buenos Aires, FLACSO, N° 2, mayo de 1990, p. 11-24.

BIANCO, Ivonne (2006): *Las prácticas colegiadas en la universidad. Posibilidad y condicionamiento de los actores que las desempeñan*. Tucumán, Facultad de Filosofía y Letras-Universidad Nacional de Tucumán.

BORÓN, Atilio (1991) *Memorias del Capitalismo Salvaje. Argentina de Alfonsín a Menem*. Buenos Aires, Ediciones Imago Mundi.

——— (1995) *Peronismo y Menemismo*. Buenos Aires, El Cielo por Asalto.

——— (2003) *Estado, capitalismo y democracia en América Latina*. Buenos Aires, CLACSO.

——— Atilio (2005): *La libertad académica en tiempos neoliberales. Una mirada desde américa latina*. CLACSO.

——— (2006): "La transición hacia la democracia en América Latina: problemas y perspectivas". En: *Estado, capitalismo y democracia en América Latina*. Buenos Aires, CLACSO.

——— (2012): *América Latina en la Geopolítica del Imperialismo*. Buenos Aires, Ediciones Luxemburg.

BOURDIEU, Pierre (1997): *Razones Prácticas. Sobre la teoría de la acción*. Barcelona, Anagrama.

BOURDIEU, Pierre (2008): *Homo Academicus*. Siglo XXI, Buenos Aires.

——— (1999): *Meditaciones Pascalianas*. Barcelona: Anagrama.

———— (2003): *El oficio de científico Ciencia de la ciencia y reflexividad. Curso del College de France 2000-2001*. Barcelona, Anagrama.

———— (1975): "La especificidad del campo científico y las condiciones sociales del progreso de la razón". En *Sociologie et Sociétés*, vol. 7, N°1, pp. 91-118.

———— (1997): "El campo científico". *En Intelectuales, política y poder.* Buenos Aires, EUDEBA.

BRASLAVSKY, Cecilia: *La educación argentina (1955-1980)*. 1981, *Primera historia integral*. Buenos Aires, CEAL.

BUCHBINDER, Pablo y MARQUINA, Mónica (2008): *Masividad, heterogeneidad y fragmentación: el sistema universitario argentino 1983-2007*. Buenos Aires, Biblioteca Nacional - Universidad Nacional de General Sarmiento.

BUCHBINDER, Pablo (2008): *¿Revolución en los claustros? La reforma universitaria de 1918*. Buenos Aires, Sudamericana.

———— (2010): *Historia de las Universidades Argentinas*. Buenos Aires, Sudamericana.

BUCHBINDER, Pablo; BONAVENA, P., CALIFA, J.; MILLÁN, M.; VEGA, N.; y YUSCZYK; E. (2010) *Apuntes sobre la formación del movimiento estudiantil argentino (1943-1973)*. Buenos Aires, Final Abierto.

BUCHBINDER, Pablo (2014): *La universidad en los debates parlamentarios*. Los Polvorines, UN de Gral. Sarmiento - Secretaría de relaciones parlamentarias (JGM).

BUCHBINDER, PABLO; YANN, C.; MENDONZA, M.; BONAVENA, P., CALIFA, J.; MILLÁN, M. y SEIA, G. (2014) *Universidad, política y movimiento estudiantil en la Argentina (entre la "Revolución Libertadora" y la democracia del '83)*. Buenos Aires, Final Abierto.

BRAVO, Nazareno; MOLINA GALARZA, Mercedes; BAIGORRIA, Paula y TEALDI, Esteban (2014): *Apuntes de la Memoria. Política, reforma y represión en la UNCuyo en la década del 70*. Mendoza, EDIUNC.

BRUNNER, J. J. (1990): *El desarrollo de la educación superior en América Latina*. Santiago de Chile, Facultad Latinoamericana de Ciencias Sociales.

———— (1994): "Estado y Educación Superior en América Latina". En: NEAVE, Guy y VAN VUGHT, Frans. *Prometeo Encadenado. Estado y educación superior en Europa*. Barcelona, Gedisa, pp. 11-42.

———— (1986), "Las ciencias sociales en Chile: institución, política y mercado en el caso de la sociología", documento de trabajo N° 325, Santiago de Chile, FLACSO.

BURKE, María del Luján (2012): "Políticas de Evaluación: rupturas y continuidades". En CHIROLEU, Adriana, MARQUINA, Mónica y RINESI, Eduardo (compiladores). *La política Universitaria de los gobiernos Kirchner: continuidades, rupturas, complejidades*. Universidad Nacional de General Sarmiento, pp. 199-217.

CAMOU, Antonio (2007): "Los juegos de La evaluación de posgrados en la Argentina. Notas sobre las interacciones conflictivas entre Estado y Universidad". En: *Evaluando la evaluación. Políticas universitarias, instituciones y actores en Argentina y América Latina*. Buenos Aires, Prometeo.

——— (2014): "Revisando las tensiones entre autonomía y regulación. Notas sobre las relaciones entre estado y universidad en la argentina actual". En FOLLARI, Roberto, STUBRIN Adolfo y CAMOU, Antonio (2014): *La universidad entre la autonomía y la planificación. Tres ensayos en diálogo*. Los Polvorines, UN de Gral. Sarmiento- IEC-CONADU, pp. 65-96.

CANO, Daniel (1985): *La educación superior en la Argentina*. Buenos Aires, FLACSO.

CARLI, Sandra (Comp.) (2014): *Universidad pública y movimiento estudiantil. Historia, política y vida cotidiana*. Buenos Aires, Miño y Dávila.

CARLINO, Florencia y MOLLIS, Marcela (1997): "Políticas internacionales, gubernamentales e interinstitucionales de evaluación universitaria. Del Banco Mundial al CIN". Buenos Aires, *Revista del IICE*, Año 6, N° 10, Abril de 1997, pp. 22-36.

CASAJÚS, Rocío y GARATTE, Luciana (2012): "Programas de mejora de la calidad en carreras de ingeniería: entre las determinaciones de la política estatal y la autonomía de las instituciones universitarias". En CHIROLEU, Adriana, MARQUINA, Mónica y RINESI, Eduardo (compiladores): *La política Universitaria de los gobiernos Kirchner: continuidades, rupturas, complejidades*. Universidad Nacional de General Sarmiento, pp. 219-255.

CALIFA, Juan S. (2014): *Reforma y revolución. La radicalización política del movimiento estudiantil de la UBA 1943-1966*. Buenos Aires, EUDEBA.

CANTINI, José Luis (1997): *La autonomía y la autarquía de las universidades nacionales*. Buenos Aires, Academia Nacional de Educación.

CHIROLEU, Adriana (1999). "La política universitaria de Alfonsín y Menem: entre la democracia y la equidad". Buenos Aires, *Revista del IICE*, Año 8, N° 15, diciembre de 1999, pp. 21-32.

CHIROLEU, Adriana, IAZZETA, Osvaldo, VORAS, Claudia, DÍAZ, Claudio (2001). "La política universitaria argentina de los 90: los alcances del concepto de autonomía". *Education Policy Análisis Archives*. Vol. 9, N° 22, 12 junio 2001.

CHIROLEU, Adriana (2004). "La modernización universitaria en la agenda del gobierno argentino: lecciones de la experiencia". *Fundamentos en Humanidades*. Universidad Nacional de San Luis, Año 5, N° I (9), pp. 29-44.

CHIROLEU, Adriana - IAZZETA, Osvaldo (2005): "La Reforma de la Educación Superior como capítulo de la Reforma del Estado: peculiaridades y trazos comunes". En RINESI, Eduardo, SOPRANO, Germán y SUASNÁBAR, Claudio: *Univer-*

sidad, reformas y desafíos. Dilemas de la Educación Superior en la Argentina y Brasil. Buenos Aires, Prometeo Libros - Universidad Nacional de General Sarmiento, pp. 15-38.

CHIROLEU, Adriana (2005): "La educación superior en la agenda de gobierno argentina en veinte años de democracia (1983-2003)". En RINESI, Eduardo, SOPRANO, Germán y SUASNÁBAR, Claudio: ob. cit., p. 39-52.

CHIROLEU, Adriana (2007). "Los contextos que enmarcan la reforma de la educación superior: entre desafíos y oportunidades". En MARQUINA, Mónica y SOPRANO, Germán (Coord.) (2007): *Ideas sobre la cuestión universitaria. Aportes de la RIEPESAL al debate sobre el nuevo marco legal para la Educación Superior*. Los Polvorines, UN de Gral. Sarmiento, pp. 37-56.

CHIROLEU, Adriana (2012): "La política universitaria como política pública. *En CHIROLEU, Adriana; SUASNÁBAR, Claudio y ROVELLI, Laura (2012)": Política Universitaria en la Argentina. Revisando viejos legados en busca de nuevos horizontes.* Los Polvorines, U N de General Sarmiento - IEC CONADU, pp. 13-32.

CHIROLEU, Adriana; MARQUINA, Mónica y RINESI, Eduardo (compiladores) (2012): *La política Universitaria de los gobiernos Kirchner: continuidades, rupturas, complejidades*. Universidad Nacional de General Sarmiento.

CHIROLEU, Adriana; SUASNÁBAR, Claudio y ROVELLI, Laura (2012): *Política Universitaria en la Argentina. Revisando viejos legados en busca de nuevos horizontes*. Los Polvorines, U N de General Sarmiento – IEC CONADU.

CHIROLEU, Adriana y MARQUINA, Mónica (2012): "Tiempos interesantes: complejidades, contradicciones e incertidumbres de la política universitaria actual". En CHIROLEU, Adriana, MARQUINA, Mónica y RINESI, Eduardo (compiladores). *La política Universitaria de los gobiernos Kirchner: continuidades, rupturas, complejidades*, ob. cit., pp. 9-23.

CHIROLEU, Adriana e IAZETTA, Osvaldo (2012):" La universidad como objeto de política pública durante los gobiernos Kirchner". En CHIROLEU, Adriana, MARQUINA, Mónica y RINESI, Eduardo (compiladores) (2012) *La política Universitaria de los gobiernos Kirchner: continuidades, rupturas, complejidades*. ob. cit., pp. 27-49.

CLARK, Burton (1983): *The Higher Education System. Academic organization in cross-national perspective*. Los Angeles, University of California Press.

——— (1991): *El Sistema de Educación Superior. Una visión comparativa de la organización académica*. México, Nueva Imagen-Universidad Autónoma Metropolitana.

COHEN, M.D. y MARCH, J. (1974), *Leadership &Ambiguity: The American College President*. Nueva York, Mc Graw Hill.

COHEN, M.D., MARCH, J. y OLSEN, J.: *"El bote de basura como modelo de elección organizacional"*. En *Revista de Gestión y Política Pública*, Volumen 20, Número 2, 2do Semestre de 2011, pp. 247-290. Traducción al español de Gerardo Romo Morales y Carlos Quintero Castellanos.

CORAGGIO, J y VISPO, A (coord.) (2001): *Contribución al estudio del sistema universitario argentino*. Buenos Aires, Consejo Interuniversitario Nacional-Miño y Dávila.

CORENGIA, Ángela (2009): "Estado, mercado y universidad en la génesis de la política argentina de evaluación y acreditación universitaria". En Gvirtz, Silvina y Antonio Camou: *La universidad Argentina en discusión: sistemas de ingreso, financiamiento, evaluación de la calidad y relación universidad-Estado*. Buenos Aires, Granica, pp. 175-220.

CORENGIA, Ángela, DEL BELLO, Juan Carlos, Julio C. DURAND, María PITA (2007): *Políticas de evaluación, acreditación y prácticas institucionales*. En V Encuentro Nacional y II Latinoamericano "La Universidad como objeto de investigación". Tandil, Universidad Nacional del Centro.

COX, Cristian y COURARD, Hernán (1990): "Autoridad y cogobierno en la universidad chilena (1950-1989). Categorías de análisis y desarrollo histórico". En Cox, Cristian (comp.) (1990): *Formas de gobierno en la educación superior nuevas perspectivas*. Santiago de Chile, Colección Foro de la Educación Superior.

DE MOURA CASTRO, Claudio (2005): "Da arte do gobernar o ensino superior". Ponencia presentada en el VII Forum Nacional. FNSP, Sao Paulo.

DECIBE, Susana (1999): "La transformación de la Educación Superior". En SÁNCHEZ MARTÍNEZ, Eduardo (1999): *La Educación Superior en la Argentina*. Buenos Aires, Ministerio de Cultura y Educación.

DE VRIES, Wietse (2001): "Gobernabilidad, cambio organizacional y políticas". México, *ANUIES*-Revista de Educación Superior, N° 118, Volumen 30.

DEL BELLO, Juan Carlos y DEL BELLO, Marcos (2007): "Crisis del autogobierno universitario". Ponencia presentada en el V Encuentro Nacional y II Latinoamericano "La Universidad como objeto de investigación". Tandil, Universidad Nacional del Centro de la Provincia de Buenos Aires.

DEL BELLO, Juan Carlos (2004): "Propuesta de agenda de política universitaria para el período 2004-2010". En *La agenda universitaria argentina. Propuestas de políticas públicas para la argentina*. Buenos Aires, Universidad de Palermo, pp. 37-64.

DELFINO, José y GERTEL, Héctor (eds.) (1996): *Nuevas direcciones en el financiamiento de la Educación Superior. Modelos de asignación del aporte público*. Buenos Aires, Ministerio de Cultura y Educación-Secretaría de Políticas Universitarias, Serie Nuevas Tendencias.

DIDRIKSSON, Axel (2000): *Planeación y prospectiva de la educación superior: el itinerario de la ANUIES*. México, *ANUIES*-Revista de Educación Superior N° 116, Volumen 29.

DOMINGUEZ, Graciela A. (2004): "Evaluación, financiamiento y coordinación universitaria". En *Fundamentos en Humanidades*, vol. 5, número I, Universidad Nacional de San Luis, pp. 107-118.

———— (2006): "Gobierno y coordinación de las universidades nacionales en Argentina". UN de Río IV. En: http://www.saap.org.ar/esp/docs-congresos/congresos-saap/VI/areas/04/dominguez.pdf

EZCURRA, Daniel; SAEGH, Ariel; COMPARATO, Fernando (2010). *Educación Superior. Tensiones y debates en torno a una transformación necesaria*. CEPES, EDUVIM.

FERNÁNDEZ LAMARRA, N (2003) *La Educación Argentina en debate. Situación, problemas y perspectivas*. Buenos Aires, EUDEBA, IESALC-UNESCO.

FERNÁNDEZ LAMARRA (2007): *Educación Superior y calidad en América Latina*. Bs As, IESALC-EDUNTRE.

FILMUS, Daniel (2003): *Estado, sociedad y educación en la Argentina de fin de siglo. Procesos y desafíos*. Buenos Aires, Troquel.

FINOCCHIARO, Alejandro (2004). *UBA c/ Estado Nacional. Un estudio sobre la autonomía universitaria*. Buenos Aires, Prometeo.

FOLLARI, Roberto (2003): "Aspectos teóricos y metodológicos sobre evaluación en las universidades argentinas". En: *Millcayac*, Anuario de Ciencias Políticas y Sociales, Año 1, N° 1, pp. 299-314.

FOLLARI, Roberto, STUBRIN Adolfo y CAMOU, Antonio (2014): *La universidad entre la autonomía y la planificación. Tres ensayos en diálogo*. Los Polvorines, UN de Gral. Sarmiento- IEC-CONADU.

FOLLARI, Roberto (2014): "Autonomía versus planificación estatal: hacia una superación de la dicotomía". En FOLLARI, Roberto, STUBRIN Adolfo y CAMOU, Antonio: *La universidad entre la autonomía y la planificación. Tres ensayos en diálogo*. ob. cit., pp. 21-38.

FRIEDEMANN, Sergio (2014): El sujeto de la educación. Estudiantes, juventud y política en la Universidad Nacional y Popular de Buenos Aires. (1973-1974). *En CARLI*, Sandra (Comp.): *Universidad pública y movimiento estudiantil. Historia, política y vida cotidiana*. Buenos Aires, Miño y Dávila, pp. 101-140.

GARCÍA DE FANELLI, Ana (1998): *Gestión de las universidades públicas. La experiencia internacional*. Buenos Aires, Ministerio de Cultura y Educación, Secretaría de Políticas Universitarias.

GARCIA de FANELLI, Ana María (2000): "Los indicadores en las políticas de reforma universitaria argentina: balance de la situación actual y perspectivas futuras". En: GARCIA de FANELLI, Ana M. - SÁNCHEZ MARTINEZ, Eduardo (comentarista). *Indicadores universitarios: tendencias y experiencias internacionales.* Buenos Aires, EUDEBA, pp. 17-54.

———— (2001): "La gestión universitaria en tiempos de restricción fiscal y crecientes demandas sociales". Buenos Aires, Universidad de Belgrano, documento de trabajo N° 80.

———— (2005) *Universidad, organización e incentivos. Desafíos de la política de financiamiento frente a la complejidad institucional.* Buenos Aires, Miño y Dávila-Fundación OSDE.

———— (2007): "La reforma universitaria impulsada vía financiamiento: Alcances y limitaciones de las políticas de asignación". En *Espacio Abierto*, Cuaderno Venezolano de Sociología. Vol.16, N°1, pp. 7-29.

———— (2008): *Contrato-programa: instrumento para la mejora de la capacidad institucional y la calidad de las universidades.* Buenos Aires, ILPE-UNESCO.

———— (2011): "La Educación Superior en Argentina: 2005-2009". En Brunner, J.J. y Ferrada Hurtado, R. (eds.) *Educación Superior en Iberoamérica. Informe 2011.* Santiago de Chile, CINDA-UNIVERSIA.

GARRETON, Manuel y MARTINEZ, Javier (1985): *Universidades Chilenas: historia, reforma e intervención.* Biblioteca del Movimiento Estudiantil, Tomo 1, Santiago, Ediciones Sur.

GIL, Gastón Julián (Dir.) (2010), *Universidad y Utopía. Ciencias sociales y militancia en la Argentina de los 60 y 70.* Mar del Plata, EUDEM.

GINESTAR, Ángel y colaboradores (1990): *Costos educacionales para la gerencia Universitaria.* Mendoza, EDIUNC.

GONZÁLEZ, Giselle (2011): "La territorialización de las políticas públicas en Argentina. Un estudio acerca del CPRES en el área metropolitana". En *Revista Universia*, Volumen 2, N° 4.

GUAGLIANONE, Ariadna (2013): *Políticas de Evaluación y acreditación en las universidades argentinas.* Universidad abierta interamericana, Ediciones Teseo.

GVIRTZ, Silvina y CAMOU, Antonio (2009): *La universidad argentina en discusión: sistemas de ingreso, financiamiento, evaluación de la calidad y relación universidad-Estado.* Buenos Aires, Granica.

HERNÁNDEZ YAÑEZ, María Lorena (1996): *Actores y políticas para la Educación superior: 1950-1990. Su implementación en la Universidad de Guadalajara.* México, ANUIES.

IAZETTA, Osvaldo: "La educación superior bien ¿social o bien público?" En MARQUINA, Mónica y SOPRANO, Germán (Coord.) (2007): *Ideas sobre la cuestión universitaria. Aportes de la RIEPESAL al debate sobre el nuevo marco legal para la Educación Superior.* Los Polvorines, UN de Gral. Sarmiento, pp. 25-36.

IBARRA COLADO, Eduardo y RONDERO LÓPEZ, Norma (2001). "La gobernabilidad universitaria entre en escena: elementos para un debate en torno a la nueva universidad". *Revista de Educación Superior* N° 118. México, ANUIES. Disponible en http://aeo-uami.org/sala/goberna.htm

INFORME sobre LA EDUCACIÓN SUPERIOR EN AMÉRICA LATINA Y EL CARIBE 2000-2005 (2006). La metamorfosis de la educación superior. Caracas, IESALC-UNESCO.

KANDEL, Victoria (2005): *Participación estudiantil y gobierno universitario. Nuevos actores-viejas estructuras*. Tesis de Maestría, FLACSO.

KANDEL, V. (2005): "Formas de gobierno en la universidad pública: reflexiones sobre la colegiación y la democracia". En Gentili y Levy (comps.) "Espacio público y privatización del conocimiento" CLACSO-Asdi, Buenos Aires, (pp. 259 a 294), en http://biblioteca.clacso.edu.ar/clacso/becas/20110124083718/7 Kendel.pdf

————— (2011): "Discursos republicanos sobre la universidad". En *Revista Fermentario*, N°5, Facultad de Humanidades, Universidad de la República, disponible en http://www.fermentario.fhuce.edu.uy/index.php/fermentario/article/view/80

KAUFMANN, Carolina. (Dir.) (2001): *Dictadura y Educación. Tomo I. Universidad y grupos académicos argentinos (1976-1983)*. Buenos Aires, Miño y Dávila.

————— (2003) (Dir.) *Dictadura y Educación. Tomo II. Depuraciones y vigilancia en las Universidades Nacionales Argentinas*. Buenos Aires, Miño y Dávila.

KNIGTH, Jane (2011): *La internacionalización de la educación superior*. México, disponible en: http://www.ugto.mx/internacional/images/pdf/4a.pdf

KREBS, Ricardo (1979): Historia del Consejo de Rectores en sus veinticinco años de vida. En *Veinticinco años*. Santiago de Chile, Consejo de Rectores de las Universidades Chilenas.

KROTSCH, P. (1993): "La universidad argentina en transición ¿del Estado al mercado?". En revista *Sociedad*, N° 3, Buenos Aires.

KROTSCH, Pedro y PUIGROSS, Adriana (Comp.) (1994): *Universidad y Evaluación. Estado del debate*. Buenos Aires, Aique grupo editor.

KROTSCH, Pedro (2002): *La Universidad Cautiva*. La Plata, Editorial UNLP.

————— (2002): *La evaluación de la calidad en la Argentina: la necesidad de un análisis centrado en el poder y en el conflicto*. CONEAU, documentos de trabajo.

————— (Comp.) (2003): *Las miradas de la Universidad. III Encuentro Nacional. La Universidad como Objeto de Investigación*. La Plata, Ediciones Al Margen.

KROTSCH, Pedro, CAMOU, A. y PRATI, Marcelo (2007): *Evaluando la evaluación. Políticas universitarias, instituciones y actores en Argentina y América Latina*. Buenos Aires, Prometeo.

KROTSCH, Pedro (2009): *Educación Superior y Reformas Comparadas*. Buenos Aires, Universidad Nacional de Quilmes.

LITWIN, Edith (1994): "La evaluación de programas y proyectos: un viejo tema en un debate nuevo". En KROTSCH, Pedro y PUIGROSS, Adriana (Comp.), ob. cit., pp. 159-172.

LÓPEZ ZÁRATE, Romualdo (2000): "La(s) posición(es) de la ANUIES en torno al financiamiento de la educación superior (1950-2000)". México, ANUIES-*Revista de Educación Superior* N° 116, Volumen 29.

———— (1998): "Una aproximación a las formas de gobierno de las universidades públicas". Revista *Sociológica*, año 13, N° 36, México.

LÓPEZ ZÁRATE; Romualdo; Oscar M. GONZÁLEZ CUEVAS; Javier MENDOZA ROJAS; Judith PÉREZ CASTRO (2010): "El rol de los rectores en las universidades mexicanas". México, UNAM. Disponible en: http://www.ses.unam.mx/curso2010/pdf/M6S1-Ashe__Mendoza.pdf

LÓPEZ ZÁRATE; Romualdo; Oscar M. GONZÁLEZ CUEVAS; Javier MENDOZA ROJAS; Judith PÉREZ CASTRO (2011): :Las formas de elección de los rectores. Otro camino para acercarse al conocimiento de las universidades públicas autónomas". Perfiles Educativos, vol. XXXIII, núm. 131.

MAEDER, Ernesto (2006): *El ciclo de las universidades regionales en Argentina. El caso de la Universidad Nacional del Nordeste*. Academia Nacional de Educación, julio de 2006, pág. 13.

MAINERO, Nelly y MAZZOLA, Carlos (Comp.) (2015): *Universidad en democracia. Políticas y problemáticas argentinas y latinoamericanas*. Buenos Aires, Miño y Dávila.

MALLO, P.; MORETTINI, M.; HAMMOND, F. (2010) *Análisis estadístico del presupuesto destinado al sistema de educación superior argentino desde la realidad presupuestaria de la Universidad Nacional de Mar del Plata*. Anales del X Coloquio Internacional sobre Gestión Universitaria en América del Sur. Mar del Plata, Argentina.

MARIENHOFF, M.: *Tratado de Derecho Administrativo*, Tomo I. Buenos Aires, Abeledo-Perrot.

MARQUINA, Mónica y NOSIGLIA, María Catalina (1995):" Políticas universitarias en la Argentina 1983-1995. El papel del poder ejecutivo y el poder legislativo de la nación". En Buenos Aires, *Revista del IICE*, Año 4, N° 7, diciembre de 1995, pp. 47-57.

MARQUINA, Mónica y SOPRANO, Germán (Coord.) (2007): *Ideas sobre la cuestión universitaria. Aportes de la RIEPESAL al debate sobre el nuevo marco legal para la Educación Superior*. Los Polvorines, UN de Gral. Sarmiento.

MARQUINA, Mónica; MAZZOLA, Carlos y SOPRANO, Germán (comp.) (2009): *Políticas, instituciones y protagonistas de la universidad argentina*. Buenos Aires, Prometeo Libros.

MARQUINA, Mónica (2012). "¿Hay una política universitaria K? Posibles respuestas a partir de un análisis del financiamiento". En CHIROLEU, Adriana, MARQUINA, Mónica y RINESI, Eduardo (compiladores), ob. cit., pp. 75-92.

MARQUÍS, Carlos; RIVEIRO, Gabriela y MARTÍNEZ PORTA, Laura (1999): "El FOMEC: innovaciones y reformas de las Universidades Nacionales". En Sánchez Martínez, Eduardo: *La Educación Superior en la Argentina*. Buenos Aires, Ministerio de Cultura y Educación, pp. 95-109.

——— (2004): *La agenda universitaria argentina. Propuestas de políticas públicas para la argentina*. Buenos Aires, Universidad de Palermo.

MARQUÍS, Carlos (2014): "Dos décadas de evaluación universitaria en la Argentina". En ATAIRO, Daniela y otros: *Evaluación y Acreditación Universitaria. Actores y políticas en perspectiva*. CABA, Universidad de Palermo, Colección de Educación Superior, pp. 15-60.

MATONTI, F. y POUPEAU, F. (2004): "Le capital militant. Essai de définition (The militant capital. Essay of definition". En Actes de la recherche en sciences sociales, 155: 5-12.

MAZZOLA, Carlos (2006): *La república Universitaria. Elección directa en la Universidad Nacional de San Luis*. San Luis, Nueva editorial Universitaria.

——— (2007): "La evaluación y la autonomía universitaria". En MARQUINA, Mónica y SOPRANO, Germán (Coord.) (2007), ob. cit., pp. 77-88.

MIGNONE, Emilio (1995): *Educación en los 90: el desafío de la calidad, la pertinencia, la eficiencia y la equidad*. En Boletín de la Academia Nacional de Educación, Buenos Aires, N° 19.

——— (1998): *Política y Universidad. El Estado legislador*. Buenos Aires, IDEAS.

MINTZBERG, Henry (1984): "El contexto profesional". En H. MINTZBERG, B. QUINN y J. VOYER, *El proceso estratégico*. México, Prentice Hall.

MOLLIS, M. y CARLINO, F (1997): "Políticas internacionales, gubernamentales e interinstitucionales de evaluación universitaria. Del Banco Mundial al CIN". En Revista del Instituto de Ciencias de la Educación de la UBA. Buenos Aires, año VI, N° 19.

MOLLIS, Marcela (Comp.): *Memorias de la Universidad. Otras perspectivas para una nueva Ley de educación superior*. Buenos Aires, Centro Cultural de la Cooperación Floreal Gorini-CLACSO.

——— (2001): *La universidad argentina en tránsito*. Buenos Aires, Fondo de Cultura Económica.

————— (Comp.) (2003): *Las universidades en América Latina: reformadas o alteradas? La cosmética del poder financiero*. Buenos Aires, CLACSO.

————— (1999): "Las políticas de reforma universitaria: la lógica global y la respuesta local. El caso de la Argentina". En *Interface*, comunicação, saúde, educação, v.3, N° 5.

MUSSELIN, Christine (2001): *La larga marcha de las universidades francesas*. Ed. PUF. Traducción: Luciana Marteau.

NAIDORF, Judith (2009): *Los cambios en la cultura académica de la universidad pública*. Buenos Aires, EUDEBA.

NAIDORF, Judith y PÉREZ Mora, Ricardo: *Las condiciones de producción intelectual de los académicos en Argentina, Brasil y México*. Buenos Aires, Miño y Dávila, 2012.

NAISHTAT, Francisco y TOER, Mario (2005): *Democracia y representación en la Universidad*. Buenos Aires, Biblos.

NEAVE, Guy, (1990): "La Educación superior bajo la evaluación estatal: tendencias en Europa Occidental 1986-1988". En *Universidad Futura*. México, Volumen 2, Número 5.

NEAVE, Guy y VAN VUGHT, Frans (1994): *Prometeo Encadenado. Estado y educación superior en Europa*. Barcelona, Gedisa.

NEAVE, Guy (2001) *Educación Superior: historia y política. Estudios comparativos sobre la universidad contemporánea*. Barcelona, Gedisa.

NOSIGLIA, María Catalina (2001): *Concertación o imposición: Una aproximación al estilo de definición e implementación de las políticas de "Transformación Educativa" en Argentina*. Prepared for delivery at the meeting of the Latin American Studies Association, Washington DC, September 2001.

NOSIGLIA, María Catalina (2004): "Transformaciones en el gobierno de la Educación Superior en Argentina: Los organismos de coordinación institucional y su impacto en la autonomía institucional". En *Fundamentos en Humanidades*, año/vol. 5, N° 9, Universidad Nacional de San Luis, pp. 63-90.

NOSIGLIA, María Catalina y MULLE, Verónica (2009): "Las transformaciones en el gobierno de las universidades argentinas: análisis de casos". En *Revista Argentina de Educación Superior*, Buenos Aires, N° 1.

NOSIGLIA, María Catalina (2008): *Entre normas: continuidades y rupturas de las orientaciones políticas en materia de regulación de la educación superior argentina*. En Actas del Encuentro Internacional de Pesquisadores de Políticas Educativas, Porto Alegre.

NOSIGLIA, María Catalina, TRÍPPANO, Sergio y DIODATI, Mariano (2009): *El sentido político de la coordinación universitaria: el caso del Consejo de Universidades*. F. F. y Letras, UBA.

NOSIGLIA, María Catalina (2010): "Perspectivas sobre la autonomía universitaria". En Revista Políticas Educativas: Porto Alegre, Volumen 3, N° 2, pp. 119-135.

————— (2011): "Poder y autoridad: el impacto de la Ley de Educación Superior en el gobierno de la Universidad Argentina". En ATAIRO y CAMOU: *Entre la tradición y el cambio. Perspectivas sobre el gobierno de la Universidad*. Buenos Aires, Universidad de Palermo, Colección de Educación Superior, pp.135-162.

NOSIGLIA, María Catalina y MULLE, Verónica (2012): *Las transformaciones en el gobierno de la educación superior en la argentina: el papel del consejo interuniversitario nacional en la definición de políticas universitarias*. En Revista Políticas Educativas, Porto Alegre, Volumen 5, N° 2, pp. 20-37.

NOSIGLIA, María Catalina (Comp.) (2013): *La evaluación universitaria. Reflexiones teóricas y experiencias a nivel internacional y nacional*. Buenos Aires, EUDEBA.

NOSIGLIA, María Catalina y MULLE, Verónica (2015): "El gobierno de las instituciones universitarias a partir de la Ley de Educación Superior 24.521: un análisis de los Estatutos Universitarios". Revista *UNIVERSIA*, N° 15, Volumen VI.

OBEIDE, Sergio (2000): "Mecanismos de Asignación de Recursos a las Universidades Nacionales: Una Perspectiva Crítica del Caso Argentino (1992-1999)". En *Administración Pública y Sociedad*, N° 13, IIFAP-UNC.

O'DONNELL, Guillermo (2009): *El Estado burocrático autoritario*. Buenos Aires, Prometeo.

OJEDA, Gabriel Eduardo (2008): *Breves consideraciones sobre el "Modelo de Pautas de Asignación Presupuestaria"*. Documento presentado en el taller sobre el modelo de pautas presupuestarias, organizado por el CIN en Villa La Angostura, los días 23 y 24 de octubre de 2008.

ORBE, Patricia (2008): "Autonomía, reestructuración institucional y desperonización: el impacto de la Revolución Libertadora en la comunidad universitaria bahiense (1955-1957)". Revista *Sociohistórica* 23/24, pp. 137-162.

OSZLAK, Oscar (2003): "Estudio sobre el impacto del FOMEC". En PUGLIESE, Juan Carlos: *Políticas de Estado para la Universidad Argentina*. Buenos Aires, Ministerio de Educación.

OSZLAK, OSCAR; TROMBETTA, Augusto y ASENSIO, Diego (2003): *Informe de evaluación del programa fondo de mejoramiento de la calidad universitaria (FOMEC)*. Buenos aires.

OSZLAK, Oscar (1984): *¿Concertación social o pacto de no agresión?* Buenos Aires. Disponible en:http://www.oscaroszlak.org.ar/images/articulos-prensa/Concertacion%20social%20o%20pacto%20de%20no%20agresion.pdf

PACHECO, Pablo (2012): "El discurso de la 'ciencia pura' y el campo académico-científico nacional durante el peronismo (1946-1955)", en XI Seminario Argentino Chileno y V Seminario Cono Sur de Ciencias Sociales, Humanidades y Relaciones Internacionales, actas en CD-rom, Mendoza:UNCUYO.

PALAMIDESSI, Mariano, SUASNÁBAR, Claudio y GALARZA, Daniel (comp.) (2007): *Educación conocimiento y política. Argentina 1983-2003.* Buenos Aires, FLACSO/Manantial.

PALLÁN FIGUEROA, Carlos: "El papel de la ANUIES: una fructífera marcha para el mejoramiento de la educación superior". México, ANUIES-*Revista de Educación Superior,* N° 116, Volumen 29.

PAVIGLIANITI, N.; NOSIGLIA, M. C. y MARQUINA, M. (1996): *Recomposición neoconservadora. Lugar afectado: la Universidad.* Buenos Aires, Miño y Dávila Editores.

PÉREZ LINDO, Arturo (1985): *Universidad, política y sociedad.* Buenos Aires, EUDEBA.

PÉREZ RASETTI, Carlos (2012): "La expansión de la educación universitaria: política y lógicas". En CHIROLEU, Adriana, MARQUINA, Mónica y RINESI, Eduardo (compiladores), ob. cit., pp. 119-152.

————— (2007): "Motivos para una reforma". En MARQUINA, Mónica y SOPRANO, Germán (Coord.): *Ideas sobre la cuestión universitaria. Aportes de la RIEPESAL al debate sobre el nuevo marco legal para la Educación Superior.* Los Polvorines, UN de Gral. Sarmiento, pp. 89-105.

PIFFANO, Horacio (1992): "El financiamiento de la educación universitaria y su racionamiento". En *Harvard Club de Argentina. Foro sobre organización y financiamiento de la educación universitaria en Argentina.* Buenos Aires, Primera parte. Informe Base, pp. 1-311.

POLLITT, Christopher y GEERT, Bouckaert (2011). *Public Management Reform. A Comparative Analysis. New Public Management, Governance and the Neo-Weberian State.* Oxford University Press, Oxford.

PRONKO, Marcela (2000): *El peronismo en la universidad.* Buenos Aires, Centro Cultural Rojas.

PUGLIESE, Juan Carlos Ed. (2003): *Políticas de Estado para la Universidad Argentina.* Buenos Aires, Ministerio de Educación, Ciencia y Tecnología.

PUIGGRÓS, A. y BERNETI, J. (1993): *Peronismo: cultura, política y educación (1945-1955).* Buenos Aires, Galerna.

PUIGRRÓS, Adriana (Dir.) (1997). *Historia de la Educación Argentina.* Buenos Aires, Galerna.

RAPOPORT, Mario (2000): *Historia política, social y económica de la Argentina (1880-2000).* Buenos Aires, Ediciones Macchi.

RECALDE, Aritz y RECALDE, Iciar (2007): *UNIVERSIDAD Y LIBERACIÓN NACIONAL. Un estudio de la Universidad de Buenos Aires durante las tres gestiones peronistas: 1946-1952, 1952-1955 y 1973-1975*.Buenos Aires, Editorial Nuevos Tiempos.

RINESI, Eduardo (2015): *Filosofía y política de la universidad*. Los Polvorines, UN Gral. Sarmiento- IEC CONADU.

RINESI, Eduardo, SOPRANO, Germán y SUASNÁBAR, Claudio (2005) *Universidad, reformas y desafíos. Dilemas de la Educación Superior en la Argentina y Brasil*. Buenos Aires, Prometeo Libros - Universidad Nacional de General Sarmiento.

RINESI, Eduardo, SOPRANO, Germán Comp. (2007): *Facultades Alteradas. Actualidad del El conflicto de las Facultades de Immanuel Kant*. Buenos Aires, Prometeo Libros - Universidad Nacional de General Sarmiento.

RINESI, Eduardo y SOPRANO, Osvaldo: "Universidad, estado y sociedad. Los sentidos de la autonomía y la heteronomía en la experiencia de la universidad pública argentina". En MARQUINA, Mónica y SOPRANO, Germán (Coord.): *Ideas sobre la cuestión universitaria. Aportes de la RIEPESAL al debate sobre el nuevo marco legal para la Educación Superior*, ob. cit., pp. 11-24.

RIQUELME, Graciela (2003): *Educación Superior, demandas sociales, productivas y mercados de trabajo*. Buenos Aires, Miño y Dávila.

RODRIGUEZ, Laura R. (2011): *El CIN y la elaboración de políticas sectoriales (1989-2003). El caso de la "comisión de pautas presupuestarias"*. Tesis de Maestría, Universidad Nacional de Luján. Buenos Aires.

ROIG, Arturo: *La universidad hacia la democracia. Bases doctrinarias e históricas para la constitución de una pedagogía participativa*. Mendoza, EDIUNC.

ROMERO, J.L. (1996): *Breve Historia de la Argentina*. Buenos Aires, Fondo de Cultura Económica.

ROMERO, Ricardo (1998): *La lucha continúa. El movimiento estudiantil argentino en el siglo XX*. Buenos Aires, FUBA.

ROVELLI, Laura (2012): "Expansión universitaria y movilidad académica: trayectorias de investigadores universitarios en el área metropolitana de buenos aires". En Revista *Pilquen*, Sección Ciencias Sociales, Año XIV, Nº 15.

————(2012): "Dinámicas históricas y lógicas de expansión universitaria en la Argentina". En CHIROLEU, Adriana; SUASNÁBAR, Claudio y ROVELLI, Laura: *Política Universitaria en la Argentina. Revisando viejos legados en busca de nuevos horizontes*. Los Polvorines, U N de General Sarmiento - IEC CONADU, pp. 49-68.

————(2012): "Dimensiones, actores y dilemas de gobierno del sistema y de las universidades públicas en la argentina", idem, pp. 69-86.

RUBINICH, Lucas (2001): *La conformación de un clima cultural. Neoliberalismo y universidad*. Buenos Aires, Libros del Rojas.

SAMOLOVICH, Daniel (2008): "Senderos de innovación". En Ana Lucía GAZZOLA y Axel DIDRIKSSON (Editores): *Repensando el gobierno de las Universidades públicas en América Latina*. Caracas, IESALC-UNESCO.

SCHWARTZMAN, Simón (2003): *Propuesta de una agenda de investigación sobre la educación superior*. Departamento de sociología, Universidad Autónoma Metropolitana de México, Unidad Azcapotzalco, México. Disponible en: http://www.schwartzman.org.br/luego_eval.htm

SVAMPA, Maristella (2011): *Tres lecturas sobre la rebelión de 2001*. Buenos Aires, disponible en: http://www.maristellasvampa.net/archivos/period56.docx

SÁNCHEZ MARTÍNEZ, Eduardo (1999): *La Educación Superior en la Argentina*. Buenos Aires, Ministerio de Cultura y Educación.

———— (2002): *La legislación sobre Educación Superior en Argentina. Entre rupturas, continuidades y transformaciones*. Buenos Aires, IESALC/UNESCO.

SAN MARTÍN; Raquel (Editora) (2012): *Financiamiento de la Universidad. Aportes para el debate*. Buenos Aires, Universidad de Palermo.

SARFATTI LARSON, M (1989): *Acerca de los expertos y los profesionales o la imposibilidad de haberlo dicho todo*. En *Revista de Educación*, número extraordinario.

SCHIEFELBEIN, Ernesto y MC GINN, Noel (1974): *La Universidad contemporánea. Un intento de análisis empírico*, Santiago de Chile, Ediciones de corporación de promoción universitaria.

SHEEHAN, John (1996): "Modelos para la asignación de los fondos públicos entre las Universidades". En: DELFINO, José, GERTEL, Héctor (eds.) (1996). *Nuevas direcciones en el financiamiento de la Educación Superior. Modelos de asignación del aporte público*. Buenos Aires, Ministerio de Cultura y Educación-Secretaría de Políticas Universitarias, Serie Nuevas Tendencias, pp. 13-35.

SIDICARO, Ricardo (2001): *La crisis del Estado y los actores políticos y socioeconómicos en la Argentina 1989-2001*. Buenos Aires, Libros del Rojas, UBA, Serie Extramuros.

SOPRANO, Germán y RODRIGUEZ, Laura G. (2009): "Las políticas de acceso a la universidad durante el proceso de reorganización nacional, 1976-1983. El caso de la Universidad Nacional de La Plata". Revista *Question*, volumen 1, N° 24.

SOPRANO, Germán y SUASNÁBAR, Claudio (2005): "Proyectos políticos, campo académico y modelos de articulación Estado-Universidad en la Argentina y Brasil". En RINESI, Eduardo, SOPRANO, Germán y SUASNÁBAR, Claudio: *Universidad, reformas y desafíos. Dilemas de la Educación Superior en la Argentina y Brasil*. Buenos Aires, Prometeo Libros - Universidad Nacional de General Sarmiento, pp. 139-164.

STUBRIN, Adolfo (2001): *La política de partidos y las universidades públicas en la Argentina 1983-2003*. MCyE-CONEAU. Documentos de Trabajo.

————(2004): "Configuración universitaria y política pública de educación". En *La agenda universitaria argentina. Propuestas de políticas públicas para la argentina*. Buenos Aires, Universidad de Palermo, pp. 153-198.

————(2010): *Calidad Universitaria. Evaluación y acreditación en la educación superior latinoamericana*. Santa Fe, EUDEBA-Ediciones UNL.

————(2014): "Autonomía universitaria, planeamiento y política pública: un ensamble factible e indispensable". En FOLLARI, Roberto, STUBRIN Adolfo y CAMOU, Antonio (2014): *La universidad entre la autonomía y la planificación. Tres ensayos en diálogo*. Los Polvorines, UN de Gral. Sarmiento- IEC-CONADU, pp. 39-64.

SUASNÁBAR, Claudio (2004): *Universidad e Intelectuales. Educación y Política en la Argentina (1955-1976)*. Buenos Aires, Manantial.

————(2005): "Entre la inercia y la búsqueda de una nueva agenda de política: las políticas universitarias en el gobierno de Kirchner". En Revista *Temas y Debates*, N° 10, UNR editora, Rosario, pp. 83-93.

————(2012): "El marco normativo de las universidades y el debate sobre la autonomía: una lectura desde la producción académica". En CHIROLEU, Adriana; SUASNÁBAR, Claudio y ROVELLI, Laura: *Política Universitaria en la Argentina. Revisando viejos legados en busca de nuevos horizontes*, ob. cit., pp. 33-48.

SUASNÁBAR, Claudio y ROVELLI, Laura (2012): "Impensar las políticas universitarias en la argentina reciente". En CHIROLEU, Adriana, MARQUINA, Mónica y RINESI, Eduardo (compiladores). *La política Universitaria de los gobiernos Kirchner: continuidades, rupturas, complejidades*. Universidad Nacional de General Sarmiento, p. 49-73.

SUASNÁBAR, Claudio (2013): "Las políticas universitarias en 30 años de democracia: tendencias históricas de cambio y movimiento pendular de las políticas públicas". En *Observatorio Latinoamericano* N° 12, Facultad de Ciencias Sociales-UBA, pp. 361-370.

————(2013): Las políticas universitarias en 30 años de democracia: continuidades, rupturas y algunas lecciones de la experiencia. *En Cuestiones de Sociología*, N° 9. Disponible en: http://www.cuestionessociologia.fahce.unlp.edu.ar/

————(2013): *Intelectuales, exilio y educación. Producción intelectual e innovaciones teóricas en educación durante la última dictadura*. Rosario, Prohistoria ediciones.

THWAITES REY, Mabel (1999): "Estado y sociedad Ajuste estructural y reforma del estado en la Argentina de los '90". Revista *Realidad Económica*, Buenos Aires, N° 160, pp. 76-109.

TEDESCO, J.C. (1993): *Educación y Sociedad en la argentina (1880-1945)*. Buenos Aires, Ediciones Solar.

———— (1980): *La educación argentina 1930-1955. Primera historia integral*. Buenos Aires, CEAL.

TEDESCO, Juan C; BRASLAVSKY, Cecilia Y CARCIOFI, Ricardo (1987): *El proyecto educativo autoritario. Argentina 1976-1982*. Buenos Aires, Miño y Dávila.

TIRAMONTI, G. (2004): *La trama de la desigualdad educativa. Mutaciones recientes en la escuela media*. Buenos Aires, Manantial.

TREBINO, Natalio (1952): "Planificación de investigaciones técnico industriales". En Revista de la Universidad Nacional de Córdoba, año 39, N° 1, marzo-abril.

UNZUÉ, Martín (2008): *Democracia universitaria: el rol del claustro de graduados*. Congreso Latinoamericano de Educación Superior en el Siglo XXI. Universidad Nacional de San Luis.

UNZUÉ, Martín y EMILIOZZI, S. (compiladores) (2013): *Universidad y políticas públicas. ¿En busca del tiempo perdido? Argentina y Brasil en perspectiva comparada*. Buenos Aires, Imago Mundi.

UNZUÉ, Martín (2014): "Pertinencia, calidad y evaluación. Potencialidades y límites de una relación compleja". En ATAIRO, Daniela y otros (2014): *Evaluación y Acreditación Universitaria. Actores y políticas en perspectiva*. CABA, Universidad de Palermo, Colección de Educación Superior, pp. 229-252.

———— (2015): "La Universidad de Buenos Aires en democracia. Intentos y fracasos por modificar el Estatuto universitario de 1958". En Revista *Iberoamericana de Educación Superior*, N° 21, Volumen VIII, pp. 78-92.

VILLANUEVA, Ernesto (2008): "La acreditación en contexto de cambio: el caso de las carreras de ingeniería en la Argentina". Revista de avaliacao da educacao superior. Vol. 13, N° 3. Sorocaba. Disponible en: www.scielo.br

VIOR, Susana, PAVIGLIANITI, N. (1994). "La política universitaria del Gobierno Nacional 1989-1994". Revista *Espacios*. Buenos Aires, Facultad de Filosofía y Letras – UBA, N° 15, diciembre 1994-marzo 1995.

VORAS, Claudia (2004): *La política universitaria como política pública: su impacto sobre la autonomía durante el período 1989-1995*. UN de Rosario, Facultad de Ciencia Política y RRII. Disponible en: www.academia.edu

WEICK, K.E. (1976): *Educational organizations as loosely coupled systems*. Administrative Science Quarterly. 21 (1): 1-19.

Fuentes documentales

-Actas del CONSEJO DE RECTORES (CR). Años 1967, 1968, 1969, 1970, 1971, 1972 y 1973.

-Actas del CONSEJO DE RECTORES DE UNIVERSIDADES NACIONALES (CRUN). Años 1977, 1978, 1979, 1980, 1981, 1982 y 1983.

-Actas, documentos aprobados, material en tratamiento de las comisiones del CONSEJO INTERUNIVERSITARIO NACIONAL (CIN): Asuntos Académicos; Ciencia, Técnica y Arte; Posgrado; Asuntos Económicos; Asuntos internacionales; Extensión, Bienestar y vinculación territorial; Relaciones institucionales; Comunicación y medios; Conectividad y sistemas de información; Acreditación y Vinculación tecnológica. Disponibles en http://www.cin.edu.ar/comisiones/

-Acuerdos Plenarios, resoluciones de comité ejecutivo y resoluciones de Presidente del CONSEJO INTERUNIVERSITARIO NACIONAL (CIN): años *1986-1990* en base a reconstrucción realizada para la presente investigación.

-Acuerdos Plenarios, resoluciones de comité ejecutivo y resoluciones de Presidente del CONSEJO INTERUNIVERSITARIO NACIONAL (CIN): años *1991 a 2015*. Disponibles en http://www.cin.edu.ar/archivo.php

-Anuarios del CONSEJO INTERUNIVERSITARIO NACIONAL (CIN): 2011-2012, 2012-2013, 2014-2015. Disponible en http://www.cin.edu.ar/archivo-anuario/

-ANUARIOS DE ESTADÍSTICAS UNIVERSITARIAS, Ministerio de Educación, Secretaría de Políticas Universitarias. Años: 1985, 1996, 1997, 1998, 1999/2000, 1999/2003, 2000/2004, 2005, 2006, 2007, 2008, 2009, 2010, 2011, 2012, 2013 y síntesis estadística 2003-2015 y 2013-2014.

-Banco Mundial (1995): La enseñanza superior. Las lecciones derivadas de la experiencia. Banco Mundial, Washington D. C.

-CAPRISTE, Guillermo: *"Propuestas adicionales para el reposicionamiento y la refuncionalización del CIN"*. Documento presentado en el Plenario del CIN realizado en Mendoza, 28 y 29 de Septiembre de 2012.

-Carta de la Dra. Simonetta Sonnino, secretaria de Coordinación Científica del CONICET. Buenos Aires, julio de 1987.

-Carta del Dr. Carlos R. Abeledo, presidente del CONICET, al presidente del CIN, Dr. Eduardo Barbagelata. 8 de marzo de 1988.

-Carta de Enrique Bulit Goñi, secretario de Coordinación Educativa, Científica y Cultural del Ministerio de Educación de la Nación, al Dr. Raúl Alfonsín. Buenos Aires, 29 de abril de 1991.

-CONSEJO DE RECTORES: reglamento interno. Santa Fe, Universidad Nacional del Litoral, 1967.

-CONSEJO DE RECTORES: política universitaria nacional. Buenos Aires, Ministerio de Cultura y Educación, noviembre de 1969.

-CONSEJO DE RECTORES: documento sobre bienestar estudiantil. Elaborado por los responsables de asuntos estudiantiles de la universidades nacionales. Buenos Aires, septiembre de 1972.

-CONSEJO DE RECTORES: serie curricular flexible. Sistema horas crédito. Documentos para la reforma: organización del sistema horas crédito (Frank Tiller – Universidad de Houston); sistema de semestres (UN de Córdoba); currículos optativos y selectivos (UN de Córdoba), una nueva administración académica y el sistema de crédito (Consejo de rectores del Brasil). Secretaría de Planeamiento, Buenos Aires, 1972.

-CONSEJO DE RECTORES: series Financieras: relaciones estadísticas globales, por universidad. Presupuesto 1965-1971, ejecución 1965-1971. Buenos Aires, 1971.

-CONSEJO DE RECTORES: estructura financiera de las Universidades Nacionales. Secretaría de Evaluación. Buenos Aires, septiembre de 1972.

-COSTOYA, Norma: *"Plan de fortalecimiento institucional del CIN. Fortalecimiento del soporte administrativo"*. Documento presentado al Plenario del CIN realizado en Mendoza, 28 y 29 de septiembre de 2012.

-LEYES NACIONALES CONSULTADAS: 1597; 13031; 14297; 23068; 24521; 17245; 17604; 20654; 21276; 23115; 23151; 22207; 23569; 21115; 20204; 25813; 25824; 26286; 26286; 26330; 26335; 26542; 26543; 26544; 26559; 26575; 26576; 26577; 26695; 26997; 26998; 27015.

-Declaración y plan de acción de la Conferencia Regional de Educación Superior de América Latina y el Caribe. Cartagena de Indias, IESALC-UNESCO, 2008.

-DECRETOS y DECRETOS-LEYES CONSULTADOS: 7361/57, 391/77, 29937/49, 1111/89, 160/91, 6403/55, 154/83, 2460/85, 2461/85, 1111/89, 990/91, 2476/90, 1215/92, 2427/93, 506/1993, 1215/92, 455/99, 2282/93, 1047/99, 499/95, 351/87, 1967/85, 2476/90, 794/92, 1389/2002, 1404/96.

-DEL BELLO, Juan Carlos: *"Reflexiones sobre la reforma del Consejo Interuniversitario Nacional"*. Documento presentado en el Plenario del CIN realizado en Mendoza, 28 y 29 de septiembre de 2012.

-Discurso del Dr. Raúl Alfonsín a la Honorable Asamblea Legislativa, 10 de diciembre de 1983.

-Discurso del Ministro de Educación y Justicia, Dr. Carlos R. S. Alconada Aramburú, con motivo del inicio del ciclo lectivo 1984. Buenos Aires, 11 de marzo de 1984.

-Discurso del ministro de Educación y Justicia, Dr. Carlos R. S. Alconada Aramburú, al asumir el rector de la UBA, Cdor. Oscar J. Shuberoff. Buenos Aires, 14 de marzo de 1986.

-Discurso del presidente Raúl Alfonsín durante el acto de entrega de diplomas a los rectores normalizadores. Buenos Aires, 17 de junio de 1986.

-Discurso de Ricardo López Murphy, ministro de Economía de la Nación. Pronunciado al anunciar su plan económico, 16 de marzo de 2001.

-Discurso del ministro de Cultura y Educación Juan Rafael Llerena Amadeo. Acto de Clausura de la II Reunión Plenaria del Consejo de Rectores de Universidades Nacionales. Ministerio de Cultura y Educación de la Nación, Buenos Aires, 1980.

-Discurso del ministro de Educación y Justicia, Dr. Julio R. Rajneri, ante el Plenario del CIN realizado en la ciudad de Tandil. Tandil, 29 de mayo de 1987.

-Discurso de Adolfo Stubrin, Secretario de Educación del Ministerio de Educación y Justicia. Pronunciado ante el Plenario del CIN realizado en San Carlos de Bariloche los días 12 y 13 de marzo de 1987. 12 de marzo de 1987.

-Documentos del archivo del Centro Nacional de Información y Documentación Educativa (CENIDE). Pizzurno 953, CABA.

-Documentos del Archivo del Consejo Interuniversitario Nacional. Pacheco de Melo 2065, CABA.

-IESALC – UNESCO (2006). Informe sobre la Educación Superior en América Latina y el Caribe 2000-2005. La metamorfosis de la educación superior. Caracas, UNESCO – IESALC., Editorial Metrópolis.

-Información legislativa y documental I: http://www.infoleg.gov.ar/

-Información legislativa y documental II: http://www.diputados.gov.ar/

-Información legislativa y documental III: http://www.senado.gov.ar/

-Memorias y Balances del Consejo Interuniversitario Nacional. Años: 1997, 1998, 1999, 2000, 2001, 2002, 2003, 2004, 2005, 2006, 2007, 2008, 2009, 2010, 2011, 2012, 2013, 2014.

-Mensajes Ministeriales: Juan Rafael Llerena Amadeo: El Proyecto de Ley Universitaria. ¿Cómo se elaboró el proyecto? En Mensajes Ministeriales, Buenos Aires, Ministerio de Cultura y Educación, s/fecha.

-Ministerio de Educación: universidades de gestión privada: Estadísticas 1986-1992.

-Ministerio De Educación- Secretaría de Políticas Universitarias: síntesis estadística 2003-2015.

-NORMAS para la confección del Presupuesto General de la Administración Nacional para el ejercicio 1980, Dirección Nacional de Programación Presupuestaria, Ministerio de Economía.

-Nota de la Secretaría de Ciencia y Técnica N° 1584/87 del secretario, Dr. Manuel Sadosky, al rector de la UN del Centro de la Provincia de Bs. As., Dr. Juan Carlos Pugliese (h.). Buenos Aires, 27 de julio de 1987.

-Nota dirigida a la senadora Margarita Malharro de Torres, presidenta de la Comisión de Educación del Senado de la Nación, firmada por los rectores Juan Carlos Pugliese (UN del Centro); Dr. Oscar Bressan (UN del Comahue); Ing. Enrique A. López (UN de Santiago del Estero), e Ing. Juan C. Recalcatti (UTN). Buenos Aires, 22 de julio de 1987, pág. 1.

-Nota de Hugo Storani dirigida a la senadora Margarita Malharro de Torres, presidenta de la Comisión de Educación del Senado de la Nación. Nota Dirección Nacional de Asuntos Universitarios (DNAU) N° 157, 19 de octubre de 1987.

-Nota de la Secretaría Privada UN del Comahue, N° 079/87. Neuquén, 15 de mayo de 1987, pág. 3. El anteproyecto propuesto por el rector de la UN del Comahue fue tratado en el Plenario del CIN realizado en la ciudad de Tandil, los días 28 y 29 de mayo de 1987.

-Nota elevada por el secretario de Coordinación Educacional, Científica y Técnica, Lic. Pablo Aguilera, a los integrantes de la Comisión de Concertación Universitaria. Buenos Aires, 4 de agosto de 1991, pp. 1 y 2.

-Revista del Consejo Interuniversitario Nacional. Publicación Bimestral desde 1992. Publicaciones entre: año 1992: año I, Número I a 2015: año XIV número 61. Disponible en http://www.cin.edu.ar/archivo-revista/

-TASSARA, Roberto: *"Análisis sintético de la estructura del CIN"*. Documento presentado al Plenario del CIN realizado en Mendoza, 28 y 29 de septiembre de 2012.

-UNESCO-PNUD (1981) Desarrollo y Educación en américa latina. Buenos Aires, UNESCO-PNUD.

Lista de entrevistas

ASUETA, EDUARDO. Ex rector de la Universidad Nacional de Entre Ríos (2002-2010) y ex Presidente de la Comisión de Asuntos económicos del CIN. Entrevista realizada por Fabio Erreguerena. Buenos Aires, 30/10/2014.

BERTRANOU, ARMANDO. Ex Rector de la Universidad Nacional de Cuyo (1988-1996). Entrevista realizada por Fabio Erreguerena. Mendoza, 22/10/2014.

BROTO, ADRIANA. Ex Directora Nacional de Presupuesto e Información Universitaria de la Secretaría de Políticas Universitarias, M. de Educación. Entrevista realizada por Fabio Erreguerena. Buenos Aires, 27/10/2014.

COSTOYA, NORMA. Ex Secretaria Ejecutiva del CIN (1990-2013). Entrevista realizada por Fabio Erreguerena. Buenos Aires, 23/08/2012.

DEL BELLO, JUAN CARLOS. Ex Secretario de Políticas Universitarias (1993-1996) y actual rector de la UN de Río Negro. Entrevista realizada por Fabio Erreguerena. Buenos Aires, 15/01/2015.

DEL BONO, TULIO. Ex Rector de la Universidad Nacional de San Juan (1988-1999) y Ex presidente del CIN (1992). Entrevista realizada por Fabio Erreguerena. San Juan, 23/09/2015.

DIBBERN, ALBERTO. Ex Presidente de la Universidad Nacional de La Plata (2001-2004), ex Presidente del CIN (2003) y ex Secretario de Políticas Universitarias (2006-2012). Entrevista realizada por Fabio Erreguerena. Buenos Aires, 28/10/2014.

FELDMAN, SILVIO. Ex Rector de la Universidad Nacional de General Sarmiento (2002-2010). Entrevista realizada por Fabio Erreguerena. Buenos Aires, 23/04/2015.

FLAMINO, ROBERTO. Personal de gestión administrativa del CIN. Entrevista realizada por Fabio Erreguerena. Buenos Aires, 28/10/2014.

GIMELLI, MARIO. Ex asesor de la Secretaría de Políticas Universitarias y ex Secretario Ejecutivo del CIN (2013-2016). Entrevista realizada por Fabio Erreguerena. Buenos Aires, 28/10/2014.

GÓMEZ DE ERICE, María Victoria. Ex Rectora de la Universidad Nacional de Cuyo (2002-2008). Entrevista realizada por Fabio Erreguerena. Mendoza, 19/10/2012.

GONZALEZ GAVIOLA, Miguel. Ex Secretario Económico- Financiero de la Universidad Nacional de Cuyo y miembro de la comisión de pautas del CIN (2002-2008). Secretario Ejecutivo del CIN (2016 en adelante). Entrevista realizada por Fabio Erreguerena. Mendoza, 15/4/2014.

HALLÚ, RUBEN. Ex Rector de la UBA (2006-2014) y ex Vicepresidente del CIN. Entrevista realizada por Fabio Erreguerena. Buenos Aires, 22/04/2015.

JOZAMI, ANÍBAL. Ex Secretario de Políticas Universitarias (1999) y actual Rector de la UN de Tres de Febrero. Entrevista realizada por Fabio Erreguerena. Buenos Aires, 22/04/2015.

KUCHEN, BENJAMIN. Ex Rector de la UN de San Juan (2002-2012). Entrevista realizada por Fabio Erreguerena. San Juan, 26/03/2015.

MAIORANA, DARÍO. Ex Rector de la UN de Rosario (2009-2014) y Ex Presidente del CIN (2009, 2009 y 2014). Entrevista realizada por Fabio Erreguerena. Santa Fe, 21/10/2015.

MARTÍN, FRANCISCO. Ex Rector de la UNCuyo (1996-2002) y Ex Presidente del CIN (2000-2001). Entrevista realizada por Fabio Erreguerena. Mendoza, 26/03/2015.

MOLINA, CLAUDIA. Coordinadora técnica del Consejo de Universidades (2005 en adelante). Entrevista realizada por Fabio Erreguerena. Buenos Aires, 27/10/2014.

OBEIDE, SERGIO. Ex coordinador del componente Asignación de Recursos (AR) del Programa de Reformas de la Educación Superior (1998-2005), Secretaría de Políticas Universitarias. Entrevista realizada por Fabio Erreguerena. Córdoba, 19/02/2015.

PASSERA, CARLOS. Ex Secretario de Ciencia y Técnica de la UNCuyo (2002-2014). Comunicación realizada por Fabio Erreguerena. Mendoza, 15/11/2013.

PÉREZ GILHOU, DARDO. Ex Ministro de Educación de la Nación (1969-1970) y Ex Rector Interventor de la UNCuyo. Entrevista realizada por Fabiana Bekerman, Archivo PIDAAL. Mendoza, 18/08/2008.

PUGLIESE, JUAN CARLOS. Ex Secretario de Políticas Universitarias (2002-2006), Ex Rector de la UN del Centro y Ex Presidente del CIN. Entrevista realizada por Fabio Erreguerena. Tandil, 20/04/2015.

SÁNCHEZ, MARTÍNEZ EDUARDO. Ex Secretario de Políticas Universitarias (1996-1999). Entrevista realizada por Fabio Erreguerena. Córdoba, 20/02/2015.

SOMOZA, ARTURO. Ex Rector de la UNCuyo (2008-2014) y Ex Presidente del CIN (2013). Entrevista realizada por Fabio Erreguerena. Mendoza, 26/11/2015.

SPADA, OSCAR. Ex Rector de la UN Río IV (2004-2011) y Director General del CIN (2014 a la actualidad). Entrevista realizada por Fabio Erreguerena. Buenos Aires, 30/10/2014.

STUBRIN, ADOLFO. Ex Presidente de la Comisión de Educación de la HCDN (1983-1986) y ex Secretario de Educación de la Nación (1987-1989). Entrevista realizada por Fabio Erreguerena. Santa Fe, 20/10/2015.